Cómo criar a los varones

CÓMO CRIAR
A LOS
VARONES

Consejos prácticos para aquellos que están formando
a la próxima generación de hombres

DR. JAMES DOBSON

Tyndale House Publishers
Carol Stream, Illinois, EE. UU.

Visite Tyndale en Internet: tyndaleespanol.com y BibliaNTV.com.

Tyndale y el logotipo de la pluma son marcas registradas de Tyndale House Ministries.

Cómo criar a los varones: Consejos prácticos para aquellos que están formando a la próxima generación de hombres

© 2022 por James Dobson. Todos los derechos reservados.

Originalmente publicado en inglés en el 2001 como *Bringing Up Boys: Shaping the Next Generation of Men* por Tyndale House Publishers, Inc. con ISBN 978-0-8423-6929-9.

Fotografía de la portada por Brian MacDonald, © Tyndale House Publishers. Todos los derechos reservados.

Fotografía del Dr. Dobson y su hijo, Ryan, por Ron Van Tongeren.

Diseño: Alberto C. Navata Jr.

Edición en inglés: Lisa A. Jackson

Traducción al español: Cecilia Romanenghi de De Francesco

Edición en español: Luis Marauri

Las citas bíblicas sin otra indicación han sido tomadas de la versión Reina-Valera 1960® © Sociedades Bíblicas en América Latina, 1960. Renovado © Sociedades Bíblicas Unidas, 1988. Usada con permiso. Reina-Valera 1960® es una marca registrada de las Sociedades Bíblicas Unidas y puede ser usada solo bajo licencia.

Las citas bíblicas indicadas con NVI han sido tomadas de la Santa Biblia, *Nueva Versión Internacional*®, NVI®. © 1999 por Biblica, Inc.® Usada con permiso. Todos los derechos reservados mundialmente.

Para información acerca de descuentos especiales para compras al por mayor, por favor contacte a Tyndale House Publishers a través de espanol@tyndale.com.

ISBN 978-1-4964-6105-6

Impreso en Estados Unidos de América
Printed in the United States of America

28 27 26 25 24 23 22
 7   6   5   4   3   2   1

*Le dedico cariñosamente este libro a
mi hijo Ryan (cuya foto se encuentra en la contraportada),
quien nos ha traído tanto gozo y felicidad a su madre y a mí.*

*De todos los títulos que me han dado, incluyendo
el de psicólogo, escritor, profesor y presidente,
el que más valoro es simplemente: «Papá».*

*Ser el padre de Ryan y de su hermana, Danae,
ha sido lo más destacado de mi vida.*

CONTENIDO

RECONOCIMIENTOS

EXPRESO MI GRATITUD a varios asistentes y compañeros de trabajo que han hecho una contribución significativa a la creación de este libro. El primero de ellos es Craig Osten, quien buscó incansablemente en la literatura profesional y en la prensa popular estudios relevantes y material, librándome de esa tarea. Fue inspirador observar su habilidad como investigador. Por ejemplo, un día le pedí que buscara una cita dudosa que recordaba vagamente de los escritos del filósofo ruso Alexander Solzhenitsyn. No podía recordar las palabras exactas, pero la idea era que la generación de Solzhenitsyn no sabía cuál era su significado. No recordaba el nombre del libro que contenía este pensamiento, el año en que se había escrito ni cualquier otro detalle que hubiera ayudado a identificar la fuente. Sin embargo, Craig salió en su búsqueda como un perro de caza persiguiendo a un convicto. A la mañana siguiente, me trajo la frase palabra por palabra y me dijo que el autor no era Solzhenitsyn, sino el doctor Francis Schaeffer, quien se encontraba en un polvoriento libro de 1972 titulado *He Is There and He Is Not Silent* (*Él está presente y no está callado*). La verdadera cita ahora aparece en el capítulo final de *Cómo criar a los varones*, y dice lo siguiente: «El dilema del hombre moderno es claro: no sabe por qué el hombre tiene significado en sí. [...] Esta es la condenación de nuestra generación, el meollo del problema del hombre moderno».

Gracias, Craig, por tu diligencia y competencia a lo largo de la ardua tarea de escribir este libro. El manuscrito final hubiera sido muy diferente y mucho menos completo sin tu contribución.

También quiero agradecer a mi secretaria personal, Patty Watkins, y a sus tres colegas —Sherry Hoover, Joy Thompson y Mary Jo Steinke— por su ayuda constante. Este equipo junto a Bill Berger y Ron Reno está compuesto por gente eficiente que jamás se da por vencida. También estoy agradecido a Herb y Dona Fisher, y a Elsa Prince Broekhuizen, quienes me proporcionaron cómodos «escondites» donde podía ir a escribir a solas. También debo reconocer las contribuciones de los doctores Walt Larimore y Brad Beck, quienes revisaron y retocaron el capítulo que trata acerca de la fisiología y la neurología de la masculinidad, y al neurólogo Randall Bjork, doctor en medicina, quien proporcionó consultas adicionales. También me beneficié grandemente de las sugerencias que hizo el psicólogo Tim Irwin, y de las cartas incluidas en este manuscrito escritas por el reverendo Ren Broekhuizen, por el doctor C. H. McGowen, y por Karen Cotting. A cada uno de ustedes y a tantos otros, muchas gracias por su amabilidad y participación.

Finalmente, quiero expresar mi más profundo amor y aprecio a la dama más especial de mi vida. Después de casi cuarenta y un años de casados y más de veinte libros, Shirley sabe lo que significa tener un esposo que se «pierde» durante días en un manuscrito que parece no terminar jamás. En este caso, unos treinta meses se invirtieron en la creación de *Cómo criar a los varones* mientras seguimos dirigiendo una gran organización que se desarrolla con rapidez. Fue Shirley la que, en un principio, me alentó a referirme al tema de los varones y estuvo a mi lado cuando la tarea parecía abrumadora. No me sorprende. Ella ha sido mi inspiración, mi apoyo y mi pasión durante más de cuatro décadas. Y lo mejor todavía está por venir.

El maravilloso mundo de los varones

MIS SALUDOS A todos los hombres y las mujeres de este mundo que tienen la bendición de ser llamados padres. No hay privilegio mayor en la vida que traer a este mundo un pequeño ser humano, y tratar de criarlo correctamente durante los próximos dieciocho años. Hacer bien ese trabajo requiere de toda la inteligencia, la sabiduría y la determinación de la que usted pueda armarse. Y para los padres cuya familia incluye a uno o más muchachos, tal vez el mayor desafío sea tratar de mantenerlos vivos a través de la niñez y la adolescencia.

En nuestra familia, tenemos un simpático jovencito de cuatro años de edad, llamado Jeffrey, que es «todo un muchacho». Un día, la semana pasada, sus padres y abuelos estaban conversando en la sala cuando se dieron cuenta que hacía varios minutos que no habían visto al niño. Lo buscaron por todas partes de inmediato, pero no lo pudieron encontrar en ningún lugar. Cuatro adultos fueron por todo el vecindario, llamando: «¡Jeffrey! ¡Jeffrey!». Pero no tuvieron ninguna respuesta. Simplemente, el muchacho había desaparecido. Toda la familia se llenó de pánico, al pensar en todas las cosas terribles que pudieran haberle ocurrido. ¿Lo habrían secuestrado? ¿Se habría ido caminando lejos de la casa? ¿Estaría en peligro de muerte? Todos oraban entre dientes mientras iban de un lugar a otro. Después de quince minutos de puro terror, alguien sugirió llamar al 911. Mientras entraban de nuevo a la casa, el muchacho saltó delante de ellos, y le dijo a su abuelo: «¡Eh!». El pequeño Jeffrey, que

Dios lo bendiga, se había escondido debajo de una cama mientras que el caos reinaba a su alrededor. Eso fue lo que se le ocurrió para hacerles una broma. Creyó que todos los demás pensarían también que aquello había sido cómico. Se sorprendió cuando se dio cuenta de que cuatro personas mayores estaban muy enojadas con él.

Jeffrey no es un muchacho malo o rebelde. Simplemente es un muchacho. Y en caso de que usted no se haya dado cuenta, los muchachos son diferentes de las muchachas. Las generaciones anteriores nunca dudaron de ese hecho. Sabían intuitivamente que cada sexo era «una raza distinta» y que los muchachos eran típicamente los más impredecibles de los dos. Los padres y los abuelos sabían que, por lo general, las niñas son dulces, cariñosas y tranquilas; pero los niños son activos, arriesgados y traviesos. «Los muchachos serán muchachos», decían a sabiendas. Y tenían razón.

Los muchachos suelen ser (aunque no siempre) más difíciles de criar que sus hermanas. También las muchachas pueden ser difíciles de manejar, pero hay algo desafiante acerca de los muchachos. Aunque los temperamentos individuales varían, los muchachos están «diseñados» para ser más enérgicos, audaces y excitables que las muchachas. El psicólogo John Rosemond los llama «pequeñas máquinas activas»[1]. Un padre se refirió a su hijo como «totalmente un dispositivo de poscombustión sin timón». Estas son algunas de las razones por las que Maurice Chevalier nunca cantó «Gracias a Dios por los muchachos pequeños». Ellos simplemente no inspiran mucho sentimentalismo.

En un artículo titulado «What Are Boys Made Of?» («¿De qué están hechos los muchachos?»), la reportera Paula Gray Hunker citó a una madre, llamada Meg MacKenzie, quien dijo que criar a sus hijos varones es como vivir con un tornado. «Desde el momento en que regresan de la escuela, se ponen a correr por toda la casa, a trepar árboles en el patio y a armar un alboroto dentro de la casa que uno pensaría que hay una manada de elefantes en el piso de arriba. Trato de calmarlos, pero mi esposo me dice: "Esto es lo que hacen los muchachos. Tienes que acostumbrarte"».

La reportera continúa diciendo:

> La señora MacKenzie, la única persona del sexo femenino en una familia de varones, dice que esta tendencia (de los muchachos) a brincar, y entonces escuchar, la vuelve loca. «No puedo solo decirles a mis muchachos: "Arreglen el cuarto". Si les digo eso, guardan uno o dos juguetes, y se

imaginan que ya terminaron la tarea. He aprendido que tengo que ser muy, pero muy, específica». Ella se ha dado cuenta de que los muchachos no responden a indicaciones sutiles, necesitan que se les diga claramente lo que tienen que hacer. «Pongo un cesto de ropa lavada en la escalera, y los muchachos le pasan por el lado veinte veces, y ni una sola vez se les ocurre llevarlo arriba», dice ella[2].

¿Le resulta eso conocido? Si usted tiene una fiesta de cumpleaños para niños de cinco años de edad, es probable que los muchachos se comporten de una manera muy diferente de las muchachas. Es casi seguro que uno, o más de ellos, aviente pedazos de pastel, meta las manos en la ponchera o arruine los juegos de las muchachas. ¿Por qué son así? Algunas personas dirían que su naturaleza traviesa es resultado de lo que han aprendido de la cultura. ¿De veras? Entonces, ¿por qué los muchachos son más activos en cada sociedad en el mundo entero? ¿Y por qué el filósofo griego Platón escribió hace más de 2300 años: «De todos los animales, el muchacho es el más incontrolable»?[3]

Uno de mis libros favoritos es el titulado: *Up to No Good: The Rascally Things Boys Do* (Buscando problemas: Las pícaras cosas que hacen los niños), editado por Kitty Harmon. Es una recopilación de historias contadas «por hombres adultos muy buenos», recordando sus años de la niñez. Los siguientes son varios ejemplos que me hicieron sonreír:

En el séptimo grado, el maestro de biología nos hizo diseccionar fetos de cerdos. Mis amigos y yo nos quedamos con el hocico de un cerdo, y lo pusimos en la fuente de agua potable para que el agua saliera directamente hacia arriba por sus orificios nasales. Nadie se daba cuenta hasta que se inclinaba y estaba a punto de beber. El problema es que nosotros queríamos quedarnos cerca y ver los resultados, pero entonces comenzamos a reírnos tan fuerte que nos agarraron con las manos en la masa. A todos nos dieron unas buenas nalgadas por eso.

MARK, OHIO, NACIDO EN 1960

Un amigo y yo encontramos una lata con gasolina en el garaje, y decidimos vaciarla en una boca de alcantarilla, encenderla y ver qué sucedería. Destapamos la boca de alcantarilla, echamos un poco de gasolina dentro, y luego volvimos a taparla dejándola entreabierta. Nos pusimos a tirar fósforos dentro, pero no sucedió nada, así que echamos toda la gasolina dentro. Finalmente, hubo un ruido como si fuera un motor a chorro arrancando, y luego un enorme estruendo. La tapa de la boca de alcantarilla salió volando por el aire, y una tremenda llama subió hasta más o menos cinco metros de altura. La tierra se sacudió como si aquello hubiera sido un terremoto, y la tapa de la boca de alcantarilla cayó a cuatro metros de distancia, en el camino de entrada de la casa de un vecino. Lo que sucedió fue que la gasolina bajó por las líneas del alcantarillado, más o menos por una cuadra, y se vaporizó con todo el gas metano que había allí, y los inodoros de todos nuestros vecinos explotaron. Ahora soy plomero, por eso sé exactamente qué fue lo que sucedió.

Dave, Washington, nacido en 1952

Soy ciego, y cuando era niño algunas veces jugaba con otros niños ciegos. Y siempre encontramos tantas o más formas de meternos en problemas como los muchachos que podían ver. Como una ocasión, en la que yo estaba en casa de un amigo ciego, y él me llevó al garaje para enseñarme la motocicleta de su hermano mayor. Los dos decidimos sacarla para dar un paseo. ¿Por qué no? Nos fuimos en ella calle abajo, buscando a tientas el borde de la acera, nos deteníamos en cada intersección, apagábamos el motor, escuchábamos, y luego cruzábamos. Así fuimos todo el camino hasta la pista de carreras de la escuela secundaria, donde verdaderamente podíamos soltarnos. Lo primero que hicimos fue amontonar un poco de tierra en las vueltas de la pista, para sentir el bulto y saber que aún estábamos en ella. Entonces arrancamos, cada vez íbamos más rápido, y nos estábamos divirtiendo de verdad. Lo que no sabíamos era que otras personas estaban haciéndonos señas, tratando de que saliéramos de allí. No podíamos oírlos, debido al ruido del motor de la motocicleta, y casi los atropellamos. Llamaron a la policía, y cuando los agentes llegaron nos hicieron señas tratando de hacernos salir de la pista, pero seguimos corriendo. Por último, pusieron a sonar las sirenas y usaron sus megá-

fonos, y entonces nos detuvimos. Estaban furiosos, y no
podían creernos que no los habíamos visto. Demostramos
que éramos ciegos enseñándoles nuestros relojes para ciegos, y entonces nos escoltaron hasta nuestra casa.

Mike, California, nacido en 1953[4]

Como estas historias demuestran, uno de los aspectos más temibles
acerca de la crianza de los muchachos es su tendencia a arriesgar la vida
sin ninguna razón. Y esto comienza desde muy temprano. Si un niño
pequeño puede subirse a algo, se va a tirar de ello. Camina dando tumbos y fuera de control hacia las mesas, las bañeras, las piscinas, las escaleras, los árboles y las calles. Se come cualquier cosa menos la comida, y
le gusta jugar en el inodoro. Hace «pistolas» con pepinos o con cepillos
de dientes, y le gusta hurgar en las gavetas, los frascos de píldoras y la
cartera de su mamá. Y ojalá que no ponga sus manitas sucias en un
lápiz labial. Un muchacho molesta a los perros gruñones, y agarra a los
gatitos por las orejas. Su mamá tiene que vigilarlo continuamente para
impedir que se mate. A él le gusta tirar piedras, jugar con fuego y romper
vasos. También disfruta muchísimo irritando a sus hermanos y hermanas, así como a su madre, sus maestros y otros niños. A medida que va
creciendo, se siente atraído por todo lo que es peligroso: monopatines,
escalada en rocas, colgarse de un planeador, motocicletas y bicicletas de
montaña. Cuando casi tiene dieciséis años, él y sus amigos comienzan a
manejar por toda la ciudad como si fueran pilotos suicidas japoneses de
la Segunda Guerra Mundial. Es asombroso que alguno de ellos sobrevi-
va. Por supuesto que no todos los muchachos son así, pero la mayoría
de ellos lo son.

La psicóloga canadiense Barbara Morrongiello estudió las diferentes maneras que los muchachos y las muchachas piensan acerca del
comportamiento arriesgado. Ella dijo que las muchachas tienden a pensar detenidamente acerca de si podrían hacerse daño o no, y es menos
probable que se arriesguen si existe alguna posibilidad de lastimarse. Sin
embargo, los muchachos corren el riesgo si piensan que el peligro vale
la pena. La mayoría de las veces creen que impresionar a los amigos (y
al fin y al cabo a las muchachas) hace que valga la pena arriesgarse. La
psicóloga Morrongiello contó la historia de una madre cuyo hijo se subió
al techo del garaje para agarrar una pelota. Cuando ella le preguntó si se
daba cuenta de que se podía caer, él dijo: «Bueno, tal vez no me caiga»[5].

Un estudio relacionado con esto, hecho por Licette Peterson, confirmó que las muchachas son más miedosas que los muchachos. Por

ejemplo, ellas frenan antes cuando montan en bicicleta. Reaccionan más negativamente al dolor, y tratan de no cometer el mismo error dos veces. Por otro parte, los muchachos son más lentos para aprender de las calamidades. Tienen la tendencia a pensar que sus lesiones fueron causadas por la «mala suerte»[6]. Quizá su suerte será mejor la próxima vez. Además, las cicatrices son fabulosas.

Nuestro hijo, Ryan, se encontró en una situación peligrosa tras otra. Cuando cumplió los seis años ya conocía a muchos de los asistentes y los doctores de las salas de emergencia locales. ¿Y por qué no iba a ser así? Había sido su paciente con regularidad. Un día, cuando tenía más o menos cuatro años, estaba corriendo en el patio con los ojos cerrados, y se cayó encima de una «planta» decorativa de metal. Una de las barras de acero se le clavó en la ceja derecha dejando al descubierto el hueso. Entró tambaleándose por la puerta trasera, bañado en sangre, un recuerdo que todavía le causa pesadillas a Shirley. De nuevo, fueron al centro de traumas. Por supuesto, pudo haber sido mucho peor. Si la trayectoria de la caída de Ryan hubiera sido diferente, por nada más que un centímetro, la barra se le hubiera metido en el ojo, y lo hubiera penetrado hasta el cerebro. Nosotros le hemos dado gracias a Dios muchas veces por las ocasiones en que él libró a nuestro hijo de que le ocurriera una desgracia.

Yo también fui uno de esos muchachos que vivieron al borde del desastre. Cuando tenía más o menos diez años, estaba muy impresionado con la forma en que Tarzán podía saltar de un árbol a otro agarrándose de las lianas. Nunca nadie me dijo: «No trates de hacer eso en casa». Un día, me subí hasta lo más alto de un peral, y amarré una soga a una pequeña rama. Luego me puse en posición para bajar hasta el próximo árbol. Lamentablemente, cometí un pequeño error de cálculo, pero muy significativo. La soga era más larga que la distancia que había desde la rama hasta el suelo. En todo el camino hacia abajo no dejé de pensar en que parecía que algo andaba mal. Aún estaba agarrado de la soga, cuando aterricé de espaldas, cuatro metros abajo, y me quedé sin resuello. No pude respirar por lo que me pareció como una hora (debe de haber sido diez segundos aproximadamente), y yo estaba seguro de que me estaba muriendo. Se me rompieron dos dientes, y en mi cabeza resonaba fuertemente un sonido que era como si estuvieran golpeando un gong. Pero luego de esa tarde, yo estaba levantado y corriendo de nuevo. Aquello no había sido gran cosa.

El año siguiente, me regalaron un juego de química para Navidad. No contenía explosivos ni materiales tóxicos, pero en mis manos cualquier cosa podía ser peligrosa. Mezclé unas sustancias químicas de color azul brillante en un tubo de ensayo, y le puse el tapón bien apretado. Luego comencé a calentar la sustancia, con un mechero Bunsen. Muy pronto, todo aquello explotó. Mis padres recién habían terminado de pintar el techo de mi habitación de un color blanco muy brillante. Pronto el techo había sido decorado con salpicaduras del más hermoso color azul, que permanecieron allí por tres años. Así era la vida en la casa de los Dobson.

Debe ser algo genético. Me dijeron que mi padre fue también un terror en su tiempo. Cuando era pequeño, un amigo lo desafió a gatear a través de un tubo de desagüe, que era del largo de una cuadra. Solo podía ver un puntito de luz al otro extremo, pero comenzó a avanzar lentamente en la oscuridad. Inevitablemente, según supongo, se quedó atascado en algún lugar en medio. La claustrofobia se apoderó de él mientras luchaba en vano, tratando de avanzar. Allí estaba él, completamente solo y sin poder moverse dentro de aquel tubo negro, como boca de lobo. Aunque los adultos hubieran sabido de su aprieto, no habrían podido alcanzarlo. Los socorristas habrían tenido que desenterrar todo el tubo para encontrarlo a él, y sacarlo de allí. Finalmente, el muchacho que iba a ser mi padre, logró salir por el otro extremo del tubo y sobrevivió, gracias a Dios, para vivir otro día como aquél.

Voy a dar dos ejemplos más: Mi padre y sus cuatro hermanos eran muchachos que se exponían a muchos riesgos. Los dos mayores eran gemelos. Un día, cuando tenían tan solo tres años de edad, mi abuela estaba preparando frijoles para la cena. Cuando mi abuelo se iba para su trabajo, le dijo a mi abuela, a una distancia de los hijos desde la que ellos podían oír: «No dejes que los muchachos se metan algunos frijoles en la nariz». ¡Ese fue un mal consejo! Tan pronto como su mamá se dio vuelta, se llenaron la nariz de frijoles. Mi abuela no pudo sacárselos, así que sencillamente empezaron a brotar. En realidad, les estaban creciendo retoños verdes en las fosas nasales. Un médico trabajó diligentemente para sacarles las pequeñas plantas, pedazo a pedazo.

Y años después, los cinco muchachos estaban de pie mirando el impresionante campanario de una iglesia. Uno de ellos desafió a los otros a treparse por el lado de afuera, y ver si podían tocar la parte más alta. Los cuatro, que habían sido desafiados, se pusieron a trepar la estructura como si fueran monos. Mi padre me dijo que fue la gracia de Dios, y nada más, lo que impidió que se cayeran de las alturas. Ese fue un día normal en la vida de cinco muchachos traviesos.

¿Qué es lo que hace que los muchachos se comporten de esa manera? ¿Qué fuerza interna los impulsa a balancearse al borde del desastre?

¿Qué es lo que hay en el temperamento masculino que impulsa a los muchachos a desafiar la ley de la gravedad e ignorar la tierna voz del sentido común, que dice: «No lo hagas, hijo»? Los muchachos son así por la forma en que están hechas sus conexiones neurológicas, y por la influencia de sus hormonas que estimulan cierto comportamiento activo. En el capítulo siguiente examinaremos esas complicadas y poderosas características masculinas. No podemos entender a los varones de cualquier edad, incluyéndole a usted mismo o a aquel con quien usted podría estar casada, sin saber algo acerca de las fuerzas que operan en su interior.

Queremos ayudar a los padres a criar muchachos «buenos» en esta era posmoderna. La cultura está en guerra con la familia, especialmente con los miembros más jóvenes y vulnerables. Mensajes perjudiciales y tentadores les son comunicados a gritos por medio de las películas y la televisión, la industria de la música rock, los defensores de la ideología de las llamadas relaciones sexuales sin riesgo, los activistas homosexuales y la obscenidad que es fácilmente accesible en la Internet. La pregunta con que se enfrentan los padres es «¿Cómo podemos guiar a nuestros niños y niñas más allá de la multitud de influencias con las que se enfrentan por todas partes?». Este es un asunto con consecuencias eternas.

Nuestro propósito en cuanto a eso será ayudar a las madres y los padres mientras «juegan la defensa» a favor de sus hijos, es decir, mientras protegen a esos muchachos de tentaciones inmorales y peligrosas. Pero eso no es suficiente. Los padres necesitan «jugar delantera», para sacar provecho de los años impresionables de la niñez al inculcar en sus hijos los precedentes del carácter. Durante dos breves décadas, la tarea de ellos será transformar a sus muchachos inmaduros e inconstantes en hombres honestos y compasivos, que serán respetuosos de las mujeres, fieles en el matrimonio, cumplidores de sus compromisos, líderes firmes y decididos, buenos trabajadores, y hombres que estén seguros de su masculinidad. Y por supuesto, el objetivo fundamental para las personas de fe es darle a cada hijo una comprensión de las Escrituras y una pasión por Jesucristo que dure toda la vida. Esta es, según creo, la responsabilidad más importante que tenemos cada uno de nosotros, a quienes se nos ha confiado el cuidado y la crianza de los niños.

Hace un siglo, los padres tenían una comprensión mucho mejor de estos objetivos a largo plazo y de cómo lograrlos. Hoy en día, algunas de sus ideas aún son factibles, y luego las compartiré con ustedes. También proveeré un resumen de las últimas investigaciones sobre el desarrollo de los niños y la relación entre padres e hijos. Mi oración es que los hallazgos y recomendaciones obtenidos de esta cantidad de información, combinados con mi propia experiencia profesional de más de treinta años, les dé ánimo y consejos prácticos a aquellos que van por este camino.

Así que prepárense. Tenemos mucho terreno interesante que recorrer. Pero antes, he aquí un pequeño poema para comenzar. Lo he tomado de la letra de una canción que me gusta mucho y que me fue enviada por mi amigo Robert Wolgemuth. Cuando Robert era un jovencito, su madre, Grace Wolgemuth, les cantaba: «That Little Boy of Mine» («Ese muchachito mío») a él y a sus hermanos. Por primera vez escuché esa canción cuando Robert y su esposa, Bobbie, se la cantaron a mi madre en 1983. Una búsqueda de los derechos de autor, no produjo ninguna información acerca de la propiedad de la letra ni de la música. Que ellos sepan, los hijos de Grace Wolgemuth creen que ella compuso la canción para ellos, y la estoy usando con su permiso.

ESE MUCHACHITO MÍO

Dos ojos que tan nítidos brillan,
dos labios que un beso de buenas noches dan,
dos brazos que fuertemente me abrazan.
Ese muchachito mío.
Nadie jamás podría saber, cuánto ha significado
*   tu venida.*
Lo eres todo para mí. Eres algo que el cielo ha
*   enviado.*
Tú eres mi mundo.
Sobre mis rodillas te subes.
Siempre para mí serás:
Ese muchachito mío.[7]

VIVE LA DIFFÉRENCE

UNO DE LOS aspectos más agradables de mi responsabilidad en Enfoque a la Familia es revisar las cartas, las llamadas telefónicas y los correos electrónicos que inundan nuestras oficinas. Yo no los veo todos, ya que su cantidad asciende a más de 250.000 por mes. Sin embargo, regularmente recibo resúmenes que consisten en párrafos de cartas y comentarios que nuestro personal escoge para que yo los lea. Entre ellos hay maravillosos mensajes de padres e hijos, que alegran (y a veces entristecen) mis días. Uno de los que más aprecio, vino de una niña de nueve años de edad, llamada Elizabeth Christine Hays, quien me envió su foto y una lista que ella había hecho acerca de las muchachas y los muchachos. Después, ella y su mamá me dieron permiso para compartir su interesante carta, que dice así:

Querido doctor James Dobson:

Espero que le guste mi lista de las niñas son mejores que los niños. Usted es un buen tipo. Yo soy cristiana. Amo a Jesús.

Cariños,

Elizabeth Christine Hays

P.D. Por favor, no tire la lista.

LAS NIÑAS SON MÁS MEJORES QUE LOS NIÑOS

1. las niñas mastican con la boca cerrada.
2. las niñas tienen mejor letra.

3. las niñas cantan mejor.
4. las niñas tienen más talento.
5. las niñas pueden arreglarse el pelo mejor.
6. las niñas se tapan la boca cuando estornudan.
7. las niñas no se meten el dedo en la nariz.
8. las niñas van al baño con delicadeza.
9. las niñas aprenden más rápido.
10. las niñas son más bondadosas con los animales.
11. las niñas no huelen tan mal.
12. las niñas son más listas.
13. las niñas consiguen más cosas que quieren.
14. las niñas no se tiran tantos vientos.
15. las niñas son más tranquilas.
16. las niñas no se ensucian tanto.
17. las niñas son más limpias.
18. las niñas son más atractivas.
19. las niñas no comen tanto.
20. las niñas caminan con más delicadeza.
21. las niñas no son tan estrictas.
22. las niñas se sientan con más delicadeza.
23. las niñas son más creativas.
24. las niñas lucen mejor que los niños.
25. las niñas se peinan mejor.
26. las niñas se afeitan más.
27. las niñas se ponen deodorante muchas veces más.
28. las niñas no tienen tanto olor a sudor.
29. las niñas no quieren tener el pelo desarreglado.
30. a las niñas les gusta broncearse.
31. las niñas tienen mejores modales.

Me divertí tanto con la creatividad de Elizabeth Christine que incluí su carta en mi próxima carta mensual y la envié por correo a más o menos 2,3 millones de personas. La respuesta, tanto de muchachos como de muchachas, fue fascinante y chistosa. Sin embargo, no le agradó a todo el mundo, incluyendo a una madre muy enojada que pensó que nosotros habíamos insultado a su hijo. Ella escribió lo siguiente: «¿Consideraría usted publicar una carta parecida, titulada "Los muchachos son más mejores que las muchachas"?». Y luego comentó: «Lo dudo; no sería políticamente correcto». Bueno, ¡esa fue la primera vez en la vida que me han acusado de ser políticamente correcto! Con un reto como ese, sencillamente tuve que equilibrar la balanza. En mi carta del mes siguiente, invité a los muchachos a que me enviaran sus opiniones escritas de las muchachas. Lo que sigue son partes seleccionadas de las muchas listas que recibí en las próximas dos semanas.

POR QUÉ LOS NIÑOS SON MÁS MEJORES QUE LAS NIÑAS

1. Los niños pueden ver una película de terror y no cerrar los ojos ni una vez.
2. Los niños no tienen que sentarse cada vez que van al baño.
3. Los niños no se avergüenzan fácilmente.
4. Los niños pueden hacer pipí en el bosque.
5. Los niños pueden subirse mejor a los árboles.
6. Los niños no se vomitan en los aparatos rápidos de los parques de atracciones.
7. Los niños no se preocupan por las dietas.
8. Los niños manejan mejor los tractores que las niñas.
9. Los niños escriven mejor que las niñas.
10. Los niños pueden construir mejores fuertes que las niñas.
11. Los niños pueden aguantar el dolor mejor que las niñas.
12. Los niños están más a la onda.
13. Los niños tienen menos rabietas.
14. Los niños no malgastan su vida yendo de compras.
15. Los niños no tienen miedo a los reptieles.
16. Los niños se afeitan más que las niñas.
17. Los niños no hacen todos esos mobimientos de caderas cuando caminan.
18. Los niños no arañan.
19. Los niños no le trensan el pelo a otro.
20. Los niños no son sabetodos.
21. Los niños no lloran ni lo sienten en el alma cuando matan a una mosca.
22. Los niños no usan tanto deodorante.
23. Los niños fueron creados primero.
24. Los niños aprenden más rápido a hacer ruidos cómicos con los sobacos.
25. Los niños pueden hacer mejores nudos, especialmente colas de caballo de las niñas.
26. Los niños explotan las cosas.
27. Sin niños no habría bebés. (¡Ahora hay una nueva idea!)
28. Los niños comen con mucho ánimo.

29. Los niños no LLORICAN.
30. Los niños tararean mejor.
31. Los niños están orgullosos de su olor.
32. Los niños no lloran cuando se rompen una uña.
33. Los niños no necesitan preguntar cómo ir a un lugar.
34. Los niños pueden deletrear correctamente el nombre del doctor Dobson.
35. Los niños no son esclusibistas.
36. Los niños dejan que otras personas usen el teléfono.
37. Los niños no son aditos a ir de compras.
38. Los niños ponen la carnada en su anzuelo cuando van a pescar.
39. Los niños no cuelgan medias por todo el baño.
40. Los niños no se despiertan con el pelo desarreglado.
41. Los niños no son traviesos. (¿Qué?)
42. Los niños no tardan dos millones de años para estar listos.
43. A los niños no les importa Barby para nada.
44. Los niños no necesitan tener 21 pares de zapatos (¡¡¡tres para cada día de la semana!!!)
45. Los niños no pasan su tiempo poniéndose maquillaje.
46. A los niños no les importa si su nariz no es perfecta.
47. Los niños respetan todo y a todos, ¡hasta a las NIÑAS!

Además de recibir muchas de estas listas de «mejores que», recibí algunas notas muy agradables que fueron escritas por algunos niños. Obviamente, el debate acerca de los niños y las niñas ha desencadenado algunas discusiones en las familias a través de Norteamérica. Aquí hay algunos ejemplos de nuestra correspondencia.

> Me gusta de verdad la página acerca de «las niñas son mejores que los niños». La encontré porque yo iba caminando cerca de la mesa y la palabra «niñas» me llamó la atención. Creo cada palabra en esa hoja de papel. He tratado de convencer a mi amigo, Lenny, de que las niñas son mejores que los niños, ahora tengo pruebas. ¡SIN QUERER OFENDER! Gracias por no tirarla a la basura y por publicarla. Tengo ocho años de edad, casi nueve. FAITH, EDAD: 8

> A la mayoría de los muchachos no les importa la lista que Elizabeth hizo. Les importan más los deportes, divertirse y no preocuparse por su apariencia (a no ser que vayan a

algún lugar bonito). Me obligaron a escribir esta carta. A la mayoría de los muchachos no les gusta escribir.

MICHAEL, EDAD: 12

Elizabeth no tiene la menor idea. ANTHONY, EDAD: 8

Nosotros recibimos su carta hoy, con la lista titulada: «Las niñas son más mejores que los niños». Yo pensé que no todo era verdad. Pensé que algunas de las cosas eran verdad porque mi hermano se arregla el pelo mejor que yo.

STEPHANIE, EDAD: 9

Me gustó la carta que Elizabeth Christine Hays le escribió a usted. Lo que más me gustó fueron sus treinta y una razones de por qué las niñas son mejores que los niños. Mis padres me hicieron leerle estas razones a mis hermanos. Los dos muchachos mayores se rieron todo el tiempo. Se veía que ellos no estaban de acuerdo. Pero, cuando terminé de leer, mi hermano de cuatro años de edad dijo: «Así que, las niñas son mejores que los niños». SARAH, EDAD: 15

Tengo ocho años de edad. Leí la carta que Elizabeth Hays escribió acerca de que las niñas son mejores que los niños. Creo que nada de lo que está en esa lista es cierto. Tengo dos hermanos que son tan especiales como yo. Hay un versículo de la Biblia que dice: «Porque Jehová no mira lo que mira el hombre; pues el hombre mira lo que está delante de sus ojos, pero Jehová mira el corazón» (1 Samuel 16:7). Todos debemos tratar de ver a las demás personas como el Señor nos ve a nosotros. ELISHA, EDAD: 8

Estaba leyendo [su carta] y vi la lista de treinta y una razones por las que las niñas son mejores que los niños. ¿Sabe lo que hice con ella? ¡La pisoteé bien fuerte!

Su amigo, PEYTON. *[No dio la edad]*.

P.D. tiene permiso para publicar esto.

¿No le gusta a usted la espontaneidad y creatividad de los niños y las niñas? Los muchachos y las muchachas tienen una perspectiva tan tierna de casi todas las cosas, y como hemos visto, ellos ven la vida desde extremos opuestos del universo. Hasta un chiquillo puede ver que los niños y las niñas son diferentes. Lamentablemente, lo que es obvio para la mayoría de los niños y los adultos se convirtió en una controversia acalorada en los años setenta. Un pequeño, pero escandaloso, grupo de feministas comenzó a insistir que los sexos eran idénticos, excepto en cuanto al aparato reproductivo, y que cualquier cualidad única en el temperamento o en el comportamiento era resultado de prejuicios culturales patriarcales[1]. Ese fue un concepto radical que carecía de cualquier apoyo científico, contaba solo con un apoyo defectuoso y motivado políticamente. Sin embargo, la campaña se filtró en toda la cultura. De repente, los profesores y los profesionales que debían haber sabido más que eso, comenzaron a estar de acuerdo. No tenían ninguna duda acerca de ello. Las personas del sexo masculino y las del femenino eran redundantes. Los padres habían estado equivocados acerca de sus hijos por, al menos, cinco mil años. Los medios de comunicación corrieron con la idea, y la palabra unisexual encontró su camino dentro del lenguaje de los bien informados. A cualquiera que rebatiera el nuevo dogma, como yo lo hice en un libro publicado en 1975, titulado: *Lo que las esposas desean que los maridos sepan sobre las mujeres*, lo señalaban como un sexista o algo peor.

Entonces el movimiento feminista tuvo un nuevo y peligroso cambio de dirección. Sus líderes empezaron a tratar de reformar la manera en que se estaba criando a los niños (lo cual es la causa de que este asunto sea de interés para nosotros, después de todos estos años). Phil Donahue, anfitrión de un programa televisivo de entrevistas, y montones de sus invitados que se creían que eran expertos en la crianza de los hijos, les dijeron a los padres, día tras día, que sus hijas eran víctimas de terribles prejuicios sexistas, y que debían criar a sus hijos más como si fueran niñas. Había gran urgencia en su mensaje. ¡Las cosas tenían que cambiar de inmediato!, dijeron ellos. La novia de Donahue, Marlo Thomas, quién más tarde fue su esposa, más o menos al mismo tiempo fue la coautora de un libro que llegó a ser un éxito de librería, titulado: *Free to Be You and Me* (Libres para ser tú y yo), al cual los editores describieron como «la primera guía auténtica para la crianza no sexista de los hijos». En dicho libro se instaba a los muchachos a que jugaran con muñecas y con juegos de tazas de té, y les dijeron que ellos podían ser cualquier cosa que quisieran, incluyendo (¡hablo en serio!) «abuelas y mamás». En el libro se incluían montones de poemas y de historias acerca del cambio de papeles, tales como la mamá reparando el techo de la casa, construyendo nuevos estantes en la sala y trabajando con cemento. Mientras tanto, el padre estaba en la cocina preparando el desayuno. Hicieron todo esfuerzo para enseñarles a los niños que los padres podían ser madres estupendas, y que las madres eran personas fuertes[2]. Se vendieron varios millones de ejemplares de este libro. Y el movimiento apenas acababa de comenzar.

Germaine Greer, autora de *The Female Eunuch* (*La mujer eunuco*), fue aún más extremista. Ella dijo que la familia tradicional había «castrado a las mujeres». Creía que las madres debían ser menos cariñosas con sus hijas porque tratarlas amable y bondadosamente reforzaría los estereotipos y las haría más «dependientes» y femeninas. Greer también insistió en que es mucho mejor para los niños que sean criados por instituciones en vez de por los padres[3]. Es difícil creer que su libro, en el que presentó esos indignantes puntos de vista, también ascendió a la cabeza de las listas de éxito de librería. Eso es precisamente un ejemplo de cuán culturalmente dominante era el feminismo radical en aquel entonces.

Tal vez, la más influyente de las primeras feministas fue Gloria Steinem, fundadora de la Organización Nacional para las Mujeres y directora de la revista *Ms*. Lo siguiente es una muestra de su perspectiva acerca del matrimonio y la crianza de los hijos:

> En este país ha habido muchas personas que han tenido el valor para criar a sus hijas más como si fueran sus hijos. Lo cual es formidable porque eso significa que son más iguales... Pero hay muy pocas personas que han tenido el valor de criar a sus hijos como si fueran sus hijas. Y eso es lo que se necesita hacer[4].

> Tenemos que dejar de criar a los muchachos para que crean que necesitan demostrar su masculinidad siendo controladores, no mostrando sus emociones o no siendo pequeñas muchachas. Usted puede preguntarles [a los muchachos] [...]: «¿Qué si fueras una pequeña niña?». Ellos se enojan mucho ante la idea de que ellos pudieran ser esta cosa inferior. Tienen esta idea de que para ser muchachos tienen que ser superiores a las muchachas, y ese es el problema[5].

> [El matrimonio] no es una asociación de personas que son iguales. Lo que quiero decir es que usted pierde su nombre, su calificación crediticia, su residencia legal; y socialmente, la tratan a usted como si la identidad de él fuera la suya. No me puedo imaginar el estar casada. Si todo el mundo

se tiene que casar, entonces francamente eso es una prisión no una elección[6]. (Steinem se casó en el 2000).

Se supone que todas las mujeres quieren tener hijos. Pero aunque trataba, yo nunca podía sentir ningún remordimiento por no querer tenerlos[7].

Piense por un momento en las citas anteriores de Steinem, Greer y otras primeras feministas. La mayoría de ellas nunca se casaron, eran mujeres que no les gustaban los niños, y que estaban profundamente resentidas con los hombres; sin embargo, les dieron consejos a millones de mujeres acerca de cómo criar a sus hijos, especialmente, cómo producir muchachos saludables. No hay ninguna evidencia de que Steinem o Greer hayan tenido alguna experiencia significativa con niños de cualquiera de los sexos. ¿No es interesante que los medios de comunicación (que yo sepa) nunca dijeron nada acerca de esta insensatez? ¿Y no es triste que a esas mujeres se les permitió tergiversar y distorsionar las actitudes de una generación de niños?

Lo que mayormente preocupó a las feministas fue lo que ellas consideraban el «sexismo» en los juguetes para los niños. Como sucedió con muchos otros asuntos durante esa era, fue Germaine Greer la que hizo ruido. Ella dijo: «Así que, ¿de dónde viene la diferencia [entre los sexos]? Si es completamente creada en nosotros por personas como los fabricantes de juguetes, que dirigen a los niños a los camiones, y a las niñas a las muñecas, y por los maestros, los padres, los empresarios, es decir, todas las influencias malvadas de una sociedad sexista, entonces tal vez este es un problema social que hay que arreglar»[8].

Se ejerció gran presión sobre las compañías para «arreglar» el problema. Recuerdo que durante ese tiempo me llamó un abogado para pedir mi ayuda en la defensa de la cadena de farmacias Sav-On. La empresa había sido demandada por una abogada feminista, Gloria Allred, la cual representaba a los padres de siete niñas que, según insistieron ellos, habían sido dañadas emocionalmente porque no habían tenido acceso a ciertos juguetes en una de las tiendas. Allred dijo, muy seria, que a aquellas niñas se les estaba causando un gran daño con dos letreros que decían respectivamente: «Juguetes para niños» y «Juguetes para niñas», que estaban colocados a dos metros encima del pasillo[9]. Entonces un psiquiatra declaró (y fue generosamente recompensado por ello, estoy seguro) que las jovencitas habían sido heridas profunda e irreparablemente por la «discriminación» de Sav-On. Nadie preguntó por qué los padres de las niñas no las llevaron a otra tienda. A pesar de todo, Sav-On cedió, y estuvo de acuerdo con quitar de sus tiendas los letreros «relacionados al género»[10].

Después de eso, los vendedores de juguetes se dieron cuenta de que no se les toleraría la segregación de la mercancía de acuerdo con el sexo. Ellos entendieron el mensaje. Por más de dos décadas, las tiendas Toys "R" Us pusieron en práctica un método de mercado de «género neutro», como lo exigían las feministas. Pero ese método no tuvo éxito. Finalmente, la compañía hizo más de diez mil encuestas de clientes para saber más acerca de las preferencias de los niños. El resultado fue que los niños y las niñas estaban interesados en cosas diferentes. ¡Qué sorpresa! Al fin, con esa información en mano, los ejecutivos de Toys "R" Us decidieron que era políticamente seguro exhibir los juguetes en secciones separadas, llamadas: «Mundo de los niños» y «Mundo de las niñas». Este regreso a un método tradicional provocó una tormenta de protestas de la Women's Reproductive Health Initiative (Iniciativa de la Salud Reproductiva de las Mujeres) y la Feminist Karate Union (Asociación Feminista de Karate)[11]. La compañía se mantuvo firme, y otros vendedores hicieron lo mismo. No tenía ningún sentido que hicieran otra cosa.

Christina Hoff Sommers trató el lío acerca de los juguetes en su extraordinario libro: *The War Against Boys* (*La guerra contra los chicos*). Ella informó que la compañía Hasbro Toys intentó complacer a las feministas produciendo una nueva casa de muñecas diseñada para despertar el interés tanto de los niños como de las niñas. Así podrían vender el doble de unidades. Sin embargo, hubo un pequeño error de cálculo en cuanto a la manera en que los niños responderían. Las niñas tenían la tendencia a «jugar a papá y mamá». Usando la estructura plástica en la manera tradicional. Sus muñecas se casaban, arreglaban los muebles de juguete, tenían bebés, y hacían todas las cosas que habían visto a sus mamás hacer. Los niños jugaban también con la casa de muñecas, pero no como se esperaba. Lanzaban con fuerza el cochecito del bebé desde el techo y, por lo general, les estropeaban el juego a las niñas[12]. ¡A comenzar de nuevo!

Bueno, el movimiento unisexual prevaleció hasta los últimos años de los ochenta, cuando finalmente sucumbió a la tecnología médica. El desarrollo de técnicas no invasivas, tales como las imágenes de resonancia magnética y los escanogramas, permitieron a los médicos y fisiólogos examinar el funcionamiento del cerebro humano de una manera más detallada. Lo que ellos descubrieron destruyó totalmente las declaraciones feministas. Los cerebros de las mujeres y de los hombres se veían muy distintos cuando fueron examinados en un laboratorio. Bajo el estímulo adecuado, se «iluminaron» en diferentes áreas, revelando procesos neurológicos exclusivos[13]. Resultó que los cerebros masculinos y femeninos están «estructurados» de una manera distinta, lo cual, junto con factores hormonales, explica las características de conducta y actitud asociadas tradicionalmente con la masculinidad y feminidad. Estos son los puntos de referencia que las feministas intentaron ocultar o desacreditar, pero fracasaron. A pesar de todo, tenemos que admirar su ambición. Trataron de reformar a la mitad de la familia humana en una sola generación.

Lamentablemente, las ideas que fueron engendradas en los años setenta, y perpetuadas hoy en una forma diferente, están arraigadas profundamente en la cultura, aunque nunca han tenido sentido. Las costumbres relacionadas con la crianza de los hijos han sido cambiadas para siempre. Por ejemplo, muchos padres están o renuentes, o mal equipados, a enseñarle a sus hijos varones cómo son diferentes a las niñas o cuál es el verdadero significado de su masculinidad. También hay una nueva fuente de confusión que proviene de la poderosa agenda homosexual y lesbiana. Sus propagandistas están enseñando un punto de vista revolucionario de la sexualidad, llamado «feminismo de género», el cual insiste en que la asignación de género es irrelevante. La genética puede ser simplemente anulada. Lo que importa es el «género» seleccionado para nosotros cuando éramos bebés o el papel sexual que escogemos para nosotros mismos más tarde en la vida. Mary Brown Parlee expresó esta perspectiva en la revista *Psychology Today*. «El sexo "asignado" a un bebé en el momento de nacer es tanto una *decisión social* como el reconocimiento de un hecho biológico»[14].

Otra escritora feminista lo expresó de la siguiente manera: «Aunque muchas personas piensan que los hombres y las mujeres son la expresión natural de un diseño genético, el género es un producto del pensamiento y de la cultura del ser humano, una construcción social que crea la "verdadera naturaleza" de todos los individuos»[15]. Por lo tanto, si protegemos a los niños del condicionamiento social y religioso, la gente será libre para desempeñar los papeles sexuales que existen, y cambiar de papeles, de acuerdo con su preferencia. La conclusión ilógica de ese concepto es que las feministas y los activistas homosexuales quieren disolver los papeles tradicionales de madres y padres y, con el tiempo, eliminar términos tales como *esposo, esposa, hijo, hija, hermano, hermana, hombre, mujer, niño, niña, género masculino, género femenino*. Estas referencias a la identidad sexual están siendo reemplazadas con términos del género neutro, tales como: *persona, cónyuge, descendiente y criatura*.

Francamente, en esto hay graves consecuencias para las madres y los padres. Le insto a proteger a sus hijos varones de las personas que están adoptando estos puntos de vista posmodernos. Defienda tanto a sus hijos como a sus hijas del feminismo de género y de aquellos que intenten confundir su sexualidad. Proteja la masculinidad de sus hijos, que habrán de estar bajo creciente presión política en años venideros. Resguárdelos de la idea de que la mayoría de los hombres adultos son depredadores sexuales, violentos e irrespetuosos con las mujeres.

También es importante para nosotros, como adultos, comprender nuestra identidad sexual. Si no sabemos quiénes somos nosotros, nuestros hijos o hijas estarán doblemente confundidos en cuanto a quiénes son ellos. Cualquier incertidumbre, cualquier ambigüedad en cuanto a esta asignación debe verse como perjudicial no solo para nuestros hijos e hijas, sino también para la estabilidad a largo plazo de la sociedad misma.

Finalmente, le insto a que base su instrucción acerca de la sexualidad en las Escrituras, las cuales nos dicen: «Dios creó al ser humano a su imagen; lo creó a imagen de Dios. Hombre y mujer los creó» (Génesis 1:27). Jesús, quien fue el primer líder judío que les otorgó dignidad y categoría a las mujeres, dijo: «¿No han leído [...] que en el principio el Creador "los hizo hombre y mujer"», y: «Por eso dejará el hombre a su padre y a su madre, y se unirá a su esposa, y los dos llegarán a ser un solo cuerpo?» (Mateo 19:4-5). Este es el plan divino. Sin lugar a dudas, el Creador no hizo nada más un sexo, sino dos, cada uno maravillosamente creado con sus manos para adaptarse al otro y satisfacer sus necesidades. Podemos estar seguros de que cualquier esfuerzo para enseñarles a los niños algo diferente, habrá de producir agitación en su alma.

Hemos visto lo que la identidad sexual no es. Ahora demos una breve mirada a qué es lo que hace que los varones sean únicos, y cómo esa comprensión nos ayuda a criar muchachos saludables.

PREGUNTAS Y RESPUESTAS

Tenemos un hijo de nueve años de edad que no es en absoluto como usted ha descrito a los muchachos. Es tranquilo, cuidadoso, juicioso y muy tímido. ¿Quiere decir que no es «todo un muchacho»? ¿Debemos tratar de hacerlo cambiar, hacer que sea más enérgico y activo?

Lo maravilloso acerca de la manera en que los seres humanos están diseñados es su asombrosa variabilidad y complejidad. Todos somos diferentes y únicos. Mi descripción de muchachos activos y arriesgados representa un esfuerzo por caracterizar a los varones jóvenes mostrando lo que es típico en ellos, y cómo son diferentes de sus hermanas. Sin embargo, ellos también son distintos unos de otros en miles de características. Recuerdo un día en que llevé a mi hijo de diez años de edad, y a un amigo suyo, en un viaje para esquiar. Mientras íbamos subiendo hacia la cumbre de la montaña en la cabina del teleférico, me preparé para sacar una foto de los dos muchachos con el paisaje visible detrás de ellos. Mi hijo Ryan estaba sonriendo y payaseando delante de la cámara mientras Ricky estaba sentado y tranquilo. Entonces Ryan le pidió a Ricky que agitara las manos e hiciera payasadas como él. Ricky contestó: «Yo no soy esa clase de persona». Y eso era cierto. Los dos muchachos estaban en extremos opuestos en cuanto a sus personalidades. Aún tengo esa foto de los dos muchachos: uno actuando como un loco, el otro que parecía medio muerto de aburrimiento. Pero cada uno de ellos era «todo un muchacho».

Ustedes pueden estar seguros de que su hijo no es el único con esa característica de timidez. Según el Estudio Longitudinal de Nueva York, aproximadamente 15% de los bebés son algo tranquilos y pasivos en las guarderías infantiles[16]. Esa característica de sus temperamentos suele persistir durante la niñez y más allá. Pueden ser espontáneos o cómicos cuando están en la comodidad del hogar. Sin embargo, cuando están con desconocidos, se les pega la lengua y no saben qué decir. Algunos niños son así porque han sido maltratados o rechazados en el pasado. Pero la explicación más probable es que nacieron de esa manera. Algunos padres se sienten avergonzados por la introversión de sus hijos y tratan de hacerlos cambiar. Esa es una misión inútil. No importa cuánto los padres los empujen, nada de lo que hagan logrará que ellos sean extrovertidos y confiados.

Mi consejo para usted es que se deje llevar por la corriente. Acepte a su hijo de la manera en que él está hecho. Entonces busque las cualidades especiales que le imparten a su hijo individualidad y potencial. Nútralo. Cultívelo. Y luego dele tiempo para que desarrolle su propia personalidad, única e incomparable, como la que no tiene ningún otro ser humano sobre la faz de la tierra.

¿Cuál es la
diferencia?

CAPÍTULO 3

Permítame regresar a las preguntas que hice en el primer capítulo. Son:

- ¿Qué es lo que hace que los muchachos se comporten de esa manera?
- ¿Qué fuerza interna los impulsa a balancearse al borde del desastre?
- ¿Qué es lo que hay en el temperamento masculino que impulsa a los muchachos a desafiar la ley de gravedad e ignorar la tierna voz del sentido común, que dice: «No lo hagas, hijo»?

También podríamos preguntar por qué los muchachos tienen la tendencia a ser competitivos, agresivos y enérgicos; y por qué les gustan los autos, los camiones, las armas de fuego y las pelotas. Las respuestas a cada una de estas preguntas se encuentran en tres características físicas y procesos que operan desde adentro, como se describen más adelante. Preste atención. La información técnica provista a continuación podría no emocionarle, pero es muy importante para nuestra comprensión de los muchachos.

El primer factor que se debe considerar es la hormona testosterona, la cual es responsable en gran parte de la masculinidad (aunque existen pequeñas cantidades de la misma en los cuerpos de las niñas y las mujeres). Aparece a las seis o siete semanas después de la concepción, cuando técnicamente todos los embriones son «femeninos»[1]. Es entonces que ocurre un impresionante aumento de testosterona en los embriones que han heredado un cromosoma «Y» (o masculino). En ese momento, la testosterona comienza a masculinizar sus pequeños cuerpos y a transformarlos en varones. En realidad, este «baño hormonal», como a veces se le llama, daña el cerebro que tiene forma de nuez, y altera su estructura de muchas maneras. Hasta su color cambia. El cuerpo calloso, que es la lámina de fibras nerviosas que conecta a los dos hemisferios, es hecho menos eficiente. Eso limita la cantidad de transmisiones eléctricas que pueden fluir de un lado del cerebro al otro, lo cual tendrá consecuencias que durarán toda la vida. Más tarde, un hombre tendrá que pensar más tiempo acerca de lo que él cree, especialmente si se trata de algo con un componente emocional. Tal vez, nunca llegue a comprenderlo totalmente. Por otra parte, típicamente una mujer podrá ganar acceso a su experiencia anterior desde ambos hemisferios, y discernir casi instantáneamente cómo se siente acerca de ello[2].

Otra consecuencia de esta inundación de testosterona en el período prenatal es la localización del desarrollo del lenguaje. En un hombre que usa la mano derecha, está aislado mayormente en el hemisferio izquierdo del cerebro. En una mujer, está mejor distribuido en ambos lados. Por esto, probablemente ella se expresará mejor que él desde la infancia. Yo aprendí esa realidad de una manera bastante difícil. Tuve un ataque de apoplejía en 1998, como resultado de un coágulo de sangre muy pequeño que se quedó atrapado en el lóbulo temporal izquierdo, más arriba del oído. Ese ataque afectó por completo mi habilidad para hablar, escribir y hasta para pedir agua. El neurólogo dijo que yo había perdido lo que se llama «la corteza cerebral de la elocuencia», es decir, el área del cerebro que es responsable del complejo pensamiento creativo. Gracias a las oraciones, a algunos médicos maravillosos y a un medicamento milagroso llamado tPa (activador tisular del plasminógeno), me recuperé casi por completo en veinticuatro horas. Si el ataque de apoplejía hubiera ocurrido unos pocos años antes, cuando el medicamento tPa no había sido creado, probablemente yo habría sido condenado a vivir en un mundo de silencio, al menos hasta que hubiera recibido terapia extensiva de lenguaje. Lo que quiero decir es que mi habilidad para hablar está localizada obviamente en esa pequeña sección del lado izquierdo del cerebro. Sin embargo, una mujer que padezca del mismo trastorno, podría retener alguna habilidad verbal. Debido a que sus funciones cerebrales están más difundidas, las mujeres retienen la comprensión del habla mejor que los hombres después de haber tenido un ataque de apoplejía, y en el futuro cercano se podría mostrar que, por la misma razón, las mujeres conservan la capacidad motora del habla mejor que los hombres después de haber tenido un ataque de apoplejía[3]. La vida es injusta.

El impacto causado por la testosterona tendrá otras muchas influencias profundas en el desarrollo de la mente y del cuerpo de un muchacho. En realidad, afectará cada uno de sus pensamientos y acciones por el resto de su vida. Durante la pubertad ocurrirá otra inundación de testosterona, la cual transformará al muchacho en un hombre. (Después de la pubertad, la testosterona es quince veces mayor en los muchachos que en las muchachas, y el estrógeno es ocho veces mayor en las muchachas que en los muchachos)[4]. Este segundo «baño hormonal» es el principal responsable de la súbita aparición de pelo en la cara, vello púbico, voces chillonas, caras llenas de granos, músculos más grandes, despertar sexual y, finalmente, otras características de la masculinidad adulta.

Estas sustancias poderosas, me refiero no nada más a la testosterona, sino también a la hormona femenina llamada estrógeno, explican por lo menos parte del extraño comportamiento que vuelve locos a los padres. Ellas explican por qué un muchacho o una niña de doce años de edad, feliz y servicial, se puede convertir de pronto en un adolescente malhumorado y deprimido a los trece años. La química humana parece volverse loca por un tiempo. Hay una tendencia a que los padres se desesperen durante este período porque parece que todo lo que ellos han tratado de enseñarles a sus hijos ha fallado. Por varios años, la autodisciplina, el aseo, el respeto a la autoridad, la ética de trabajo y hasta la cortesía común, parecen causas perdidas. Pero vendrán días mejores. Los mecanismos que encienden el fuego en los niños y las niñas, se enfriarán finalmente. Por eso también creo que los padres deberían tratar de ayudarles a pasar la adolescencia en vez de intentar arreglar todo lo que les molesta.

Tal vez, el aumento de hormonas durante el período prenatal, y otra vez al comienzo de la adolescencia, no sea un concepto nuevo para usted. Lo que generalmente se comprende menos es que la maquinaria masculina y, en menor grado, la fisiología femenina, continúan siendo alimentadas con testosterona hasta el final de la vida. Esto fue descrito de la siguiente manera en un fascinante artículo escrito por Andrew Sullivan, y publicado por *The New York Times*.

La hormona masculina

La testosterona está claramente correlacionada, tanto en los hombres como en las mujeres, con el predominio psicológico, la condición física confiada y la alta autoestima.

En la mayoría de los ambientes combativos y competitivos, especialmente en los físicos, gana la persona que tenga la mayor cantidad de testosterona. Ponga a dos hombres juntos en un lugar, y el que tenga más testosterona tendrá la tendencia a dominar la interacción. Las mujeres que trabajan fuera de la casa tienen niveles más altos de testosterona que las caseras; y las hijas de mujeres trabajadoras tienen niveles más altos de testosterona que las hijas de las amas de casa. En un estudio llevado a cabo en 1996, se halló que en parejas lesbianas, en las que una de las compañeras asume el papel masculino, o de «mujer viril», y la otra asume el papel femenino, o de «mujer», la «mujer viril» tiene niveles más altos de testosterona que la mujer «femenina». En pruebas médicas navales, se ha demostrado que los cadetes tienen niveles promedios más altos de testosterona que los novatos. Los actores tienden a tener más testosterona que los ministros, según un estudio hecho en 1990. Otro estudio realizado en 1995, demostró que de entre setecientos prisioneros, los que tenían niveles más altos de testosterona tendían a ser los más propensos a tener problemas con las autoridades de la prisión, y a involucrarse en actos de violencia sin que nadie los hubiera provocado. Esto es cierto tanto entre las mujeres como entre los hombres, según un estudio hecho en 1997 de ochenta y siete prisioneras en una cárcel de máxima seguridad.

Aunque a menudo los altos niveles de testosterona se correlacionan con el predominio en las relaciones interpersonales, no garantizan más poder social. Por ejemplo, los niveles de testosterona son más altos entre los que hacen trabajo manual que entre las personas que tienen trabajos de oficina, según un estudio de más de cuatro mil ex miembros de personal militar, que se realizó en 1992. En un estudio llevado a cabo en 1998, se halló que los abogados litigantes, con su habituación al combate, el conflicto y a su aire arrogante, tienen niveles más altos de testosterona que otros abogados. Hasta es posible decir quién ha ganado un partido de tenis sin ver el juego, nada más revisando hasta el final del partido muestras de saliva llena de testosterona. Antes del partido, los niveles de testosterona aumentan en los dos jugadores. El ganador de cualquier juego individual ve subir su producción de testosterona; el perdedor ve bajar la suya. Después del partido, el ganador final experimenta una oleada de testosterona, mientras que el perdedor ve una caída. Esto es cierto, incluso en cuanto a las personas que están viendo las competencias deportivas. Otro estudio, realizado en 1998, halló que los fanáticos de los equipos ganadores en un juego de baloncesto, y en una competencia de fútbol por la Copa Mundial, vieron subir sus niveles de testosterona; los fanáticos de los equipos perdedores, en ambos juegos, vieron bajar sus propios niveles de testosterona. Parece que hay tal cosa como la testosterona vicariante.

Simplemente se trata de que la testosterona es una facilitadora de riesgo: físico, criminal y personal. Sin la influencia de la testosterona, podría parecer que el dolor causado por estos riesgos es mucho mayor que los beneficios. Pero con la testosterona saturando el cerebro, la precaución se la lleva el viento. Tal vez, no siempre la influencia de la testosterona conduce al enfrentamiento físico. En los hombres que tienen muchas opciones a su disposición, puede influir en la decisión de invertir dinero en un negocio dudoso, enredarse en una aventura sexual o decir una tremenda mentira. En ese momento, debido a la influencia de la testosterona todas esas decisiones pueden tener algún sentido. ¿Le sucedió esto a alguien en la Casa Blanca?[5]

Estas conclusiones fueron sacadas de numerosos estudios científicos, aunque algunos de ellos se deben considerar como preliminares. Todavía hay mucho por aprender acerca de la química del cerebro. Sin embargo, no hay ninguna duda de que existe una relación entre las hormonas y el comportamiento del ser humano. La testosterona en particular, incita el interés del hombre en las carreras de autos, el fútbol profesional, el hockey, el baloncesto, la lucha libre, la caza, la pesca, la navegación en vela, el alpinismo, la historia militar, las armas de fuego, el boxeo profesional, el karate, etcétera. Muchas mujeres disfrutan de estas actividades también, pero son muy pocas las que están interesadas u obsesionadas con ellas. Es casi seguro que la testosterona desempeña un papel en el hecho de que la mayoría de los crímenes de violencia son cometidos por hombres y que en las cárceles la cantidad de presos que son hombres es enormemente desproporcionada.

Hasta en la antigüedad, se sobrentendía que ciertos comportamientos «indeseables» de los hombres estaban relacionados de alguna manera con los testículos. A los hombres que eran esclavos o prisioneros los castraban. Hacían eso para que ellos perdieran el interés sexual en las mujeres que eran miembros de la familia real, y para que fuera menos probable que actuaran con violencia en la corte del rey. Y surtió efecto. Hoy les hacemos lo mismo a los caballos, toros, carneros y otros animales domésticos. Su conducta agresiva disminuye cuando el flujo de testosterona es interrumpido. Cuando los niveles de testosterona son altos, como durante el tiempo de apareamiento, a menudo los machos toman parte en conflictos violentos, y a veces mortales. Un investigador dijo que esto explica por qué probablemente no debemos provocar a un alce macho durante la época de celo[6].

En cuanto a los seres humanos, la testosterona es responsable, por lo menos en parte, de lo que se podría llamar «predominio social». Gregg Johnson escribió:

> En estudios hechos [por antropólogos] de doscientas cincuenta culturas, los hombres dominan en casi todas. Los hombres son casi siempre los legisladores, los cazadores, los fabricantes de armas y los que trabajan en metal, madera o piedra. Las mujeres son principalmente las que cuidan y están involucradas en la crianza de los hijos. Sus actividades están concentradas en el mantenimiento y el cuidado del hogar y la familia. Se involucran con más frecuencia en hacer vasijas de barro, canastas, ropa y frazadas. Se abastecen de madera, conservan y preparan los alimentos, obtienen y cargan la leña y el agua. Recogen y muelen los granos. Los datos indican que hay factores biológicos relacionados con el género que predeterminan el comportamiento[7].

¿Opera aún esta «predeterminación» en las naciones sofisticadas y modernas de hoy en día? La evidencia indica que así es. Después de treinta años de influencia feminista y de programas de acción afirmativa, nada más hay siete mujeres hoy en día que son directoras ejecutivas de algunas de las quinientas empresas más grandes de los Estados Unidos. Así que hay 493 hombres que ocupan el cargo de directores ejecutivos[8]. De los cien senadores de los Estados Unidos, solo once son mujeres[9]. Los Estados Unidos ha tenido cuarenta y tres presidentes, y todos han sido hombres. La organización Nacional para las Mujeres ha señalado estas diferencias para «demostrar» que el patriarcado y la discriminación prevalecen en la cultura. Sin embargo, la explicación más probable es bioquímica y anatómica. Es más probable que los hombres, en cuyos cuerpos fluye de diez a veinte veces más testosterona que en las mujeres, quieran llegar a tener riqueza, poder, fama y categoría porque son impulsados en esa dirección desde su interior. Por otra parte, las mujeres escogen tener hijos, lo cual las saca de la búsqueda competitiva por algún tiempo. Por supuesto, hay excepciones, pero es difícil negar esas tendencias que son obvias.

Las influencias hormonales no solo motivan la ambición de poder en los seres humanos, sino que también impactan la manera en que nos relacionamos unos con otros. Cuando varios hombres visitan una galería de tiro al blanco, tienen la tendencia de concentrarse en pegarle al próximo objetivo. Ellos bromean y hablan unos con otros, pero ganar es lo que está en sus mentes. En cambio, las mujeres tienden a reírse y aplaudir frenéticamente unas a las otras cada vez que le dan al blanco. Están más interesadas en las relaciones que en ganar. Esa diferencia se ve en una infinidad de situaciones. Considere la enorme rivalidad que hubo en el tenis profesional de mujeres, durante la década de los ochenta, la cual trajo como resultado que Chris Evert tuviera que enfrentarse a Martina Navratilova en ochenta ocasiones. Note cómo Martina describió la amistad que estas dos mujeres tenían en aquel entonces:

> Nosotras siempre fuimos muy respetuosas de los triunfos, y de la tristeza, de la otra. Después de un partido, yo iba a ella y la consolaba, y a veces ella venía a mí y me consolaba. O me dejaba una nota o yo le dejaba una nota para decir, sencillamente: «Lo siento» o algo por el estilo. «Estoy segura de que me vas a ganar la próxima vez». Dejábamos la nota en la bolsa de la otra en el vestidor. De vez en cuando, nos enviábamos champán la una a la otra. Nos tratábamos muy amablemente[10].

Compare esa amabilidad con la manera en que Jimmy Connors y John McEnroe se relacionaron durante sus años como jugadores. En su libro, titulado: *Playing with Pure Passion* (*Jugando con pura pasión*), John escribió lo siguiente acerca de sus ataques verbales en la cancha:

> Finalmente, yo estaba tan entregado [a mis demostraciones de mal genio] que en verdad creía que estaba haciendo

lo correcto. Y luego era verdaderamente como una mala costumbre, como no poder dejar de fumar. Creo que la gente se identificaba conmigo. Soy una persona sincera, no alguna clase de farsante. Cuando uno está en la cancha, y hay una temperatura de 38 grados, y un tipo te está lanzando las pelotas a 160 kilómetros por hora, en lo acalorado del momento uno dice cosas diferentes de las que diría cuando más tarde se puede sentar tranquilo. En mi primer torneo de tenis de alta categoría en la ciudad de Wimbledon, cuando llegué a las semifinales, y jugué contra Jimmy [Connors], estaba preocupado de estar en el mismo vestidor con él, y que tal vez me liquidara. Si las miradas pudieran matar, yo habría quedado tirado en el suelo. Me di cuenta que había otro juego totalmente distinto antes de llegar a la cancha. Algunas veces, hablar con la prensa era más difícil que jugar el partido. Esa vez Jimmy me intimidó. Pero más tarde, cuando gané mi primera competencia de alta categoría, me di cuenta de que los jugadores eran mucho peores de lo que pensé, o yo era mucho mejor[11].

¿Puede usted imaginarse a John dejando una nota en la bolsa de Jimmy, diciéndole: «Siento mucho que perdiste» o «Estoy seguro de que me ganarás la próxima vez»? De ninguna manera. La competencia para ellos no era solo un partido de tenis. Era un enfrentamiento de titanes en un campo de batalla. No todos los atletas masculinos son tan feroces como Connors y McEnroe, y también algunas mujeres pueden ser bastante desagradables en la cancha. Pero es más probable que los atletas masculinos manifiesten el impulso competitivo de maneras contenciosas. Yo solía jugar baloncesto con un hombre que había sido un jugador de clase internacional, y que es una de las personas más amables que he conocido. Pero cuando estaba en la cancha, se volvía malo. Humillaba a cualquiera que podía y, por lo general, podía. Yo le hacía bromas acerca de la «delgada capa de amabilidad» que desaparecía cuando él estaba en lo acalorado de la competencia. Sin duda, había enormes cantidades de testosterona y adrenalina fluyendo por sus venas masculinas.

¿Y qué acerca de los muchachos? Si la «hormona masculina» puede tener esta clase de influencia en los hombres hechos y derechos, ¿cómo afecta el comportamiento de los muchachos? De la misma manera. La mayoría de los expertos creen que la tendencia que los muchachos tienen de arriesgarse, ser más enérgicos, pelear, competir, discutir, jactarse y sobresalir en ciertas habilidades, tales como resolver problemas, matemáticas y ciencia, está relacionada directamente con la manera en que el cerebro está estructurado, y con la presencia de la testosterona. Esto puede explicar por qué los muchachos son tan intranquilos cuando están en el aula, y por qué algunos maestros les dicen que parecen lombrices. El problema es que a los muchachos se les enseña a tal ritmo que les resulta difícil adaptarse. La testosterona tiene que ver también con el deseo que cada muchacho tiene, desde muy temprano, de ser el tipo más fuerte y valiente del barrio. Esa es la manera en que Dios los hizo.

La serotonina

Consideremos brevemente otra hormona que afecta el comportamiento humano. Se llama serotonina, y lleva información de una neurona a otra. Por lo tanto, se le llama «neurotransmisora». El propósito de la serotonina es calmar o apaciguar las emociones, y ayudar a la persona a controlar su comportamiento impulsivo. También facilita el tener buen juicio. Estudios realizados con monos salvajes, revelan que era más probable que los que tenían niveles bajos de serotonina dieran saltos peligrosos de rama en rama. (Bastante parecido a lo que yo hice en el peral, ¿no es cierto?) Ratas, con insuficiente serotonina, tenían la tendencia a ser más agresivas y violentas. Estudio del fluido cerebroespinal de asesinos indicaron que muchos de ellos tienen niveles bajos de esta hormona, al igual que los pirómanos y aquellos que se enojan fácilmente. La depresión y las tendencias suicidas están relacionadas con la insuficiencia de serotonina[12].

Si la testosterona es la gasolina que le suministra energía al cerebro, la serotonina reduce la velocidad y le ayuda a uno a conducir.

Y... usted lo adivinó. Típicamente, las mujeres tienen niveles más altos de ella que los hombres.

La amígdala cerebral

El tercer aspecto de la neurología, que nos ayuda a entender las diferencias entre las personas del sexo masculino y las del sexo femenino, tiene que ver con una porción del cerebro conocida como la amígdala. Es una estructura más o menos del tamaño de una almendra, que funciona como una pequeña pero poderosa «computadora emocional». Cuando los sentidos perciben una amenaza física o emocional instantáneamente la amígdala les ordena a las glándulas suprarrenales y a otros órganos defensivos que entren en acción. Esto se lleva a cabo regulando la salida de varias hormonas que aumentan al máximo las probabilidades para sobrevivir durante tiempos de peligro inminente. También hay evidencias de que la amígdala nunca olvida un momento aterrador. Por eso, a las personas traumatizadas a menudo les resulta tan difícil superar las experiencias espeluznantes[13].

Lo que hace que la amígdala sea de interés para nosotros es el papel que desempeña en la regulación de la agresividad. Está justo en medio del hipotálamo en la base del cerebro, que es el centro de las emociones. Cuando la amígdala percibe una amenaza o un reto, envía impulsos eléctricos a través de conexiones neuronales hacia el interior del hipotálamo, que lo ponen en un estado de ánimo desagradable. Agréguele la testosterona a esa situación, y usted tiene el potencial para una respuesta fogosa. Permítame enfatizar este último asunto: la amígdala nada más puede responder a lo que hay en su banco de memoria. No piensa ni razona. Emite una respuesta química y eléctrica «irracional» que puede salvarle a usted la vida en una emergencia, pero también puede precipitar la violencia y hacer que las cosas sean mucho peores[14].

Bueno, aquí tenemos otra vez la misma historia. La amígdala es más grande en las personas del sexo masculino que en las del femenino, lo cual explica por qué es más probable que los muchachos, en vez de las muchachas, sean feroces y se involucren en lo que el psicoterapeuta. Michael Gurian llamó: «comportamiento moralmente riesgoso»[15].

En resumen, hemos considerado tres componentes críticos de la neurofisiología masculina: la testosterona, la serotonina y la amígdala. Juntos, determinan lo que significa ser una persona del sexo masculino y por qué los muchachos son una «raza distinta». Después de haber considerado lo que podría verse como las desventajas de estas características, debo apresurarme a decir que los muchachos y los hombres tienen también algunas ventajas. Debido a la especialización de sus cerebros, ellos son típicamente mejores que las muchachas y las mujeres en matemáticas, ciencia, relaciones espaciales, lógica y razonamiento. Por eso la mayoría de los arquitectos, matemáticos y científicos son hombres. También es interesante que los hombres son más sensibles a las historias que las mujeres. Cuando se reúnen, comparten experiencias que les comunican su significado emocional, mientras que las mujeres nunca hacen esto. Las mujeres conversan más abiertamente acerca de sus sentimientos, en vez de jugar el juego llamado: «¿Puedes superar esto?». En resumen, los sexos son muy, pero muy, diferentes, de maneras que nunca podremos entender totalmente.

¿Qué podemos decir entonces? ¿Es la masculinidad buena o mala, correcta o incorrecta? ¿Son los muchachos biológicamente defectuosos? A primera vista, parecería que las muchachas tienen todo bien. Por regla general, ellas cometen menos errores, corren menos riesgos, son mejores estudiantes, son más amables y son menos impulsivas que los muchachos. ¿Fue la testosterona uno de los grandes errores de Dios? ¿Sería mejor si los muchachos fueran más parecidos a las muchachas, y los hombres fueran más parecidos a las mujeres? ¿Se debería afeminar, emascular y debilitar a los hombres? Eso es precisamente lo que parece que algunas feministas y otros liberales sociales piensan y quieren que nosotros creamos. Como hemos visto, algunos de ellos están tratando de reprogramar a los muchachos para hacerlos menos competitivos, menos agresivos y más sensibles. ¿Es buena idea? Por supuesto que no. En primer lugar, porque contradice la naturaleza masculina y nunca tendrá éxito y, en segundo lugar, porque los sexos fueron diseñados cuidadosamente por el Creador para equilibrar los puntos débiles del otro y satisfacer las necesidades del otro. Sus diferencias no son resultado de un error evolutivo, como comúnmente se supone hoy. Cada sexo tiene un propósito especial en el gran diseño divino.

Cuán increíblemente creativo ha sido Dios al haber puesto una forma diferente de dominio en cada sexo para que haya un equilibro entre los dos. Cuando se unen en matrimonio para formar lo que las Escrituras llaman «una carne», se complementan el uno al otro. ¿No sería aburrido si los hombres y las mujeres fueran idénticos, como han afirmado las feministas? Pero no es así, y gracias a Dios que no es así.

Considere de nuevo las tendencias básicas de la masculinidad y la feminidad. Puesto que las mujeres tienen el privilegio y la bendición de tener hijos, están predispuestas a la regularidad, la estabilidad, la seguridad, la precaución y la sensatez. La mayoría de ellas valoran las amistades y la familia por encima de los logros o las oportunidades. Por eso, con frecuencia no les gustan los cambios y se resisten a mudarse de una ciudad a otra. El temperamento femenino se presta al cuidado, a la actitud servicial, la sensibilidad, la ternura y la compasión. Esas son precisamente las características que sus hijos necesitan que ella tenga durante los años del desarrollo de ellos. Sin la suavidad de la feminidad, el mundo sería un lugar más frío, legalista y militarista.

Por otra parte, los hombres han sido diseñados para un papel diferente. Ellos valoran el cambio, la oportunidad, el riesgo, la especulación y la aventura. Están diseñados para proveer físicamente para sus familias y para protegerlas de daños y peligros. El apóstol Pablo dijo: «El que no provee para los suyos, y sobre todo para los de su propia casa, ha negado la fe y es peor que un incrédulo» (1 Timoteo 5:8). Esta es una misión divina. En las Escrituras los hombres han sido ordenados también para el liderazgo en sus hogares, el cual deben expresar dentro del marco del servicio. Con frecuencia, aunque no siempre, los hombres son menos emotivos en una crisis y más confiados cuando se les reta. Un mundo sin hombres sería más estático y poco interesante. Cuando mi padre murió, mi madre dijo, con lágrimas en los ojos: «Él trajo tanto entusiasmo a mi vida». A menudo, esa característica es atractiva para las mujeres.

Cuando estos temperamentos, que están vinculados con el sexo, funcionan en una familia como deben, equilibran y fortalecen las deficiencias del otro. Por ejemplo, a veces un hombre se entusiasmará en cuanto a una empresa o una idea arriesgada que se le presente. Tal vez, impulsivamente invierta todos los recursos de la familia en una sola cosa. Por otra parte, su esposa ve los riesgos. Ella es más escéptica y precavida. Su renuencia está basada en cierta habilidad para percibir el peligro o los resultados negativos. Ella es particularmente buena para intuir el carácter de las personas. Una mujer dice: «Hay algo acerca de Carlos (o Juan o Marcelo) que no me gusta. Sencillamente no confío en él». Tal vez, no puede explicar por qué se siente así, pero, a menudo, su intuición es correcta. Y cualquier hombre que no considera, por lo menos, la perspectiva de su esposa se está privando de información valiosa.

Por otro lado, si una mujer tiene que aprobar una idea antes de que se eche a rodar, su esposo puede perderse oportunidades genuinas que estén a su disposición. Hay ocasiones en las que su espíritu de aventura debe triunfar sobre su escepticismo. En resumen, ni la mujer ni el hombre tienen el monopolio de la verdad. Sus temperamentos individuales están diseñados para moderarse mutuamente, no nada más en cuanto a asuntos de negocios, sino también en casi todos los aspectos de la vida. Recientemente, hablé con un matrimonio que comprendía muy bien estas tendencias contrastantes. Ellos dijeron que él era el «pedal» y ella el «freno». Ambos son vitales para operar un automóvil con seguridad. Si tienen nada más la habilidad para detenerse, nunca se moverán.

Mi madre y mi padre eran como «yin y yang». Ellos estaban en desacuerdo, respetuosamente, en casi todo: «Desde cómo poner las cosas en el auto cuando iban de viaje hasta qué hotel escoger». Felizmente, utilizaban sus diferentes perspectivas para provecho. Como mi padre dijo: «Cualquier propuesta que tenga la aprobación de los dos debe ser bastante buena».

Eso nos trae de regreso a nuestra comprensión de los muchachos. Recordemos que ellos son hombres bajo entrenamiento. Su naturaleza agresiva está diseñada para un propósito. Los prepara para los papeles futuros de «provisión y protección». Esa energía también edifica la cultura cuando es dirigida adecuadamente. Exhorto a ustedes los que son padres a que no tomen a mal o traten de eliminar la naturaleza agresiva y excitable que puede ser tan irritante. Ese temperamento es parte de un plan divino. Celébrelo. Disfrútelo. Dele gracias a Dios por él. Pero comprenda también que hay que moldearlo y «civilizarlo». Esa es la dirección en que iremos en los siguientes capítulos.

PREGUNTAS Y RESPUESTAS

Nuestro pediatra nos dijo que él cree que tal vez nuestro hijo tiene el trastorno por déficit de atención e hiperactividad (TDAH). ¿Puede usted decirnos qué se sabe acerca de este problema?

El trastorno por déficit de atención (TDA), parece ser un síndrome neurológico hereditario que afecta aproximadamente a 5% de los niños en los Estados Unidos[16]. Se refiere a personas que se distraen fácilmente, tienen poca tolerancia al aburrimiento y a la frustración, y tienden a ser impulsivas e inconstantes. Algunas de ellas son también hiperactivas, por la tanto se dice que tienen el trastorno por déficit de atención e hiperactividad (TDAH).

Estos niños tienen un patrón de conducta que los conduce al fracaso en la escuela y conflictos con sus padres. Tienen dificultad para terminar tareas, recordar detalles, fijar la atención en un libro o un trabajo o hasta para permanecer sentados por más de unos pocos minutos. Algunos parecen estar impulsados desde su interior a medida que van con rapidez de una cosa a otra. A menudo, son muy inteligentes y creativos; sin embargo, se les ve como perezosos, perturbadores y terriblemente desorganizados. Con frecuencia, los niños que tienen el trastorno por déficit de atención, sin hiperactividad o con ella, padecen de baja autoestima porque los han acusado de ser haraganes y anarquistas que se niegan a seguir las reglas. A veces, tienen pocos amigos porque pueden volver loco a cualquiera, hasta los que son de su misma edad.

¿Cómo puedo saber si mi hijo tiene el trastorno por deficiencia de atención e hiperactividad?

Es imprudente que los padres intenten hacer un diagnóstico sobre su propio hijo o hija. Hay muchos otros problemas, tanto psicológicos como físicos, que pueden hacer que un niño sea hiperactivo o perezoso; la depresión y la ansiedad pueden causar la distracción asociada con el trastorno por déficit de atención. Por lo tanto, usted debe tener la ayuda de un médico, un experto en el desarrollo de los niños o un psicólogo que pueda confirmar el diagnóstico.

Si usted ve en su hijo o hija los síntomas que he descrito, le recomiendo que lo lleve a un profesional para que lo examine. Repito, ¡usted *no* debe intentar hacer un diagnóstico de su propio hijo o hija! Cuanto antes lleve a ese jovencito a ver un profesional que se especialice en este trastorno, mejor será.

¿Cuál es la causa del trastorno por déficit de atención?

Se cree que es hereditario. Russell Barkley, del Centro Médico de la Universidad de Massachusetts (University of Massachusetts Medical Center), calcula que el 40% de los niños con trastorno por déficit de atención (y, por implicación, el trastorno por déficit de atención e hiperactividad) tienen un padre o una madre con síntomas parecidos, y 35% tienen un hermano o hermana que está afectado. Si un gemelo idéntico está afectado, las probabilidades de que su hermano o hermana lo esté también es de entre 80 y 90%. Es dos o tres veces más probable que el trastorno por déficit de atención les sea diagnosticado a los muchachos que a las muchachas[17].

No se sabe cuál es la causa del trastorno por déficit de atención, pero probablemente tiene que ver con diferencias sutiles en la estructura del cerebro, sus senderos neuronales, su química, su suministro sanguíneo o su sistema eléctrico. Mientras escribo estas palabras, están surgiendo algunas interesantes hipótesis, aunque aún se tienen que sacar conclusiones definitivas.

He oído decir que el trastorno por déficit de atención es controversial y que pudiera ser que ni siquiera exista. Es obvio que usted no está de acuerdo con esto.

Sí, no estoy de acuerdo, aunque este trastorno se ha puesto de moda y tiende a ser diagnosticado en exceso. Pero cuando un niño tiene este problema en realidad, le aseguro que no hay que convencer de ello a los padres ni a los maestros.

¿Desaparece el trastorno por déficit de atención a medida que los niños crecen?

Antes creíamos que el problema era eliminado con el comienzo de la pubertad. Eso fue lo que me enseñaron en la escuela de posgrado. Ahora se sabe que el trastorno por déficit de atención es una condición que dura toda la vida, y que por lo general influye en el comportamiento desde el nacimiento hasta la muerte. Algunos adultos que tienen este trastorno aprenden a ser menos desorganizados o impulsivos, a medida que envejecen. Dirigen su energía hacia actividades deportivas o profesiones en las cuales funcionan muy bien. Otros tienen problemas para establecerse en una carrera o permanecer en un empleo. Terminar lo que tienen que hacer, sigue siendo un problema según saltan de una tarea a otra. En particular, no sirven para trabajos de oficina, posiciones de contabilidad, u otras tareas que exigen atención a los detalles, estar sentado muchas horas y la habilidad de encargarse de varias responsabilidades a la vez.

Otra consecuencia del trastorno por déficit de atención, en la adolescencia y en la edad adulta, es la sed de actividades de alto riesgo como las que he descrito en este capítulo. Las personas que tienen el trastorno por déficit de atención son propensas a los accidentes desde que son niños. A medida que crecen, la escalada en rocas, el *puenting*, las carreras de autos, andar en motocicleta, el piragüismo en aguas rápidas y otras cosas por el estilo, están entre sus actividades favoritas. A veces a los adultos que tienen este trastorno les llaman «adictos a la adrenalina» porque están enviciados con el «estado eufórico» producido por la ráfaga de adrenalina asociada con su comportamiento peligroso. Otros son más propensos al consumo de drogas, al alcoholismo y a otros comportamientos adictivos. Más o menos 40% de las personas que tienen el trastorno por déficit de atención habrán sido arrestadas para cuando cumplan los dieciocho años de edad[18].

También los que tienen este trastorno corren más riesgo de tener conflictos matrimoniales. Para un cónyuge compulsivo y muy organizado puede ser muy irritante el estar casado con alguien desordenado, cuya vida es caótica y que se olvida de pagar las cuentas, arreglar el auto o guardar los documentos para los informes de sus impuestos sobre los ingresos. Las parejas como esta suelen necesitar asesoramiento profesional para ayudarles a esforzarse juntos y sacar provecho mutuamente de los puntos fuertes de cada uno.

¿Qué clase de tratamiento está disponible?

El tratamiento incluye una variedad de factores, comenzando con la instrucción. El adulto que tiene el trastorno por déficit de atención se siente muy aliviado cuando se entera de que lo que padece es una condición que se puede identificar y tratar. El doctor Robert Reid de la Universidad de Nebraska le llama la «etiqueta del perdón». Él dijo: «Los problemas que el niño tiene no son culpa de sus padres, ni del maestro, ni tampoco del niño»[19]. Estas son buenas noticias para la persona a la que toda su vida le han dicho que es tonta, estúpida, perezosa, insoportable y perturbadora.

Entonces, el primer paso para reconstruir el concepto que un adulto tiene de sí mismo es entender cuáles son las fuerzas que están operando en su interior. Mi consejo a esa persona y a su familia es: ¡lean, lean, lean!

¿Le preocupa a usted que Ritalin y otros medicamentos estén siendo recetados excesivamente? ¿Debo estar poco dispuesto a dárselo a mi hijo de diez años que es muy hiperactivo?

En realidad, me preocupa que estos medicamentos se dan caprichosamente y por razones incorrectas. Hay informes acerca de que en algunas aulas hasta 10% de los niños los están tomando[20]. Esa es una enorme señal de peligro. Los medicamentos que se venden solo bajo receta se han usado como un curalotodo para diferentes formas de mala conducta. Es lamentable. Sospecho que algunos padres y maestros les dan estos medicamentos a sus niños revoltosos o porque no les han disciplinado correctamente o porque prefieren tenerlos sedados. Todos los medicamentos tienen efectos secundarios indeseables, y se deben administrar tan solo después de una evaluación y un estudio cuidadosos. Por ejemplo, Ritalin puede reducir el apetito y causar insomnio en algunos pacientes. Sin embargo, se considera que es extraordinariamente seguro.

Si su hijo o hija ha sido evaluado por un profesional que tiene experiencia en el tratamiento de este problema, y que ha diagnosticado que él o ella tiene el trastorno por déficit de atención; a pesar de todo lo demás, usted no debería dudar en aceptar una receta para el medicamento adecuado. Algunos cambios impresionantes pueden suceder cuando se identifica la sustancia correcta para un niño en particular. Proveerle a esa persona una mente enfocada y control interno es una bendición. A menudo, los medicamentos funcionan así cuando se diagnostica al niño correctamente.

Permítame compartir con usted una idea más sobre esto. Yo creo que algunos de los que se sospecha que tienen el trastorno por déficit de atención, sin hiperactividad o con ella, no lo tienen. Más bien, sus síntomas son causados por el hecho de que los sacaron de la seguridad de sus hogares y los metieron en situaciones de aprendizaje estructurado antes de que estuvieran listos. No están preparados desde el punto de vista de su desarrollo para las exigencias que les hacen allí. Creo que si se les permitiera a esos muchachos inmaduros permanecer en el hogar por un año o dos más, la incidencia de muchachos inquietos e inconstantes disminuiría[21].

Espíritus heridos

TAL VEZ ALGUNOS de mis lectores se pregunten en este momento: ¿Por qué hablar nada más de los muchachos? ¿Por qué no considerar también las necesidades de las muchachas? La respuesta es que hoy en día los muchachos, aún más que las muchachas, tienen grandes problemas. Por tres décadas hemos escuchado que las muchachas son discriminadas, acosadas sexualmente, tratadas irrespetuosamente y despreciadas en las escuelas. Esas afirmaciones tienen alguna validez, y se están tomando medidas para encarar ese problema. Pero un grupo de científicos sociales están advirtiéndonos de una crisis entre los varones nunca antes vista. Mientras que muchos niños están haciéndole frente adecuadamente, una considerable minoría están luchando con desconcertantes presiones y fuerzas sociales, con las que los varones de años atrás no tuvieron que enfrentarse. Podemos decir que, para algunos, el simple hecho de tratar de sobrevivir emocionalmente es abrumador. Veamos los hallazgos que nos han hecho llegar a la conclusión de que, hoy en día, muchos varones están fracasando, y la inmensa mayoría de ellos son influenciados negativamente por la cultura.

Cuando se compara a los muchachos con las muchachas, es seis veces más probable que ellos tengan dificultades de aprendizaje, tres veces más probable que los inscriban como drogadictos, y cuatro veces más probable que les diagnostiquen que tienen trastornos emocionales. Ellos se encuentran en un riesgo mayor de padecer de esquizofrenia, autismo, adicción sexual, alcoholismo y enuresis, y de practicar toda clase de comportamiento antisocial y criminal. Es doce veces más probable que ellos maten a alguien, y su índice de mortalidad en accidentes automovilísticos es 50% mayor. De los casos de delincuencia presentados ante los tribunales, 67% tienen que ver con personas del sexo masculino[1].

Pero hay más. Es dos veces más probable que los varones menores de quince años de edad sean admitidos a hospitales psiquiátricos[2], y es cinco veces más probable que sean los que se suiciden[3]. De los suicidios, 80% son cometidos por varones de menos de 25 años de edad[4]. Los casos de suicidio entre los varones de raza negra han aumentado 165 en los últimos doce años[5]. Los varones abarcan 90% de las personas que están en programas de tratamiento para la adicción a las drogas, y 95% de todos los jóvenes involucrados en los tribunales de menores[6].

El doctor Michael Gurian, psicoterapeuta y autor del libro titulado: *The Wonder of Boys* (La maravilla de los varones), que es un éxito de ventas, dijo que la confusión y la insatisfacción de los varones son particularmente evidentes en la educación pública.

> Desde los grados de la escuela primaria hasta el final de la escuela secundaria, los varones reciben calificaciones más bajas que las muchachas. Los varones son retenidos en el octavo grado 50% más a menudo que las muchachas. Al llegar a la escuela secundaria, dos terceras partes de los estudiantes que están en las clases de educación especial son varones. Ahora son menos los varones que asisten a la universidad y que se gradúan de ella. En la actualidad, 59% de todos los candidatos a títulos de maestría son mujeres, y el porcentaje de hombres en la educación profesional a nivel de graduados está disminuyendo cada año. Cuando a los estudiantes de octavo grado se les pregunta acerca de su futuro, es dos veces más probable que sean las muchachas, en vez de los varones, quienes digan que quieren dedicarse a una carrera en administración o tener alguna otra profesión o negocio. Los varones experimentan más dificultades para adaptarse a la escuela, tienen hasta 10 veces más probabilidades de padecer de «hiperactividad» que las muchachas, y representan 71% de todas las suspensiones escolares[7].

Tal vez la evidencia más inquietante de la crisis ha tenido que ver con el aumento de la violencia entre los varones, especialmente los tiroteos escolares en Littleton, Colorado; Jonesboro, Arkansas; Springfield, Oregón; Paducah, Kentucky; Ft. Gibson, Oklahoma; Santee, California; y El Cajón, California. Lamentablemente, es probable que haya otros acontecimientos para el tiempo en que este libro sea publicado. Hasta ese momento, la mayoría de los jóvenes asesinos han sido varones de la raza blanca que no pudieron explicar por qué quisieron matar a sus compañeros de la clase y a sus maestros. Cuando a los asesinos que sobrevivieron les pidieron que explicaran cuáles fueron sus motivos, sencillamente dijeron: «Yo no sé». Varios se refirieron al acoso de sus compañeros, parecido al que nosotros los adultos experimentamos y que aprendimos a hacerle frente cuando éramos niños.

Uno de los asesinos en Springfield, Oregón, fue un muchacho de quince años, llamado Kip Kinkel. Él asesinó a sus padres y, después, les disparó a veintisiete de sus compañeros de clase en la Escuela Secundaria de Springfield. Dos de ellos murieron. Lo siguiente es parte de la transcripción de la entrevista que los investigadores le hicieron a Kinkel unas pocas horas después de que había matado a su padre y luego a su madre:

> **Agente de la policía no identificado:** Tú te le acercaste caminando por detrás y le diste un tiro en la cabeza. ¿Es cierto eso?
> **Kinkel:** Básicamente, sí.
> **Agente:** ¿Cuántas veces le disparaste?
> **Kinkel:** Una.
> **Agente:** ¿Y dónde le dio la bala?
> **Kinkel:** Más o menos cerca de la oreja... Oh, Dios mío... Yo amaba a mi papá; por eso tuve que hacerlo.
> **Agente:** Lo amabas, ¿así que por eso tuviste que matarlo?
> **Kinkel:** Sí... Oh, Dios mío. Mis padres eran buenas personas... No sabía que hacer porque... oh, Dios mío, mi madre estaba por llegar a casa... Oh, Dios mío.
> **Agente:** ¿Sabías que eso era malo?
> **Kinkel:** No tenía otra alternativa. Eso era lo único que yo podía hacer[8].

¿Quién puede decir con seguridad qué fue lo que motivó a Kip a pegarle un tiro a su padre, a pesar del amor que declaró tenerle? Sin embargo, sabemos que hay un común denominador entre él y muchos de los otros jóvenes que han matado despiadadamente a sus compañeros. Es una ira interna que casi no se puede explicar. Un investigador cree que típicamente esos muchachos no saben hasta el último momento si van a cometer un homicidio, un suicidio o ambos[9]. Aunque, hoy en día, hay millones de otros adolescentes que nunca recurrirían a semejante violencia extrema, ellos también están enfrentándose a su propio tipo de enajenación.

Francamente, algo anda terriblemente mal hoy en día. ¿Cómo podemos explicar este volcán de emociones que arde dentro de muchos varones, y quién puede prever lo que esto presagia para la clase de hombres en que ellos se convertirán? ¿Y cuál es la causa del creciente número de varones adolescentes que simplemente no están triunfando en el mundo de hoy? Estas son preguntas desconcertantes, y sus respuestas son variadas y complejas. En los capítulos siguientes hablaré acerca de los factores fundamentales, sugeriré lo que los padres y los maestros pueden hacer para ayudar. Pero primero, veamos más de cerca la vida emocional de los niños hoy en día, y la preponderancia de un fenómeno inquietante llamado «espíritus heridos».

En la actualidad, más que nunca, los varones están experimentando una crisis de confianza en sí mismos, que llega hasta lo más profundo de sus almas. Muchos de ellos crecen creyendo que los padres no los aman y que sus compañeros los odian o no los respetan. Esto trae como resultado una forma de autodesprecio que a menudo sirve como un preludio de la violencia, la drogadicción, la promiscuidad y el suicidio. Eso ayuda a explicar por qué los varones y las muchachas hacen cosas que de otra manera no tendrían sentido, tales como: autolesionarse, perforarse partes sensibles del cuerpo, hacerse tatuajes de pies a cabeza, tomar drogas peligrosas, e identificarse con la muerte, la perversión y las ceremonias satánicas. De algunos de ellos se ha dicho que «lloran con balas».

Para algunos niños, el síndrome del espíritu herido comienza más temprano, como consecuencia del abuso y del abandono. Puede ser que los niños y las niñas muy pequeños, cuyas necesidades básicas permanecen insatisfechas nunca se recuperan completamente. Llegan a experimentar graves impedimentos psicológicos y neurológicos, como veremos dentro de un momento. ¿Por qué está sucediendo esto? De los padres que les hacen daño a sus hijos o los descuidan, 67% abusan de sus propios cuerpos por medio del consumo excesivo de alcohol o de las adicciones a otras sustancias que alteran la mente[10]. Difícilmente una persona podrá cuidar y amar a un niño mientras está borracha o drogada.

Por supuesto, no todas las formas de abuso están relacionadas con el consumo de sustancias químicas. Sencillamente, muchos padres están demasiado ocupados y distraídos, o son demasiado inmaduros y egoístas para satisfacer las urgentes necesidades de los bebés y los niños que empiezan a andar. El divorcio, cuando ocurre, hace que los adultos desvíen la atención de sus hijos y que la concentren en sus propias circunstancias difíciles. Esta ruptura del compromiso entre los padres, que ocurre en nuestro mundo agitado y vertiginoso, surgirá repetidas veces en esta disertación acerca de los varones. Es el problema fundamental que asedia a los niños hoy en día.

El descuido persistente de los niños y las niñas en los primeros dos años de vida es psicológica y neurológicamente devastador. El cerebro es un órgano interactivo y dinámico que necesita estímulo desde el mundo exterior. Cuando a los niños se les ignora y maltrata, o se les lleva de una persona a otra para que los cuide, se producen daños terribles en su capacidad para pensar. Mientras más intenso sea el abuso, mayor será el daño que se les habrá hecho.

Esta idea ha sido confirmada por los cientos de millones de dólares invertidos por el gobierno federal de los Estados Unidos en investigaciones médicas y del comportamiento, enfocadas no solo en niños, sino también en adolescentes, de los cuales abusaron horriblemente cuando eran bebés. Algunos de ellos estuvieron en sus cunas por días con los mismos pañales sucios que les quemaron el trasero; o sus padres, que estaban mentalmente enfermos o eran adictos a la cocaína, los golpearon o los metieron en agua hirviendo. Los investigadores dicen que el descuido o el rechazo de esta clase, hace que el cuerpo de un niño produzca cantidades significativas de las hormonas cortisol y adrenalina. Estas sustancias químicas se mueven a través de la corriente sanguínea hacia áreas del cerebro, elegidas como blanco, que están relacionadas con la comprensión y la conciencia. El daño causado allí, a senderos neuronales críticos, nunca se repara y, finalmente, limita la habilidad de que, más tarde en la vida, la persona sea sensible a otros. Por eso muchos de los muchachos más violentos tienen «dañado el cerebro», literalmente[11].

Estos estudios ayudan a explicar por qué una cantidad cada vez mayor de adolescentes parecen no tener conciencia acerca de matar o mutilar a víctimas inocentes. Un muchacho de catorce años de edad, le disparó a un hombre que estaba sentado en su auto frente a una señal de alto. Cuando le preguntaron por qué lo hizo, dijo que porque el hombre «lo miró de una manera rara». Otro muchacho estaba cerca de la entrada de una tienda y asesinó a un cliente nada más para divertirse viéndolo morir[12]. Estos jóvenes asesinos, de los cuales casi todos son varones, típicamente no expresan ningún arrepentimiento o remordimiento por su brutalidad. Robin Karr-Morse, coautora del libro *Ghosts in the Nursery: Tracing the Roots of Violence* (Fantasmas en la guardería infantil: Siguiendo el rastro de la violencia), dijo que una nación de bebés ignorados y descuidados emocionalmente «ha creado una línea de montaje [de niños] que conduce directamente a nuestras cárceles»[13].

Por supuesto, hay otros factores que hieren el espíritu. Uno de ellos es el énfasis extremo en la imagen de sí mismo, lo cual ahora invade las almas de los niños muy pequeños. La vida puede ser difícil para el muchacho que es extraño o diferente de una manera obvia: tiene la nariz torcida o la piel llena de manchas o marcas de granos o tiene el pelo demasiado rizado o demasiado lacio o tiene los pies o el trasero muy grande o es bizco o tiene las orejas salidas. Los que tienen el pelo rojo pueden ser víctimas de burlas crueles desde los años preescolares. En realidad un jovencito o jovencita puede ser físicamente perfecto, excepto por una sola característica que le avergüenza, pero bajo un ataque de burlas, él o ella se preocupará nada más por ese defecto como si fuera lo único importante en la vida. Y por un tiempo, así es precisamente.

El autor Frank Peretti creó el término «espíritus heridos», y lo utilizó como el título de su excelente libro basado en su propia experiencia de la infancia. Él nació con un tumor en la mandíbula que lo desfiguró y lo condujo a ser objeto de burlas despiadadas durante su infancia. Se veía a sí mismo como un «monstruo» porque eso era lo que los otros niños lo llamaban[14]. Y a Frank le hacen compañía millones de otros que han vivido años de rechazo y burlas debido a una anormalidad física o una característica desagradable.

Esta vulnerabilidad a los compañeros siempre ha sido parte de la experiencia humana, pero hoy en día los niños y los adolescentes son aún más sensibles a ella. La razón es que la cultura popular se ha convertido en un ama tiránica que cada vez exige una conformidad mayor a su ideal cambiante de perfección. Por ejemplo, si usted ha tenido la ocasión de ver una película antigua de Elvis Presley, se habrá dado cuenta de que las muchachas que desfilaban en bikinis tenían un poco de sobrepeso y se encontraban ligeramente fuera de forma. Y allí estaban, «retorciendo» su corpulenta parte trasera para satisfacción de Elvis y de los otros libidinosos miembros de su conjunto musical. Pero esas actrices que parecían tan seductoras en 1960, hoy en día no podrían triunfar en el programa de televisión *Baywatch* (*Guardianes de la bahía*). La mayoría de ellas necesitarían pasar un año o dos en el gimnasio y someterse a una operación para agrandarles los senos. En la época del famoso pintor holandés Rembrandt, las mujeres que eran consideradas como excepcionalmente bellas eran las que estaban verdaderamente gordas. Hoy en día, la flaqueza extrema y los «cuerpos duros» se han convertido en el ideal, a veces aproximándose a la masculinidad. En resumen, la norma de perfección se ha elevado, y ha quedado fuera del alcance de la mayoría de los niños y niñas.

Los medios de comunicación y la industria del entretenimiento son mayormente responsables del ataque que estamos viendo en la actualidad. Alaban las imágenes de la perfección corporal, incluyendo «supermodelos», «compañeros de juego», «nenas» y «machotes». El efecto final en los niños y los adolescentes es profundo, no solo en este país, sino también en el mundo entero. Vimos ejemplos impresionantes de esto cuando por primera vez la transmisión de la televisión occidental vía satélite llegó a las islas del Pacífico Sur. Mostró las imágenes de actrices bellísimas y muy delgadas, que eran las protagonistas de un programa titulado *Melrose Place, Beverly Hills 90210* y de otros espectáculos dirigidos a los adolescentes. Cuatro años después, una encuesta de sesenta y cinco muchachas de las islas Fiji demostró cómo sus actitudes habían sido moldeados (o deformadas) por lo que habían visto. Casi de inmediato, las muchachas comenzaron a vestirse y a intentar arreglarse el pelo como las mujeres occidentales. La doctora Anne Beecher, directora de investigaciones del Harvard Eating Disorder Center (Centro de Trastornos Alimenticios de Harvard), también observó cambios graves en los hábitos alimenticios entre las adolescentes de las islas Fiji. Las que vieron la televisión tres veces por semana, o más, tenían 50% mayor probabilidad de percibirse a sí mismas como «demasiado grandes» o «demasiado gordas» que aquellas que no la vieron[15]. Más del 62% de ellas había intentado hacer dieta durante los 31 días anteriores[16].

Un muchacho o una muchacha no tiene que ser obeso para sentir esta presión. Un estudio, que hace algunos años se llevó a cabo en la Universidad de California, demostró que 80% de las niñas de cuarto grado estaban intentando hacer dieta porque se veían a sí mismas como gordas[17]. Otro estudio, que también se realizó hace tiempo dio a conocer que la mitad de los niños de escuela primaria, de ocho a once años de edad, informaron que no estaban contentos con su peso[18]. Creo que estas cantidades serían aún más impactantes hoy en día. La doctora Mary Sanders y sus colegas de la Facultad de Medicina de la Universidad de Stanford hicieron conjeturas acerca de que las causas fundamentales de la anorexia nerviosa, la bulimia y otros trastornos alimenticios podrían estar relacionadas con estas experiencias a temprana edad. Ella y sus colegas creen que los jóvenes hoy en día «están sumergidos en una cultura en la que los mensajes acerca de hacer dieta son predominantes»[19]. ¿Se imagina por qué? Porque los mensajes acerca de la «gordura» son tan increíblemente amenazadores que hasta las personas que están delgadas se aterrorizan antes la posibilidad de ganar peso. Con razón los trastornos alimenticios están extendiéndose mucho entre los jóvenes.

Parece que esta obsesión con el peso afectó a la difunta princesa Diana, del Reino Unido, de quien muchos dirían que fue la mujer más atractiva y bella del mundo. Sin duda alguna, ella fue una de las mujeres más fotografiadas, según fue evidenciado por los «paparazzi» que la siguieron hasta el último momento de su vida. Ninguna otra persona produjo el nivel de apoyo para obras de caridad y otras causas como Diana, la princesa de Gales. Al tener en cuenta su atractivo y su belleza, y su enorme influencia en el mundo entero, ¿no es casi incomprensible que la princesa Diana haya tenido una imagen muy mala de sí misma? No le gustaba lo que veía cuando se miraba en el espejo y, por algún tiempo, luchó contra un trastorno alimenticio. ¿Cómo pudo ser que una mujer de tanta riqueza y popularidad llegara a descender a semejante estado de autodesprecio y depresión?

Tal vez, el dañado concepto de sí misma que la princesa Diana tenía no fue algo tan extraño como pudo haber parecido. Nuestro sistema de valores está organizado de tal manera que pocas mujeres se sienten totalmente bien acerca de sus cuerpos. Hasta las concursantes por el título de Miss América y Miss Universo admitirían, si son sinceras, que les molestan sus defectos físicos. Si personas a las que Dios ha bendecido con una gran belleza y atracción, luchan a menudo con los sentimientos de ineptitud, imagínense cómo se sentirán sus hijos o hijas adolescentes, que estén flacuchos, acerca de los cuerpos imperfectos con los que nacieron. El culto a la belleza es una maldición internacional que plaga a cientos de millones de personas, la mayoría de ellas jóvenes, con una sensación de inferioridad. Hasta la difunta princesa Diana fue víctima de ello[20].

Ahora bien, los ejemplos que he provisto en cuanto a esto, han tenido que ver principalmente con muchachas o con mujeres. ¿Por qué son también de importancia en cuanto a los muchachos y los hombres? Porque esta preocupación con la perfección física y la imagen de sí mismo se ha convertido en un grave problema tanto para las personas del sexo masculino como para las del femenino. Las investigaciones revelan que no hay diferencia entre los sexos en cuanto a esto[21]. Los muchachos quieren desesperadamente ser grandes, fuertes y bien parecidos. Cuando tienen más o menos cuatro años, flexionan los bíceps levantando los brazos, cierran los puños y apuntan hacia el bulto que se ve donde, probablemente, algún día crecerá un músculo. «Tócalo, papá —dicen—. ¿Ves lo grande que está?». Se supone que los padres respondan: «Sí, hijo, estás fuerte de veras».

Los muchachos pequeños se ponen capas de Supermán y Batman, ropa de vaquero y chistosos taparrabos como los que se ponía Tarzán porque quieren demostrar que son «malos», queriendo decir «fabulosos». Estas «ansias masculinas de tener poder» son lo que hace que los muchachos peleen, se trepen, luchen y se jacten. Así están hechos. Por eso cuando un muchacho está atrasado en su desarrollo o es más pequeño que sus compañeros, con frecuencia padece de problemas relacionados con su imagen de sí mismo. Póngase en el lugar de un muchacho muy pequeño (que hasta es más bajo de estatura que las muchachas, y le falta la fuerza necesaria para competir en los deportes), al cual todos los demás en su clase le hacen burlas o maltratan y lo llaman «enano», «mequetrefe» o «mosquito». Después de aguantar esa clase de acoso por algunos años, su espíritu comienza a sangrar.

Recuerdo una ocasión en la que yo estaba sentado en mi auto cerca de un restaurante de comida rápida, comiendo una hamburguesa con papas fritas. (¡Eso fue antes de que un ataque al corazón me quitara el gozo de comer algunas cosas sabrosas!) Miré de casualidad por el espejo retrovisor, y vi al gatito más sucio y flaco que uno se pueda imaginar, caminando por una cornisa del edificio. Se veía tan lastimero y enfermo. Las personas desamparadas siempre han sido mi debilidad, y también los animales, y no pude dejar de hacer algo por aquel infeliz gato. Salí del auto, arranqué un pedazo de mi hamburguesa y se lo tiré. Pero antes de que él lo pudiera alcanzar, un enorme gato saltó desde los arbustos, atrapó el bocado y se lo tragó. Sentí lástima por el gatito, que se dio media vuelta y huyó a esconderse en las sombras. Aunque lo llamé y le ofrecí otro bocado, estaba demasiado asustado para salir de nuevo. De inmediato, recordé mis años como maestro de escuela secundaria. Cada día, vi adolescentes que estaban tan necesitados y tan desesperados como aquel gatito. No era comida lo que necesitaban, sino amor, atención y respeto. Algunos estaban casi desesperados por conseguirlos. Y cuando se atrevían a abrirse y «tratar de alcanzar una oportunidad», como pedirle una cita a una muchacha o ir a un juego deportivo, uno o varios de los muchachos populares los atemorizaban y los hacían huir para esconderse en las sombras, asustados y solitarios. Esto sucede con frecuencia en las escuelas.

Hace algunas semanas, una madre me llamó para decirme que estaba muy preocupada por su hijo de doce años de edad, llamado Brad. Dos noches antes, ella lo había encontrado llorando, y le insistió en que le dijera por qué. Entre lágrimas, el muchacho le dijo con disgusto que no quería seguir viviendo y que había estado buscando una manera para suicidarse. Había leído que la pasta dentífrica podía ser dañina si se tragaba, así que estaba pensando en comerse un tubo entero. La familia de este joven es una de las más fuertes e impresionantes que he tenido el privilegio de conocer, sin embargo, delante de las narices de los padres, su querido hijo estaba considerando suicidarse. Brad había sido siempre un buen muchacho que tenía muchos amigos, pero se le había presentado un problema al que no le podía hacer frente. Después de abrirse paso a través de la crisis, los padres se enteraron de que un muchacho en la escuela se había estado burlando de las orejas de Brad porque las tenía un poco salidas. Aquel abusador lo había hecho sentir como la persona de aspecto más raro en toda la escuela. Cuando se cruzaban en el vestíbulo, el acosador se ponía las manos detrás de las orejas y las empujaba hacia delante.

Tal vez algunos de mis lectores piensen que la crisis personal de Brad era una tontería. He escuchado a algunas personas decir acerca de situaciones parecidas: «Vamos. Eso es cosa de niños. Él superará ese problema. Todos hemos pasado por momentos como ese». Y tienen razón. La mayoría de nosotros hemos sido objetos de burlas de parte de nuestros compañeros. Pero nunca debemos subestimar la angustia que puede causar una situación que a un adulto le parece que «no es gran cosa», sobre todo cuando tiene que ver con niños que ya han sido heridos de otras maneras. En el caso de Brad, hasta le quitó el deseo de seguir viviendo. Los padres nunca deben hacer caso omiso de una experiencia de esta índole, tampoco se les debe dar poca importancia a las advertencias de suicidio. Aunque usted esté criando a sus hijos en un ambiente saludable, seguro y amoroso, debe mantener sus ojos y oídos abiertos durante sus años de la adolescencia. Las emociones de los adolescentes son volubles, y pueden conducir a situaciones peligrosas que se materializan de repente. Los muchachos, con más frecuencia que las muchachas, se comportan de manera antisocial cuando los acorralan.

Entonces, ¿qué debe hacer usted cuando ve que un niño está siendo acosado por sus compañeros? En el caso de Brad, le aconsejé a su mamá que hablara con la madre del abusador. En vez de atacar a su hijo verbalmente, lo cual habría provocado una represalia instantánea y más problemas, sugerí que la madre de Brad explicara que *ella* tenía un problema y agradecería que la mamá del otro muchacho la ayudara a manejar la situación. Y eso fue lo que hizo. Las dos mujeres conversaron y trataron sus mutuas preocupaciones Aunque la madre del otro muchacho fue algo defensiva, el acoso terminó y el problema fue enterrado. También la familia de Brad buscó asesoramiento profesional para ayudar a su hijo a enfrentarse a los problemas más profundos relacionados con la imagen que tenía de sí mismo y con las inseguridades personales que habían surgido.

Además, le sugerí a su mamá (y ahora le sugiero a usted, a riesgo de que parezca que hay un interés personal de mi parte) que obtuviera un ejemplar de mi libro y mi serie de casetes titulados *Preparémonos para la adolescencia*. No están dirigidos a los padres, sino a los adolescentes. El primer libro y el primer casete tienen que ver con el ataque a la autoestima que es casi seguro que ocurra en los primeros años de la adolescencia. En ellos también se les dice a los muchachos y a las muchachas cómo se deben preparar para estas experiencias. Si los adultos sabemos que estos días difíciles vendrán, y no hacemos un esfuerzo por ayudar a nuestros hijos a prepararse para ellos, no estamos realizando nuestro trabajo. Los detalles están en el libro y en los casetes. Espero que le sean de utilidad.

A propósito, el consejo que le di a la madre de Brad era algo riesgoso. Yo sabía que ella podía ponerlo en práctica porque es una mujer muy prudente y no se comporta de manera amenazadora. Pero su conversación con la otra mujer acerca de su hijo fue difícil, y pudo haber tenido un efecto contraproducente. Las madres se pueden enojar terriblemente cuando alguien critica a sus hijos. Además, algunas madres no tienen control sobre sus hijos rebeldes, y no podrían resolver el conflicto aunque quisieran. En esos casos, se pueden tratar otros métodos. Algunos de ellos no son muy útiles. Cuando yo era psicólogo escolar conocí a una madre que se enojó tanto porque un abusador estaba acosando a su hijo que se las arregló para acorralar al responsable. Ella habló con él como lo hubiera hecho un sargento de infantería de marina entrenando a un recluta. Algunos días después, vi a aquel abusador y todavía estaba pálido. Le pregunté:

—¿Qué te dijo la señora Jordan?

Me contestó:

—Ella... ella... me dijo que si no dejaba a su hijo en paz, me iba a matar.

Obviamente, esa no era la mejor solución. Pero le voy a decir algo. La señora Jordan le hizo entender claramente que no le iba a permitir que siguiera abusando de su hijo, y ese abusador desapareció silenciosamente en las sombras de la noche.

Tiene que haber una mejor manera de proteger el espíritu de su hijo. Tal vez requiera medidas extraordinarias e inconvenientes. En cuanto a mí, yo no permitiría que mi hijo permaneciera en un ambiente abusivo si me diera cuenta de que era peor que el relacionado con los problemas insignificantes que suelen ocurrir entre los niños. Si los compañeros de su jovencito comenzaran a estar en contra de él y a herir su corazón, día tras día, si yo fuera usted, lo sacaría de allí. Yo buscaría una escuela pública con cursos especializados, o una escuela cristiana, o hasta me mudaría a otra ciudad si fuera necesario. (A propósito, el acoso en las escuelas cristianas puede ser tan predominante como en las escuelas públicas). Cuando su hijo lleve las de perder, un cambio de ambiente podría ser necesario. Más adelante hablaré de la instrucción escolar en el hogar, que es otra excelente opción para algunos. Cualquiera que sea la manera que usted escoja para hacerle frente a esta situación, recuerde que debe proteger el espíritu de su hijo. Yo he visto lo que una jauría de lobos le puede hacer a un cordero indefenso.

Y ya que he hablado de lobos, permítame compartir con usted la historia de otro animal, la cual pienso que es importante. Nuestra perra Mindy no era ni de raza ni una campeona. Su padre había sido un perro vagabundo, así que no supimos mucho acerca de su parentela. Ella era simplemente una perrita asustada que una noche se apareció delante de la puerta de nuestra casa, después de que sus dueños habían abusado de ella y la habían tirado de un auto. La verdad es que nosotros no necesitábamos otro perro, ¿pero qué podíamos hacer?

Recogimos a Mindy, y creció con rapidez para convertirse en uno de los mejores perros que hemos tenido. Pero ella nunca perdió la fragilidad causada por el abuso de la que había sido objeto. No podía resistir que la criticaran o regañaran cuando accidentalmente hacía algo incorrecto. En realidad se subía a las piernas de uno y escondía los ojos. Un verano, nos fuimos de vacaciones por dos semanas y la dejamos en el patio de la casa. El hijo de uno de nuestros vecinos se encargó de darle la comida y el agua, pero Mindy estaba sola durante la mayor parte del tiempo. Obviamente, nosotros subestimamos lo que esa soledad le haría a ella. Cuando regresamos, la encontramos sentada al lado de la casa sobre una frazada. A su alrededor había siete animales viejos de felpa de nuestra hija, los cuales ella había encontrado guardados en el garaje. Mindy los había llevado, uno a uno, hasta su cama y se había rodeado de aquellos pequeños amigos.

Si una perrita vieja necesita amor y amistad de esa manera, ¿cuánto más cierto es eso en cuanto a todos los niños y niñas sobre la faz de la tierra? Los adultos debemos procurar que cada uno de ellos encuentre la seguridad que necesita. Nunca debemos olvidar las dificultades de tratar de crecer en el mundo competitivo en que los niños viven. Dediquemos tiempo a escucharlos, interesarnos en ellos y guiarlos. Esa podría ser la mejor inversión de nuestra vida.

Una razón por la que estoy totalmente convencido de que los adultos deben proteger a los niños, unos de otros, es porque tengo muy buena memoria. Después de haber disfrutado de una infancia feliz y segura, comencé la escuela secundaria, y fui objeto de algunas críticas muy duras de parte de varios de los alumnos más viejos. Recuerdo un día en el que lloré todo el camino de regreso a casa por lo que dos muchachos y una muchacha me habían dicho. Eso me causó una crisis de confianza en mí mismo que mi padre me ayudó a enfrentar. Al haber visto a tantos niños luchando con la mismas presiones a las que yo me enfrenté, a menudo les digo a los que están en la escuela secundaria que si pueden sobrevivir a los trece y catorce años de edad, serán capaces de enfrentarse a cualquier problema que más tarde se les presente en la vida. Lo digo medio en broma.

Refiriéndome de nuevo a mi padre, con quien pude contar cuando yo estaba desesperado, mi experiencia demuestra la importancia de tener una familia firme y amorosa que ayude al niño a sobrevivir las presiones de la adolescencia. Una de las razones por las que algunos adolescentes reaccionan, violenta y tontamente es que no hay nadie en casa con quien puedan contar para que los ayude a bajar del precipicio. Tarde o temprano, todo gira alrededor de la calidad de vida familiar. Ese es el gran problema.

Finalmente, yo aprendí cómo defenderme de los ataques. Durante mi tercer año en la escuela secundaria, mi familia se mudó, y me pusieron en una nueva escuela secundaria. Casi de inmediato, tuve que enfrentarme a varios abusadores que me vieron como un blanco fácil. Uno de ellos me siguió por el pasillo entre clases, burlándose de mí y metiéndose conmigo. No aguanté más. Me di vuelta súbitamente y le tiré mis libros a la cara. Para cuando pudo verme de nuevo, yo estaba encima de él. Felizmente, yo medía más de dos metros de estatura y sabía defenderme. Ese fue el final del conflicto. La noticia les llegó pronto a los otros abusadores, y todos me dejaron en paz. Pero si yo hubiera pesado catorce kilos menos, y hubiese sido alrededor de veinte centímetros más pequeño, habría sido el blanco continuo de aquellos tipos grandes. Ese es el mundo en que los muchachos adolescentes viven hoy en día. Como Anita la huerfanita cantó en la producción de Broadway: «Esta vida es criminal».

Permítame admitir, de paso, que una vez yo pensé también que sería divertido acosar a alguien. En ese tiempo era un alumno inmaduro de noveno grado que había atravesado por un año difícil de acoplamiento como el que describí anteriormente. Parecía razonable que yo le pasara un poco del dolor a algún otro. Escogí al que creí que sería un buen candidato, y comencé a causarle algún sufrimiento. Denny era más o menos de mi tamaño, pero pensé que era un cobarde. Un día, antes de clase, me puse a acosarlo para divertirme en grande. Lamentablemente, él resultó ser mucho más valiente de lo que yo había pensado. De pronto, Denny me golpeó la cabeza, aproximadamente seis veces, antes de que yo me diera cuenta de lo que estaba pasando. En realidad, me derrotó, lo cual me causó una de las mayores sorpresas de mi vida. En aquel momento, y allí mismo, abandoné mi carrera de abusador. Aquello no era para mí.

¿Por qué los muchachos se acosan y se meten miedo unos a otros de esta manera? Angela Phillips lo explicó así: «El efecto de la intimidación es arrastrar a otros niños al mismo nivel de impotencia, por medio del temor. Un niño que vive atemorizado no es capaz de aprender. El abusador ha reducido entonces a su víctima a su mismo nivel disfuncional»[22]. Eso es exactamente lo que yo estaba intentando hacer con Denny. Sencillamente, escogí a la víctima equivocada, eso es todo.

He aquí otra razón por la que los abusadores acosan a otros. *The Journal of Developmental Psychology* informó acerca de un estudio realizado con 452 muchachos de cuarto, quinto y sexto grados. El mismo reveló que, con frecuencia, aquellos que se burlaban de los compañeros más débiles, y eran agresivos y rebeldes en la escuela, eran los más populares entre los demás alumnos. Las características que los niños tienen tendencia a admirar en los muchachos son el poder bruto y la audacia. El doctor Phillip Rodkin de la Universidad de Duke explicó por qué. Dijo: «Estos muchachos pueden interiorizar la idea de que la agresión, la popularidad y el control van juntos naturalmente, y que no pueden dudar en cuanto a usar la agresión física como una estrategia social porque ha funcionado en el pasado»[23]. Es decir, los abusadores son recompensados socialmente por acosar a los niños que están por debajo de ellos en la jerarquía, lo cual probablemente explica por qué muchos lo hacen. A propósito, otros estudios demostraron que el comportamiento rebelde entre las niñas no trajo como resultado mayor popularidad. Los muchachos son los únicos admirados por violar las reglas. ¡Usted podría tener a uno o más de ellos!

Cualquiera que sea la razón, hay bastantes muchachos abusadores alrededor para hacer su miserable labor. Un estudio realizado por la psicóloga Dorothy Espelage reveló que 80% de los estudiantes participan en actos de acoso, y que 15% de los alumnos de séptimo y octavo grado dicen que ellos acosan a alguien habitualmente[24]. En un estudio anterior, se descubrió que era cuatro veces más probable que los muchachos, en vez de las muchachas, fueran responsables por agresiones físicas, y mucho más probable que ellos fueran víctimas de agresiones[25]. En un estudio patrocinado por la Fundación Kaiser, 74% de alumnos de ocho a once años de edad, y 86% de adolescentes, informaron que sus compañeros se habían burlado de ellos o les habían acosado[26]. Uno de cada cinco niños en las aulas está atemorizado[27]. Hoy en día, este es un problema de gran magnitud en las escuelas de los Estados Unidos. También desempeña un papel significativo en la violencia sangrienta que continúa afligiendo a la nación. En las últimas cuatro décadas, ha habido un aumento de 500% en los índices de homicidio y suicidio[28]. Estoy convencido de que muchos de los que se suicidan, y matan a otros, padecen de espíritus heridos. Andy Williams, el joven que asesinó a dos de sus compañeros de clase en la Escuela Secundaria Santee, era continuamente objeto de burlas por tener un «cuerpo anoréxico»[29]. Algunos niños pueden hacer caso omiso de esa clase de ridiculización, pero en otros se produce una ira que dura toda la vida.

A menudo, los que se vuelven violentos, o se comportan de otra manera antisocial, provienen de la parte más baja de la pirámide social. Adrian Nicole LeBlanc, autor de un artículo titulado «The Outsiders» (Los forasteros), nos dio algunas ideas acerca del acoso, ella dijo:

> Las jerarquías tradicionales operan [en las escuelas]: los niños populares suelen ser de familias más adineradas, y los muchachos entre ellos tienden a ser atletas. Las muchachas que prefieren las marcas de ropa Gap, Tommy y Polo componen el grupo de amigas atractivas, muchas de las cuales son atletas. Por debajo de los niños populares, en un orden cambiante de relativa poca importancia, están los adictos a las drogas y toda clase de muchachos y muchachas que se identifican por medio de su manera de vestir, hablar y comportarse que va desde lo intelectual hasta lo ridículo. Hay alborotadores, perdedores y flotantes (niños que cambian de grupo a grupo). Los verdaderos perdedores son invisibles.
>
> Ser un marginado es ser uno que «no es un varón». Es ser femenino, ser débil. Los abusadores funcionan como un tipo de fuerza policial que hace cumplir el código social.

El estribillo «la venganza de los *nerds*» (que les asegura a los muchachos impopulares que si persisten a través de la escuela secundaria, la lista de triunfadores cambiará) no pone en duda la jerarquía que coloca en riesgo a los marginados. Así que los muchachos sobreviven por resistencia, a veces por sus puños, pero principalmente, si son afortunados, sobreviven con la ayuda de la «familia» que han creado entre sus amigos[30].

LeBlanc continuó revelando porciones de una entrevista realizada con un muchacho llamado Andrew, el cual se encontraba al final del montón:

«Al principio, me acosaban porque de verdad yo era inteligente —dice Andrew, presentando la secuencia como evidencia de los hechos—. Yo leía todo el tiempo. Leía durante la clase de matemáticas». En ese entonces, en la escuela secundaria, él tenía la compañía de Tom Clancy y de un muchacho que era su mejor amigo, con quien podía hablar de cualquier cosa. Él dice que las cosas son mejores ahora; durante las horas de escuela se junta con los muchachos raros. Sin embargo, la rutina diaria, que él describe, parece estar muy lejos de ser una mejoría: otros muchachos le dan golpes, lo empujan contra las pizarras y lo meten de cabeza en los cubos de la basura. En un baile de la escuela, en presencia de chaperonas y policías, un muchacho levantó a Andrew y le arrancó un bolsillo del pantalón. «Un día soy un afeminado, el día siguiente soy un retrasado», dice Andrew. Una muchacha que antes era su amiga ahora lo ve acercarse y le grita: «¡Vete de aquí, nadie te quiere!».

Andrew se unió al equipo de carreras de larga distancia a campo traviesa, pero la aflicción lo siguió en las carreras de entrenamiento. El año que viene, no volverá a unirse al equipo aunque le gusta ese deporte. Hace poco, él y otros muchachos fueron expulsados temporalmente de la escuela por sospechas de consumo de drogas. Según Andrew, antes sacaba calificaciones de sobresaliente en todo; ahora mayormente saca calificaciones de aprobado y de insuficiente. Él no ve ninguna relación entre el abuso de que ha sido objeto y los cambios en su vida.

Andrew tampoco le ha dicho nada a sus padres. Creo que ellos piensan que él es popular. «Si tratara de explicárselo a mis padres —dice—, ellos dirían: "Bueno, pero tú tienes un montón de amigos". No lo creo. La verdad es que ellos no se dan cuenta». Sin embargo, sus amigos sí se dan cuenta.

Uno de ellos es Randy Tuck, estudiante de segundo año, que mide aproximadamente un metro y medio de estatura, tiene el pelo grueso y abundante y la cara colorada debido a los granos. Él rescató a Andrew de un «remolino» (dos muchachos lo llevaban cargado en dirección al inodoro).

Andrew dice que el aislamiento «aumenta dentro. A veces uno se puede poner verdaderamente enojado por algo que no tiene mucha importancia, pero que es como la gota que derramó el vaso». Él podría entender a los asesinos Dylan Klebold y Eric Harris, si la infelicidad de ellos no hubiera mostrado señales de que algún día terminaría, aun así Andrew sigue siendo optimista. Después de todo, hay algunas personas que no tienen amigos[31].

No es difícil de entender cómo los muchachos con espíritus heridos (los raros y los tontos) pueden perder control de sí mismos bajo presión intensa y hacerles un daño inconcebible a otros. Por supuesto, no estoy excusando o justificando su comportamiento. La mayoría de los estudiantes pasan por ese tiempo difícil sin recurrir a la violencia. Sin embargo, algunos albergan un odio tan grande que les disparan no nada más a los que se han burlado de ellos, sino a todos los que estén en su camino. Luego usan las armas de fuego en contra de sí mismos, como el acto supremo de odio hacia su propia persona. En casi todos los casos de actos de violencia realizados al azar en las escuelas, los jóvenes responsables han sido ridiculizados y acosados por sus compañeros. Como dijo Andrew, esto fue lo que ocurrió en la Escuela Secundaria Columbine, en Littleton, Colorado, en una trágica tarde de abril de 1999. Doce estudiantes y un maestro fueron asesinados antes de que los dos asesinos de diecisiete años se suicidaran[32]. Aunque ellos son totalmente responsables de la masacre, no se pueden estudiar las circunstancias fundamentales sin ver las evidencias del rechazo del que fueron objeto por parte de los muchachos más populares. Mientras mataban a sus compañeros de clase, según se informa, Klebold gritó: «Esto es por cada uno de los que se burló de nosotros». Harris dijo: «Sus muchachos me han humillado. Me han avergonzado. Todos van a morir, todos van a morir. Yo soy Dios, y decido lo que es verdad»[33]. Obviamente, la ira reprimida se desbordó y causó muchas muertes. Esto se está convirtiendo en un modelo conocido.

Otro factor clave es la preponderancia de la violencia en los medios de comunicación, que les ha enseñado a los niños la manera equivocada de enfrentarse a quienes los atormentan. Los adolescentes, incluyendo a los que tienen espíritus heridos, viven cada día con las imágenes de asesinatos, envenenamiento, mutilaciones, degollaciones, acuchillamientos, choques y explosiones. Están por todas partes, desde el cine hasta la televisión por cable, en los videos musicales y en la Internet. Hace algunos años, una de las películas más populares fue la titulada *Scream*, producida por Miramax, una filial, es triste decirlo, de la Corporación Disney. La película comenzó con el brutal asesinato de una jovencita. Luego el asesino destripó el cadáver y lo dejó colgado de una cuerda para tender ropa, para que la madre lo hallara[34]. Millones de adolescentes vieron esa película durante las edades en que son más influenciables. Desde entonces se produjeron *Scream 2* y *Scream 3*. Gracias, Disney, por hacerles esto a nuestros niños. Su fundador se retorcería en su tumba si supiera lo que ustedes le están haciendo a su buen nombre. Así que, sigan adelante. Llévense el dinero y salgan corriendo. Pero mientras siguen adelante, recuerden la sangre de las víctimas inocentes que les mancharán las manos para siempre. Me molesta profundamente esta desmoralización y explotación de los jóvenes, que Michael Eisner, presidente de Disney, y otros magnates de las películas y de la televisión, han cometido a costa de aquellos de entre nosotros que son más influenciables.

Al tener en cuenta la influencia generalizada de la violencia en los medios de comunicación, ¿por qué no nos sorprendemos cuando aquellos niños que la han visto y oído a lo largo de toda la infancia, a veces actúan de manera violenta? A los niños se les enseña que matar es la manera en la que están supuestos a actuar cuando alguien los insulta o defrauda. «Ven —gritan cuando alguien se burla de ellos—, ¡alégrame la vida!», seguido del golpeteo de un rifle automático.

Muchas personas le echan la culpa de la violencia en las escuelas a la disponibilidad de las armas de fuego, lo cual las conduce a hacer una campaña apasionada contra las mismas. Sin lugar a dudas, la adolescencia y las armas de fuego forman una mezcla explosiva, pero eso no explica lo que está ocurriendo hoy en día. El rabí Daniel Lapin, presidente de la organización Toward Tradition (Hacia la Tradición), dijo que hubo una época en la que la mayoría de los muchachos llevaban armas de fuego a sus aulas. Las dejaban en los guardarropas hasta la tarde, cuando las sacaban de allí para ir de cacería. Las armas de fuego no eran un problema[35]. Ahora hay violencia en casi todas las escuelas, no porque las armas hayan cambiado, sino porque los muchachos han cambiado. ¿Y por qué han cambiado? Porque la cultura popular les ha enseñado que la violencia es de hombres. ¿No fue violento Sylvester Stallone en *Rambo*? ¿No fue violento Bruce Willis en *Die Hard*? ¿No fue violento Arnold Schwarzenegger en *Commando*? ¿No están aprendiendo nuestros muchachos de estos modelos de conducta a vengarse o a matar a aquellos que se meten en su camino.

Es muy difícil para los padres el proteger de esta cultura de violencia a la familia. Es como tratar de retener la lluvia. Sin embargo, debemos proteger de ella a nuestros niños tanto como podamos, en particular cuando son jóvenes. Cuatro prestigiosas organizaciones nacionales han asociado la violencia en la televisión, la música, los videojuegos y las películas, con la creciente violencia entre los niños. Esas organizaciones son la Asociación Médica Americana, la Academia Americana de Pediatría, la Asociación Psicológica Americana y la Academia Americana de Psiquiatría Infantil y Adolescente. En parte, sus declaraciones unánimes dicen así: «Los efectos de la violencia son significativos y duraderos. Además, ver violencia por mucho tiempo en los medios de comunicación, puede conducir a la desensibilización emocional hacia la violencia en la vida real»[36].

La Academia Americana de Pediatría hizo por separado una declaración aún más fuerte. La información fue provista por Steve Rubenstein de *The San Francisco Chronicle*, quien dijo:

> Padres, apaguen la televisión, la salud de su niñito está en juego. Los niños menores de dos años no deben ver la televisión porque puede afectar «el crecimiento saludable del cerebro», de acuerdo con las nuevas normas publicadas esta semana por la Academia Americana de Pediatría. «Los pediatras deberían instar a los padres a que eviten que los niños menores de dos años vean la televisión. Investigaciones acerca del desarrollo del cerebro a una edad temprana, demuestran que los bebés y los niños que empiezan a andar tienen una necesidad crítica de interacciones directas con [personas] para el crecimiento saludable del cerebro», según fue declarado en las nuevas normas.

El informe continuó diciendo:

> En números anteriores de *Pedriatics*, la revista médica de la academia, los doctores han hecho la advertencia de que

ver la televisión puede conducir a los niños a un comportamiento violento, obesidad, apatía, un metabolismo más bajo, disminución de la creatividad, estreñimiento; y hasta la muerte si derriban el televisor y les cae encima. Pero esta es la primera vez que la asociación ha pedido categóricamente que se les prohíba a los niños ver la televisión. El estudio dijo también que el niño promedio es sometido a 14,000 referencias sexuales en la televisión al año y que, anualmente, se le expone a anuncios de bebidas alcohólicas, por un valor de dos mil millones de dólares, en otros medios de comunicación[37].

Hace décadas, el sentido común nos decía que ver imágenes gráficas sangrientas era perjudicial para los niños, pero recientemente ha habido suficiente evidencia científica creíble para demostrarlo. Ahora los expertos en el desarrollo infantil están de acuerdo. La industria del entretenimiento ha puesto en peligro a nuestros hijos. Lamentablemente, la respuesta de Hollywood ha sido poco más que una expresión de aburrimiento. En otro capítulo hablaré más acerca del sexo y la violencia en los medios de comunicación.

Ahora quiero darle un consejo a los padres de niños con espíritus heridos, sobre qué es lo que pueden hacer para evitar que eso suceda. Como dije anteriormente, durante los últimos treinta años, yo he instado a los padres y a los maestros a intervenir a favor de los niños que sufren. Una de las tareas más importantes que como padre o madre usted puede realizar es proteger la salud mental y física de sus hijos. Usted no permitiría que alguien les causara algún daño físico si pudiera impedirlo. Entonces, ¿por qué se quedaría mirando sin hacer nada mientras que el espíritu de su niño o niña estuviera siendo retorcido o deformado? El daño causado al concepto de sí mismo durante la adolescencia, puede atormentar a una persona por el resto de su vida.

Cuando yo era maestro, les hice saber claramente a mis alumnos que no les iba a permitir que se burlaran de alguien. Si alguien insistía en ridiculizar a otro de mis alumnos, tendría que lidiar conmigo. Quisiera que cada adulto hiciese lo mismo. Cuando un maestro firme y amoroso acude en ayuda del niño menos respetado de la clase, algo impresionante ocurre en el clima emocional del aula. Parece como si todos los niños lanzaran un suspiro de alivio. El mismo pensamiento da vueltas en muchas cabecitas: *Si ese niño está protegido del ridículo, entonces seguramente yo también lo estoy.* Al defender al niño menos popular del aula, el maestro está demostrando que los respeta a todos y está dispuesto a luchar por cualquiera que sea tratado injustamente.

Los niños aman la justicia, y se sienten inquietos en un mundo de injusticia y abuso. Por lo tanto, cuando les enseñamos la bondad y el respeto hacia los demás, al insistir en la cortesía en las aulas y en los hogares, estamos poniendo los cimientos para la bondad en el mundo adulto del futuro. Tristemente, la filosofía opuesta es evidente en muchas escuelas hoy en día. Esto tiene que cambiar. Que no me digan que nosotros los adultos no podemos ponerle fin al acoso. Claro que sí podemos. Nosotros sabemos cuáles son los niños indefensos. Y nosotros podemos rescatarlos. Nada más necesitamos la determinación para intervenir cuando un niño muestra señales de angustia. Tenemos la profunda obligación de llevar a cabo esta labor.

He aquí la parte difícil. Mientras que usted está trabajando tras bastidores para proteger a su hijo o hija de abuso, no debe hacerle sentir que es una víctima más allá de las circunstancias inmediatas. Es más fácil darle al muchacho la idea de que el mundo está decidido a acabar con él. Esa abrumadora sensación de persecución es terriblemente destructiva. Paraliza a cualquier persona y la hace darse por vencida, desesperada. Una vez que él o ella se rinde a la insidiosa idea de que no puede triunfar, que está destinado al fracaso, se desanima. La voluntad para superar la adversidad se debilita. No les hable a sus hijos varones acerca del gran mundo que está en contra de él, sino explíqueles cómo enfrentarse a la situación aislada que ha surgido. Espero que esto quede claro. Nunca debe darle motivos a su hijo para pensar que usted cree que él está destinado al fracaso y el rechazo. ¡Va a creerle!

También debemos identificar a los niños y adolescentes que parece que están sintiendo odio de sí mismos, o abrigando profundo resentimiento e ira. Hay varios síntomas a los que se les debe prestar atención: reacciones exageradas ante frustraciones insignificantes, temor de nuevas situaciones sociales, experimentación con drogas o alcohol, dificultad para dormir o comer, aislamiento y retraimiento extremos, comerse las uñas, incapacidad para hacer amistades, falta de interés en las actividades escolares y el acoso de otros. Esté al tanto también de señales de que tiene intenciones de suicidarse. En particular, manténgase alerta cuando, de pronto, un niño que ha hablado de suicidarse parece despreocupado y feliz. A veces, eso quiere decir que ha decidido llevar a cabo el deseo de muerte, y ya no está luchando con lo que lo estaba molestando. En cada uno de estos casos, le insto a que consiga ayuda profesional para esos niños. No se consuele con la idea de que «ya se le pasará». Tal vez ese jovencito necesita ayuda desesperadamente. No pierda la oportunidad de proporcionársela.

Los comentarios anteriores tienen que ver mayormente con los adolescentes; ahora permítame concentrar la atención en los niños. Antes se creía que la mayoría de los niños eran básicamente felices y despreocupados, pero esa idea está cambiando. Según el psicólogo y autor, doctor Archibald Hart, ahora vemos más señales de depresión grave en los niños, incluso en los que nada más tienen cinco años de edad[38]. Si un niño de cinco a diez años de edad está deprimido, puede dar muestras de letargo: tal vez no quiera salir de la cama por la mañana, se vea desanimado o no muestre interés en cosas que por lo general lo entusiasmaban. Los trastornos del sueño y los problemas estomacales son también señales de advertencia. Otros síntomas pueden ser manifestaciones de ira y hostilidad. Quizás, de pronto e inesperadamente, arremeta contra las personas o cosas alrededor de él. Si usted sospecha que su hijo está deprimido, debe ayudarlo a expresar con palabras sus sentimientos de tristeza y frustración. Esté dispuesto a escuchar sin juzgar o darle poca importancia a los sentimientos que él exprese. Simplemente, que lo escuchen puede servir para sacar a un niño de un estado de depresión. Lo más importante es que usted necesita buscar la causa fundamental de la angustia. Lo que esté ocurriendo en la escuela de su hijo puede contener la respuesta.

Finalmente, recurro a la columnista Kathleen Parker para promover el consejo final acerca de cómo criar muchachos saludables en nuestro mundo trastornado. Ella dijo que se puede lograr

> siendo razonable y listo y estando totalmente despierto: Reduzca el tiempo en que los muchachos se exponen a la violencia, esté en casa cuando ellos lleguen de la escuela, ayúdelos con las tareas escolares, pregúnteles acerca de cómo les fue ese día, déjelos llorar si necesitan hacerlo, apóyelos cuando estén desanimados, ayúdelos a ver distintas opciones, enséñelos a manejar con seguridad las armas de fuego si es que usted tiene algunas, recompense el buen comportamiento, provea consecuencias significativas por la conducta inaceptable, haga exigencias razonables, exprese expectativas morales, hable con sus maestros, y abrace a esos muchachos cada vez que tenga una oportunidad de hacerlo. No les pida que sean hombres cuando apenas son muchachos pequeños, sino enséñeles cómo ser verdaderos hom-

bres, demostrándoles lo que parece que nuestra sociedad ha perdido: el autocontrol. Ese es el regalo más importante, y ni siquiera es muy complicado. Es sencillamente la buena crianza de los hijos[39].

PREGUNTAS Y RESPUESTAS

¿Puede darme algún consejo más específico acerca de cómo puedo saber si mi hijo está en peligro de suicidarse?

El Consejo de Investigación para la familia proveyó la lista siguiente, que tal vez le sea de ayuda. Hágase estas preguntas:

- ¿Ha cambiado totalmente la personalidad de su hijo?
- ¿Está teniendo problemas con una amiga? ¿O está teniendo problemas para llevarse bien con otros amigos o con los padres? ¿Se ha alejado de personas a las que antes se sentía cercano?
- ¿Está disminuyendo la calidad de sus tareas escolares? ¿No ha llegado a cumplir con sus propias normas o con las de los demás en cuanto a sus calificaciones escolares?
- ¿Parece estar siempre aburrido, y tiene problemas para concentrarse?
- ¿Está actuando como un rebelde de una manera inexplicable o grave?
- ¿Está teniendo problemas para afrontar un cambio grande en su vida, como mudarse o la separación de uno de sus padres?
- ¿Se ha escapado de casa?
- ¿Está su hijo adolescente abusando de las drogas o el alcohol?
- ¿Se queja de dolores de cabeza, dolor de estómago y otros síntomas que tal vez son o no son reales?
- ¿Han cambiado sus hábitos alimenticios y de sueño?
- ¿Ha empeorado su aspecto?
- ¿Está regalando sus posesiones más valiosas?
- ¿Está escribiendo notas o poemas acerca de la muerte?
- ¿Habla, incluso bromeando, acerca del suicidio? ¿Ha dicho cosas, tales como: «Esa es la gota que derramó el vaso», «No puedo aguantar más» o «No le importo a

nadie»? (Expresar la intención de suicidarse precede a cuatro de cada cinco muertes de suicidio).
* ¿Ha tratado de suicidarse antes?[40]

Si usted ve un patrón de estas características en su hijo, le insto a que busque de inmediato ayuda profesional para él. Muchos suicidios sorprenden por completo a los padres, que se quedan desconcertados. Usted es prudente si permanece alerta a las señales y los síntomas que de otra manera podrían pasar inadvertidos. Tener una familia firme e involucrada es la prevención más eficaz, no solo contra la posibilidad de suicidio, sino también contra la mayoría de los comportamientos antisociales. Lamentablemente, esta clase de familia es la que millones de niños no tienen.

Recientemente, mi hijo ha comenzado a juntarse con algunos muchachos duros que lo han introducido a la marihuana. Él no niega lo que está haciendo porque dice que no causa ningún daño. ¿Puede usted decirme cuál es la realidad?

A su hijo le han dado alguna información muy mala, que están haciendo circular los que promueven la legalización de la marihuana. Es una mentira. El doctor Harold Voth, psiquiatra principal de la Fundación Menninger, en Topeka, Kansas, ha dado la información correcta.

Él dijo, en primer lugar, que cinco cigarrillos de marihuana tienen la misma capacidad de causar cáncer que ciento doce cigarrillos convencionales. En segundo lugar, la parte del cerebro que permite que la persona se concentre, sea creativa, aprenda y se forme conceptos en un nivel avanzado, sigue creciendo durante los años de la adolescencia. El uso continuo de la marihuana, por cierto tiempo, retrasa el crecimiento normal de esas células cerebrales. En tercer lugar, un estudio realizado en la Universidad de Columbia reveló que las mujeres que fuman marihuana sufren un aumento considerable de células con ADN dañado, que es la sustancia química que contiene el código genético. También se descubrió que los óvulos reproductores son especialmente vulnerables a daños causados por la marihuana. En cuarto lugar, un segundo estudio, llevado a cabo también por la Universidad de Columbia, halló que un grupo de personas que durante un año fumaron nada más un cigarrillo de marihuana cada dos días, tenía una cantidad de glóbulos blancos en la sangre que era 39% más bajo de lo normal, lo cual dañó su sistema inmunológico, dejando a esas personas mucho más susceptibles a infecciones y enfermedades[41]. Fumar marihuana es un pasatiempo peligroso.

Dudo que su hijo quede satisfecho con esta respuesta, aunque usted debe compartirla con él. Probablemente la motivación de él esté más relacionada con la presión de sus compañeros que con su creencia de que la marihuana no causa ningún daño. El peligro es que él se «graduará» de la marihuana a algo mucho peor y más adictivo. Si yo fuera usted, emplearía toda mi energía en esforzarme por sacar a mi hijo del grupo de muchachos con el que ahora se está juntando, aunque necesitáramos mudarnos de casa. Al parecer, él está en un momento crítico de su vida.

El padre esencial

Hemos visto que los muchachos se encuentran en serios problemas hoy en día y que muchos de ellos experimentan presiones emocionales que contribuyen a la violencia, el abuso de drogas, a la actividad sexual prematura y a otras formas de comportamiento rebelde. Incluso algunos adolescentes que acatan las reglas y parecen no tener problemas, luchan en silencio con conflictos de identidad y buscan un significado para sus vidas. Por el bien de ellos y de los niños que todavía no se han enfrentado con estas dificultades, debemos examinar las fuerzas específicas que han creado un ambiente tan perjudicial para los hijos y, lo que es aún más importante, qué hacer por ellos.

Entre las demás amenazas, la principal para esta generación de muchachos es la desintegración de la familia. Todas las otras dificultades que consideraremos han sido causadas por esa tragedia fundamental o tiene alguna relación con ella. Es difícil exagerar al respecto. Durante años, hemos hecho énfasis en que los matrimonios estables, que duran toda la vida, proporcionan el fundamento del orden social. Todo lo que es de valor descansa sobre estas bases. Históricamente, cuando la familia comienza a desintegrarse en determinada cultura, todo, desde la efectividad del gobierno hasta el bienestar general de la gente sufre un impacto adverso. Esto es precisamente lo que nos está sacudiendo hoy en día. La familia está siendo sacudida y socavada por las fuerzas que operan alrededor. El alcoholismo, la pornografía, el juego, la infidelidad y otras infecciones virulentas se han filtrado en su corriente sanguínea. El divorcio sin culpa sigue siendo la ley en la mayoría de los estados, y trae como consecuencia la desintegración innecesaria de miles de familias. No cabe duda de que existen problemas en el hogar, y como todos sabemos, los hijos son los que más sufren como consecuencia. En culturas en las cuales el divorcio se convierte en algo de todos los días, o en donde un gran número de hombres y mujeres prefieren vivir juntos o tener relaciones sexuales sin preocuparse por casarse, incontables millones de niños se encuentran atrapados en ese caos.

Lo que diré puede parecer hiperbólico, pero creo que el futuro de la civilización occidental depende de cómo manejemos esta crisis. ¿Por qué? Porque como padres, estamos criando a la siguiente generación de hombres que se conducirán con honor e integridad o, bien, abandonarán todo lo bueno que hayan heredado. Son los puentes hacia el futuro. Las naciones pobladas en su mayoría por hombres inmaduros, inmorales, sin fuerza de voluntad, cobardes y demasiado indulgentes consigo mismos, no durarán mucho. Esta clase de hombres incluye a hombres que engendran y abandonan a sus hijos, engañan a sus esposas, mienten, roban y codician, odian a sus conciudadanos y no sirven a otro dios que no sea el dinero. Esta es la dirección hacia la cual la cultura está llevando a los muchachos de hoy. Debemos hacer la inversión que sea necesaria para contrarrestar estas influencias y para inculcarles a nuestros hijos varones cualidades duraderas de carácter, autodisciplina, respeto hacia la autoridad, compromiso con la verdad, la creencia en la existencia de la palabra «ética» y un inconmovible amor por Jesucristo. La búsqueda de estos objetivos me condujo a escribir este libro.

El impacto devastador que tiene la desintegración de la familia sobre los niños es indiscutible. En los años 90, se le encomendó a una comisión especial de los Estados Unidos, formada por autoridades en el tema del desarrollo del niño, que examinara la salud general de los adolescentes. Este informe, llamado *Código Azul*, llegó a la siguiente conclusión: «Nunca antes se ha visto una generación de adolescentes estadounidenses menos saludable, menos cuidada y menos preparada para la vida»[1]. La mayoría de las características que la comisión condenó, hoy en día son aún peores. No nos olvidemos de que eso sucede en una de las naciones más ricas y privilegiadas en la historia del mundo. Es el resultado directo de la desintegración matrimonial y de fuerzas relacionadas que operan en contra de la familia.

Sé que hasta ahora les he dado demasiadas estadísticas, pero deberían usarse luces neón para escribir las que presentaré a continuación: entre los bebés que nacen en los Estados Unidos, nacen de manera extramatrimonial 60% de los negros y 19% de los blancos. La mayoría no conocerá nunca a su padre ni experimentará lo que es el amor paterno. Nada más 34% de todos los niños nacidos en los Estados Unidos vivirán con ambos padres biológicos hasta la edad de los dieciocho años. Esta es una receta para generar problemas, especialmente si consideramos que 62% de las madres con hijos menores de tres años trabajan fuera de sus casas. ¡En 1975 ese número era la mitad! Entre las madres con hijos menores de 18, 72% tiene empleos[2]. La combinación de esas madres tan ocupadas y padres que no participan significa que con demasiada frecuencia *no hay nadie en casa*. ¡Con razón los muchachos se encuentran en semejante confusión hoy en día!

Recientemente, los científicos que estudian el comportamiento han comenzado a comprender el papel fundamental que el padre desempeña en el desarrollo saludable tanto de los niños como de las niñas. De acuerdo con el psiquiatra Kyle Pruett, autor de *Fatherneed* (Necesidad de un padre), los padres son tan importantes para los hijos como las madres, pero de maneras muy diferentes. A continuación veremos otros hallazgos sorprendentes que surgen de una cuidadosa investigación en cuanto al papel de los padres:

- Existe un nexo innegable entre el padre y el bebé que comienza desde el nacimiento.
- Ya desde las seis semanas, los bebés pueden diferenciar la voz de la madre de la del padre.
- A las ocho semanas, pueden distinguir entre los métodos de atención de su madre y de su padre.
- Los bebés nacen con una inclinación a conectarse con sus padres. Cuando comienzan a hablar, generalmente la palabra que usan para «papá» precede a la que usan para «mamá». Se desconocen las razones.
- Entre el año y los dos años y medio, los niños demuestran de manera muy evidente su reafirmación de la necesidad paternal: buscan a su padre, preguntan por él cuando no se encuentra presente, se quedan fascinados cuando les habla por teléfono y, si se les permite, investigan cada parte de su cuerpo.
- «Los adolescentes expresan la necesidad paternal de maneras más complejas, compitiendo con él y confrontando sus valores, creencias y, por supuesto, sus límites. Muchos hijos e hijas, descubren la intensidad y

la persistencia de la necesidad paterna cuando el padre muere, especialmente cuando se va sin que nadie les expresara cuánto lo necesitaban»[3].

A pesar de que los niños de todas las edades, tanto varones como mujeres, tienen una necesidad innata de mantener contacto con el padre, permítame hacer énfasis de nuevo en que los varones sufren a raíz de la ausencia o de la indiferencia de él. De acuerdo con el Centro Nacional para Niños Pobres, es dos veces más probable que los varones sin padres abandonen la escuela o los metan presos, y casi cuatro veces más probable que necesiten tratamiento para problemas emocionales y de comportamiento que los varones con padres[4].

Una y otra vez, mientras revisaba las últimas investigaciones para este libro, me enfrenté cara a cara con el mismo tema perturbador. Los muchachos se encuentran distraídos, sobrecargados de trabajo, tensos, exhaustos, sin interés, dependientes de sustancias químicas, divorciados o sencillamente imposibilitados para hacer frente a las obligaciones. Como se indicó anteriormente, todos los otros problemas que afectan a nuestros jóvenes varones se desprenden de (o están relacionados con) esta dura realidad de la vida en el siglo veintiuno. Entre una de nuestras principales preocupaciones se encuentra la ausencia del papel masculino que debieran proveer los padres moldeando y guiando. Las madres, que también suelen vivir al borde del precipicio, se ven obligadas a realizar una tarea para la cual no han recibido entrenamiento ni tienen experiencia. Como nunca fueron varones, las mujeres no tienen más que una vaga noción de cómo criar a un varón. Los varones son los que más pierden cuando una familia se separa.

El Centro Nacional contra la Adicción y el Abuso de Sustancias en la Universidad de Columbia descubrió que los niños que viven en familias en las cuales están los dos padres, pero que tienen una relación pobre o leve con el padre, corren un riesgo un 68% más alto de fumar, beber y usar drogas que los adolescentes que tienen una relación buena o excelente con su padre. En comparación, los niños que se crían en un hogar a cargo de una madre soltera y tienen una excelente relación con su madre tienen un riesgo 62% menor de abusar de sustancias que los niños que viven en una familia con ambos padres pero que tienen una relación pobre con ellos[5]. No se puede enfatizar lo suficiente la influencia que tiene un buen padre.

El doctor William Pollock, psicólogo de Harvard y autor de *Real Boys* (Verdaderos varones), llegó a la conclusión de que el divorcio es difícil para los hijos de ambos sexos pero es devastador para los varones. Dice que el problema básico es la falta de disciplina y de supervisión en la ausencia del padre y su imposibilidad para enseñar lo que significa ser un hombre. Pollock también cree que los padres son de crucial importancia para ayudarles a manejar sus emociones. Como hemos visto, sin la guía y la dirección de un padre, la frustración de un muchacho generalmente conduce a la violencia y a una variedad de otros comportamientos antisociales[6].

Muchos investigadores están de acuerdo con que perder a un padre (o no haber tenido uno nunca) es catastrófico para los varones. Treinta años atrás se creía que la pobreza y la discriminación eran las principales responsables del crimen juvenil y de otros problemas de comportamiento. Ahora sabemos, que la desintegración de la familia es la verdadera responsable. A pesar de todas las banderas rojas que nos advierten del peligro, abundan las actitudes indiferentes en cuanto a los embarazos prematrimoniales, el divorcio, la infidelidad y la relación marital de un hombre y una mujer sin estar casados.

Don Elium, autor de *Raising a Son* (Criando a un varón), dice que el tema común entre los muchachos con problemas es el padre distante, que no participa y, con el tiempo, las madres que han tomado más responsabilidad para llenar el vacío[7].

El sociólogo Peter Karl cree que como los varones pasan 80% de su tiempo con mujeres, no saben actuar como hombres cuando crecen, Cuando eso sucede, la relación entre los sexos se ve afectada directamente. Los hombres se vuelven más y más indefensos y actúan más como niños grandes[8].

Estas estadísticas y tendencias no se pueden apreciar en su totalidad hasta que vemos cómo se manifiestan en las vidas de los individuos. Hace poco, me encontraba hablando con una de estas personas: un hombre de cincuenta y ocho años que me describió el desagradable recuerdo que tenía de su padre. Este había sido un ministro al cual el trabajo y otros intereses lo habían consumido. Nunca asistía a los eventos deportivos ni a ninguna otra actividad en la cual su hijo participaba. Tampoco lo disciplinaba ni lo apoyaba. Cuando el joven llegó al último año de la secundaria, era primera defensa en un gran equipo ganador de fútbol americano. Cuando su equipo fue seleccionado para el campeonato estatal, este joven deseaba desesperadamente que su padre lo viera jugar. Le rogó: «Por favor, ¿podrás estar allá el viernes por la noche? Para mí es muy importante». El padre prometió ir.

La noche del gran juego, el joven se encontraba en el campo haciendo precalentamiento, cuando de repente vio a su padre que entraba al estadio junto con dos hombres vestidos con trajes. Estuvieron hablando entre ellos por un rato y luego se fueron. Al hombre que me contó esta historia le corrían las lágrimas por las mejillas al revivir aquel difícil momento que había tenido lugar hacía tanto tiempo. Habían pasado cuarenta años desde aquella noche y, sin embargo, el rechazo y la desilusión que sintió siendo un adolescente permanecían tan vívidos como siempre. Un año después de aquella conversación que tuvimos, el padre de este hombre murió a la edad de ochenta y tres años. Mi amigo, solo y de pie frente al ataúd de su padre en la funeraria dijo con tristeza: «Papá, hubiéramos podido compartir tanto amor juntos, pero en realidad, nunca te conocí».

Volviendo a la noche del partido de fútbol americano, me pregunto qué fue lo que el padre consideró más importante que estar allí apoyando a su hijo. ¿Acaso su lista de «obligaciones» era en verdad más urgente que las necesidades del hijo que llevaba su nombre? Fueran cuales fueran las razones, aquel hombre permitió que pasaran los años sin cumplir con sus responsabilidades en el hogar. Aunque ya no está, su legado es igual al de innumerables padres que estaban demasiado ocupados, que eran demasiado egoístas y que estaban demasiado distraídos como para atender a sus pequeños hijos que los necesitaban. Ahora sus logros se encuentran en los libros. Si tan solo pudieran volver atrás y hacer las cosas de manera diferente. ¡Si tan solo...! ¡Si tan solo...!

Un padre tiene un poder asombroso sobre la vida de sus hijos para bien o para mal. Las familias lo han entendido durante siglos. Se ha dicho: «Ningún hombre es tan alto como cuando se agacha para ayudar a su hijo». Otro sabio observador dijo: «Si atas a un muchacho al hombre correcto, será muy raro que vaya por el mal camino». Ambas declaraciones son correctas. Cuando se les pregunta a los varones cuáles son sus héroes, la mayoría de los niños que han sido lo suficientemente bendecidos como para tener un padre dicen: «Es mi papá». Por otra parte, cuando un padre no participa, cuando no ama a sus hijos ni se preocupa por ellos, genera un dolor, un anhelo que se prolongará durante décadas. De nuevo, sin minimizar lo mucho que las niñas necesitan a sus padres, lo cual también reconocemos, los varones están construidos emocionalmente para depender de sus padres de una manera que no comprendíamos hasta hace poco. Sabemos que existen dos períodos críticos durante la niñez en los cuales los varones son particularmente vulnerables. El más vulnerable tiene lugar al comienzo de la pubertad, cuando los miembros de ambos sexos experimentan una revolución hormonal y emocional. En este momento, los niños y las niñas necesitan imperiosamente la supervisión, la guía y el amor de su padre. El divorcio en ese momento, más que en cualquier otro, es devastador para los varones. Pero de acuerdo con la doctora Carol Gilligan, profesora de la Universidad de Harvard, existe otro período anterior en la vida, uno que las niñas no comparten. Los niños pequeños se deleitan en la feminidad de sus madres durante los primeros años de la infancia. Los padres son importantes en ese momento, pero las madres ocupan el primer lugar. Alrededor de los tres a cinco años, sin embargo, un muchachito se separa gradualmente de su madre y de sus hermanas en un esfuerzo por formar una identidad masculina[9]. Es un proceso conocido como «desconexión y diferenciación», en el cual, como escribe Don Elium, «el impulso interior del plan de desarrollo del varón lo empuja suavemente fuera del nido de su madre y lo coloca sobre un precario puente hacia el mundo de su padre»[10]. Es típico que durante esos años, y aun antes, los niños ansíen la atención y la participación de su padre y traten de imitar su conducta y sus gestos.

Recuerdo cuando mi hijo claramente trataba de identificarse con mi masculinidad cuando se encontraba entre el jardín de infancia y el primer grado. Por ejemplo, cuando nuestra familia se preparaba para salir en automóvil, Ryan solía decir: «Eh, papá. Nosotros los varones nos sentamos en el asiento de adelante y las mujeres en el de atrás». Quería que se supiera que él era un varón tal como su padre. Yo estaba muy consciente de que él estaba formando su comportamiento y su masculinidad basándose en los míos. Así se supone que trabaja el sistema.

Pero ahí está el problema: cuando los padres se encuentran ausentes en ese período, o son inaccesibles o se encuentran distantes, sus hijos tienen nada más una vaga noción de lo que significa ser varón. Mientras que las niñas tienen un modelo accesible según el cual pueden moldear el comportamiento y las actitudes femeninas (a no ser que las críe nada más su padre), los niños que viven nada más con su madre se ven obligados a formular su identidad masculina de la nada. Esta es la razón por la cual el divorcio a temprana edad es tan devastador para los muchachos. La escritora Angela Phillips cree, y yo estoy de acuerdo con ella, que la alta incidencia de homosexualidad que tiene lugar en las naciones occidentales está relacionada, al menos en parte, con la ausencia de una influencia masculina positiva cuando los varones atraviesan la primera crisis de desarrollo[11]. Uno de los principales objetivos de los padres es ayudar a sus hijos varones a identificar las tareas de su género y a comprender lo que significa ser un hombre. Debemos volver sobre este punto cuando hablemos en un capítulo posterior acerca de los antecedentes de la homosexualidad.

Tuve la bendición de tener un padre maravilloso que siempre estuvo a mi disposición desde mi más temprana edad. Me contaron que cuando yo tenía dos años, mi familia vivía en un apartamento con un solo dormitorio, y mi camita estaba ubicada al lado de la de mis padres. Más tarde, mi padre me contó que era muy común que durante la noche lo despertara uno vocecita que susurraba:

—¿Papi? ¿Papi?

Mi padre respondía en voz baja:

—¿Qué sucede, Jimmy?

Y yo le decía:

—¡Dame la mano!

Papá estiraba su brazo en la oscuridad y tentaba buscando mi manita hasta que finalmente la tomaba entre la suya. Decía que en el momento en que mi mano se encontraba firme en su puño, se me aflojaba el brazo y mi respiración era profunda y regular. Volvía a dormirme de inmediato. Ya ve, lo único que yo quería saber era que él estaba allí. Tengo muchos recuerdos amorosos de mi padre desde los años preescolares. Un día cuando tenía casi tres años, estaba en casa con mi madre y escuché que alguien llamaba a la puerta.

—Ve a ver quién es —me dijo con una sonrisita en el rostro.

Abrí la puerta, y allí estaba mi padre. Me tomó de la mano y me dijo:

—Ven conmigo. Quiero mostrarte algo.

Me llevó al costado de la casa, donde había escondido un gran triciclo azul. Fue uno de los momentos maravillosos de mi vida. Otro día, aquel mismo año, recuerdo que corría al lado de mi gran papá (medía casi dos metros) y me sentía muy orgulloso de estar con él. Hasta recuerdo lo enorme que me parecía su mano mientras sostenía la mía.

También recuerdo los agradables momentos que yo pasaba haciendo alboroto por la casa con mi padre. A muchas madres les cuesta entender por qué esta clase de tonterías son importantes, pero lo son. Así como los cachorros de lobos y de leopardos retozan y pelean los unos con los otros, a los varones de todas las edades les encanta luchar. Cuando yo tenía cinco años, mi padre y yo solíamos horrorizar a mi madre cuando luchábamos a las patadas. ¡Sí, eso es! *¡Peleas de patadas!* Papá pesaba un poco más de 80 kilos y yo apenas llegaba a los 25, pero nos íbamos el uno contra el otro como si fuéramos luchadores de sumo. Él me provocaba para que le pateara la pierna y luego, inevitablemente, bloqueaba mi golpe con la planta del pie. Eso hacía que fuera tras él con ánimo de vengarme. Luego, papá me daba unos golpecitos sobre la pierna con el dedo gordo del pie. Por extraño que parezca, para mí eso era una diversión maravillosa. Terminábamos riendo histéricamente, a pesar de los golpes y los raspones en mis piernas. Mi madre exigía que termináramos, sin poder entender en lo más mínimo por qué yo amaba ese juego. Sencillamente, era cosa de hombres.

Los funcionarios actuales a cargo de los menores hubieran castigado duramente a un hombre que jugaba a las patadas con sus hijos. Algunos pueden decir que esta «violencia» en el hogar pudiera conducir a una conducta criminal. De la misma manera, muchos han llegado a la conclusión de que el castigo corporal, incluso cuando se administra dentro de un ambiente amoroso, les enseña a los niños a lastimar a otros. Están equivocados. No son los juegos rudos ni la disciplina amorosa lo que predispone a los niños al mal comportamiento. Generalmente es la ausencia del padre que puede enseñarles a ser hombres y corregirlos con autoridad cuando están equivocados.

Permítame ilustrarle este principio con un hallazgo reciente del mundo de la naturaleza. Además de los perros, que siempre me han gustado, los animales que más me fascinan son los elefantes. Estas magníficas criaturas son muy emotivas y sorprendentemente inteligentes. Supongo que esa es la razón por la cual nos molesta tanto verlos sufrir el abuso de la civilización. Esto es lo que sucede en el parque nacional Pilanesberg en el noroeste de África del Sur. Los guardabosques de allí han informado que los machos jóvenes de los elefantes de esa región se han vuelto cada vez más violentos en los últimos años, especialmente contra los rinocerontes blancos. Sin que exista ninguna provocación, un elefante tumba a un rinoceronte y luego se arrodilla y le clava los colmillos hasta darle muerte. Ese no es el comportamiento típico de un elefante y ha resultado muy difícil explicarlo.

Pero ahora, los guardabosques piensan que han descifrado el misterio. Aparentemente, la agresividad es una consecuencia de los programas del gobierno para reducir las poblaciones de elefantes matando a los animales más viejos. Casi todos los jóvenes bribones quedaron huérfanos al nacer, y así se les privó del contacto con los adultos. En circunstancias normales, los machos mayores dominantes mantienen a los jóvenes a raya y les sirven como modelos. Ante la ausencia de esta influencia, los «delincuentes juveniles» crecen aterrorizando a los vecinos[12].

Sé que es peligroso aplicar literalmente el comportamiento de los animales a los seres humanos, pero el paralelo en este caso es demasiado sorprendente como para pasarlo por alto. Permítame decirlo una vez más: con frecuencia, la ausencia de supervisión y de disciplina a temprana edad es catastrófica, para los adolescentes y para los elefantes.

Las prisiones están pobladas principalmente por hombres a los cuales sus padres abandonaron o rechazaron. El motivador orador y escritor, Zig Ziglar, cita a su amigo Bill Glass, un dedicado evangelista que casi todos los fines de semana aconsejó durante veinticinco años a hombres que estaban en la cárcel y decía que entre los miles de prisioneros que había conocido, ninguno amaba genuinamente a su padre. Entre aquellos que se encontraban a la espera de la pena de muerte, 90% odiaban a sus padres[13]. En 1998, había 1.202.107 personas en las prisiones estatales o federales. De ese número, 94% eran varones. De los 3.452 prisioneros que esperaban la ejecución, nada más 48 eran mujeres. Eso resulta en 98,6% de varones[14]. No cabe duda de que, como dijo Barbara Jackson: «es mucho más fácil construir niños fuertes que reparar a hombres destrozados»[15].

Hace algunos años, los ejecutivos de una compañía de tarjetas de felicitación decidieron hacer algo especial para el día de la madre. Pusieron una mesa en una prisión federal e invitaron a todos los presos que desearan mandarle una tarjeta gratis a su madre. Las filas eran tan largas, que tuvieron que hacer otro viaje a la fábrica para traer más tarjetas. Dado al éxito del suceso, decidieron hacer lo mismo el día del padre, pero esta vez nadie vino. Ni un solo prisionero sintió la necesidad de enviarle una tarjeta a su padre. Muchos, ni siquiera sabían quiénes eran sus padres[16]. ¡Qué ejemplo que nos enseña la importancia de un padre para sus hijos!

Comparemos esta historia con la conversación que tuve una vez con un hombre llamado Bill Houghton, que era el presidente de una gran compañía de construcciones. A través de los años, había empleado y manejado a miles de empleados. Le pregunté:

—Cuando usted piensa contratar a un empleado, especialmente a un hombre, ¿en qué se fija?

Su respuesta me sorprendió.

—En primer lugar, me fijo en la relación entre ese hombre y su padre. Si se sintió amado por él y respetó su autoridad, es probable que sea un buen empleado —me dijo, y luego añadió—: No emplearía a un joven que se ha rebelado contra su padre. Tendría dificultades conmigo también.

Yo también he observado que la relación entre un varón y su padre establece las bases para muchas de las cosas que van a venir. *Tan* importante es su presencia en la casa.

Al escribir las palabras en este capítulo, mis pensamientos se han vuelto una y otra vez a las madres solteras que por sí solas están criando varones. Estoy seguro de que los descubrimientos que he mencionado acerca de los padres y el divorcio han perturbado profundamente a algunas de ellas. Perdónenme. Las circunstancias que viven son lo suficientemente difíciles como para que yo las empeore. La principal pregunta que deben hacerse es: «¿Qué puedo hacer para compensar la ausencia de un padre que debiera estar aquí para enseñarle a mis hijos de la masculinidad?». Esa no es una pregunta fácil, pero existen respuestas para ella.

A pesar de todo lo que he compartido, hay esperanza para las mujeres que por sí solas están criando hijos varones. Sin lugar a dudas, la tarea es terriblemente difícil, pero millones de madres lo han hecho de manera admirable, sobreponiéndose a serias limitaciones y obstáculos. Hablaremos más acerca de estas preocupaciones en futuros capítulos, pero por ahora, permítame decirle que la vida familiar casi nunca es ideal. Por eso, cada uno de nosotros tiene que enfrentarse a desafíos y problemas exclusivos. Algunos padres tienen que hacer frente cada día a la enfermedad, otros a la pobreza, otros a un cónyuge alcohólico y otros a un hijo o un padre discapacitado. En esas situaciones y en muchas otras, las familias deben evaluar sus circunstancias y decidir cómo sacar adelante el mayor provecho de ellas. Insto a todas las que no tengan un cónyuge a que piensen de esta manera con respecto a su familia. Dios ama a sus hijos aún más que usted, y él le ayudará a criarlos. También existen maneras de sustituir a un padre ausente, y ofrezco algunas de esas ideas y sugerencias en el capítulo 16. Espero que le sirvan de ayuda.

Antes de seguir adelante, deseo compartir una carta que hace algunos años me envió una madre que había perdido a su esposo. La incluyo para beneficio de los padres que estén leyendo este libro. Ilustra el papel vital que el hombre desempeña en las vidas de sus hijos, y por qué es importante darles lo que pueda a sus hijos mientras tenga oportunidad de hacerlo. Aquí tenemos la carta que me llegó de la señora Karen Cotting:

> *Estimado doctor Dobson:*
>
> *Desde que escucho su programa radial, veo que siempre anima a quienes lo escuchan a escribir. Nuestra familia nunca lo había hecho hasta ahora. Tenemos una historia que contar.*
>
> *Mi esposo, Cliff, fue piloto de una importante aerolínea durante los últimos once años. Durante un viaje de cuatro días el pasado octubre, con algo de tiempo libre antes de que comenzara el tercer día, decidió ir a correr. Para nuestra desgracia, aquella sería la última vez que correría. Mientras corría tuvo un ataque mortal al corazón. Tenía nada más que 38 años, y estaba en excelente estado de salud. Siempre comía bien y hacía ejercicio.*

No tuvo ninguna señal de aviso. Por lo tanto, cuando recibí el llamado del vicepresidente de operaciones de la aerolínea, me sentí profundamente sacudida. Nuestra familia no estaba en absoluto preparada para esto. Mi esposo estaba en la flor de la vida. Nuestras tres hijas tenían menos de seis años. ¿Cómo pudo hacerle esto Dios a nuestra familia? ¿Cómo pudo quitarme a mi mejor amigo y a la cabeza del hogar? En los meses que siguieron a su muerte, y cada día que respiro, Dios me ha ido revelando algunas de las respuestas, a medida que confío en su fidelidad.

Cliff era un hombre muy amoroso y protector. Quería mucho a su familia. Nuestras hijas, Nicole, Anna, Sarah y yo éramos la niña de sus ojos. Detestábamos verlo irse a trabajar ya que no podríamos verlo durante un período de cuatro días. Pero esperábamos su regreso y las niñas siempre lo saludaban con gritos eufóricos (y hasta nuestro pastor alemán, Tex, lo recibía con uno o dos ladridos). De todos los recuerdos que vienen a mi mente, el que sobresale es la forma en que jugaba con las niñas. Siempre terminaba exhausto y les hacía una pregunta: «¿Qué es lo más importante en el mundo?». Y las niñas gritaban: «Conocer a Dios». Cliff se sentía satisfecho al ver que sus hijas sabían que una relación personal con Cristo era la base de su eternidad.

Dios me ha revelado algunas cosas acerca de mi esposo que yo no sabía. Durante el funeral, dimos tiempo para que cualquiera que así lo deseara compartiera los recuerdos que tenía acerca de Cliff. Quedé asombrada al ver la cantidad de empleados de la aerolínea que llenaban la iglesia. Casi todos ellos hablaron del gran amigo que era, cómo siempre podían confiar en que les prestaría su ayuda. Pero también me enteré de que muchas veces, cuando estaba en el trabajo, hablaba acerca de mí, de las niñas y de su amor hacia Dios. Nunca supe que Cliff compartía con tanta osadía su fe con otros. Siempre supuse que mientras estaba en el trabajo hablaba de política o de golf.

Ya han pasado casi siete meses desde que se fue a estar con el Señor, y finalmente encontré la fuerza para mirar adentro de su bolso de vuelo. Allí se encontraba la fecha, 9 de octubre de 1999, el día que fue a correr por última vez. Lloré pensando con cuánta seriedad asumía su responsabilidad como piloto, qué bien preparado estaba siempre, desde tener las camisas planchadas la noche anterior a una «actuación» temprana, hasta conocer su agenda para cada día. Estaba listo y preparado para trabajar el 9 de octubre. Pero lo más importante es que escuché la voz de Dios que me susurraba a través de mis lágrimas: «Él estaba preparado para encontrarse conmigo».

Ese pensamiento consoló a mi familia. El espíritu y la carne batallan dentro de mí cada día. Lo extraño terriblemente mientras trabajo en medio de las lágrimas de tristeza por su ausencia. Él era mi columna vertebral en muchos aspectos. Sin embargo, mi espíritu se consuela con la verdad de que Cliff está en la presencia de nuestro santo Padre y que hoy camina con Cristo. Cliff estaba preparado para el día más glorioso que jamás había experimentado.

Estoy aprendiendo que, a través de lo que puede parecer una experiencia devastadora, debemos apoyarnos en Dios para recibir fuerzas aun cuando nos parezca que no «sentimos» su presencia. La Biblia ha consolado a mi familia con el Salmo 27:5: «Porque él me esconderá en su tabernáculo en el día del mal; me ocultará en lo reservado de su morada; sobre una roca me pondrá en alto». Aun sin tener a Cliff con nosotras, Dios me mostró que nunca abandonaría a nuestra familia, tal como dice en Jeremías 29:11-14: «Porque yo sé los pensamientos que tengo acerca de vosotros, dice Jehová, pensamientos de paz, y no de mal, para daros el fin que esperáis. Entonces me invocaréis, y vendréis y oraréis a mí, y yo os oiré; y me buscaréis y me hallaréis, porque me buscaréis de todo vuestro corazón. Y seré hallado por vosotros».

A medida que Dios revela muchas maravillas acerca de su carácter y de cuánto ama a nuestra familia, deseamos animar a sus oyentes que tal vez no conocen a Cristo de una manera personal. Él nunca los dejará ni los desamparará. Todos tenemos vida eterna. Todo depende de dónde elijamos pasarla, y si estamos preparados para encontrarnos con nuestro Creador. No lo duden. Nuestra familia siempre ha recibido mucho aliento a través de su programa y de su revista mensual. Dios lo bendiga a usted, a su equipo y a sus familias.

Lo saluda,
Karen S. Cotting[17]

He compartido esta carta principalmente para el bien de los padres jóvenes que se encuentren entre mis lectores. Si usted es uno de ellos, permítame recordarle que nada más Dios sabe cuánto tiempo estará en esta tierra. La vida puede ser inesperadamente corta. No desperdicie las oportunidades del día de hoy para relacionarse con sus hijos o para enseñarles acerca de su fe. No permita que su carrera le absorba todos sus recursos y lo transforme en un verdadero extraño en su hogar. Que los recuerdos que deje detrás de sí, ya sea que viva una hora más o muchas más décadas, sean tan afectuosos y amorosos como los que dejó Cliff Cotting. Sus acciones están escritas en los libros; las suyas todavía están por escribirse.

PREGUNTAS Y RESPUESTAS

Sé que el divorcio es duro para los hijos. Pero ¿cuáles son las consecuencias a largo plazo de la desintegración de una familia? ¿Acaso los niños no se «recuperan» con rapidez?

Me gustaría poder decir que los hijos se recuperan con rapidez después de que sus padres se separan, pero las investigaciones nos dicen otra cosa. En la actualidad, no se discute que el desarrollo emocional del niño está directamente relacionado con la presencia de la interacción cariñosa, fortalecedora y continua con ambos padres. Cualquier cosa que interfiera en la relación vital con cualquiera de los dos padres puede tener consecuencias perdurables en el hijo. Por ejemplo, un estudio histórico reveló que 90% de los niños que proceden de hogares de padres divorciados sufren de una intensa sensación de conmoción cuando la separación tiene lugar; incluyendo un profundo dolor y miedos irracionales. Y 50% dice haberse sentido rechazado y abandonado. Y para colmo, la mitad de los padres nunca vienen a ver a sus hijos hasta tres años después del divorcio. La tercera parte de los niños y las niñas temen que el padre que se queda también los abandone, y 66% experimenta un anhelo por el padre ausente, con tanta intensidad que los investigadores lo describen como «avasallante». Aún más significativo es que el 37% de los hijos se encuentran más infelices e insatisfechos cinco años después del divorcio que dieciocho meses después[18]. En otras palabras, el tiempo no sanó las heridas.

Las estadísticas mencionadas provienen de los hallazgos de la investigación de la doctora Judith Wallerstein, la suprema autoridad en el tema de los hijos del divorcio. Comenzó a estudiar a los niños y a las niñas desde hace veinticinco años y lo ha seguido haciendo hasta el presente. Su libro reciente revela que 40% de las personas que estudió nunca se casaron, comparado con 16% de hijos de familias intactas[19]. Descubrió que los hijos del divorcio tienen menos posibilidades en la universidad, son más propensos a usar drogas y alcohol antes de cumplir los catorce años, y demuestran tener menos competencia social. Las niñas cuyos padres se han divorciado tienen experiencias sexuales a más temprana edad. Claramente, el impacto de la desintegración familiar es una cuestión para toda la vida.

Hay un factor más que será de interés. Estudios han mostrado que el divorcio está relacionado con el comportamiento promiscuo durante la adolescencia. Los investigadores del Centro de Aprendizaje Social de Oregón realizaron un seguimiento de comportamiento de los doscientos muchachos en la escuela secundaria que vivían en zonas de alto nivel de crímenes. Descubrieron que los varones que tenían relaciones sexuales a una edad temprana tenían la tendencia a ser aquellos que habían experimentado dos o más transiciones paternas: divorcio, nuevo casamiento, padres juntados, etcétera. Nada más 18% de esos varones promiscuos provenían de familias intactas. En contraste, 57% de los que eran vírgenes provenían de hogares en los cuales no había tenido lugar el divorcio[20]. Un estudio similar descubrió que existía una fuerte correlación entre las mujeres jóvenes que tenían hijos fuera del matrimonio y aquellas que habían experimentado cambios en la estructura familiar cuando crecían[21]. Se llegó a la conclusión de que el estrés que el divorcio y el nuevo casamiento producen sobre los hijos tiene un impacto sobre la procreación fuera del matrimonio.

Cualquiera que sepa algo acerca de los varoncitos puede ver que necesitan relaciones afectuosas y amorosas con sus padres. Pero ¿para qué decirlo de nuevo? Con toda seguridad, a estas alturas todos saben y aceptan este hecho.

¡Ojalá fuera así! Lamentablemente, algunos instruidos profesores universitarios y psicólogos intentan desacreditar la creencia de que los padres son esenciales para los niños y las niñas. Karla Mantilla, una escritora radicalmente feminista dijo lo siguiente: «Tengo mis grandes sospechas con respecto a este resurgimiento de los elogios a la paternidad y la necesidad que tienen los hijos de tener un modelo masculino. Me surge esta sospecha después de mucha experiencia con mis propios hijos y su modelo de papel masculino: su padre». Continúa diciendo: «Pienso que la propaganda a favor de que los niños, especialmente los varoncitos, necesitan padres ha contribuido incalculablemente a la miseria de los niños en todo el mundo. Contrario a todo lo que dice la reciente retórica a favor de los padres, hasta el punto de que los valoramos precisamente por sus cualidades para 'disciplinar' y 'ser firmes', creamos niños (especialmente varones) que son menos afectuosos y amorosos. Si deseamos adultos más amables (y menos violentos), debemos concentrarnos en una crianza más amable»[22].

Dos académicos, Carl Auerbach y Louise Silverstein, ambos de la Universidad de Yeshiva, publicaron un artículo terrible en 1999, en la revista para profesionales *American Psychologist*. Era una propaganda descarada a favor del feminismo y de la homosexualidad, titulada «Deconstructing the Essential Father» (Desconstruyendo al padre esencial). En él, los autores alegaban que el divorcio no daña de manera irreversible a la mayoría de los niños y que, en realidad, un niño que nunca ha conocido a su padre no será peor por eso. En todo caso, arguyen, los padres son en realidad un perjuicio en el hogar debido a la cantidad de recursos familiares que se consumen. El mensaje era: «¿Quién los necesita?». Las mujeres podrían cumplir con la tarea de criar a sus varones de manera más efectiva sin la participación de los esposos (o «compañeros»). En realidad, las madres tampoco se consideraban esenciales. ¡Los tutores no biológicos podrían realizar la tarea aún mejor! En otras palabras, las familias tradicionales no solo son innecesarias para los hijos, sino que los niños son más saludables sin ellas[23].

Este artículo se publicó como una investigación científica creíble en una prestigiosa revista publicada por la Asociación Psicológica Americana. Y se publicó, a pesar de que los autores reconocieron que «la lectura que hemos hecho de literatura científica apoya nuestra agenda política. Estamos interesados en alentar una política pública que apoye la legitimidad de familias con diversas estructuras, en lugar de aquella que privilegia a la familia con dos padres, casados y heterosexuales»[24].

Los padres debieran ser escépticos sobre lo que leen acerca de la vida familiar, incluso en revistas científicas. Si le parece que los descubrimientos de un estudio en particular no tienen sentido, es muy probable que no lo tengan. Existen profesionales influyentes que desprecian la familia tradicional, y se las ingenian para producir evidencias que la debiliten. En estos últimos años, hemos visto informes de investigaciones en los medios de comunicación que pretenden que el abuso sexual de los niños no es tan nocivo, que los padres no tienen mucha influencia sobre sus hijos, que cualquier esfuerzo por ayudar a los homosexuales a tratar con su sexualidad es dañino, que el aborto trae como resultado una reducción en el crimen, que a los niños se los debe exponer a la estimulación cerebral especializada a la edad de tres años o no hay esperanzas, y que 10% de todos los adultos son homosexuales (esta estadística estrafalaria y muchas otras fueron «creadas» de la nada por Alfred Kinsey). Los liberales han usado con buenos resultados tales investigaciones falsas para avanzar en sus planes. No permita que su enfoque hacia la crianza de los niños sea víctima de esta manipulación. Y no permita que *nadie* le diga que los varones se crían igualmente bien sin la influencia de un hombre que lo guíe en su camino.

Padres e hijos

Cuando tenía diecisiete años, el estado de Texas me otorgó una licencia para conducir. Fue una mala decisión. Mi padre acaba de comprar un flamante Ford, y un día me permitió salir a dar una vuelta durante la hora de almuerzo. Ese fue otro gran error. Cuando pasé frente a mi escuela, cientos de compañeros de estudios andaban por allí, lo cual me dio una excelente oportunidad para fanfarronear. Además, quería probar una teoría que me intrigaba. En nuestra pequeña ciudad, había unas profundas hondonadas a ambos lados de ciertas intersecciones para detener las sorpresivas inundaciones que de vez en cuando arrasaban nuestras calles. Pensé que si acometía contra los baches a alta velocidad, mi automóvil volaría por encima de ellos. Era un gran fanático de Joey Chitwood, que era el Evel Knievel de aquellos días, y lo habían visto catapultar su automóvil sobrepasando obstáculos en la feria del estado. Si Joey podía hacerlo... ¿por qué yo no?

Evidentemente, había muchas cosas que no comprendía acerca de la física que gobernaba a 1360 kilogramos de acero precipitándose calle abajo. Me acerqué a la intersección atropelladamente y me dirigí a toda velocidad hacia el primer bache. Hubo una reacción violenta. ¡*Pataplum*, hizo el frente del automóvil! Luego, arremetí contra el segundo bache. ¡*Patapam!* Me golpeé la cabeza con la cubierta interior del techo y el automóvil se sacudió hacia arriba y hacia abajo como un gigantesco yoyo. Toda mi vida pasó delante de mis ojos. Pero mis compañeros de Texas estaban anonadados. Decían: «¡Vaya! Miren eso. Levantó aire debajo de las llantas».

Algunas semanas más tarde, mi querido viejo vino y me dijo: «Ay, Bo —así me llamaba él—, acabo de llevar el automóvil al mecánico y me dijo que los cuatro amortiguadores están fundidos. Es una locura. Los amortiguadores generalmente se gastan poco a poco, pero el automóvil es nuevo y ya están destruidos. ¿Tienes alguna idea de cómo pudo suceder esto?».

Lo único que me salvó fue una momentánea pérdida de la memoria. En aquel segundo, sinceramente no recordé que había arremetido contra los baches, ¡así que dije que no! Aceptó mi negativa y escapé con vida. A las pocas semanas, me encontraba conduciendo cerca de nuestro hogar, cuando se rompió la columna de dirección y mandó al Ford a la cuneta. Gracias a Dios, nadie se mató. Pasaron años antes de que me diera cuenta de que yo era quien había estropeado los amortiguadores y probablemente roto la columna de dirección durante «el gran experimento de física». Vaya uno a saber qué otro daño le ocasioné al automóvil nuevo de papá aquel día.

Para cuando admití que yo era el culpable, el estatuto de limitaciones de mi delito había expirado. Mi padre se había olvidado del episodio y nunca más volvió a mencionarlo, y yo tampoco. Mi padre se fue a la tumba sin saber la estupidez que yo había hecho. Por lo tanto, papá, si estás observando desde allá arriba, simplemente quiero que sepas que lo siento y que nunca lo volveré a hacer. Ahorraré mi mesada durante seis años para pagar por el daño. Esa fue la única vez que «levanté aire de debajo de mis llantas».

Los hijos varones tienen la capacidad de frustrar e irritar a sus padres hasta los límites máximos. Dejan nuestras mejores herramientas bajo la lluvia o las dejan todas desordenadas en la mesa de trabajo. Nos pierden los binoculares y se les caen las cámaras fotográficas. Muchos de ellos son impertinentes, irresponsables y difíciles de manejar. O hacen cosas que no tienen ningún sentido para la mente racional, tal como lo que hizo el pequeño Jeffrey escondiéndose debajo de la cama mientras su familia corría por el vecindario gritando su nombre. Por supuesto, nosotros, los padres, no debiéramos quejarnos. Una vez, nosotros también fuimos muchachos que volvimos locos a nuestros padres, así que tendríamos que aflojarles un poco la cuerda. A pesar de todos los desafíos asociados con la crianza de un niño revoltoso, uno de los privilegios más grandes en la vida es tener a uno de estos que lo abrace y le diga: «Te amo, papá».

El general Douglas MacArthur, uno de mis héroes, estaría de acuerdo con ese sentimiento. Estuvo entre los líderes militares más grandes de todos los tiempos. Condujo a los ejércitos aliados a la victoria contra el ejército imperial japonés en la Segunda Guerra Mundial, y luego dirigió nuestras fuerzas de las Naciones Unidas en Corea. Su desembarco por sorpresa en Incheon fue una de las maniobras más brillantes en la historia de la guerra. Estos logros en el campo de batalla explican por qué a MacArthur se le reverencia en la actualidad, muchas décadas después de su muerte.

Pero existe otra razón por la cual yo admiro a este hombre. Se remonta a un discurso que dio en 1942, después de recibir un premio por ser un buen padre. Esto es lo que dijo ese día: «Nada me ha conmovido más profundamente que este honor que me ha conferido el comité del Día Nacional del Padre. Soy soldado de profesión y me enorgullezco mucho de ello; pero me siento más orgulloso, infinitamente más orgulloso, de ser padre. Un soldado destruye para construir. El padre nada más construye, no destruye. Aquel tiene el potencial de la muerte, este representa la creación y la vida. Y, aunque las hordas de la muerte son poderosas, los batallones de la vida son más poderosos. Espero que mi hijo, cuando me haya ido, me recuerde no por la batalla, sino por mi actuación en el hogar»[1]. Eso es exactamente lo que yo siento con respecto a mi hijo y mi hija.

Veamos un poco más de cerca lo que significa ser padre de varones. En el capítulo anterior, hablamos de la importancia de la relación entre el padre y el hijo, y de por qué el lazo entre ellos es esencial para el desarrollo masculino. Ahora, quiero concentrarme en las dos maneras principales en que se transmite la influencia de un padre en el hogar, comenzando con ser un modelo de conducta. Si la formación del carácter es una de las metas principales de la paternidad, y yo creo que es así, entonces, la mejor manera de inculcarla es a través del ejemplo y el comportamiento del padre. Identificarse con el hijo es una manera mucho más eficiente de enseñar que el dar sermones, reprender, castigar, sobornar y adular. Los varones observan a sus padres intensamente, fijándose en cada pequeño detalle de su comportamiento y de sus valores. Probablemente, esto sea así en su hogar también. Sus hijos imitarán mucho de lo que usted hace. Si usted golpea e insulta a su esposa regularmente, sus hijos tratarán a su madre y a otras mujeres sin respeto. Si beben en exceso, sus hijos correrán el riesgo de abusar de las sustancias químicas. Si maldice, fuma o pelea con sus compañeros de trabajo, probablemente sus hijos sigan su ejemplo. Si es egoísta, malvado o se enoja, usted verá que estas características se presentan en la siguiente generación.

Gracias a Dios, lo contrario también es verdad. Si es honesto, confiable, bondadoso, si tiene autodisciplina y temor de Dios, sus varones se verán influenciados por estos rasgos a medida que crecen. Si está profundamente comprometido con Jesucristo y vive de acuerdo con los principios bíblicos, sus hijos probablemente seguirán sus pasos. Por lo tanto, la mayor parte depende de lo que observan en usted, para bien o para mal.

Alguien dijo: «Prefiero ver un sermón que escucharlo». Esta frase es cierta. Es probable que sus hijos no recuerden lo que les dijo, pero generalmente quedan impactados de por vida por lo que usted hace. Por ejemplo, considere la tarea de enseñarles a sus muchachos a ser sinceros. Es cierto, debe enseñarles lo que dice en la Escritura acerca de la sinceridad, pero también debe buscar oportunidades para vivir de acuerdo con las normas de justicia. Me viene a la memoria algo que sucedió hace muchos años en el estado de Georgia, cuando los Bulldogs de la secundaria del condado Rockdale se sobrepusieron a un gran déficit para ganar el campeonato estatal de baloncesto. El entrenador Cleveland Stroud no hubiera podido estar más orgulloso de su equipo, pero luego, algunos días más tarde, al mirar las películas de los partidos de las finales, se dio cuenta que durante cuarenta y cinco segundos en uno de los partidos había un jugador inelegible en la cancha. Llamó a la asociación de la escuela secundaria de Georgia e informó acerca de la violación, lo cual le costó a la escuela el título y el trofeo. Cuando lo interrogaron al respecto en una conferencia de prensa, el entrenador Stroud dijo: «Algunos dijeron que debimos habernos callado al respecto. Eso sucedió durante cuarenta y cinco segundos y ese jugador en realidad no era muy importante, pero uno debe hacer lo que es correcto y honesto. Le dije a mi equipo que la gente se olvida de los resultados de los partidos de baloncesto, pero que nunca se olvida de la fibra con la que estamos hechos»[2].

Puede estar seguro de que cada miembro del equipo de los Bulldogs recordará el carácter del entrenador Stroud. Una carta del editor, que salió en el periódico local, lo resumió muy bien: «Tenemos escándalos en Washington y trampas en Wall Street. Gracias a Dios que vivimos en el condado de Rockdale, donde el honor y la integridad están vivos y se practican»[3].

Sus hijos y sus hijas necesitan ver que usted hace lo correcto, aunque no sea lo conveniente.

Esto hace surgir una pregunta con respecto a las otras características sobre la cual usted trata de ser ejemplo para sus hijos. ¿Lo ha pensado cabalmente? ¿Sabe exactamente qué es lo que trata de lograr en su hogar? Si no está seguro de lo que usted es como hombre o de qué trata de decir con el «mensaje de su vida», sus hijos (e hijas) no tendrán un ejemplo consecuente para seguir. Creo que este plan debiera comenzar con un compromiso personal con Jesucristo, quien guiará sus pasos en los días por venir. A menos que usted lo conozca a él, sus esfuerzos por inculcar la justicia serán inadecuados y huecos.

Si construye sobre esta base, la meta es convertirse en «un buen hombre de familia». El doctor David Blankenhorn, director del Institute of American Values (Instituto para los valores estadounidenses), señala en sus escritos que esta frase casi ha caído en el olvido[4]. En un tiempo, se usaba mucho en nuestra cultura para designar a una verdadera insignia de honor. La traducción aproximada sería «alguien que pone a su familia en primer lugar». Fíjese en las tres palabras principales que forman la frase. *Buen,* refiriéndose a los valores morales ampliamente aceptados; *familia,* que señala propósitos más grandes que uno mismo, y *hombre,* que reconoce una norma de masculinidad. Pareciera que la cultura contemporánea ya no celebra el ideal ampliamente compartido de un hombre que pone a su familia en primer lugar. ¿Dónde vemos la representación de una masculinidad responsable? Bill Cosby la mostró por televisión durante unos pocos años, pero ¿quién otro ha representado en los medios de comunicación a un buen hombre de familia? Sencillamente, no hay muchos. No, nos gusta más oír acerca de atletas díscolos, de mujeriegos o de empresarios que lo sacrifican todo, incluyendo a sus esposas e hijos, para convertir a su pequeña compañía en un éxito. Ante la ausencia de buenos esposos y padres, los varones impresionables generalmente quedan expuestos a seguir modelos muy viciados.

Consideremos más atentamente lo que significa ser «un buen hombre de familia» en el mundo actual. Para verlo en perspectiva, nos ayudaría examinar cuatro papeles tradicionales que han desempeñado los hombres en el hogar. El primero es **ser el que provee para la familia**. Hace cincuenta años nadie discutía que el hombre era el principal responsable de proveer «el pan». Hoy en día, esto no está tan claro, lo cual es una lástima. Aunque la mayoría de las esposas y madres trabajan fuera del hogar, sigue siendo la responsabilidad del hombre asegurar que se suplan las necesidades financieras de la familia.

La segunda contribución que el padre ha hecho históricamente es **ser el líder del clan**. Este papel se tornó muy controversial con el surgimiento del movimiento feminista, pero antes de los años setenta, era poco común que se le desafiara. En aquellos días se decía a menudo que «dos capitanes hunden el barco» y que «dos cocineros echan a perder la sopa». Papá era el árbitro final en asuntos de importancia. Debemos admitir que algunas veces, hombres egoístas abusaban de este papel de «cabeza» tratando a sus esposas sin respeto y a sus hijos como si fueran objetos de su pertenencia, pero nunca se esperó que esta tarea funcionara de esa manera.

La Escritura, que parece adjudicarle esta responsabilidad de liderazgo al hombre, también establece los límites de su autoridad. Se les dice a los esposos que deben amar a sus esposas como a su propia carne y que deben estar dispuestos a entregar sus vidas por ellas. También se les advierte que no traten a sus hijos de manera áspera o desconsiderada. Ese sistema, en general, funcionó bien durante miles de años.

La tercera contribución de un padre es **servir como protector**. Él protegía a los miembros de la familia del mundo exterior y les enseñaba cómo hacerle frente con éxito. Era la persona a la que recurrían los miembros de la familia cuando se sentían ansiosos o amenazados. Si otro hombre trataba de abusar de su esposa o la insultaba, papá defendía su honor. Era su responsabilidad ver que la casa estuviera segura de noche y que los hijos volvieran al hogar a una hora razonable. Cada miembro de la familia se sentía un poco más seguro porque él estaba allí.

Finalmente, la cuarta contribución que hacía un padre efectivo era **proveer dirección espiritual para el hogar**. Aunque muchas veces fallaba en esta tarea, su obligación era leerles las Escrituras a los hijos y enseñarles los aspectos fundamentales de su fe. Era el intérprete del código moral de la familia y de los rituales sagrados, y se aseguraba de que los hijos fueran a la iglesia todas las semanas. Hay que reconocer que no muchos hombres en años pasados cumplieron cada una de estas obligaciones de manera adecuada, pero existía un amplio consenso en la cultura de que esto era lo que se suponía que debían hacer.

Muy bien, ahora pueden tirarme todo lo que tengan a la mano. Estoy seguro de que algunos de mis lectores están furiosos ante la insinuación de que esta es la manera en que debieran funcionar los hombres en la actualidad. Con todo el debido respeto, sin embargo, en estos papeles tradicionales hay una sabiduría eterna. Cada uno de ellos tiene sus raíces en las enseñanzas bíblicas. Sí, son cuestiones pasadas de moda, pero a los hombres se les ha definido de acuerdo con estas responsabilidades durante milenios.

Lamentablemente, cada uno de estos cuatro papeles ha sido ridiculizado y atacado por los posmodernistas y sus aliados en los medios de comunicación. Como resultado, muchos padres tienen un concepto pobre de lo que se supone que deben hacer o de cómo hacerlo. Algunos han renunciado a su autoridad en el hogar y no participan para nada, o tratan de criar a sus hijos de maneras que son más características de las madres. Les han dicho que deben aprender a ser más sensibles y que deben aprender a expresar toda una gama de emociones: desde la ira hasta el temor. En efecto, a los hombres se los está presionando para que se parezcan más a las mujeres, y se supone que las mujeres deben ser más parecidas a los hombres. Este cambio de papeles trae una terrible confusión a los muchachos.

No es impropio de un hombre que tenga sentimientos profundos o que revele sus pasiones y pensamientos, ni tampoco debiera presentarle una fachada congelada al mundo que lo rodea. Pero al mismo tiempo, existe un lugar definido en la hombría para la fortaleza y la confianza en medio de la tormenta, y ese papel cae más naturalmente sobre el hombre. Así como un gran roble provee refugio y protección para los seres vivientes que anidan en sus ramas, un hombre fuerte proporciona seguridad y bienestar para todos los miembros de la familia. Sabe quién es como hijo de Dios y qué es lo mejor para su esposa y sus hijos. Sus hijos varones necesitan a un hombre así a quien mirar e imitar. No respetan a los padres debiluchos que se dejan intimidar por sus esposas o que tienen las emociones a flor de piel. ¿Esto le suena cursi y contrario a todo lo que ha escuchado? Qué se le va a hacer. Los hombres fueron diseñados para cuidar a la gente que aman, aunque requiera un sacrificio personal. Cuando cumplen con esa responsabilidad, sus esposas, sus hijos y sus hijas generalmente viven en una mayor paz y armonía.

No abundan las buenas ilustraciones de la masculinidad tradicional y bíblica, pero hay un ejemplo que he dado en otros libros que desearía repetir. Describe a mi abuelo, que murió un año antes de que yo naciera. Este relato está incluido en mi libro *Hablemos con franqueza*, pero su relevancia a estas alturas justifica otra mirada.

Durante la Navidad de 1969, los dos hermanos y la hermana de mi padre que quedaban vivos se juntaron en California para una reunión familiar. Y en aquella feliz ocasión, pasaron la mayor parte de los cinco días recordando su niñez y sus primeros años en el hogar. Uno de los nietos grabó las conversaciones en un casete, y yo tuve el privilegio de obtener un juego completo. ¡Qué rica herencia me proporcionó al permitirme asomarme al hogar de mis abuelos y a las tempranas experiencias de mi padre!

Aunque todas las conversaciones me resultaron interesantes, había en todas ellas un elemento en común que fue especialmente significativo a lo largo de la semana. Estaba centrado en el respeto con el cual los cuatro hijos que quedaban vivos se referían a los recuerdos de su padre (mi abuelo). Murió en 1935, un año antes de mi nacimiento, sin embargo, treinta y cuatro años después, hablaban de él con una inconfundible reverencia. Todavía vivía en sus mentes como un hombre de un carácter y una fuerza impresionantes. Les pedí que explicaran las cualidades que tanto admiraban, pero lo que recibí fueron nada más vagos aspectos generales.

—Era un gran apoyo —dijo uno.

—Había una cierta dignidad en él —dijo otro, acompañado con los gestos apropiados.

—Le teníamos un respeto reverencial —replicó el tercero.

Es difícil resumir las sutilezas y complejidades de la personalidad humana, y ellos no pudieron encontrar las palabras correctas. Fue hasta que comenzamos a hablar de recuerdos específicos que salió a la luz la personalidad de este patriarca. Mi padre proveyó la mayor evidencia al escribir sus recuerdos de la muerte del abuelo Dobson, que transcribo a continuación. De esta narración se desprende el impacto de un gran hombre sobre su familia, incluso tres décadas después de su fallecimiento.

Los últimos días de R. L. Dobson

El ataque que le quitó la vida tuvo lugar cuando tenía sesenta y nueve años y, finalmente, trajo como consecuencia la desintegración del círculo familiar. Durante muchos años después de su muerte, no podía pasar frente al hospital Tri-State sin fijarme en una ventana en particular. Sobresalía del resto, santificada porque representaba la habitación en la cual había sufrido tanto. Los detalles de aquellos trágicos días y noches permanecen en mi recuerdo, intactos, sin que el paso del tiempo los haya cambiado.

Habíamos pasado tres días y tres noches prácticamente sin dormir, escuchando como luchaba por respirar, oyendo los sonidos de la muerte que se acercaba, sintiendo el olor de la muerte. Papá estaba en un estado de coma profundo. Su pesada respiración se podía escuchar por todo el corredor. Caminamos por los pasillos de aquel viejo hospital durante horas escuchando la incesante lucha, que cada vez era más y más débil. Varias veces, la enfermera nos llamó y le dijimos el último adiós, pasando por toda la agonía de desprendernos de él, nada más para que después su corazón se recuperara y entonces comenzara la interminable vigilia de nuevo. Finalmente, nos fuimos a la habitación contigua, sin estar preparados para dormir, pero algunos sobre las sillas y otros sobre las camas, caímos rendidos y exhaustos por el sueño.

A las cuatro menos cinco, la enfermera vino y despertó a mi hermano gemelo. Robert se despertó con un sobresalto. «¿Se ha ido?», preguntó.

«No, pero si ustedes quieren ver a su papá una vez más mientras esté vivo, será mejor que vengan ahora».

No tardó en correrse la voz, y nos dirigimos a la habitación para pararnos frente a su cama por última vez. Recuerdo que me paré a su izquierda. Le peiné hacia atrás el cabello que tenía sobre la frente y puse mi mano sobre su gran mano colorada, tan parecida a la mía. Sentí la fiebre que precede a la muerte: 41 grados. Mientras me encontraba allí parado me sobrevino un cambio. En lugar de ser un adulto (tenía veinticuatro años en ese momento), me convertí en un niño de nuevo. Dicen que esto les sucede a menudo a los adultos que presencian la muerte de un padre. Pensé que estaba en la estación de trenes de Shreveport, Luisiana, cuando caía la tarde, y esperaba el regreso de papá. El viejo tren de pasajeros del sur de Kansas City estaba entrando en la estación dando marcha atrás, y yo lo vi dar vuelta a la curva. El corazón se me hinchó de orgullo. Me dirigí al niño que estaba parado junto a mí y le dije: «¿Ves a ese hombre grandote parado en la parte de atrás del tren, con una mano en el freno de aire y la otra en el pequeño silbato con el cual hace señales al maquinista? ¡Ese hombre grandote es mi papá!». Él accionó los frenos de aire y escuché el chillido de las ruedas al frenar. Lo vi bajar del último vagón. Corrí y salté a sus brazos. Lo abracé fuertemente y sentí el olor a humo del tren en su ropa. «Papi, te amo», le dije.

Estoy volviendo a recordarlo todo. Palmeé aquella gran mano y dije: «Adiós, papá», mientras se apagaba con rapidez. «No nos hemos olvidado de lo duro que trabajaste para enviar a cinco varones y a una mujer a la universidad: cómo usabas esos viejos uniformes de revisor hasta que estaban manchados; gracias a esto es probable que hayamos tenido cosas que en realidad no necesitábamos...».

Cuando faltaban tres minutos para las cuatro, como un majestuoso barco alejándose de la bahía del tiempo hacia el mar de la eternidad, exhaló el último suspiro. La enfermera se movió para hacernos salir y cubrió su cabeza con la sábana, gesto que me llenó el corazón de terror; nos dimos vuelta llorando en silencio para salir de la habitación. Entonces sucedió un incidente que jamás olvidaré. Justo cuando llegábamos a la puerta abracé a mi pequeña madre y le dije: «Mamá, esto es horrible».

Secándose los ojos con el pañuelo, dijo: «Sí, Jimmy, pero hay algo que mamá desea que recuerdes ahora. Le hemos dicho buenas noches aquí abajo, pero uno de estos días le diremos buenos días allá arriba».

Creo que ella le dijo buenos días, once años más tarde, y sé que él salió a recibirla «más allá del sol».

Su muerte estuvo marcada por la quietud y la dignidad, tal como la vida que había vivido. Así llegaron a su fin los asuntos de R. L. Dobson, y así llegó a su fin, también, la solidaridad de la familia. El viejo hogar nunca volvió a ser el mismo. El viejo espíritu que habíamos conocido de niños se había ido para siempre.

De nuevo, esta ilustración revela unas pocas de las características específicas que hicieron de R. L. Dobson una influencia tan poderosa en su familia; lo que sí nos dice es lo que su hijo sentía por él. Llegué a saber algunos otros detalles. Él era uno de los robles que mencioné: un hombre de fortaleza e integridad. Aunque no se convirtió hasta poco tiempo antes de morir, vivió de acuerdo con un patrón interno que era singularmente intransigente. Por ejemplo, cuando era joven, invirtió mucho dinero en un negocio arriesgado con un socio que mi abuelo más tarde descubrió que era deshonesto. Cuando se enteró de la artimaña, salió de la sociedad y prácticamente le entregó la compañía al otro hombre. Este antiguo socio hizo de la compañía una de las más exitosas del sur y se volvió multimillonario. Pero mi abuelo nunca miró hacia atrás. Se llevó a la tumba una conciencia limpia.

Por supuesto, tuvo otros rasgos admirables, y muchos de ellos se los transmitió a mi papá. Estos dos hombres personifican mucho de lo que trato de transmitir en este examen de la masculinidad. Luego, me pasaron esos valores a mí. Si los hombres de hoy en día estuvieran tan seguros de su identidad masculina como mi padre y mi abuelo, habría muchos menos machos perdidos que buscan en vano modelos de conducta en las pandillas de las calles o en la cultura popular.

Mi objetivo a lo largo de toda esta disertación ha sido instar a aquellos que sean padres jóvenes para que proporcionen un modelo sobre el cual sus hijos varones puedan construir su identidad masculina. Mientras usted desempeña los papeles tradicionales que hemos descrito, o alguna variante de ellos, sus hijos observarán quién es usted y de esa manera aprenderán a servir de la misma manera cuando crezcan. Por esa razón, cualquier consejo que se le dé a los padres de cómo criar a sus hijos varones debe comenzar con un examen de su comportamiento individual y de su carácter. Anteriormente mencioné que existen *dos* maneras principales en las que los padres pueden influir en sus hijos. La primera es el modelo que se les proporciona, la segunda está relacionada con las instrucciones que los padres debieran transmitirles a sus hijos. Este tema puede llenar muchos libros, pero me concentraré en el subtema de lo que un padre debiera enseñarles a sus varones específicamente con respecto a las niñas y a las mujeres. No es probable que lo aprendan en ninguna otra parte.

Ahora le daré algunas sugerencias con rapidez, una detrás de la otra, suponiendo que usted es padre de uno o más varones. Aquí vamos: si habla en tono desdeñoso acerca del sexo opuesto, o si se refiere a las mujeres como objetos sexuales, estas actitudes se traducirán directamente en las relaciones al salir con jovencitas, o más tarde en la relación matrimonial. Recuerde que su objetivo es preparar a un varón para que conduzca a una familia cuando él sea grande y mostrarle cómo ganarse el respeto de aquellos a quienes sirve. Dígale que es grandioso reírse y divertirse con los amigos, pero aconséjele que no haga el papel de «tonto». A los que hacen esto no se les respeta y la gente, especialmente las niñas y las mujeres, no siguen a los niños o a los hombres a los cuales no respetan. También dígale a su hijo que jamás debe golpear a una mujer bajo ninguna circunstancia. Recuérdele que ella no es tan fuerte como él y que se merece su respeto. No simplemente no debe lastimarla, sino que debe protegerla si se ve amenazada. Cuando camina con una jovencita por la calle, debe caminar del lado de afuera, cerca de los automóviles. Esto es un símbolo de la responsabilidad que él tiene de cuidarla. Cuando sale a una cita, debe pagarle la comida y el entretenimiento. Además (y esto es sencillamente mi opinión), las muchachas no debieran llamar a los varones por teléfono, al menos hasta que exista una relación de compromiso. Los varones son los que deben tomar la iniciativa, planeando las citas y pidiéndole a la joven que los acompañe. Enséñele a su hijo a abrirles las puertas a las muchachas y a ayudarlas con sus abrigos y con las sillas en un restaurante. Cuando un muchacho va a la casa de la joven a buscarla para una cita, dígale que se baje del automóvil y que llame a la puerta; que jamás toque la bocina. Enséñele a ponerse de pie en situaciones formales, cuando una mujer sale de la habitación o se levanta de la mesa y luego cuando regresa. Esta es una manera de mostrarle respeto. Si la trata como a una dama, ella lo tratará como a un hombre. Es un gran plan.

Concentre sus esfuerzos en enseñarles la abstinencia sexual a sus adolescentes, de la misma manera en que les enseña a abstenerse de la droga, del alcohol y de otros comportamientos dañinos. ¡Claro que lo puede hacer! Los jóvenes tienen toda la capacidad para comprender que el sexo irresponsable no les conviene y que conduce a enfermedades, embarazos no deseados, rechazo, etcétera. En la actualidad, en muchos casos no se comparten estas verdades con los adolescentes. Los padres sienten vergüenza de hablar acerca del sexo, y me molesta decir que las iglesias generalmente no están dispuestas a referirse a este tema. Esto genera un vacío en el cual los consejos liberales que se ocupan del sexo se han inmiscuido para decir: «Sabemos que de todas maneras van a tener relaciones sexuales, entonces, ¿por qué no hacerlo correctamente?». Qué mensaje tan dañino es este. Es la razón por la cual el herpes y otras enfermedades de transmisión sexual se propagan con cada vez más rapidez en la población y por la cual los embarazos no deseados asolan los recintos de las escuelas. A pesar de estas terribles consecuencias sociales, se da muy poco apoyo aun a los jóvenes que buscan desesperadamente una razón válida para decir que no. Se les dice que las «relaciones sexuales sin riesgo» están bien siempre y cuando utilicen el equipo adecuado. Como padre usted debe contrarrestar estos mensajes en casa. Dígales a sus hijos que no hay seguridad, que no existe lugar donde esconderse, cuando se vive contradiciendo las leyes de Dios. Recuérdeles una y otra vez, de manera enfática, las enseñanzas bíblicas acerca de la inmoralidad sexual, y por qué alguien que viola esas leyes no se lastima solo a sí mismo, sino que también hiere a la joven y engaña al hombre con el cual ella se casará finalmente. Dígale que no deber tomar nada que no les pertenezca, especialmente la pureza de una mujer.

También, dígales a sus hijos que el sexo es de carácter progresivo. Los besos y las caricias conducen inevitablemente a una mayor confianza. Sencillamente, así estamos hechos. Si los varones están decididos a permanecer puros, deben dar los pasos necesarios para desacelerar la progresión física al comienzo de la relación. Dígales que no arranquen el motor si no tienen intenciones de ponerse en marcha. Finalmente, déjeles en claro que la moralidad sexual no es sencillamente correcta y adecuada, es uno de los secretos para tener un matrimonio y una vida de familia saludables.

Comience a tener estas conversaciones y otras desde temprano, adaptadas a la edad y la madurez del hijo. Se deben planear muy bien y se deben llevar adelante a medida que los años vayan pasando. ¿No ha escuchado a hombres mayores decir con convicción: «Mi padre siempre me dijo...»? Esto sucede porque las cosas que se enfatizan durante la niñez, generalmente se quedan con uno durante toda la vida, aunque en el momento parezca que no han «prendido». En resumen, esta clase de instrucciones específicas es la sustancia de la responsabilidad que usted tiene de afirmar, reconocer y celebrar el viaje de su hijo hacia la madurez.

Debo reconocer, como dije, que algunas de estas ideas que he sugerido suenan a cosas del pasado; pero para mí todavía tienen sentido porque la mayoría de ellas tienen fundamento bíblico. Además, también contribuye a la relación armoniosa entre los sexos, lo cual les traerá provecho a aquellos que se casen. El doctor Michael Gurian lo dijo mejor:

> Cada vez que usted críe a un hombre amoroso, sabio y responsable, habrá creado un mundo mejor para las mujeres. Las mujeres (hoy en día) tienen que unirse a hombres por la mitad, niños a los cuales no se los crio cabalmente para llegar a la madurez, que no saben cómo establecer lazos, que desconocen cuáles son sus responsabilidades para con la humanidad, y que no tienen un fuerte sentido del servicio[5].

Los padres de hoy tienen la oportunidad de cambiar esta realidad.

Sé que las sugerencias e ideas que he ofrecido en este capítulo ponen sobre nosotros la gran presión de ser superpadres, pero las cosas son así. También me sentí de esa manera cuando nuestros hijos eran pequeños. Francamente, criar hijos era una responsabilidad aterradora para Shirley y para mí. Sabíamos que no éramos competentes para desarrollar esta tarea y que nadie puede garantizar el resultado de este trabajo. Por eso, comenzamos a orar diligentemente por el bienestar espiritual de nuestros hijos. Miles de veces, a través de los años, nos encontramos de rodillas pidiendo sabiduría y guía.

Luego, hacíamos lo mejor que podíamos en el hogar. De alguna manera, esto parece haber sido suficiente. Nuestros dos hijos aman al Señor hoy en día y son seres humanos maravillosos. Shirley es la que merece que se le reconozca la mayor parte del mérito por el resultado, pero yo también hice mi mejor esfuerzo. Gracias a Dios, los padres no tienen que ser perfectos para transmitirles sus valores a la próxima generación.

Además, nuestro Padre celestial responderá sus oraciones a favor de sus hijos si usted se vuelve a él. Los guiará a través de las tormentas de la adolescencia, pero no hará lo que usted puede y debe hacer por sí mismo, y para hablar de eso es que estamos aquí.

PREGUNTAS Y RESPUESTAS

Mi hijo de trece años se encuentra en plena adolescencia. Sospecho que puede estar masturbándose cuando está a solas, pero no sé exactamente cómo dirigirme a él con respecto a esto. ¿Debería preocuparme y, si es así, qué tendría que decirle?

Creo que no debería invadir ese mundo privado a menos que existan circunstancias extraordinarias que lo lleven a hacerlo. Le ofrezco este consejo, aunque reconozco que la masturbación es un tema altamente controversial y que los líderes cristianos difieren ampliamente en los enfoques que le dan. Responderé a su pregunta, pero espero que comprenda que algunos estudios de la Biblia y algunos ministros estarán totalmente en desacuerdo con lo que digo.

En primer lugar, consideremos la masturbación desde la perspectiva médica. Podemos decir sin temor a que nos contradigan que no existe evidencia científica que indique que este acto sea dañino para el cuerpo. A pesar de que históricamente se les ha dado terribles advertencias a los jóvenes, no produce ceguera, ni debilidad, ni retraso mental ni ningún otro problema físico. Si así fuera, toda la población masculina y alrededor de la mitad de las mujeres estarían ciegos, débiles, enfermos, y serían retrasados mentales. Entre 95 y 98% de todos los varones caen en esa práctica, y se sabe que el resto miente. Es tan factible que suceda como que esté tan cerca de convertirse en un comportamiento universal. Un porcentaje menor, pero no menos significativo, de jovencitas también se dedican a lo que antes se solía llamar «autogratificación» o, lo que es peor aún, «autoabuso».

En cuanto a las consecuencias emocionales de la masturbación, nada más hay cuatro cosas que deberían preocuparnos. La primera es cuando está asociada a una culpa opresiva de la cual el individuo no puede escapar. Esta culpa tiene el potencial de producir un considerable daño psicológico y espiritual. Los muchachos y las muchachas que luchan bajo la condenación divina pueden convencerse gradualmente de que ni siquiera Dios los ama. Prometen mil veces, con gran sinceridad, que nunca más realizarán este acto «despreciable». Entonces pasan una o dos semanas o, tal vez, varios meses. Con el tiempo la presión hormonal se acumula hasta que casi cada momento en el que están despiertos retumba por el deseo sexual. Finalmente, en un momento (y me refiero a un *momento*) de debilidad, vuelve a suceder. ¿Y entonces qué, querido amigo? ¿Dígame que es lo que le dice una persona joven a Dios después de que acaba de romper la milésima promesa que le hizo? Estoy convencido de que algunos adolescentes han abandonado su fe debido a la incapacidad de agradar a Dios en este aspecto.

La segunda circunstancia en la cual la masturbación podría tener consecuencias dañinas es cuando se convierte en algo extremadamente obsesivo. Esto es más probable que suceda cuando el individuo ha entendido que se trata de una «fruta prohibida». Creo que la mejor manera de prevenir esta clase de respuesta obsesiva es que los adultos no hagan énfasis en esta conducta o la condenen. Haga lo que haga, no podrá detener la práctica de la masturbación en sus adolescentes. Eso es seguro. Lo único que hará es esconderla bajo tierra o debajo de las mantas. No hay nada que funcione como una «cura». Las duchas frías, mucho ejercicio, las muchas actividades y las terribles amenazas no son efectivas. Tratar de suprimir este acto es una campaña destinada al fracaso, entonces, ¿para qué hacerle guerra?

La tercera situación que debiera preocuparnos se da cuando la persona joven se vuelve adicta al material pornográfico. La clase de obscenidades que se encuentran a disposición de los adolescentes hoy en día tienen la capacidad de atrapar y de esclavizar a un muchacho para el resto de la vida. Los padres querrán intervenir si existe evidencia de que su hijo o hija se dirige a este camino tan trillado. Hablaré de este peligro en un próximo capítulo.

La cuarta preocupación acerca de la masturbación no tiene relación con los adolescentes, sino con los adultos. Este hábito tiene la capacidad de seguirnos hasta el matrimonio y de convertirse en una sustitución de las relaciones sexuales saludables entre esposo y esposa. Creo que a esto se refiere el apóstol Pablo cuando nos enseña a no «negarnos» el uno al otro. El apóstol escribió: «No se nieguen el uno al otro, a no ser de común acuerdo, y nada más por un tiempo, para dedicarse a la oración. No tarden en volver a unirse de nuevo; de lo contrario, pueden caer en tentación de Satanás, por falta de dominio propio» (1 Corintios 7:5, NVI).

En cuanto a las preocupaciones espirituales acerca de la masturbación, tengo que ceder el puesto a los teólogos para que den una respuesta definitiva. Sin embargo, me resulta interesante que la Escritura no menciona este tema a no ser por una sola referencia en el Antiguo Testamento cuando habla de un hombre llamado Onán. Interrumpió el acto sexual con su cuñada, dejando que el semen cayera a tierra para no permitir que su hermano tuviera descendencia, lo cual era su «obligación» (Génesis 38:8-9). Aunque muchas veces se cita a este texto como una evidencia de que Dios desaprueba la masturbación, el contexto parece no concordar.

Entonces, ¿qué debería decirle usted, como padre de un adolescente de trece años, a su hijo con respecto a este tema? Mi consejo es no decir nada hasta que haya pasado la pubertad. Lo único que ocasionará es una situación incómoda y molesta. Con aquellos que son menores, sería sabio incluir el tema de la masturbación en la conversación de «preparándose para la adolescencia» que he recomendado en otras ocasiones. Sugiero que los padres hablen especialmente con sus varones de doce o trece años de la misma manera general en que mi madre y mi padre conversaron de este tema conmigo. Íbamos en el automóvil y mi papá dijo: «Jim, cuando yo era muchacho, me preocupaba mucho acerca de la masturbación. En realidad, se convirtió en algo que me daba miedo porque pensaba que Dios me condenaba por algo que yo no podía controlar. Así que lo que te digo es que espero que no sientas la necesidad de involucrarte en este acto cuando llegues a la adolescencia, pero si lo haces, no debes preocuparte mucho al respecto. No creo que tenga que ver mucho con tu relación con Dios».

Qué gesto tan compasivo tuvo mi padre para conmigo aquella noche en el automóvil. Era un ministro muy conservador que jamás cedió en cuanto a las normas de la moralidad hasta el día de su muerte. Se mantuvo firme como una roca con respecto a los principios bíblicos y a sus mandamientos. Sin embargo, se preocupó lo suficiente por mí como para levantar de mis hombros el peso de la culpa que casi destruyó a algunos de mis amigos de la iglesia. Esta clase de fe «razonable» que me enseñaron mis padres es una de las principales razones por las cuales nunca sentí la necesidad de rebelarme contra la autoridad de ellos o a desafiar a Dios.

Estos son mis puntos de vista, por si sirven de algo. Sé que mis recomendaciones inflamarán los ánimos de algunas personas. Si usted es una de ellas, por favor, perdóneme. Nada más puedo ofrecer el mejor consejo del que soy capaz. Oro para que en este caso esté en lo correcto.

Mi hijo se encuentra en el primer año de universidad y parece que le gusta una muchacha a la cual piensa que ama. Él vino a casa para Navidad y hablamos de la clase de familia que le gustaría tener. Sin embargo, estaba preocupado por el alto índice de divorcios que amenaza a cada nuevo matrimonio, y me preguntó cómo podía reducir el riesgo de que eso les sucediera a él y a su futura esposa. ¿Qué consejo le hubiera dado usted?

La respuesta a esta pregunta podría tomar varios rumbos diferentes, pero me conformaré con ofrecer nada más una sugerencia. Debe explicarle a su hijo que las mujeres son diferentes a los hombres y que esta singularidad afectará su propio matrimonio. Me refiero a lo que podrían llamarse «diferentes suposiciones». Muchos hombres vienen al matrimonio con la idea equivocada de que sus esposas serán sus animadoras, que cuidarán de los hijos y que no esperarán nada a cambio. Creen que su mayor responsabilidad, y tal vez la única, es ganar dinero y tener éxito profesional, aunque esto requiera doce horas de trabajo por día. Por otra parte, las mujeres suponen que su matrimonio será una maravillosa aventura romántica. Esperan que habrá cenas a la luz de las velas, caminatas bajo la lluvia y veladas de conversaciones que salgan del alma. Ambas expectativas son ilusiones que andan dando tumbos por ahí durante unos pocos años hasta que finalmente chocan. Los hombres adictos al trabajo y las mujeres con mente de Cenicienta generalmente se destruyen el uno al otro. He visto este modelo repetirse muchas veces entre los estudiantes de medicina que comienzan su entrenamiento con tanto entusiasmo que se lo contagian a su cónyuge. Pero para el tercer año, la esposa (suponiendo que el que estudia es el hombre) comienza a darse cuenta de que su marido tiene una amante. No se trata de otra mujer. Se ha enamorado de por vida de la medicina, y quedará cautivado por esta obsesión durante el resto de su vida juntos. Cuando finalmente se dan cuenta de esta realidad, el divorcio no está muy lejos, generalmente en el último año.

Insto firmemente a los padres que les digan a sus adolescentes y a sus hijos en edad universitaria que las mujeres son románticas incorregibles, y que para ellas no será suficiente que ellos, como maridos, tengan éxito en lo que se proponen profesionalmente. Eso hubiera sido suficiente en décadas pasadas. Hoy en día, se espera algo más. Si desean tener matrimonios y familias fuertes, deben reservar tiempo y energía para la relación matrimonial, conversando y tratándose mutuamente como enamorados.

Esta es la única palabra de advertencia que desearía darle a cualquier pareja que acaba de comprometerse o casarse. La sencilla comprensión de estas «diferentes suposiciones» puede prevenir muchos divorcios. Pienso que debería compartirlo con su hijo.

Usted mencionó la necesidad de compartir las bases bíblicas de la moral con nuestros hijos. ¿Podría proporcionar algunas referencias específicas de la Biblia para ayudarme a enseñárselas?

Sí, hay muchas fuentes, pero las que se encuentran a continuación deberían ayudarlo. De acuerdo con la edad del hijo, comience leyéndole los cinco primeros capítulos de Proverbios de una traducción moderna; en ellos, el rey Salomón le da consejos paternales a su hijo. Allí encontrará muchos puntos en los cuales detenerse para conversar con su hijo acerca de una manera justa de vivir. Luego siga con los siguientes versículos (NVI):

- Mateo 15:19: «Porque del corazón salen los malos pensamientos, los homicidios, los adulterios, la inmoralidad sexual, los robos, los falsos testimonios y las calumnias».
- Romanos 1:24: «Por eso Dios los entregó a los malos deseos de sus corazones, que conducen a la impureza sexual, de modo que degradaron sus cuerpos los unos con los otros».
- Romanos 13:13: «Vivamos decentemente, como a la luz del día, no en orgías y borracheras, ni en inmoralidad sexual y libertinaje, ni en disensiones y envidias».
- 1 Corintios 6:18: «Huyan de la inmoralidad sexual. Todos los demás pecados que una persona comete quedan fuera de su cuerpo; pero el que comete inmoralidades sexuales peca contra su propio cuerpo».
- 1 Corintios 10:8: «No cometamos inmoralidad sexual, como algunos lo hicieron, por lo que en un solo día perecieron veintitrés mil».
- 2 Corintios 12:21: «Temo que, al volver a visitarlos, mi Dios me humille delante de ustedes, y que yo tenga que llorar por muchos que han pecado desde hace algún tiempo pero no se han arrepentido de la impureza, de la inmoralidad sexual y de los vicios a que se han entregado».
- Gálatas 5:19: «Las obras de la naturaleza pecaminosa se conocen bien: inmoralidad sexual, impureza y libertinaje».
- Efesios 5:3: «Entre ustedes ni siquiera deben mencionarse la inmoralidad sexual, ni ninguna clase de impureza o de avaricia, porque eso no es propio del pueblo santo de Dios».
- Colosenses 3:5: «Por tanto, hagan morir todo lo que es propio de la naturaleza terrenal: inmoralidad sexual, impureza, bajas pasiones, malos deseos y avaricia, la cual es idolatría».
- 1 Tesalonicenses 4:3: «La voluntad de Dios es que sean santificados; que se aparten de la inmoralidad sexual».
- Judas 1:7: «Así también Sodoma y Gomorra y las ciudades vecinas son puestas como escarmiento, al sufrir el castigo de un fuego eterno, por haber practicado, como aquellos, inmoralidad sexual y vicios contra la naturaleza».

Madres e hijos

Muy bien, mamá, ha llegado su turno. Hablemos acerca de lo que significa ser un varón y de cómo podría relacionarse mejor con ellos. Siento el más alto respeto y la más alta admiración por las mujeres que tienen la bendición de llamarse madres. Existen pocas tareas en la experiencia humana que requieran la conjunción de habilidades y sabiduría que una madre necesita para cumplir con sus obligaciones diarias. Debe ser psicóloga, doctora, teóloga, educadora, enfermera, cocinera, taxista, jefa de bomberos y, de vez en cuando, oficial de policía. Si tiene éxito en cada una de estas responsabilidades, mañana tendrá que empezar con todo de nuevo.

Para comprender el mundo que vive una madre joven, tal vez nuestros lectores masculinos quieran acompañarla un día, a media mañana, al consultorio del pediatra. Después de estar sentada cuarenta y cinco minutos con un pequeño afiebrado y malhumorado sobre sus rodillas, la mamá y el bebé reciben la invitación para entrar al consultorio. El médico examina al niño enfermo y, sin rodeos, le dice a la madre:

—Asegúrese de que no se mueva mucho durante cuatro o cinco días. No permita que se rasque la erupción. Cerciórese de que trague la medicina y tendrá que vigilar sus deposiciones.

—¡Sí, claro, doctor! ¿Alguna otra sugerencia?

—Solo una más. Esta enfermedad es muy contagiosa. Mantenga alejados a sus otros cuatro hijos. La veré en una semana.

Lo asombroso es que la mayoría de las madres se las arreglan para cumplir con todas las indicaciones, y lo hacen con amor y con gracia. Dios las hizo buenas para cumplir con toda su tarea y les dio pasión por sus hijos.

La mayoría, literalmente entregaría su vida para proteger a los hijos que tienen bajo su cuidado. Sin embargo, a pesar de esta dedicación, muchas mujeres admiten que criar varones ha representado un desafío especial. Como mencionamos anteriormente, ellas se acuerdan de lo que era ser una niñita con un elegante vestido, pero nada más tienen una vaga noción de lo que sus hijos sienten, piensan y de cómo se comportan. Los varones tienen una inclinación natural para hacer líos, burlarse de los hermanos, correr a toda velocidad por la casa y desafiar cada decisión u orden que se les interponga en su camino.

Uno de mis colegas, el doctor Tim Irwin, comentó que las mujeres que no han tenido hermanos varones generalmente se sienten impactadas hasta por las características físicas de los varones: las escenas, los sonidos, y los olores que generan. Algunas admiten «no tener la menor idea» de cómo tratar con ellos. Una sugerencia lógica es ayudar a los varones a descargar el exceso de energía haciéndolos participar en actividades en las cuales la lucha, la risa, correr, dar volteretas y gritos sean cosas aceptables. El fútbol, el karate, el baloncesto y el fútbol americano son algunas de las posibilidades. Las madres también deben mantener ocupadas las mentecitas y manitas de los varones. Si lo hacen, se verán grandemente beneficiadas. Una vez mi padre, refiriéndose a nuestro energético hijo que empezaba a andar, dijo: «Si permiten que este niño se aburra, se merecerán lo que les haga». El padrastro de Shirley, quien tiene un acento propio de Dakota del Sur, después de cuidar a nuestros hijos por una semana, dijo: «Ay, ay, ay, benditos niños. Tienen que soltarlos al aire libre». ¡Buen consejo!

Los varones tienen otra característica que puedo asegurar que usted se ha dado cuenta. La mayor parte del tiempo no escuchan. Tienen una notable habilidad para ignorar todo lo que no les interesa. Los hombres son así también. Mi esposa no puede entender cómo puedo escribir un libro, incluyendo este, mientras en el televisor de mi estudio transmiten un partido de fútbol. En realidad, no miro televisión y escribo al mismo tiempo, pero puedo apagar el sonido en mi mente hasta que decida escucharlo, como por ejemplo, cuando en la pantalla aparece la repetición de una jugada. Después de mirar durante un momento, vuelvo a lo que estaba haciendo. Este «talento» las vuelve locas. Los esposos pueden leer un informe de la oficina y perderse todo lo que se está diciendo a un metro distancia. Una dama frustrada llegó hasta el punto de prender un fósforo y colocarlo en la parte de abajo del periódico que leía su esposo, quien finalmente le prestó atención cuando se le incendió en la cara. Según ella, la única otra manera de despertarlo hubiera sido bailar completamente desnuda sobre la mesa del comedor. Yo ni siquiera estoy seguro de que eso hubiera dado resultado.

Lamentablemente, los hijos varones tienen esa misma habilidad para ignorar a sus madres. Sinceramente no escuchan las palabras que les vierten en sus oídos. Por eso recomiendo que como mamá se acerque a su hijo y lo toque si desea captar su atención. Cuando se dé vuelta a mirarla, despache su mensaje como si fueran rápidas explosiones. Hablaré más sobre la comunicación con los varones luego, pero por ahora, deseo hablar acerca de las diversas señales de desarrollo, comenzando desde el nacimiento.

He hablado en capítulos anteriores acerca del papel esencial que los padres desempeñan en el desarrollo temprano de los varones, pero las madres también son importantes. No existe forma de exagerar en cuanto a la importancia del «vínculo infantil» entre la madre y los hijos de ambos sexos. La calidad de esa relación tendrá repercusiones para toda la vida y hasta puede determinar la vida y la muerte. Mary Carlson, investigadora de la facultad de medicina de Harvard, recientemente estudió un atestado orfanato rumano, donde había filas tras filas de bebés acostados en sus cunas sin recibir ninguna clase de atención. El personal estaba completamente sobrecargado de trabajo, así que a los bebés casi nunca se les tocaba, ni siquiera cuando se les alimentaba. Lo que le impactó a Carlson fue el silencio opresivo que había en la guardería. Nadie lloraba, ni balbuceaba; ni siquiera gimoteaba. Después de un examen que se les realizó a la edad de dos años, Carlson encontró que los bebés tenían valores inusualmente altos de una hormona del estrés en la sangre llamada cortisol, de la cual se sabe que si se encuentra en altas cantidades daña el cerebro. (También mencioné este fenómeno en el capítulo cuatro). El crecimiento se había detenido, y los niños actuaban de acuerdo con la mitad de la edad que tenían[1]. Aunque se las ingenien para sobrevivir, nunca se recuperan totalmente.

Pero, ¿cuáles son las derivaciones de circunstancias menos trágicas en las cuales la relación entre la madre y el hijo varón sencillamente no cuaja? Esta pregunta específica se estudió en la Universidad de Harvard. Los investigadores descubrieron que el vínculo afectivo del comienzo es vital. Hasta se relaciona con la con la salud física cuarenta o cincuenta años más tarde. Aunque resulte increíble, 91% de hombres universitarios que dijeron que no habían disfrutado de una relación cercana con sus madres, tuvieron enfermedades de las arterias coronarias, hipertensión, úlceras duodenales y alcoholismo durante la edad madura. Nada más 45% de hombres que recordaban el afecto y la intimidad maternal padecieron de enfermedades similares. Es aún más sorprendente que 100% de los participantes de este estudio cuyos padres eran fríos y distantes siguieron padeciendo de numerosas enfermedades en la edad madura. En resumen, la calidad de las relaciones a edad temprana entre los varones y sus madres es un poderoso indicador de la salud psicológica y física a largo plazo. Cuando no se satisfacen ciertas necesidades durante la infancia, se avecinan problemas a lo largo del camino[2].

Dada la delicada naturaleza de los niños muy pequeños, probablemente se comprenda por qué me opongo firmemente a dejar a los bebés en las guarderías a menos que no exista otra alternativa razonable. Puede parecer que los niños se adaptan adecuadamente a una serie de personas que los cuidan, pero fueron diseñados para estar ligados emocionalmente a una madre y a un padre, y para desarrollar la seguridad dentro de la protección de sus brazos. A casi nadie se le ocurrió desafiar esta creencia durante unos cinco mil años, pero hoy en día, a muchas mujeres les parece que no les queda otra alternativa que regresar a un empleo cuanto antes les sea posible después de dar a luz. Si usted es una de ellas, permítame decirle con respeto y compasión que comprendo las presiones financieras y emocionales a las que se enfrenta; pero a las que acaban de ser madres y tienen otras opciones, les recomendaría enfáticamente que no les entreguen sus bebés a las personas que trabajan en una guardería, muchas de las cuales reciben salarios muy bajos, no están entrenadas y no compartirán el compromiso irracional que ustedes tienen con ese bebé.

Mi opinión con respecto a este tema se basa en datos muy serios. El National Institute of Child Health and Human Development (Instituto Nacional del Cuidado Infantil y Desarrollo Humano) ha llevado a cabo el estudio más comprensivo acerca de este tema hasta la fecha. Se evaluó a más de 1100 madres e hijos en diez de las mejores guarderías de los Estados Unidos cuando los niños tenían seis, quince, veinticuatro y treinta y seis meses de edad. Los resultados preliminares se dieron a conocer en *USA Today* así: «Las madres que trabajan se preocupan pensando que si dejan a sus bebés al cuidado de otros, la relación con sus hijos se verá afectada. Las noticias del gobierno federal dicen que se preocupan con razón. Pasar largas horas al cuidado de otra persona durante los tres primeros años de vida generalmente es igual a una menor interacción positiva entre madre e hijo»[3]. Los descubrimientos preliminares confirman que dejar a un niño pequeño en una guardería se asocia con una relación menos sensible entre madre e hijo. Además, el niño tiende a reaccionar de una manera menos positiva hacia la madre. En otras palabras, el vínculo entre madre e hijo se ve afectado de manera negativa por la experiencia de pasar por una guardería, especialmente, si la madre tiende a ser por naturaleza insensible.

Estos datos se dieron a conocer cuando el estudio todavía estaba incompleto. Cuando se concluyó, en el 2001, los investigadores anunciaron descubrimientos aún más perturbadores. Dijeron que los niños que pasaron la mayor parte del tiempo al cuidado de extraños tienen el triple de posibilidades de presentar problemas de conducta en el jardín de infancia que aquellos que han recibido principalmente el cuidado de las madres. Estos resultados se basaron en las opiniones de las madres acerca de sus hijos, de las personas que los cuidaban y de las maestras del jardín de infancia. Existía una correlación directa entre la cantidad del tiempo que el niño pasaba bajo el cuidado de otras personas y los rasgos de conducta tales como agresión, desobediencia y una actitud desafiante. Cuanto más tiempo pasan en otro ambiente, fuera del hogar, mayores son los problemas de comportamiento. El doctor Jay Belsky, uno de los principales investigadores del estudio, dijo que los niños que pasan más de treinta horas semanales en guarderías «son más exigentes, incumplidos y agresivos. Les adjudicaron un puntaje más alto a cosas como participar en muchas peleas, ser crueles, abusadores, malvados, como también a hablar mucho y a exigir que les den lo que quieren de inmediato»[4]. Esta no es una buena noticia para los trece millones de preescolares, incluyendo seis millones de niños menores de tres años que se encuentran en guarderías en los Estados Unidos.

Cuando este estudio se dio a conocer, la comunidad liberal armó un gran revuelo ya que durante años nos habían dicho que los niños se desarrollan mucho mejor estando al cuidado del personal de las guarderías. Atacaron la metodología del estudio y alegaron que sus hallazgos no eran válidos. Otros exigieron más dinero federal para programas de calidad de cuidado de niños. Nadie duda que se necesitan mejores opciones para el cuidado de los niños de padres que deben depender de eso. Sin embargo, tal vez yo tengo una idea mejor. ¿Por qué no reducir la carga de los impuestos que los padres tienen que pagar, para que las madres puedan hacer lo que la mayoría de ellas desean con desesperación: quedarse en casa con los niños?

En un estudio llevado a cabo por Public Agenda, 70% de las madres de niños menores de cinco años querían dejar de trabajar. Setenta y un porciento dijo que las guarderías eran el «último recurso». Cuando les preguntaron cuál era la mejor solución para los niños, 70% dijo que era preferible que uno de los padres estuviera en casa; 14% dijo que lo mejor es que los padres trabajen turnos diferentes; y 6% se mostró favorable a la opción de un pariente cercano. Nada más el 6% pensó que la mejor opción era una guardería de buena calidad[5]. Deborah Wadsworth, presidenta de Public Agenda, dijo: «Cuando llega el momento de entregarle su hijo a un adulto que no conocen, los padres sienten una tremenda ansiedad»[6].

¿Qué significa esto para la política pública? Permítame decirlo de nuevo. El Congreso de los Estados Unidos debiera proporcionar exenciones de impuestos y otros incentivos económicos para las madres (o padres) que prefieren quedarse en casa. ¿Por qué no lo han hecho hasta ahora? Porque desean los ingresos provenientes de hogares con dos entradas de dinero y porque están presionados fuertemente por feministas y otros que desean que todas las ventajas se orienten hacia la madre que trabaja fuera de su casa. Es hora de equilibrar las balanzas. No es que sea indiferente a las madres que luchan poderosamente para hacer lo que se llama «doble obligación». Necesitan nuestro amor y también nuestro respeto. Muchas madres que trabajan lo hacen porque les parece que no tienen otra alternativa en cuanto al aspecto financiero.

Cuando nuestra primogénita tenía dos años, me encontraba terminando mis estudios para obtener mi doctorado en la Universidad del Sur de California. Cada dólar disponible se necesitaba para costear mi matrícula y otros gastos relacionados. Aunque no quería que Shirley saliera a trabajar mientras Danae era pequeña, me pareció que no teníamos otra alternativa. Shirley comenzó a dar clases en una escuela y, cada mañana, llevábamos a nuestra pequeña a la guardería. Un día, cuando llegamos al lugar, Danae comenzó a llorar descontroladamente. «¡No! ¡No! ¡No, papá!», me dijo. Se aferró a mi cuello mientras la llevaba hasta la puerta y entonces me rogó que no me fuera. A esa edad, es típico que a los niños no les guste que sus padres los dejen, pero esto era algo diferente. Danae tenía una expresión de terror en los ojos, y sospeché que la última vez que había estado allí no la había pasado nada bien. Pude imaginarme lo que había sucedido. Di la vuelta y me dirigí de nuevo al auto llevando a mi preciosa hija. Cuando estuvimos solos, le dije: «Danae, te prometo que nunca más tendrás que quedarte aquí». Y así fue.

Shirley y yo hablamos acerca de cómo íbamos a cumplir mi promesa. Finalmente, decidimos vender y «comernos» uno de los dos Volkswagen que teníamos, lo cual le permitió a ella quedarse en casa durante un año cuidando a nuestra hija. Para cuando el dinero se acabó, yo ya había terminado mis estudios y podía proveer para que Shirley fuera una mamá a tiempo completo. No todos podrán hacer lo que nosotros hicimos y, seguramente, hay millones de padres o madres solteros a los cuales no les queda otra alternativa. Si un familiar o un amigo puede cuidar a su niño durante el día, eso es mejor que una guardería, si no intervienen otros factores. Lo que se necesita es continuidad en la relación entre el niño y la persona que le proporciona el cuidado diario.

Lo fundamental en muchos estudios acerca de la infancia y del desarrollo temprano del niño coincide en que los bebés tienen varias necesidades emocionales esenciales. Entre ellas se encuentran el contacto físico, la relación, la permanencia, el cuidado y la reafirmación. Siento dolor por los muchos niños abusados y descuidados que hay hoy en día, cuyas necesidades se ignoran trágicamente. No hay nada más triste que un niño que no tiene amor o que no se siente amado. Algunas veces, desearía que los bebés nacieran con una señal alrededor del cuello con la advertencia: «¡Precaución!¡Trátese con cuidado! Ámenme. ¡Protéjanme! Háganme un lugar en su corazón».

A pesar de la importancia del vínculo inicial entre madre e hijo, puede parecer extraño que los varoncitos comiencen a alejarse de las madres durante el período entre los quince y los treinta y seis meses. Los varones, aún más que las muchachas, se vuelven negativos en esa etapa y resisten todos los esfuerzos que pretendan acorralarlos o manejarlos. A todo dicen que no, incluso a las cosas que les gustan. Cuando los llaman, salen corriendo y ponen el grito en el cielo a la hora de irse a dormir. Generalmente, les responden mejor a los padres, pero no mucho mejor. Aunque parezca mentira, este es un momento de oportunidad para mamá. *Debe* hacerse cargo durante estos deliciosos pero desafiantes años de sus pequeños. No es suficiente con dejar la disciplina exclusivamente a cargo de papá. En este período se arraiga el respeto por la autoridad y liderazgo de ella, y será difícil recuperar más tarde las oportunidades que se pierdan. Tan solo recuerde que los varoncitos necesitan desesperadamente que se les supervise. También necesitan que se les «civilice», y lo digo literalmente. Cuando falta el liderazgo firme pero amoroso, tienden a seguir sus propias inclinaciones egoístas y destructivas, que pueden ser dañinas para un niño y para los otros miembros de la familia. En el capítulo 16 nos detendremos más en los principios de la disciplina.

¿Cuáles son las otras repercusiones para las madres durante este período de desconexión y diferenciación? En primer lugar, no deben dar lugar a sentirse rechazadas o heridas por la inclinación de sus varones hacia el padre. Simplemente recuerden que el comportamiento no es personal. Los varones están programados genéticamente para responder de esa manera. Recuerdo que me sentía un poco incómodo ante los abrazos y los besos de mi madre cuando yo tenía tres años. Una vez le dije que pensaba que era «tonto». Sabiamente, me respondió: «Yo pienso lo mismo». Yo deseaba y necesitaba su amor, pero ya era consciente de algo extraño que me atraía hacia mi papá. Aunque la mayoría de los niños no pueden articular esta necesidad imperiosa, lo que está sucediendo es un proceso saludable a partir del cual florecerá a su tiempo la masculinidad. Las madres debieran animar a sus esposos para que estén a disposición de sus hijos cuando la necesidad es mayor. Muéstreles esta sección de mi libro, aunque no lean el resto. Los hombres suelen estar extremadamente ocupados durante los primeros años de la paternidad, y tienen la mente en otras cosas. Un tironcito suave captará mejor su atención que si se les inunda con montones de críticas para hacerlos sentirse culpables.

Con el paso del tiempo, la sexualidad de los varones se hace más evidente. No piense ni por un momento que son asexuados, ni siquiera desde su más tierna infancia. Algunos niños menores de cinco años se agarran o se frotan los genitales, lo que se ha llamado indebidamente masturbación. Sus madres se preocupan y se sienten molestas, pero no existen derivaciones morales ni de desarrollo. Sencillamente indica que el niño ha descubierto «el lugar placentero». Se le puede enseñar que existe un momento adecuado y uno inadecuado para tocarse, pero no se le debe avergonzar ni castigar por revelar que sus conexiones están en correcto estado.

Cuando tenía cinco años, me encontraba en la cama una noche con mi tía abuela. Era una mujer bastante mayor que tenía algunas ideas mojigatas. Yo estaba casi dormido y ella leía un libro: «¿Qué estás haciendo debajo de las frazadas?». Créame, yo no estaba haciendo *nada* debajo de las frazadas. Ni siquiera sabía que había algo interesante para hacer debajo de las frazadas. Cuando recuerdo aquel momento me resulta gracioso, pero en aquel entonces, me confundió. Me pregunté qué era lo que la preocupaba. No cometa un error similar con sus hijos.

Durante los primeros años de la escuela primaria, algunas veces los varoncitos fantasean con respecto a las mujeres o las niñas. No es que piensen en la relación sexual, la cual muy pocos comprenden, pero muchas veces tienen pensamientos vagos de desnudos o de otras imágenes sexuales de las mujeres. Todo forma parte de la experiencia masculina.

Recuerdo a una amiga que conducía su auto con su hijo de siete años. De repente, el niño comenzó a hacer toda clase de preguntas importantes acerca del sexo. La presionó para que le dijera con lujo de detalles todo acerca de los bebés y de cómo se les concebía. Su madre se sintió incómoda al verse enfrentada tan pronto con preguntas que pensaba llegarían dos o tres años más tarde. Pero allí estaba, y no podía evadirse. *Muy bien*, dijo para sí, *aquí vamos*. Le contó todo. Durante todo el tiempo que hablaba, el niño estaba sentado con la mirada fija en la nada. Cuando la lección terminó, él se estiró hacia delante para oprimir el botón que bajaba la ventanilla, luego sacó la cabeza hacia fuera y dijo «¡Ayyyyyyyyy! Voy a vomitar. ¡Ni siquiera quiero recordar esto!». A las pocas semanas, cuando nació su primo, le contó a su hermano menor de dónde había venido el bebé; pero no lo había captado muy bien. «La mamá y el papá —le dijo—, tienen que hacer esa cosa de la espuela» (refiriéndose a la cosa del esperma).

La edad de diez años es una etapa agradable para la mayoría de los varones. Algunos le han llamado el período «angelical», cuando la cooperación y la obediencia se encuentran en su punto máximo. Nunca volverá a ser igual. Cuando llegan a los once, el típico varón probablemente se volverá irritable y arisco. Es probable que saque de quicio a su madre, que se burle de sus hermanos y hermanas menores, y que empuje un poco los límites de conducta que le hayan impuesto sus padres. Esto significa que la testosterona está comenzando a fluir y que el período de gran agitación de la adolescencia se encuentra en camino. Luego vienen los doce y los trece. Durante los tres años siguientes, ¡agárrense fuerte!

Hace algunos años, invité a la difunta consejera y escritora Jean Lush a *Focus on the Family* (Enfoque a la Familia) para hablar acerca del tema de las madres y los hijos varones. Aquí tenemos una porción acerca de lo que dijo acerca de la pubertad:

> A partir de toda la tarea de orientación que he hecho y de todo lo que he leído, puedo decir [...] ¡ay, caramba!, los trece años pueden ser muy difíciles. Le daré un ejemplo de nuestra familia. Cierta madre se dio cuenta de que su hijo estaba de mal humor y le dijo:
>
> —Vamos, ven aquí y mira estas fotografías, así me ayudas a elegir cuál usaré para Navidad. Son fotos mías.
>
> El muchacho se acercó y dijo:
>
> —No me gusta ninguna de ellas. Tienes un aliento que apesta. Me voy a mi habitación.
>
> La madre dijo:
>
> —Ay, me sentí herida.
>
> Pero dos horas más tarde el muchacho vino y dijo:
>
> —Te amo, mamá.
>
> Le dio un beso y se fue a dormir. Ahora bien, este era un típico muchacho de trece años. A esta edad, los

varones son generalmente groseros y fríos. Les gritan a los padres, golpean puertas, y tienen muchas oscilaciones en su estado de ánimo. Pero, de repente, salen de todo esto y se transforman en un amoroso miembro de la familia de nuevo. Estos muchachos entre los trece y catorce años en verdad son difíciles de entender.

Hay algo más. Un varoncito alcanza la madurez sobre el cadáver de su madre. Y no lo olvide. No solo la mata; la «apuñala» lentamente. Permítame explicarle. Pienso que muchos muchachitos sienten temor de la masculinidad que tienen por delante. Por supuesto, no a todos les pesa lo mismo. Algunos sencillamente atraviesan este período con calma, pero otros se preguntan ansiosos: «¿Alguna vez me convertiré en un verdadero hombre?» En esos casos, la madre está en su camino. Si está demasiado cerca, el hijo puede sentir que se lo está tragando. Después de todo, es una mujer. Se encuentra entre él y el hombre que llegará a ser. Los varones que más luchas tienen, algunas veces son los que han tenido la relación más cercana con su madre. Entonces, ¿qué es lo que hacen para quitarla del camino? Tienen que «matarla». La matan como el muchacho que dijo: «Tu aliento apesta». Esa fue la manera de establecer su masculinidad. Aquel episodio fue muy duro para la madre que sintió que su hijo la rechazaba y la hería, pero fue una transición que tuvieron que soportar. Las madres cuyos hijos repentinamente entran en esta clase de alejamiento se inclinan a preguntarse: «¿Qué fue lo que hice mal? No sé qué hacer. El muchacho es un poco tirano». Bueno, resista. Vendrán días mejores[7].

¿Y si esos días no llegan? ¿Qué sucede si la actitud del hijo va de mal en peor durante la adolescencia? Estoy seguro de que eso le ha sucedido o, en su momento, le sucederá, con uno o más de sus hijos. Es una cuestión hormonal y sucede en las mejores familias. Cuando la hostilidad y la rebelión comienzan a aparecer, ¿cómo hace para evitar que sus hijos (e hijas) estallen y hagan algo estúpido? Traté este tema en otros libros, pero permítame ofrecerle un hallazgo reciente que no he compartido anteriormente. El Estudio Longitudinal Nacional de la Salud del Adolescente (The National Longitudinal Study of Adolescent Health) analizó a 11.572 adolescentes para determinar qué factores ayudaban más a prevenir comportamientos dañinos tales como la violencia, el suicidio, el abuso de drogas, las relaciones sexuales y los embarazos en la adolescencia. Aquí tenemos lo que los investigadores encontraron: La presencia de los padres es muy beneficiosa en cuatro momentos clave del día: temprano en la mañana, después de la escuela, a la hora de la cena y a la hora de irse a dormir. Cuando este contacto regular se combina con otras actividades entre padres e hijos, se logran los mejores resultados. Las investigaciones también observaron que los adolescentes que sienten una conexión con sus padres (sentimientos afectuosos, de amor y de cuidado) son menos propensos a enredarse en comportamientos dañinos[8].

Algunos lectores se estarán preguntando: *¿Cómo puedo estar con mis adolescentes mañana, tarde y noche? Tengo demasiado trabajo que hacer.* Bueno, sencillamente debe decidir qué es lo más importante para usted en este momento. Dentro de unos años sus asuntos no tendrán tanta importancia, pero el tiempo disponible que tenga para sus hijos ahora mismo puede ser decisivo para que ellos sobrevivan o se arrojen desde el precipicio.

Mi padre y mi madre se enfrentaron a la misma difícil situación cuando yo tenía dieciséis años. Papá era un evangelista que estaba la mayor parte del tiempo fuera mientras mamá se quedaba conmigo en casa. Durante los años de la adolescencia, comencé a poner a prueba a mi madre. Nunca llegué a una rebelión total, pero, sin lugar a dudas, jugaba con la posibilidad. Nunca olvidaré la noche en que mi mamá llamó a papá por teléfono. Yo estaba escuchando cuando ella dijo: «Te necesito». Ante mi sorpresa, mi padre canceló de inmediato un programa de reuniones que abarcaba los próximos cuatro años, vendió nuestra casa y se mudó a 1100 kilómetros al sur para hacerse cargo del puesto de pastor de una iglesia, y así poder estar conmigo hasta que terminara la escuela secundaria. Fue un sacrificio enorme el que tuvo que hacer. Desde el punto de vista profesional, nunca se recuperó totalmente; pero tanto a él como a mamá les pareció que mi bienestar era más importante que sus responsabilidades inmediatas. Papá estuvo en casa conmigo durante aquellos dos años inestables cuando hubiera podido meterme en serios problemas. Cuando hablo con reverencia acerca de mis padres hoy en día, como siempre lo hago, una de las razones es porque me dieron la prioridad cuando me estaba deslizando al borde del precipicio. ¿Haría usted lo mismo por sus adolescentes?

Es probable que no tenga que hacer un cambio tan radical en su estilo de vida. Algunas veces la solución es mucho más simple, de acuerdo con un estudio conducido por el doctor Blake Bowden del Hospital

Infantil de Cincinnati. Él y sus colegas estudiaron a 527 adolescentes para descubrir cuáles características de la familia y de su estilo de vida se encontraban relacionadas con la salud mental y la adaptación. Lo que observaron, una vez más, es que los adolescentes cuyos padres cenaban con ellos cinco veces a la semana o más eran los que tenían menos probabilidades de usar drogas, deprimirse o meterse en problemas con la ley. También tenían más probabilidades de andar bien en la escuela y de rodearse de un círculo de amigos que les brindaran su apoyo. Este beneficio se vio también en familias que no comían juntos en casa. Los que se reunían en restaurantes de comida rápida obtenían los mismos resultados. Por el contrario, los adolescentes con menos adaptación tenían padres que comían con ellos nada más tres noches a la semana o menos[9].

¿No es interesante que los dos estudios mencionados anteriormente hayan llegado a la misma conclusión? La participación de los padres es la clave para guiar a los hijos a través de las tormentas de la adolescencia. Y aquí tenemos otra investigación orientada a niños menores. La doctora Catherine Snow, profesora de educación de Harvard's Graduate School of Education (Escuela de posgrado en educación de Harvard), realizó el seguimiento de sesenta y cinco familias durante un período de ocho años. Ella descubrió que el momento de la cena era más valioso para el desarrollo de los niños que el tiempo de juegos, que la escuela o que los momentos en que se les contaban historias[10]. Sin lugar a dudas, hay poder en «partir el pan» juntos.

¿Qué significan estos hallazgos? ¿Hay algo milagroso en sentarse juntos para compartir una comida? No, y aquellos padres que así lo crean se llevarán una desilusión. Lo que muestra el estudio de Bowden es que la relación familiar es lo que les importa a los adolescentes. Cuando los padres tienen tiempo para sus hijos, cuando se juntan casi todos los días para conversar e interactuar (en este caso, mientras comen) a sus adolescentes les va mucho mejor en la escuela y en la vida. ¿Conclusión? Las familias traen estabilidad y salud mental para los niños y adolescentes.

Ante una evidencia tan contundente a favor de las comidas familiares, es lamentable que tan solo la tercera parte de las familias estadounidenses coman juntas la mayoría de las noches. El mundo frenético en que vivimos, nos ha presionado por todas partes obligándonos a comer apresuradamente. Algunas personas «cenan» con mayor frecuencia en sus autos o en sus oficinas que en su casa, tragándose una hamburguesa o un sándwich mientras conducen. Gracias a Dios, es posible cambiar esta tendencia. Con determinación y planificación, deberíamos estar en condiciones de cruzar nuestros mundos al menos una o dos veces al día.

El ingrediente más importante no es lo que se encuentra arriba de la mesa; podemos servir una comida casera o pedir una pizza por teléfono. Lo que *sí* es significativo es que separemos regularmente un tiempo para sentarnos y conversar juntos.

La comida también puede proporcionar la pieza central de las tradiciones familiares, las cuales dan identidad y pertenencia a cada miembro. Citando de nuevo nuestras circunstancias, hemos designado comidas para cada festividad. Pavo para el día de Acción de Gracias y para Navidad, frijoles rojos y jamón para el día de Año Nuevo, jamón al horno para el Domingo de Resurrección, hamburguesas de pavo a la parrilla para el 4 de julio y comida china para la víspera de Navidad (no me pregunte por qué). Existen varias dimensiones para cada tradición que van más allá de la elección de las comidas. Cada uno de nosotros espera estas ocasiones que siempre están llenas de risa, espontaneidad y significado. A los niños les encantan estas actividades recurrentes que los unen a sus padres. Espero que usted tenga sus propias tradiciones similares.

Por último, las comidas familiares siguen siendo grandes oportunidades para impartir las verdades de la fe. Al recordar las bendiciones del día, los hijos ven la evidencia del cuidado amoroso y fiel de Dios y de la importancia de honrarlo con un tiempo de gratitud. En nuestra familia, jamás comenzamos a comer sin detenernos primero para expresar nuestra gratitud a aquel de nos da «toda buena dádiva y todo don perfecto» (Santiago 1:17, nvi). Creo que los hijos de padres cristianos debieran aprender a «dar gracias» cada vez que se sirve una comida. Los padres también pueden usar ese momento de conversación para hablar de principios bíblicos y aplicarlos a las circunstancias personales. Jesús utilizó el tiempo de compañerismo que se genera alrededor de una comida para presentar muchas de sus enseñanzas. Hechos 2:46-47 nos da una visión de lo importante que era para la iglesia primitiva compartir las comidas, al describir cómo los creyentes «partían el pan y compartían la comida con alegría y generosidad, alabando a Dios» (nvi).

En la medida en que sus hijos se sientan parte de algo cordial y divertido sentirán menos necesidad de rebelarse en contra de lo establecido. Esto no es una promesa, es tan solo una probabilidad.

Antes de abandonar el tema de la mesa familiar, existe una cuestión relacionada con la salud que me gustaría mencionar. Con todo lo que hemos hablado acerca de la importancia de la comida, debemos tener cuidado de no contribuir a la obesidad precoz. Un estudio médico reciente que se llevó a cabo en el *Columbia Children's Hospital* (Hospital de niños de Columbia), en Ohio, ha confirmado que los niños de hoy tienen más sobrepeso y niveles mucho más altos de colesterol y triglicéridos que los niños de hace quince años. Uno de los investigadores, el doctor Hugh Allen, dijo: «A menos que esta tendencia cambie, treinta de los ochenta millones de niños que viven hoy en día en los Estados Unidos, morirán finalmente de enfermedades cardíacas»[11]. Qué predicción tan deprimente. El problema es que la comida poco nutritiva de alto contenido graso ha reemplazado a la buena nutrición, y aun cuando se ingieran comidas sanas, los niños no hacen el suficiente ejercicio para quemar las calorías de más. Entre la televisión, el uso de los autos para ir a todas partes, los juegos de computadora y los paseos por las pizzerías, los niños y adolescentes no corren ni saltan como solían hacerlo. Por lo tanto, mamá y papá tendrían que encontrar actividades para hacer junto con sus hijos, como caminar, andar en bicicleta o jugar a las escondidas. Ellos están ocupados formando hábitos para el resto de su vida, así que comer bien y hacer ejercicio todos los días contribuirá a una mejor salud en el futuro. Además, una vez que sus hijos se encuentren en el camino correcto, es probable que usted también quiera mover su cuerpo.

Bueno, tal vez he pasado mucho tiempo hablando acerca de la comida, pero se trata de una parte importante de la vida familiar. Hablaremos de otros aspectos de la relación entre la madre y su hijo varón en el próximo capítulo.

PREGUNTAS Y RESPUESTAS

Me cuesta trabajo admitir que le tengo poco respeto a mi esposo. Nunca ha tenido demasiado éxito en algo y no es un líder en nuestro hogar. Trato de ocultar esta actitud hacia él en casa, pero me resulta difícil. ¿Qué puedo hacer si no puedo evitar que no me parezca digno de mi admiración?

Creo que usted ya sabe cuál será mi respuesta, pero de todas maneras la voy a expresar. Como madre, usted tiene las llaves de la relación entre sus hijos varones y el padre. Si le muestra respeto como hombre, ellos se sentirán más inclinados a admirarlo e imitarlo. Si piensa que es un mequetrefe, un imbécil o un perdedor, estas actitudes se traducirán directamente en la interacción entre ellos. En uno de mis primeros libros, conté una historia personal escrita por Lewis Yablonsky que merece que la repita por la manera gráfica en que ilustra este punto. Esto es lo que escribió acerca de su intimidado padre en su libro *Fathers and Sons* (*Padre e hijo*):

Recuerdo vívidamente estar sentado a la mesa cenando con mis dos hermanos, mi padre y mi madre, y recuerdo la vergüenza que sentía ante los ataques que mi madre le lanzaba a mi padre. «Mírenlo —decía en yiddish—. Tiene los brazos doblados hacia adelante; es un fracaso. No tiene el valor como para conseguir un empleo mejor o para ganar más dinero. Es un hombre derrotado». Él fijaba su mirada en el plato y jamás le respondía. Ella jamás exaltó sus virtudes, ni su perseverancia, ni el hecho de que trabajara tanto. En cambio, constantemente se concentraba en lo negativo y les creaba a sus tres hijos la imagen de un hombre incapaz de luchar, aplastado por un mundo sobre el cual no tenía control.

Al no defenderse de la crítica constante de su mujer, creó el efecto de confirmar la validez de sus críticas en las mentes de sus hijos. El trato de mi madre y el cuadro de mi padre no me transmitieron la imagen de que el matrimonio fuera un estado feliz o que las mujeres fueran básicamente personas. Yo no estaba especialmente motivado para asumir el papel de esposo y padre a raíz de lo que observaba en mi maltratado padre[12].

Evidentemente, la madre de Yablonsky dañó seriamente la imagen del padre, haciendo que sus hijos no quisieran seguirlo. Ese es el poder que tiene una mujer dentro de la familia. En un sentido hace las veces de guardián entre los hijos y el padre. Puede edificar la relación entre padre e hijo, o puede dañarla de forma irreparable. Los varones, en especial, nacen con la necesidad de «parecerse a papá», pero buscarán los modelos en cualquier otra parte si piensan que «el viejo» parece ser un idiota insufrible en el hogar.

Mi madre, que cometió muy pocos errores graves en el hogar, tuvo un serio traspié en este punto, no porque no respetara a mi padre, sino porque no le permitió tener el acceso suficiente a su hijo cuando yo era bebé. Se apoderó totalmente de mí desde el comienzo. Fui su primer y único hijo, y le tuvieron que hacer una cesárea en los días en que este procedimiento era muy peligroso. Le gustaba ser madre y se entregó a la tarea de cuidarme. Más tarde, arrepentida, admitió que había impedido que mi padre y yo estrecháramos vínculos durante los primeros años. Le pidió disculpas a papá por haberlo herido al hacerlo sentir innecesario en la responsabilidad de la crianza. Las cosas cambiaron a medida que crecí, pero mamá tuvo que retroceder un poquito para que esto sucediera.

En resumen, la insto como guardiana a que facilite el acceso entre sus hijos y su padre. Esto es especialmente importante para los varones, que mirarán a ese hombre como el ejemplo a seguir.

Usted mencionó que los hijos varones y los hombres generalmente no son comunicadores naturales. ¡Vaya, eso describe a los hombres que hay en mi vida! ¿Qué puedo hacer para que exista comunicación entre ellos?

Cada familia necesita por lo menos una persona muy comunicativa en el hogar y, según parece, usted es esa persona. Muchos varones tienden a guardarse cualquier frustración que sientan en su interior. A menos que usted tome la iniciativa de sacarles lo que tienen dentro, algunos de ellos pueden retraerse dentro de sí mismos y estancarse allí emocionalmente. La insto a que haga todo lo que sea necesario para entrar en el mundo de su hijo. Siga hablando, explorando y enseñando. La comunicación es el objetivo. Todo depende de ella.

En 1991, Saddam Hussein y su ejército iraquí invadieron el pequeño país de Kuwait, rico en petróleo, y sometieron a su pueblo a terribles brutalidades. Sus tropas se prepararon para atacar a Arabia Saudita para controlar de esa manera la mitad de la provisión mundial del petróleo. El presidente de los Estados Unidos, George Bush, exigió una y otra vez que Hussein hiciera retroceder a sus fuerzas, pero él se negó tenazmente. Entonces, el 17 de enero de ese año, se lanzó la operación Tormenta del Desierto. Varias tropas aliadas atacaron al ejército iraquí desde tierra, mar y aire. ¿Cuál cree usted que fue el principal objetivo de la batalla?

Se podría suponer que fueron los tanques de Saddam, sus aviones o las primeras líneas de soldados. En cambio, los aliados destruyeron el sistema de comunicación iraquí. Bombarderos furtivos lo hicieron pedazos con bombas inteligentes y otras armas. Al hacerlo, nuestras fuerzas interrumpieron la capacidad de los generales iraquíes para comunicarse entre ellos. No tenían manera de coordinar sus esfuerzos o dirigir los movimientos de su ejército. La guerra terminó a las pocas semanas.

Lo que sucedió en la Tormenta del Desierto tiene un significado directo para las familias. Cuando las líneas de comunicación entre los miembros se rompen, ellos se desorganizan y se vuelven distantes unos de otros. Si los esposos dejan de hablar el uno con el otro, o si los padres y los hijos se sumergen en el silencio, se deslizan hacia la incomprensión y el resentimiento. Se levantan barreras de acero reforzadas y prevalece la ira. Para muchas familias, esto es el principio del fin.

Permítanme, madres, que las inste a hablar regularmente con sus hijos varones (y, por supuesto, con cualquier otro miembro de la familia). Es una habilidad que se puede enseñar. Ponga todo su esfuerzo en mantener las líneas de comunicación abiertas y claras. Explore lo que sus hijos y su esposo piensan y sienten. En especial, diríjase a sus varones. Es probable que oculten una caldera de emociones. Cuando le parezca que se está formando un espíritu cerrado, no deje que pase un día más sin sacar a la luz los sentimientos escondidos. Este es el primer principio de una vida familiar saludable.

La emoción más grande de mi vida ha sido el privilegio de traer a nuestros hijos al mundo y criarlos día a día. Me resulta difícil entender a las mujeres que se muestran hostiles hacia la maternidad y piensan que no es otra cosa que desperdiciar el tiempo de una mujer. ¿Qué otra cosa podría ser más gratificante que ser la mamá de alguien?

La Biblia se refiere a los hijos como una «bendición» de Dios y, por cierto, es así. Su comentario me recuerda a una carta inspiradora que recibí hace poco de un médico amigo que habla de este tema. Nos muestra cómo la maternidad no es nada más una bendición, sino que es «sagrada». Creo que disfrutará de su lectura. La carta proviene del doctor C. H. McGowen:

Estimado doctor Dobson:

Al leer recientemente las Confesiones de Agustín, me encontré con el adjetivo sacro, que usaba en referencia a algo santo o sagrado. Como médico, en mi profesión se reconoce la palabra sacro para identificar a un hueso en la parte inferior de la columna vertebral o de la pelvis. Como cristiano, me he preguntado si hubo alguna influencia o inspiración divina en los antiguos anatomistas que fueron los encargados de ponerle nombre a las diversas partes del cuerpo. Eso me llevó a investigar un poco la posible asociación entre la teología y la anatomía en lo que concierne a este hueso en particular. Es totalmente providencial, creo yo, que la porción de la anatomía humana que protege el canal de parto en la mujer se llame, en latín, el os sacrum, que literalmente quiere decir «hueso sagrado o santo». ¿Por qué los antiguos anatomistas (Galeno alrededor del año 400 d. C. o Servet cerca del 1543 d. C.) habrán elegido este nombre en particular para este hueso?

El diccionario nos dice que la palabra sacro quiere decir «perteneciente a Dios, santo, separado para un propósito especial y

*con apropiada inmunidad frente a la violencia o la interferencia».
Ahora, vemos la conexión con lo sacro. Protege a la pelvis con
su canal de parto, donde se origina la vida física. Contiene los
órganos que producen las «semillas» de la vida en los ovarios.
Son productores de huevos que, al ser fertilizados por el esperma,
se convierten en almas vivientes que Dios ha implantado. El
desarrollo del cuerpo en el vientre, también se localiza en la pelvis y
contiene esta alma desde el momento de la concepción, y se declara
santa porque pertenece a Dios. Ezequiel 18:4 dice: «He aquí que
todas las almas son mías». El cuerpo no es más que la casa o la
morada del alma.*

*Por lo tanto, el sacro, es un hueso santo con un propósito bien
definido. Le proporciona apoyo estructural al bebé en desarrollo
dentro del útero, acto que se vuelve cada vez más importante, a
medida que crece y aumenta de peso. A los ojos de Dios, este lugar
sagrado jamás debiera ser violado por las agujas, los aparatos
succionadores o el trocar de los abortistas (este último se utiliza
en el proceso del aborto de nacimiento parcial). Nada debiera
interferir durante ninguna etapa del desarrollo de esa preciosa
vida que crece allí. Ninguna píldora o «arma» quirúrgica debiera
violar los dominios sagrados. Entrar en esta área por cualquier
otra razón que no sea brindar ayuda o facilitar el nacimiento de
la vida del individuo que reside temporalmente allí, no es solo una
violación de la vida de esa persona, sino también una violación y
una intromisión en la ley de Dios. Él tiene un propósito y un plan
para esa vida. Inspiró a David para que escribiera: «Mi embrión
vieron tus ojos, y en tu libro estaban escritas todas aquellas cosas
que fueron luego formadas» (Salmo 139:16).*

*Gracias, Dr. Dobson por tomarse el tiempo para leer esta
carta. El sacro es sagrado en verdad*[13].

La persecución
de la oruga

UNA VEZ, EL gran naturalista francés Jean Henri Fabre realizó un experimento fascinante con orugas procesionarias, llamadas así porque tienden a marchar al unísono. Las alineó alrededor del borde del interior de una maceta y luego las observó cuidadosamente mientras marchaban en círculo. Al final del tercer día, les puso algunas agujas de pino, que son la comida favorita de las orugas, en el centro de la maceta. Ellas siguieron caminando durante cuatro días más sin romper filas. Finalmente, una a una se fueron enrollando y murieron de inanición, a pesar de que se encontraban a centímetros de su comida ideal[1].

Estas criaturas peludas me recuerdan, en algún sentido, a las madres de hoy en día. La mayoría camina con dificultad en círculos de la mañana a la noche, exhaustas y agobiadas, preguntándose cómo podrán hacer todo lo que tienen entre manos. Muchas tienen empleos de tiempo completo y a la vez deben ocuparse de sus familias, oficiar de choferes de los niños, preparar las comidas y limpiar la casa mientras tratan con desesperación de mantener sus matrimonios, sus amistades, sus relaciones familiares y sus compromisos espirituales. Es una carga agotadora. Tristemente, esta forma de vida con excesivos compromisos y sin tiempo casi para respirar, a la cual llamo «pánico rutinario», caracteriza a la vasta mayoría de personas en las naciones occidentales.

¿Es usted una de esas mujeres agobiadas que corren en círculos interminables? ¿Se encuentra demasiado ocupada como para leer un buen libro o para salir a dar una larga caminata con su cónyuge o para sentarse a su pequeño de tres años en las rodillas mientras le cuenta una historia? ¿Se ha tomado tiempo para estudiar la Palabra de Dios, para tener comunión con él y para escuchar su suave voz? ¿Ha eliminado casi todas las actividades significativas para someterse a la tiranía de una interminable lista de obligaciones? ¿Alguna vez se ha preguntado por qué ha elegido este estilo de vida? Tal vez lo haya hecho, pero no es un problema fácil de resolver. Vivimos como si estuviéramos en trenes de carga que atraviesan con gran estruendo la ciudad. No controlamos la velocidad, o al menos pensamos que no; por lo tanto, la única opción que tenemos es bajarnos. Bajarse del tren y enfrentar la vida un poco más lentamente es muy difícil. Es en verdad muy difícil cambiar viejos patrones.

¿Cuándo fue la última vez que algunos amigos vinieron a visitarla sorpresivamente? Para muchos de nosotros ha pasado demasiado tiempo desde entonces. Hubo una época en la que las familias tenían el hábito regular de meterse en el auto y dirigirse a la casa de algunos amigos para pasar una tarde de buena conversación, compartiendo un rico pedazo de pastel. Era uno de los pequeños placeres de la vida.

Nunca olvidaré las veces que, cuando era niño, escuchaba que alguien llamaba a la puerta y yo salía corriendo para ver quién era. La puerta de tela metálica crujía al abrirse unos centímetros y alguna voz familiar se hacía eco por toda la casa: «¿Hay alguien en casa?». Mamá se apresuraba a poner la cafetera, y durante el resto de la tarde nos sentábamos a conversar con nuestros amigos, acerca de cualquier cosa. Finalmente, llegaba el momento en que ellos tenían que partir y les dábamos un abrazo de despedida, animándolos a que volvieran otra vez. Es triste, pero esta clase de camaradería espontánea resulta difícil de lograr en el acelerado mundo actual. Las presiones y ocupaciones de la vida no han hecho otra cosa más que destruir el sentido de comunidad que antiguamente fue común entre las familias y los amigos. Muy pocas veces, si es que alguna vez lo hacemos, aparecemos en la casa de nuestros amigos sin avisar y, aunque lo hiciéramos, probablemente tendrían que cancelar toda una lista de compromisos para poder estar con nosotros. Así transcurren nuestros días, viviendo a toda velocidad, mirando el reloj y preguntándonos por qué no tenemos muchos amigos.

Shirley y yo tuvimos la bendición, en los últimos años, de vivir junto a la casa de una anciana de ochenta años llamada Jenny, a la cual llegamos a amar. Ella vio nuestras idas y venidas y se enteró de nuestras muchas presiones. Jenny le dijo a Shirley una y otra vez: «Querida, no te olvides de tomarte un tiempo para los amigos y la familia. Ya sabes, es importante no estar demasiado ocupada para no poder estar con la gente». Jenny se sentía sola y hablaba de su propia necesidad. De vez en cuando la visitamos y disfrutamos de algunas cenas juntos. Shirley tomó té con ella una tarde y tuvo una conversación muy agradable; pero era difícil darle lo que necesitaba. Nosotros viajábamos en el carril rápido de una autopista y, en esa etapa de su vida, Jenny andaba sin rumbo fijo por un camino rural.

Jenny se ha ido, pero sus palabras resuenan en nuestra mente. En aquellos años, ¿nuestras actividades eran en realidad más importantes que dedicar tiempo para amar a una dama especial o acercarnos a muchos otros que se cruzaron en nuestro camino? Cuando pienso las cosas desde esta perspectiva, quiero desconectarme, eximirme de mis responsabilidades, retroceder de todos los enredos que me abruman. Daría cualquier cosa por retroceder veinte años para vivir otro día junto a los dos hijos que bendijeron nuestro hogar. Claro que moverse a un ritmo más lento hubiera sido muy costoso. No hubiera podido construir una organización llamada Enfoque a la Familia, lo cual sentí que Dios me llamaba a hacer, ni hubiera escrito algunos de los libros que llevan mi nombre. Considerando todo lo que tuvimos entre manos, hicimos un trabajo bastante bueno para preservar la vida familiar e ingresar en el mundo de nuestros hijos. Pero cuando reflexiono, no puedo dejar de preguntarme: «¿Hubiéramos podido llegar a un acuerdo que nos permitiera a Shirley y a mí hacer mejor las cosas?».

No somos la única familia con razones para hacernos esta pregunta. Robert D. Putnam, profesor de ciencias políticas en la Universidad de Harvard, se refiere a la creciente tendencia hacia la sobrecarga de compromisos y al aislamiento en su importante libro *Bowling Alone: The Collapse and Revival of American Community* (*Jugar a los bolos solo: El colapso y el renacimiento de la comunidad norteamericana*). Él entrevistó a casi quinientas mil personas durante los últimos veinticinco años, y llegó a la conclusión de que cada vez más nos estamos distanciando los unos de los otros. Las estructuras mismas de nuestras conexiones sociales se han venido abajo, empobreciendo nuestras vidas y comunidades. Conocemos menos a nuestros vecinos, socializamos con amigos con menos frecuencia, y hasta nos distanciamos de nuestras familias. Pertenecemos a unas pocas organizaciones que en verdad se reúnen, como los Jaycees, Shriners, Elks y otros clubes de servicio. Han seguido creciendo las listas de miembros por correspondencia. En la actualidad, siguen jugando a los bolos la misma cantidad de personas que lo hacían en el pasado (de allí el título del libro de Putnam), aunque cada vez más, los que van a jugar lo hacen solos. La participación en las ligas de bolos ha decaído 40% desde 1980.

En el campo de la política, nos mantenemos razonablemente informados como espectadores de los asuntos públicos, pero cada vez hay menos gente que participa del juego[2]. (Durante las elecciones nacionales en el 2000, donde se enfrentaron candidatos presidenciales con puntos de vista radicalmente diferentes en cuanto a los Estados Unidos y su futuro, nada más 31% de votantes potenciales en el estado de Arizona se tomaron la molestia de ir a las urnas, 39% en California y 40% en Hawái[3]). En cuanto a la vida religiosa: «Los estadounidenses van a la iglesia con menos frecuencia que hace tres o cuatro décadas, y las iglesias a las que asistimos están menos comprometidas con el resto de la comunidad»[4].

Al mismo tiempo, la llamada «iglesia electrónica» (refiriéndose a los servicios transmitidos por televisión, radio o Internet) se hace cada vez más popular. Aunque alcanza a algunos espectadores que jamás asistirían a una iglesia, observar desde lejos no sustituye a la comunión con los creyentes que componen el cuerpo de la iglesia. El apóstol Pablo escribió: «No dejemos de congregarnos, como acostumbran hacerlo algunos, sino animémonos unos a otros» (Hebreos 10:25, NVI). ¿Cómo podemos animarnos los unos a los otros si adoramos en la sala de nuestra casa el día del Señor?

Putnam dice que el factor más significativo que se encuentra detrás del creciente aislamiento es el aumento en el número de las familias formadas por dos profesionales, que aleja de esa manera a los hombres y a las mujeres de sus redes sociales tradicionales. ¡Sorpresa! Simplemente no queda mucho tiempo para otra cosa que no sea trabajar y mantener la casa. La televisión, la Internet y otras formas de comunicación electrónica también han debilitado la unión entre las generaciones y han interferido en la transmisión de tradiciones familiares. Cuando las consideramos a todas juntas, vemos que le han quitado gran parte del significado y del deleite a la vida. En resumen, Putnam dice que el «capital social» de los Estados Unidos se está achicando, trayendo como consecuencia una mayor división y una ruptura en la confianza mutua[5].

Otros estudios confirman las mismas tendencias y conclusiones. El exceso de compromisos y el aislamiento son epidémicos. Los planes de salud Oxford —de Nueva York, de Nueva Jersey y de Connecticut— han descubierto que uno de cada seis empleados en los Estados Unidos se encuentra tan sobrecargado de trabajo que ni siquiera puede tomarse el tiempo de vacaciones que le corresponde debido a las demandas de trabajo. Los encuestadores dicen que los estadounidenses ya son las personas más carentes de vacaciones en el mundo industrializado, con un promedio de trece días de vacaciones al año, comparados con veinticinco o más en Japón, Canadá, Gran Bretaña, Alemania e Italia. El estudio reveló que 32% de los encuestados dijeron que trabajan y comen su almuerzo al mismo tiempo, otro 32% dijeron que nunca abandonaban el edificio una vez que llegan al trabajo, y 34% dijeron que tienen empleos que los presionan tanto que no les permiten tomarse un descanso o un tiempo libre mientras se encuentran en el trabajo. Además, 19% dijeron que su trabajo les hace sentir más viejos de lo que son; 17% dijeron que el trabajo les hace perder horas de sueño por la noche; 17% dijeron que les resulta difícil tomarse un tiempo libre o abandonar su trabajo incluso en una emergencia; y 8% dijeron que creen que si se enferman seriamente, les despedirían o les bajarían de categoría[6]. Estamos permitiendo que el trabajo nos mate.

Desde mi punto de vista, no puedo hacer el énfasis suficiente en cuanto a la importancia de estos hallazgos de Putnam y de otros. El agobiante estilo de vida que caracteriza a la mayoría de los occidentales no solo conduce al aislamiento de la gente en la comunidad, sino que también es una de las principales razones para la ruptura de la familia. Los esposos no tienen tiempo el uno para el otro, y muchos de ellos casi no conocen a sus hijos. No se juntan con sus parientes, amigos o vecinos porque se encuentran bajo la tiranía de una interminable lista de cosas para hacer. Una y otra vez durante mi investigación al escribir este libro, que me tomó más tiempo que cualquier otro que haya escrito, me enfrenté cara a cara con el mismo triste fenómeno. Los padres están demasiado distraídos y exhaustos como para proteger y cuidar a sus hijos.

El encuestador George Barna también vio la evidencia de esta tendencia y escribió:

> Cada vez es menos común en estos días que un adolescente tenga un tiempo separado para interactuar con los miembros de su familia. La mayor parte del tiempo que pasan con sus familias es lo que se podría llamar «familia y tiempo»: la familia y la televisión, la familia y la cena, la familia y las tareas domésticas, etcétera. La vida de cada miembro de la familia generalmente está tan atestada que la oportunidad para pasar tiempo juntos realizando actividades únicas como hablar acerca de la vida, visitar lugares especiales, jugar y compartir exploraciones espirituales, se debe planificar con anticipación, y son pocos los que lo hacen[7].

Encuentro que los niños y los jóvenes de hoy están hambrientos de la vida familiar tal como solía ser, y que casi nunca se da. Mis suegros, Joe y Alma Kubishta, tienen ochenta y nueve y noventa años, sin embargo, a mi hija y a sus amigos les encanta visitar su hogar. ¿Por qué? Porque allí todo es diversión. Tienen tiempo para jugar a juegos de mesa, para reírse, comer y conversar de cualquier cosa que les interese a los jóvenes. Nadie está apurado. Si alguien los llama por teléfono, siempre están disponibles para hablar. Uno de sus visitantes frecuentes es un hombre soltero llamado Charlie, quien ama a los Kubishta. Cuando tuvo que mudarse, viajó en su auto casi 100 kilómetros hasta la casa de ellos con un rosal que plantó en su jardín. Tan solo quería asegurarse de que Joe y Alma no se olvidaran de él. Estos ancianos, a los cuales yo también amo, les proporcionan algo a aquellos que son más jóvenes que sencillamente no se consigue en ninguna otra parte. Qué lástima.

Hace algunos años, hablé en una conferencia en la Casa Blanca junto con otro orador, el doctor Armand Nicholi, psiquiatra de la Universidad de Harvard. En aquella ocasión, su tema, al igual que el mío, era el estado de la familia norteamericana. El doctor Nicholi explicó cómo una existencia hecha polvo, que nos aísla a los unos de los otros, produce un efecto muy parecido al del divorcio. Los padres en los Estados Unidos pasan menos tiempo con sus hijos que los padres en casi cualquier otra nación del mundo. El resultado es que no hay nadie en casa para satisfacer las necesidades de preescolares solitarios y niños que regresan de la escuela a una casa vacía. El doctor Nicholi hizo énfasis en la innegable conexión que existe entre la interrupción de las relaciones entre padres e hijos y el aumento de problemas psiquiátricos que estamos viendo. «Y si esta tendencia continúa —dijo—, habrá serios problemas de salud nacional que serán inevitables»[8]. Entre las camas de todos los hospitales en los Estados Unidos, 99% estarán ocupadas por pacientes psiquiátricos si la incidencia del divorcio, el abuso infantil, el abuso sexual infantil y el abandono de los niños continúa elevándose[9].

Por supuesto, el exceso de ocupación y el aislamiento familiar no son problemas nuevos. Las madres y los padres han luchado tratando de controlar las presiones de la vida desde la Segunda Guerra Mundial, pero su enfoque ha cambiado. La mayoría de las madres en la década de los cincuenta y de los sesenta les daban prioridad a sus familias, sin importarles el costo. Por eso la mayoría de ellas se quedaban en la casa para cuidar todo el tiempo de los hijos. También actuaban como «administradoras» del hogar, manteniendo todo limpio y en orden. Con la llegada de la revolución sexual, sin embargo, algunas madres con perspectivas más liberales comenzaron a reconsiderar sus opciones.

Un artículo que se publicó en mayo de 1981 en la revista *Vogue* presentaba alguna de las ideas revolucionarias que tenían cada vez más aceptación en aquel entonces. Se llamaba «The New Sanity–Mother's Lib» («La nueva cordura: La liberación de la madre»), por Deborah Mason[10]. Según Mason, las madres de los ochenta ya no sentían la necesidad de vivir de acuerdo con expectativas «irrealistas» en cuanto a la maternidad, y serían la primera generación que acabaría con la idea de la «supermadre», la «santa tirana que es todo para sus hijos y cuyos hijos son todo para ella». En el artículo, Mason entrevistó a la doctora Phyllis Chesler, una psicóloga que alentaba a las madres a buscar y proteger su propia individualidad «separándose» un poco más de sus hijos. Chesler creía que la idea de la «madre siempre presente» era una «locura relativamente moderna», e instaba a las madres a que compartieran sus responsabilidades con otros, incluyendo a los abuelos, tíos, hermanos y vecinos. «Mi hijo, Ariel, siempre tuvo cuatro o cinco adultos que eran importantes para él —dijo—. Durante un período de dos años, mi asistente fue como una madre para él».

Siguiendo la filosofía de la época, el artículo instaba a las madres a que fueran más abiertas con sus hijos, tanto en el aspecto emocional como en el sexual. Escribió:

> Persiste la idea de que, en algún sentido, una mujer debe renunciar al sexo para ser madre. No debe hacerlo frente a los niños; no debe hacerlo en lugar de estar con los hijos. Existe la idea de que una vez que se es madre, la vida sexual es frívola, autocompasiva y ligeramente decadente. Pero las mujeres están aprendiendo. [...] Las madres casadas, por ejemplo, les dicen a sus hijos que los sábados por la mañana la habitación de los padres está clausurada hasta las diez de la mañana. Las madres solteras se están permitiendo la libertad de invitar a un hombre a pasar la noche.

Me encuentro en absoluto desacuerdo con casi todo lo que se dice acerca de la maternidad en este artículo. No es tan fácil, o deseable, liberarse de los hijos. Los comentarios de la doctora Chesler, en particular, tienen un dejo de tristeza. En cuanto a la asistente que se convirtió en la «segunda madre» de Ariel, no podemos dejar de pensar qué habrá sucedido cuando la mujer a la cual este niño se había ligado siguió adelante con su vida y lo dejó al cuidado de su distraída madre. En cuanto al dormitorio de los padres clausurado hasta las diez de la mañana los sábados, me pregunto quién le preparaba el desayuno al niño, qué programas de televisión miraba y quién lo cuidaba para que no hiciera algo peligroso mientras mamá y tal vez su novio dormían. En resumen, este artículo revela los conflictos que comenzaban a fomentarse en los ochenta y las conclusiones ilógicas que se desprendieron de ellos. Algunas mujeres se convencieron de que sus hijos podían arreglárselas mejor sin tanta atención y que en realidad se desempeñaban mejor cuando mamá no participaba tanto. Madres enojadas me dijeron en aquel tiempo que les molestaban las obligaciones de criar hijos y que no querían tener niños colgados de sus piernas.

Por favor, quiero que entienda que no soy indiferente a las frustraciones y presiones que producen estas reacciones. En realidad, la febril competitividad de la vida moderna que describí anteriormente fue lo que las precipitó y, como reconozco en el capítulo anterior, muchas mujeres *tienen* que trabajar fuera de sus hogares en la actualidad, ya sea por motivos financieros o emocionales. Sin embargo, estoy aquí para expresar de la manera más enfática posible la creencia de que las madres son tan necesarias para el desarrollo infantil saludable como siempre lo han sido, y que los hijos no se pueden criar a sí mismos. Requieren enormes cantidades de tiempo y energía a lo largo de toda la niñez. Cualquier esfuerzo que se haga para liberarse de ellos será a expensas de los hijos.

Gracias a Dios, existe una creciente evidencia de que las madres ponen en duda las suposiciones de los ochenta y de los noventa que las llevaron a ellas y a sus esposos a correr más rápido y a comprar más. Este replanteamiento de viejas ideas se expresó en un artículo publicado en junio del 2000 en otra revista para mujeres, *Cosmopolitan*, la cual, en mi opinión, históricamente ha defendido una línea ultraliberal:

> De acuerdo con una encuesta reciente realizada por Youth Intelligence (Inteligencia Juvenil), una firma de investigación de mercado y tendencias de Nueva York, 68% de 3000 mujeres casadas y solteras dijeron que abandonarían sus empleos si pudieran. Una encuesta de *Cosmo* realizada a 800 mujeres reveló la misma sorprendente estadística: dos de cada tres encuestadas daría media vuelta regresando a casa en lugar de ascender la escalera del éxito profesional. «No se trata de una fantasía fugaz; estas mujeres sinceramente aspiran a la vida doméstica, y muchas continuarían en esa condición», dice Jane Buckingham, presidenta de Youth Intelligence[11].

En este caso, encontramos la otra punta del ovillo de las ideas expresadas por la doctora Chesler y los editores de *Vogue*. ¡Cuánta diferencia han hecho veinte años!

El contraste entre el disgusto de la doctora Chesler hacia la maternidad en 1981 y el sueño de *Cosmo* en cuanto a quedarse en casa en el 2000 me resulta gracioso. El techo de una mujer es el suelo de la otra, como dicen. Debemos admitir que el artículo de *Cosmo* estaba más relacionado con un estilo de vida más fácil que con un compromiso altruista con los hijos y el esposo; pero, de principio a fin, se entretejía con el atractivo de ser madre a tiempo completo. Helen Gurley Brown, editora por muchos años de *Cosmopolitan* y una feminista de vanguardia, escribió un libro en 1982 titulado *Having It All* (Tenerlo todo). Al igual que la mayoría de sus otras ideas estrambóticas, esta no era la excepción. Afirmaba que las mujeres pueden hacer todo al mismo tiempo y que no tienen que tomar decisiones difíciles. Qué interesante que las sucesoras de Brown en el nuevo milenio piensen: *Tal vez hemos tratado de abarcar más de lo que podemos apretar.*

Hubo otros indicadores a mediados de la década de los noventa que marcaban una inclinación gradual del péndulo hacia la familia tradicional. De acuerdo con un estudio dirigido en aquel entonces por psicólogos de la Universidad de Cornell, casi tres cuartas partes de 117 parejas de clase media del norte del estado de Nueva York se encontraban reduciendo proporcionalmente sus obligaciones de trabajo por el bien de sus hijos. Se tomaban más tiempo libre y, cuando era necesario, bajaban el nivel de vida para adaptarse a la disminución de los ingresos. El doble de las mujeres en el estudio dijeron que habían abandonado su trabajo después del nacimiento del primer hijo, haciendo que la carrera del esposo fuera la prioritaria. Los hombres tendieron a seguir adelante con sus compromisos profesionales hasta lograr un «nivel aceptable de flexibilidad y autonomía en sus carreras»[12]. Muchas familias parecían reconocer que algo se había roto y debían arreglarlo.

Las mujeres dijeron que estaban hartas de la vida agitada, caótica y agotadora que generalmente caracteriza a las familias en las cuales los dos padres ejercen su profesión. Algunas se dieron cuenta de que les quedaba muy poco dinero después de pagar los impuestos, pagar a alguien que cuidara a los niños y otros gastos relacionados. Un artículo de *Barron's* calculó que 80% del salario de la mujer se va en gastos relacionados con el trabajo, y llegó a la conclusión: «Cuando termina de pagar todo, desde las pantimedias hasta el gasto de transporte, que algunas veces significa tener un segundo auto, trabajar puede convertirse en un pasatiempo caro». Por lo tanto, decía *Barron's*: [los hombres y las mujeres] están refinanciando su obligación mensual más grande [sus casas], no para agregar otros gastos, sino para hacer "un cambio de vida a largo plazo"[13].

Un artículo relacionado con el tema en *Working Women* se titulaba «Las hijas de las supermujeres: No quieren su trabajo. No quieren su vida. Todo lo que las mujeres de veinte y pico quieren es un cambio en la manera en que funcionan los Estados Unidos». Decía que no se puede comprender a las mujeres que dejan su lugar de trabajo sin considerar la manera en que las criaron. «Las generaciones están motivadas por aquellas cosas de las que se vieron privadas cuando eran pequeñas. Aquellos que tienen menos de treinta años pasaron muy poco tiempo con sus padres. Por lo tanto, las mujeres más jóvenes parecen decididas a no cometer el mismo error con sus propios hijos». Sigue diciendo:

> Mientras que las mujeres que nacieron justo después de la Segunda Guerra Mundial opinan que sus madres estaban atrapadas en medio de aburridos trabajos domésticos durante la década de los cincuenta, las que salieron a trabajar fuera del hogar se ven a sí mismas (o a sus amigas) como víctimas del descuido de sus padres; un sorprendente 40% creció con padres divorciados o separados, y aunque la idea convencional de entonces era que si los padres eran más felices, los hijos también lo serían, estos dicen otra cosa. «No me parece que en realidad tuve una familia mientras crecía —dice Cindy Peters, una niñera de veinticuatro años de San Francisco—. Mis padres se divorciaron cuando yo tenía dos años y veía a mi padre tal vez una o dos veces al año»[14].

Aquellas fueron tendencias muy atractivas cuando aparecieron en escena en los noventa. Lamentablemente, hoy en día parecen haber entrado en un callejón sin salida. A las mujeres les debe haber resultado difícil ignorar la prosperidad sin precedentes y las oportunidades de trabajo que se disfrutaban en las naciones occidentales. Cualquiera que sea la razón, el retorno hacia lo casero y la maternidad a tiempo completo no ha llegado a ser una corriente popular hasta la fecha. Tampoco la institución de la familia ha vuelto a ser lo que era. Comentaremos más hallazgos recientes en el próximo capítulo.

El sistema de valores materialista de los Estados Unidos está muy arraigado a su cultura. Sin embargo, si alguna vez la reducción de lo material se convierte en un movimiento, sería un buen presagio para el futuro de la familia. El resultado debiera ser menos divorcios y más armonía doméstica. Los hijos volverían a ganar la importancia que merecen, y su bienestar mejoraría en miles de aspectos. Todavía no hemos alcanzado todas esas metas, pero oro para que así sea. Creo que hoy en día la mayoría de las madres se preocupan más por sus familias que por sus carreras. El matrimonio y tener hijos todavía se encuentran jerárquicamente por encima de cualquier otra cosa, especialmente para la generación que creció en hogares ajetreados, disfuncionales, dedicados a la profesión. Ellas desean algo mejor para sí mismas y para los que aman.

Al ir terminando, permítame enfatizar una vez más que el problema que tenemos con nuestros hijos está ligado directamente al pánico rutinario y al creciente aislamiento de ustedes, sus padres. Además, los varones sufren por naturaleza más de estas condiciones que las muchachas. ¿Por qué? Porque tienen más probabilidades de desviarse cuando no los guían ni los supervisan cuidadosamente. Intrínsecamente son más volátiles y menos estables emocionalmente. Se van a pique bajo circunstancias caóticas en las cuales no se les supervisa ni se les disciplina. Los varones son como automóviles que necesitan un conductor al volante en todo momento del viaje, que gire suavemente un centímetro hacia aquí y un centímetro hacia allá. Necesitarán esta guía por lo menos dieciséis o dieciocho años o, tal vez, más. Cuando se les deja que se las arreglen solos, tienden a irse a la deriva hacia la mano contraria o a la cuneta, hacia el mal comportamiento o el peligro. Sin embargo, 49% de los hijos hoy en día llegan al hogar para encontrarse con una casa vacía. Esto es una invitación al mal comportamiento o al desastre para los varones revoltosos, y mientras más crecen, más oportunidades tienen de meterse en problemas. En la actualidad, cuando la cultura se encuentra en una competencia de fuerza con las familias en cuanto al control de nuestros hijos, no podemos permitirnos ser superficiales acerca de su cuidado y educación.

Su tarea como madre, junto con su esposo, es edificar, piedra sobre piedra, un hombre a partir de la materia prima que se encuentra disponible en este encantador muchachito. Ni por un momento suponga que puede «hacer lo que usted quiera» sin que esto traiga serias consecuencias para él y su hermana. Creo que esta tarea debe ser su más alta prioridad durante un período de tiempo. No será siempre así. Antes de que se dé cuenta, ese niño que tiene entre manos se convertirá en un hombre joven que hará sus maletas y dará sus primeros pasos vacilantes en el mundo de los adultos. Entonces, usted tendrá su turno. No tenga dudas de que le quedarán décadas de salud y vigor para invertir en lo que sea que Dios lo llame a hacer; pero por ahora, tiene un llamado más alto. Me siento obligado a decirle esto, aunque mis palabras no tengan mucha popularidad. Criar a los hijos que hemos recibido en calidad de préstamo por un breve tiempo, sobrepasa cualquier otra responsabilidad. Además, si vivimos de acuerdo con esa prioridad cuando los hijos son pequeños, tendremos las mayores recompensas cuando lleguen a la madurez.

Espero que no crea que estoy tratando de decirle cómo debe organizar su vida. Usted y su cónyuge pueden discernir lo que es mejor para la familia. Nadie puede decirle qué camino tomar. Algunas madres se sienten inclinadas emocionalmente a sus carreras y no desearían ser madres que se queden en casa aun cuando tengan los recursos para hacerlo. Les molesta que alguien las critique por tener una carrera, y no las culpo. Es una decisión personal que a nadie más que a ellas les importa. Sin embargo, lo que sí pienso es que debiera existir una manera de evitar que se viva en un estado de permanente caos. Para los adultos es difícil, pero a los niños les produce una tremenda confusión. Desde mi perspectiva, casi cualquier cosa es mejor que perseguir a la oruga que va adelante sin dejar de dar vueltas interminablemente alrededor de la maceta.

PREGUNTAS Y RESPUESTAS

Yo soy una de esas mujeres a las que les gustaría quedarse en casa con sus hijos, pero de ninguna manera podemos vivir con el salario de mi esposo. ¿Podría darme algunas sugerencias para «bajarme del tren», como lo llama usted, sin tener que hacer frente a la bancarrota?

Puede existir una manera de hacerlo. Donna Partow, autora de *Homemade Business* (Empresa hecha en casa), ha ofrecido consejos específicos de cómo emprender su propio negocio, abarcando la edición electrónica, el aseo de mascotas, la costura, la consultoría, la transcripción de documentos legales y hasta entrar en negocios de las ventas por correo. Elegir el negocio correcto es el primero de tres pasos preliminares. Piense en hacer un inventario de sus habilidades e intereses personales para identificar sus capacidades y descubrir lo que le gustaría hacer. El segundo paso es hacer la tarea. Comience pidiéndole a un bibliotecario que la ayude a investigar el campo que ha escogido. Busque libros, revistas y artículos de periódicos. Hable con otras personas que hayan hecho lo que usted tiene en mente. Únase a una organización de industrias y a una red. Suscríbase a publicaciones de la industria. Según la señora Partow, el tercer paso es conseguir todo el apoyo que se pueda. Ponga a sus hijos, a su esposo y a sus amigos de su lado. Comenzar un pequeño negocio puede causar estrés, así que necesitará todo el aliento que pueda conseguir. Luego, reúna sus recursos y vaya hacia adelante[15]. Un negocio casero puede ofrecer lo mejor de los dos mundos.

Antes de que me diga por qué esta alternativa es imposible a la luz de sus circunstancias, permítame contarle la historia de la familia Van Wingerden de Colorado Springs. Tienen veintidós hijos, doce adoptados y diez nacidos de Lynn, la madre. Esta familia es una de las más admirables que he podido conocer. Poseen una granja de fresas y todos los hijos que son lo suficientemente grandes como para trabajar participan en ella. Aunque parezca mentira, la señora Van Wingerden educa personalmente en casa a todos los hijos. La familia está muy organizada y estructurada; los adolescentes tienen responsabilidades específicas y rotativas en las tareas rutinarias y en el cuidado de los más pequeños. Visitar este hogar es un placer. Los Van Wingerden son la prueba de que muchas cosas son posibles para quienes se lo proponen.

Espero que encuentre una respuesta para la pregunta tan importante que ha hecho. Creo que lo hará.

Me parece que estamos haciendo que nuestros hijos crezcan demasiado rápido. Los padres de los amigos de mis hijos parecieran estar muy apurados por convertir a sus niños en adolescentes. Les preparan verdaderas «citas» a sus hijos de diez o doce años y les dan a leer material para adultos. ¿Tengo razón en resistir esta tendencia a apurar a mis hijos para que salgan de la niñez?

Estoy totalmente de acuerdo con usted. Los padres en el pasado tenían una mejor comprensión de la necesidad de una progresión ordenada a través de la niñez. En aquellos días, a los niños se les daba mucho tiempo para jugar, reír y ser ellos mismos. Existían «indicadores» culturales que determinaban las edades en que ciertos comportamientos eran apropiados. Los varones, por ejemplo, usaban pantalones cortos hasta que tenían doce o trece años. Ahora esos indicadores han desaparecido o se han movido hacia abajo. En la televisión se presenta a los niños como si tuvieran más conocimientos y madurez que sus mayores. Se les apura, estén listos o no, del vientre de su madre a la guardería y luego al mundo de los adultos a una velocidad vertiginosa. Esta carrera alocada hacia la madurez deja al niño sin un fuerte cimiento sobre el cual construir porque lleva tiempo edificar a un ser humano saludable. Cuando se acelera el proceso, sus hijos tienen que enfrentar las presiones sexuales y de sus compañeros para las cuales sus mentes jóvenes no están preparadas. Cuando se les trata como si fueran adultos, se hace más difícil el establecer límites a su comportamiento cuando lleguen a la adolescencia. ¿Cómo se le puede imponer un «toque de queda» a un rebelde de trece años al cual se le ha enseñado a pensar que está a la par de sus padres?

Además, ¿qué apuro hay? Pienso que usted está en lo correcto al saborear esos años de niñez y dejar que el proceso de desarrollo marche al ritmo de su propio reloj interno.

Mi hijo de dieciséis años quiere ir a una excursión supervisada de tres semanas a un parque nacional cercano. Los muchachos comerán lo que les ofrezca la tierra tanto como sea posible y aprenderán a relacionarse con la naturaleza en sus propios términos. Sin embargo, yo no tengo muchos deseos de dejarlo ir. Me asusta pensar que se encuentre por ahí, lejos de mi posibilidad de ayudarlo si se mete en dificultades. Me parece que es más seguro que se quede en casa. ¿Estoy en lo correcto al no dejarlo ir?

Estoy seguro de que usted sabe que en un par de años su hijo se irá a la universidad o emprenderá algún otro rumbo, tal vez el militar y se encontrará completamente fuera de su alcance. ¿Por qué no dejarlo que pruebe un poco de esa independencia ahora mientras todavía está bajo su cuidado? Será mejor para él alejarse lentamente de su influencia que tener que hacer un corte repentino.

Hubo un momento durante mi adolescencia en que mi madre y yo tuvimos un debate similar. Yo tenía dieciséis años y me habían invitado a trabajar en un barco pesquero durante el verano. El capitán y la tripulación eran tipos duros que no permitían ninguna clase de tontería. Era un mundo masculino y yo me sentía atraído hacia él. Mi madre se mostró muy renuente a darme permiso porque entendía que podía haber peligros allí en el golfo de México durante cuatro días. Estaba a punto de decirme que no cuando yo le dije: «¿Hasta cuándo me vas a tener como tu niñito? Estoy creciendo y quiero ir». Después de eso cedió. Resultó ser una buena experiencia durante la cual aprendí lo que significa trabajar tenga uno ganas o no, y comencé a comprender mejor cómo funciona el mundo de los adultos. Volví sucio y cansado, pero sintiéndome muy bien conmigo mismo. Más tarde, mi madre reconoció que había hecho lo correcto, a pesar de que no dejó de preocuparse durante todo el tiempo que estuve fuera.

Sí, creo que debiera permitir que su hijo se vaya a esa excursión, especialmente porque se trata de un viaje supervisado. «Ir soltando» resulta mejor como proceso gradual. Es hora de comenzar a hacerlo.

La descripción que usted dio de la oruga retrata perfectamente a mi familia. Tenemos un estilo de vida extenuante, pero sencillamente parece que no podemos encontrar la manera de bajar el ritmo. Algunas veces, hasta me siento deprimida al pensar en lo duro que trabajamos y el poco tiempo que tenemos para nosotros. ¿Tiene alguna palabra final de consejo para darnos?

Permítame compartirle algo que le puede ayudar a usted y a su esposo a tomar las difíciles decisiones de las cuales puede depender un ritmo de vida más lento. ¿Recuerda a Vince Foster, quien supuestamente se suicidó durante el inicio de la administración de Clinton? Era consejero del presidente antes de la trágica noche de su muerte el 20 de julio de 1993. Justo ocho semanas antes, le habían pedido a Foster que les hablara a los estudiantes que se graduaban de la Facultad de Derecho de la Universidad de Arkansas. Esto es lo que les dijo a los estudiantes en aquella ocasión:

> Una palabra acerca de la familia. Ustedes han demostrado que son triunfadores, dispuestos a trabajar duro por largas horas, dejando de lado las vidas personales. Pero me viene a la mente aquella observación que a nadie se lo ha oído decir jamás en su lecho de muerte: «Me hubiera gustado pasar más tiempo en la oficina». Equilibren sabiamente su vida profesional con su vida familiar. Si tienen la fortuna de tener hijos, sus padres les advertirán que esos hijos crecerán y se irán antes de que ustedes puedan darse cuenta. Puedo dar fe de que es así. Dios nos permite tener unas pocas oportunidades para estar con nuestros hijos y leerles una historia, para jugar y orar juntos. Traten de no perder ninguna de ellas[16].

Las palabras de Vince Foster ahora resuenan desde la eternidad. Mientras usted asciende la escalera del éxito, no se olvide de su familia. Esos años en que sus hijos están en casa se irán en un abrir y cerrar de ojos. Haga lo que sea necesario para aprovechar esos preciosos momentos, ya sea cambiar de trabajo, comprar una casa más pequeña o rechazar oportunidades lucrativas y tentadoras. No hay nada que valga lo suficiente como para que pierda a sus hijos. ¡Nada!

Los orígenes de la homosexualidad

Hace algunos años, recibí la siguiente nota que un joven muy atribulado garabateó en un papel. Me escribió:

Estimado doctor Dobson:

He pospuesto esto por largo tiempo, así que finalmente le escribo esta carta.

Tengo trece años. He escuchado sus casetes Preparing for Adolescence *(Preparándonos para la adolescencia) pero no tengo todo el juego completo. Sin embargo, escuché el que habla sobre el sexo.*

Para ir al grano, le diré que no sé si el problema que tengo es serio o pasajero. (No sé la palabra correcta).

A través de toda mi vida (que ha sido muy corta) he actuado más como una niña y me he parecido más a una de ellas que a un varón. Cuando era pequeño, siempre usaba esmalte de uñas, vestidos y cosas así. También tenía un primo mayor que nos llevaba a nosotros (los primos pequeños) a su habitación y nos mostraba sus genitales.

Me temo que tengo un poco de sodomía. Me resultó muy difícil escribir lo que acabo de escribir. No quiero ser homosexual, pero estoy asustado, muy asustado. Eso también fue difícil de escribir. Permítame explicarme mejor.

Durante los últimos grados de la primaria (estoy en séptimo grado), los niños siempre me han puesto adjetivos (marica, homosexual, etcétera), y se han burlado de mí. Ha sido difícil. Me he masturbado (supongo) pero no he ido demasiado lejos. Cuando era pequeño (no tan pequeño) más de una vez traté de chuparme el pene (para ser franco). Eso suena muy mal y se ve peor escrito. Oro para que no haya nada malo en mí.

Hace muy poco, he hecho cosas como mirarme (tal vez con lujuria, oro mucho para que no sea así) en el espejo con ropa interior muy pequeña. Cada vez que me pongo esta ropa siento una sensación sexual agradable.

Ayer, en el baño (frente al espejo), contoneé mi cuerpo con mucha rapidez, haciendo que mis genitales se sacudieran para arriba y para abajo. Al escribir esto siento un poco de esa sensación que mencioné antes. Después de hacerlo, de inmediato le pedí perdón a Dios, entré en la ducha, pero allí lo hice de nuevo. Oré más y me sentí muy mal. Hablé con uno de mis pastores y le dije que a estas alturas probablemente deseaba más el cuerpo de un hombre que el de una mujer. ¡Vaya, fue difícil decir eso! Me dijo que no pensaba que hubiera algo malo en mí (no sé de qué otra manera decirlo. Aparentemente pensó que era pasajero), pero me siento muy mal y quiero saber por qué.

El pastor que mencioné es uno al que voy en busca de consejo muy a menudo.

En cuanto a mi vida espiritual; conocí a Cristo hace solo un año, pero he crecido mucho. También he hecho muchas cosas malas. Soy menonita. ¿De qué denominación es usted? Me bautizaron y en la iglesia tienen una buena impresión de mí (eso creo).

Tengo miedo de que si no soy normal (eso es mucho más fácil de escribir) me iré al infierno.

No quiero ser homosexual.

No trato de ser homosexual.

Amo a Dios y quiero irme al cielo. Si hay algo que está mal en mí, quiero librarme de ello.

Por favor, ayúdeme.
Mark

La carta de Mark me conmovió profundamente. Lo conozco bien, aunque nunca lo he visto personalmente. Representa a muchos preadolescentes y adolescentes alrededor del mundo que se han despertado a algo aterrador en su interior, algo que no comprenden, algo que genera una enorme confusión y duda. Estos muchachos generalmente se dan cuenta muy pronto en la vida de que son «diferentes» a los demás. Suelen llorar con facilidad, son menos atléticos, tienen un temperamento artístico y no les gustan los juegos bruscos que sus amigos disfrutan. Algunos de ellos prefieren la compañía de las niñas, y pueden caminar, hablar, vestirse y hasta «pensar» de manera afeminada. Esto, por supuesto, hace que los «verdaderos varones» los rechacen, los ridiculicen y les hagan burla sin misericordia llamándolos «maricas», «homosexuales» y poniéndoles otros apodos típicos. Aunque los padres se dan cuenta de la situación, es habitual que no tengan idea de cómo ayudarlos. Cuando llega el momento en que las hormonas adolescentes hacen su aparición durante los primeros años de la adolescencia, una auténtica crisis de identidad amenaza con avasallar al adolescente. Esto era lo que Mark experimentaba al escribir la carta, e ilustraba por qué incluso los varones con tendencias heterosexuales normales muchas veces se sienten aterrorizados ante la idea de que por alguna razón se puedan «volver homosexuales»[1].

Existe una dimensión adicional de dolor para aquellos que han crecido en un hogar con fuertes bases cristianas. Sus pensamientos y sensaciones sexuales les producen grandes oleadas de culpa acompañadas por temores secretos de castigo divino. Se preguntan: *¿Cómo puede Dios amar a alguien tan vil como yo?* Mark hasta se sentía condenado por saltar en la ducha y por sentir la excitación que eso le creaba. (Esa sensación ante la vista de su propio cuerpo es un clásico síntoma de narcisismo o una «búsqueda interior» para satisfacer sus necesidades insatisfechas de identificación de género). O tiene que ingeniárselas para controlar a este monstruo que se encuentra dentro de él o, de acuerdo con su comprensión, enfrentar una eternidad en el infierno. No existe mayor conmoción interna para un muchacho o una muchacha cristiana que esta. En el margen superior de su carta, Mark escribió: «Es probable que haya sonado muy mal. Espero no ser tan malo».

¡Pobre muchacho! Mark necesita desesperadamente ayuda profesional, pero es poco probable que la obtenga. Aparentemente, sus padres no saben nada acerca de sus padecimientos y el pastor en el cual confía le dice que se le pasará. ¡Probablemente no sea así! Mark parece tener un problema que pudiera llamarse «prehomosexualidad», y a menos que él y toda su familia reciban la guía de alguien que sepa ayudar, existen muchas probabilidades de que experimente un estilo de vida homosexual.

¿Qué sabemos acerca de este trastorno? Para comenzar *es* un trastorno a pesar de que la Asociación Psiquiátrica Americana lo niegue. Los homosexuales y las lesbianas (algunos de los cuales son psiquiatras) ejercieron una gran presión política sobre esa organización profesional, para que declaren que la homosexualidad es «normal». El debate continuó por años. Finalmente, en 1973 se tomó la decisión de quitar esta condición de su *Diagnostic and Statistical Manual* (*DSM*). Esta decisión no se tomó sobre bases científicas, sino que recibió una fuerte influencia de una encuesta realizada por los miembros de la Asociación Psiquiátrica Americana, iniciada y financiada por el National Gay and Lesbian Task Force (Grupo de trabajo de homosexuales y lesbianas). El voto fue de 5834 contra 3810[2]. Pronto la Asociación Psicológica Americana siguió la misma tendencia[3]. En la actualidad, los psicólogos o psiquiatras que no están de acuerdo con esta interpretación políticamente correcta, e incluso aquellos que tratan de ayudar a los homosexuales a cambiar son objeto de continua persecución y acusaciones de negligencia.

La segunda cosa que sabemos es que típicamente el trastorno no se «elige». A los homosexuales les molesta profundamente que les digan que eligieron esta inclinación hacia su propio sexo en busca de la excitación sexual o de algún otro motivo. No es justo, y no los culpo por irritarse ante esta suposición, ¿Quién de nosotros elegiría a sabiendas un camino que lo llevará al alejamiento de la familia, el rechazo de los amigos, el desprecio del mundo heterosexual, a la exposición de enfermedades de transmisión sexual tales como el SIDA y la tuberculosis, y que incluso le puede deparar una duración más corta de vida?[4] No, la homosexualidad no se «elige», a no ser en raras circunstancias. En cambio, niños y adolescentes desconcertados como Mark se encuentran enfrentando algo que ni siquiera entienden.

En tercer lugar, no existe evidencia para indicar que la homosexualidad sea hereditaria, a pesar de todo lo que usted pueda haber escuchado o leído a favor de esta idea. No existen genetistas respetados en el mundo de hoy que afirmen haber encontrado un llamado «gen homosexual» u otros indicadores de transmisión genética. Esto no significa que no pueda existir alguna clase de predisposición biológica o un temperamento heredado que lo haga a uno vulnerable a las influencias del ambiente; pero los esfuerzos por identificar tales factores no han sido concluyentes. A pesar de esta falta de evidencia, las organizaciones de homosexuales y lesbianas, y sus amigos de los dominantes medios de comunicación continúan diciéndole al público que el asunto está resuelto: los homosexuales «nacieron así». Las revistas *Time* y *Newsweek* han sacado en primera plana «prometedores descubrimientos» a tal efecto. *Time* tituló su historia «La búsqueda del gen homosexual»[5], y *Newsweek* proclamó: «¿Hace el ADN que algunos hombres sean homosexuales?»[6]. *Oprah* le dedicó varios programas de televisión tendenciosos al tema, y Barbara Walters dijo hace poco: «Existe una creciente corriente de opinión que dice que la gente nace "homosexual"»[7]. A pesar de ser totalmente falsa, esta información (o *des*información), motivada políticamente, ha hecho su trabajo. De acuerdo con una encuesta Harris, en febrero del 2000, 35% de las personas creían que la homosexualidad era «genética»[8].

Existen más evidencias convincentes de que no es así. Por ejemplo, como los gemelos idénticos comparten el mismo patrón de cromosomas, o ADN, las contribuciones genéticas son exactamente las mismas en cada uno de los pares. Por lo tanto, si un gemelo «nace» homosexual, entonces el otro tendría que tener inevitable esa misma característica, pero no sucede así. Cuando un gemelo es homosexual, no existe más que 50% de probabilidad que el otro padezca la misma condición[9]. Existe alguna otra cosa que debe estar operando.

Además, si la homosexualidad fuera específicamente hereditaria, tendería a eliminarse del caudal de genes humanos porque los que lo tienen no se reproducen. Cualquier característica que no se transmita a la siguiente generación, con el tiempo muere junto con el individuo que la posee.

La homosexualidad no nada más sigue existiendo en las naciones alrededor del mundo, sino que en algunas culturas prospera. Si esta condición fuera el resultado de características heredadas, sería una «constante» a lo largo del tiempo. En cambio, han existido sociedades a través de las Edades, tales como Sodoma y Gomorra y los antiguos imperios griego y romano, en las cuales la homosexualidad alcanzó proporciones epidémicas. Los registros históricos nos dicen que estas culturas y muchas otras gradualmente descendieron a la depravación, tal como describe el apóstol Pablo en el capítulo 1 de Romanos, terminando en perversiones sexuales en todas sus variedades. Esas oscilaciones que siguieron al ciclo de vida de las culturas no es la manera en la que expresan las características heredadas en la familia humana.

Finalmente, si la homosexualidad se transmitiera genéticamente, sería inevitable, inmutable, e intratable. Gracias a Dios, no lo es. La prevención es posible. El cambio es posible. Hay esperanza, y Cristo está dedicado a la sanidad. Una vez más las organizaciones de homosexuales y lesbianas, y los medios de comunicación han convencido al público de que ser homosexual es algo tan predeterminado como la raza y que no hay nada que pueda hacerse al respecto. Esto sencillamente no es verdad. En la actualidad, existen ochocientos exhomosexuales y exlesbianas que han escapado del estilo de vida homosexual y se sienten totalmente satisfechos en su nueva heterosexualidad.

Uno de estos individuos es mi colaborador en Enfoque a la Familia, John Paulk, quien ha dedicado su vida a cuidar y a ayudar a aquellos que deseen cambiar. En un tiempo, se encontraba fuertemente involucrado en la comunidad homosexual, marchó en los desfiles de «orgullo homosexual» y era un travesti. Finalmente, John encontró el perdón y la sanidad en una relación personal con Jesucristo, y ha caminado por el camino correcto desde 1987. Se encuentra felizmente casado con Anne, una exlesbiana, y tienen dos hermosos hijos. A pesar de un retroceso momentáneo cuando entró a un bar homosexual y lo descubrieron, para deleite de sus críticos, John no volvió a su vida anterior. Hay cientos de historias como esta que ofrecen aliento a aquellos que quieren salir de su estilo de vida homosexual pero no tienen idea de cómo tratar con las fuerzas interiores. No sería sincero de mi parte si no admitiera que la homosexualidad no es algo fácil de vencer y que los que lo intentan muchas veces luchan con todas sus fuerzas; pero sería igualmente insincero decir que no hay esperanza para aquellos que desean cambiar. Investigaciones confiables indican lo contrario.

El psicólogo George Rekers dice que existe considerable evidencia para afirmar que el cambio de orientación sexual es posible, con o sin la intervención psiquiátrica. Él escribió: «En un considerable número de casos... el trastorno de identidad de género se resuelve totalmente»[10].

El doctor Robert L. Spitzer, profesor de psiquiatría de la Universidad de Columbia, armó un revuelo en mayo del 2001, cuando dio a conocer los resultados de su investigación en una reunión de la Asociación Psiquiátrica Americana. Spitzer, quien encabezó la decisión de la APA en 1973 de no clasificar más a la homosexualidad como un trastorno de salud mental, dijo que sus hallazgos «muestran que algunas personas pueden cambiar de homosexuales a heterosexuales, y debemos reconocerlo»[11]. Esto no era lo que los críticos deseaban escuchar. Aplaudimos al doctor Spitzer por tener el valor de examinar y luego poner en evidencia que aquello de que la homosexualidad es inevitable no es más que un mito.

Teniendo esto en cuenta, volvamos a la historia de Mark para explorar qué es lo que sucede dentro de él y otros varones que experimentan necesidades prehomosexuales. También queremos considerar qué es lo que produce el trastorno de identidad sexual y qué se puede hacer para ayudarlos. Para tratar estos temas, buscaremos en el mejor recurso que he encontrado para padres y maestros. Nos lo proporciona un sobresaliente libro titulado: *Preventing Homosexuality: A Parent's Guide* (Cómo prevenir la homosexualidad: Una guía para los padres), escrito por el doctor Joseph Nicolosi, quien es psicólogo clínico. Yo creo que él es la autoridad máxima en la prevención y tratamiento de la homosexualidad hoy en día. Su libro ofrece consejos prácticos y una perspectiva clara acerca de los antecedentes de la homosexualidad. Espero que todos los padres lo lean, especialmente aquellos que tienen razones para estar preocupados por sus hijos. Su propósito no es condenar, sino educar y animar a las madres y a los padres.

El doctor Nicolosi me ha permitido compartir algunas citas de su libro que contestarán muchas preguntas. Estas son algunas de sus palabras:

> Existen ciertas señales de la prehomosexualidad que son fáciles de reconocer, y aparecen desde temprano en la vida del niño. La mayoría aparecen bajo el título de «comportamiento de género cruzado». Existen cinco indicadores para diagnosticar a un niño con el «trastorno de identidad de género». Estos son:
>
> 1. La repetida afirmación del deseo de ser, o la insistencia en que es, del otro sexo.
> 2. En los niños, la preferencia por la vestimenta del otro sexo o la insistencia en usar ropa femenina. En las niñas, la insistencia en utilizar solo ropa masculina.
> 3. Una fuerte y persistente preferencia por los papeles del otro sexo en los juegos imaginarios o recurrentes fantasías de pertenecer al otro sexo.
> 5. Un intenso deseo de participar en juegos y pasatiempos típicos del otro sexo.
> 6. Una fuerte preferencia por compañeros de juego del otro sexo.
>
> La aparición de la mayoría de los comportamientos de género cruzado, tiene lugar durante los años preescolares, entre los dos y cuatro años. Usted no debe preocuparse por los cambios de vestimenta ocasionales. Sí debe preocuparse si su niño lo sigue haciendo y, al mismo tiempo, comienza a adquirir otros hábitos alarmantes. Él puede comenzar a usar el maquillaje de su madre. Puede evitar a los otros varones del vecindario y sus actividades rudas, prefiriendo, en cambio, estar con sus hermanas que juegan a las casas de muñecas. Más tarde, puede comenzar a hablar en un tono de voz agudo. Puede fingir gestos exagerados y hasta

la manera de caminar de una niña o quedarse fascinado con el cabello largo, los aros y los pañuelos para el cuello[12]. En un estudio que se realizó con sesenta varones afeminados de entre cuatro a once años, 98% participaba en el uso de ropa femenina y 83% de ellos dijeron que hubieran deseado nacer siendo niñas[13].

Lo cierto es que existe una alta correlación entre el comportamiento femenino en la niñez y la homosexualidad en la edad adulta. Existen señales reveladoras como sentirse incómodo con... los varones y sentimientos perturbadores, profundamente arraigados en cuanto a que son diferentes y de alguna manera inferiores. Sin embargo, los padres muchas veces no atienden a las señales de advertencia y esperan demasiado para buscar ayuda para sus hijos. Una de las razones es que no se les dice la verdad acerca de la confusión de género que tienen y no tienen la menor idea de qué hacer al respecto.

Tal vez, usted esté preocupado por su hijo o hija y por su «desarrollo sexual». Tal vez, su hijo o hija diga cosas como: «Debo ser homosexual» o «Soy bisexual». Ha encontrado pornografía del mismo sexo en su habitación o evidencia de que ha tenido acceso a ella en la Internet. Ha encontrado comentarios íntimos acerca de otra niña en el diario de su hija. El mensaje más importante que tengo para ofrecerle es que no existe tal cosa como un «niño homosexual» o un «adolescente homosexual». Pero si no se les trata, los estudios muestran que estos niños tienen 75% de probabilidades de convertirse en homosexuales o bisexuales[14].

Sin embargo, es importante comprender que la mayoría de los pacientes homosexuales no eran explícitamente femeninos cuando eran niños. Lo más frecuente es que manifestaban una «falta de masculinidad» que los separaba dolorosamente de los otros varones: no eran atléticos (algo pasivos), no eran agresivos y no les interesaban los juegos bruscos. Muchos de ellos tenían rasgos que se podían considerar como dones: eran inteligentes, precoces, sociales y con talentos artísticos. Estas características tenían una tendencia en común: los separaban de sus pares masculinos y contribuían a una distorsión en el desarrollo de la identidad normal de su género.

Como la mayoría de estos hombres no fueron niños explícitamente femeninos, sus padres no sospechaban que algo pudiera andar mal; por lo tanto, no hicieron ningún esfuerzo por buscar tratamiento. Muchos pacientes me han dicho: «Si tan solo, cuando era niño, alguien hubiera entendido mis dudas, los sentimientos de no estar en mi ambiente y hubiera tratado de ayudarme».

Pero no se equivoque. Un niño puede ser sensible, amable, social, artístico, gentil y ser heterosexual. Puede ser un artista, un actor, un bailarín, un cocinero, un músico, y ser heterosexual. Estas habilidades artísticas innatas forman parte de «quien es él», parte de la maravillosa variedad de habilidades humanas, y no existen razones para desanimarlo. Pero todas se pueden desarrollar dentro del contexto normal de la masculinidad heterosexual.

En mi opinión (y en la opinión de un creciente número de investigadores), el padre desempeña un papel esencial en el desarrollo normal de un niño como varón. La verdad es que papá es más importante que mamá. Las madres hacen niños. Los padres hacen hombres. Durante la infancia, tanto los niños como las niñas están ligados emocionalmente a la madre. En lenguaje psicoanalítico, la madre es el primer objeto de amor. Ella es quien satisface todas las necesidades básicas del niño[15].

Las niñas pueden seguir creciendo en su identificación con sus madres. Por otra parte, un niño tiene una tarea de desarrollo adicional: «desidentificarse» con su madre e identificarse con su padre. A estas alturas (alrededor de los dieciocho meses), un varoncito no nada más comienza a observar la diferencia, sino que ahora debe decidir: «¿Quién voy a ser?». Al producirse este cambio en la identidad, el niño comienza a tomar a su padre como modelo de masculinidad. En esta etapa temprana, generalmente antes de llegar a los tres años, comenta Ralph Greenson, el niño decide que le gustaría crecer para ser como su padre[16]. Esta es una elección. Implícita en esa selección se encuentra la decisión de que no le gustaría crecer para ser como su madre. Según Robert Stoller: «La primera orden del día para un hombre es: "No seas una mujer"»[17].

Mientras tanto, el padre del niño debe hacer su parte. Debe reflejar y afirmar la masculinidad de su hijo. Puede jugar juegos rudos con él, de maneras que sean definitivamente diferentes a los que jugaría con una niña. Le puede ayudar a aprender a lanzar y agarrar una pelota. Le puede enseñar a encajar una ficha de madera en el agujero correspondiente de un tablero. Hasta puede llevarlo consigo a la ducha, donde el hijo no pueda dejar de darse cuenta de que papá tiene un pene igual que el suyo, pero más grande.

Basándome en mi trabajo con homosexuales adultos, trato de evitar la necesidad de una terapia larga y a veces dolorosa, alentando a los padres, particularmente al padre, a que afirme la masculinidad de sus hijos. La educación de los padres, en esta y en otras áreas, puede prevenir toda una vida de infelicidad y una sensación de alejamiento. Cuando los niños comienzan a relacionarse con sus padres y comienzan a comprender lo que los entusiasma, los divierte y les da energía de ellos, aprenderán a aceptar su propia masculinidad. Encuentran una sensación de libertad, de poder, al ser diferentes de sus madres, dejándolas atrás mientras se dirigen hacia el mundo del hombre. Si los padres animan a sus hijos de estas maneras, los ayudarán a desarrollar una identidad masculina y a encontrarse bien encaminados para crecer derechos. En quince años, he hablado con cientos de hombres homosexuales. No he encontrado a uno solo que me haya dicho que tuvo una relación amorosa o respetuosa con su padre[18].

Muchos de estos padres amaban a sus hijos y deseaban lo mejor para ellos, pero por una u otra razón (tal vez incompatibilidad de temperamentos entre padre e hijo), el niño percibió a su padre como un modelo negativo e inadecuado. Papá no era «como yo», o no era «quien yo quiero ser». Un varoncito necesita ver a su padre como un hombre lleno de confianza, seguro de sí mismo y decidido. También necesita que su padre lo apoye, que sea sensible y que se preocupe por él. Mamá debe retroceder un poco. Lo que quiero decir es que no lo sofoque. Permítale hacer más cosas por sí mismo. No trate de ser mamá y papá a la vez. Si el niño tiene preguntas, dígale que se las haga al padre. Debe delegarle a su esposo todo lo que le dé oportunidad de demostrar que está interesado en su hijo, que no lo rechaza.

Pero este proceso natural de identificación del sexo algunas veces puede fracasar. El difunto Irving Bieber, un destacado investigador, observó que los niños prehomosexuales, algunas veces son víctimas de la relación matrimonial desdichada de sus padres[19]. En un escenario en el cual mamá y papá están en conflicto, una de las maneras en las que papá puede «vengarse» de mamá es abandonando emocionalmente al hijo.

Algunos padres se las ingenian para participar en todo menos en la crianza de sus hijos. Se pierden en sus carreras, en viajes, en el golf o en un sinfín de actividades que pasan a ser tan importantes para ellos que no tienen tiempo para sus varones o para «ese hijo en particular» con el cual resulta más difícil relacionarse porque no comparte los intereses de papá. Tal vez, las actividades de las que disfrute este hijo sean más sociales y menos típicamente masculinas.

Incluso he visto padres que no necesariamente tienen otros intereses que los distraen, pero simplemente permanecen separados emocionalmente del resto de la familia. Vi a un padre, un hombre inmaduro e inadaptado, que enfáticamente le dijo a su esposa, antes de que el hijo naciera, que no quería un hijo varón, rechazó e ignoró completamente a su hijo y mimó en exceso a su hija. Aparentemente amenazado ante la idea de tener a «otro hombre en la casa», este padre puso tan de manifiesto su desagrado que, a la edad de dos años, su hijo (y no es de sorprenderse) usaba vestidos y jugaba con la colección de muñecas.

Por diversas razones, algunas madres también tienen la tendencia a prolongar la infancia de sus hijos varones. La intimidad de una madre con su hijo es básica, completa y exclusiva; el lazo que los une es poderoso y puede profundizarse en lo que el psiquiatra Robert Stoller llama una «bendita simbiosis». Pero la madre puede sentirse inclinada a aferrarse a su hijo transformando la relación en una mutua dependencia perjudicial, especialmente si no tiene una relación íntima satisfactoria con el padre de su hijo. Puede gastar demasiada energía en el muchacho, utilizándolo para satisfacer sus propias necesidades de una manera que para el niño no es buena. En la terapia de reparación (nombre dado por los psicólogos al tratamiento de los homosexuales), los niños afeminados anhelan lo que se ha llamado «las tres A». Estas son: el afecto, la atención y la aprobación de su padre.

Si un padre desea que su hijo crezca normalmente, debe romper la conexión de madre e hijo que es adecuada durante la infancia pero no es buena para los intereses del niño después de los tres años. De esta manera, el padre tiene que ser el modelo, demostrando que su hijo puede mantener una relación amorosa con esta mujer, su mamá, mientras mantiene su propia independencia. Al hacerlo, el padre es un amortiguador saludable entre madre e hijo.

Recordemos las palabras del psicólogo Robert Stoller que dijo: «La masculinidad es un logro»[20]. Lo que quería decir es que crecer heterosexual es algo que se consigue. Requiere de una buena crianza de los hijos. Requiere de apoyo social y lleva tiempo. Los años cruciales van desde el año y medio hasta los tres, pero el momento óptimo es antes de los doce. Una vez que las madres y los padres reconocen los problemas que enfrenta su hijo, pónganse de acuerdo para trabajar juntos para ayudar a resolverlos, y busquen la guía y la pericia de un psicoterapeuta que crea que el cambio es posible; existen grandes esperanzas[21].

Una vez más, esta breve sinopsis del libro del doctor Nicolosi es el material más acertado que se encuentra disponible sobre el tema. La conclusión es que la homosexualidad no tiene que ver principalmente con el sexo. Tiene que ver con todo lo demás, incluyendo la soledad, el rechazo, la afirmación, la identidad, las relaciones, la crianza, el odio hacia sí mismo, la confusión de género y una búsqueda de la aceptación. Esto explica por qué la experiencia homosexual es tan intensa, y por qué los homosexuales o las lesbianas expresan tanta ira en contra de aquellos que no les demuestran respeto o que les hacen más dolorosa su experiencia. Supongo que si nosotros, los heterosexuales, hubiéramos caminado en los zapatos de aquellos que están en el «otro mundo», también estaríamos enojados.

Por supuesto, hay mucha más información útil en el libro de Nicolosi. Si usted tiene un hijo afeminado o una niña masculinizada, le insto a que consiga un ejemplar, y luego busque ayuda profesional de inmediato. Sin embargo, tenga mucho cuidado con la persona a la que consulta. Si en esta etapa se recibe un consejo equivocado, puede ser más que lamentable al solidificar las tendencias que están desarrollando. Dada la dirección que ha tomado la profesión de la salud mental, creo que la mayoría de los psiquiatras, psicólogos y consejeros seculares adoptarán el enfoque equivocado, diciéndole a su hijo que es homosexual y que debe aceptar ese hecho. A ustedes, los padres, los instarán a considerar el comportamiento afeminado como saludable y normal. ¡Eso es exactamente lo que usted y su hijo no necesitan! Sí debe aceptar a su hijo y debe afirmar su valor sin tener en cuenta las características que observe, pero también debe trabajar pacientemente con un terapeuta para redirigir esas tendencias. Sin embargo, cuando decida pedir ayuda, debe ser consciente de que para muchos muchachos prehomosexuales, las señales pueden ser más sutiles, como por ejemplo, la incapacidad de relacionarse con sus compañeros del mismo sexo, el sentirse diferente e inferior o la disconformidad con su propio género. Algunas veces, se necesita hacer una visita a un profesional simplemente para determinar si el niño está en peligro o no.

Para encontrar a un consejero que comprenda y acepte la perspectiva que he descrito, tal vez desee ponerse en contacto con alguna de las dos organizaciones más sobresalientes que son:

Exodus International
P.O. Box 77652
Seattle, WA 98177
Teléfono: 206-784-7799 o 888-264-0877
Fax: 206-784-7872
Internet: www.exodusintl.org

National Association for Research and Therapy of Homosexuality (NARTH)
16633 Ventura Boulevard, Suite 1340
Encino, CA 91436
Teléfono: 818-789-4440
Internet: www.narth.com

La misión de esta gente humanitaria es ayudar a personas como usted. Otro recurso es Enfoque a la Familia, el cual tiene un servicio social llamado Love Won Out (El amor ganó). Ofrece seminarios e información para aquellos que están buscando ayuda.

Existe otra causa principal para el trastorno de identidad a la cual debemos referirnos. Viene como resultado del abuso sexual a una edad temprana. Un estudio indica que 30% de los homosexuales dicen que fueron explotados sexualmente cuando eran niños, muchos de ellos repetidamente. Esta experiencia puede ser devastadora; según el momento en que suceda, puede cambiar la vida de una persona. A pesar de la maldad del abuso, existe en la actualidad un vigoroso esfuerzo para terminar con el tabú en contra del sexo entre hombres y niños. Esta campaña para cambiar las actitudes sociales se está propagando en la literatura homosexual y lesbiana, y hasta está comenzando a aparecer en la prensa dominante. Por ejemplo, *The Weekly Standard* (1 de enero del 2001) publicó una historia titulada «Reconsideración de la pedofilia». Aquí tenemos una cita de este importante y bien documentado artículo escrito por Mary Eberstadt:

> Este consejo social en contra de la exploración sexual de los niños y los adolescentes, aparentemente está desapareciendo. La defensa del sexo entre los adultos y los niños (más precisamente entre hombres y niños varones) ahora se menciona abiertamente. Más aun, está a la vista de todos en algunos lugares; en círculos terapéuticos, literarios y académicos; en las corrientes principales de las editoriales y en periódicos, revistas y librerías; en los cuales, hasta hace poco, la mera aparición de semejantes ideas, en muchos casos, hubiera sido objeto de una acción judicial.

El artículo terminaba con esta afirmación: «Si el abuso sexual de menores no está mal, entonces nada está mal»[22].

¿Existe alguna otra evidencia de que algunos miembros del movimiento homosexual están, verdaderamente, buscando el acceso sexual legal a niños muy pequeños? Sí. Lo vemos en la creciente influencia de la Asociación del Amor Hombre/Muchacho de Norteamérica (North American Man/Boy Love Association, NAMBLA), que desvergonzadamente promueve las relaciones sexuales entre los adultos y los niños. Su lema es: «Sexo antes de los ocho, después es demasiado tarde». Aunque la mayoría de las publicaciones homosexuales no han apoyado a esta lamentable organización, tampoco ninguna de ellas la ha condenado. Eso habla mucho de por sí.

También existe el empecinado esfuerzo de los homosexuales por infiltrarse en los Boy Scouts (Niños Exploradores) de la misma manera en que las lesbianas lo han hecho con éxito en las Girl Scouts (Niñas Exploradoras) donde se dice que 33% de las mujeres que componen el personal son lesbianas[23]. En la mayoría de los casos, el propósito de esta campaña de los Boy Scouts no es permitir el abuso sexual, sino usar esta organización para enseñar y adoctrinar a los niños. Esto explica la intensidad del debate y la demanda legal que llegó hasta el Tribunal Supremo de los Estados Unidos. El caso se decidió por un escasísimo margen (cinco contra cuatro) en contra de los intereses homosexuales[24]. A pesar de haber perdido, las empresas han tomado la causa en sus manos y se niegan a dar fondos a los Scouts[25]. Hasta algunas secciones de United Way están reteniendo los fondos a esta organización excelente y desesperadamente necesitada[26].

Existe otra evidencia del deseo de tener acceso a los niños. Se ve en el esfuerzo mundial por bajar la edad en la que un niño legalmente pueda dar su consentimiento para tener relaciones sexuales con un adulto. Este esfuerzo ha tenido como resultado muchas luchas legislativas intensas en las naciones occidentales. Hace poco recibí una carta de Lyndon Bowring, un colega que vive en el Reino Unido y que dirige una organización a favor de la familia llamada Care Trust. Esto es lo que me escribió: «Aquí en Londres tenemos frente a nuestras narices los descarados avances del grupo de presión (lobby) militante de los homosexuales. Nuestro Parlamento planea reducir la edad para el consentimiento de las relaciones sexuales entre hombres adultos de los dieciocho a los dieciséis. A no ser por un soberano milagro de gracia, no podremos tener éxito en persuadirlos para que no lo hagan. Estamos haciendo todo lo que está a nuestro alcance para impedirlo y clamamos para que el poder divino del Señor intervenga a favor de nuestros jóvenes. Casi no queda lugar en el planeta donde no tengan lugar las mismas luchas, a no ser donde los cristianos desanimados y superados en número han bajado los brazos».

Lamentablemente, el señor Bowring y sus colaboradores perdieron esta lucha. La edad de consentimiento en el Reino Unido se bajó a dieciséis[27]. En Canadá es a los catorce años[28], en Suecia, a los quince; en Francia, los quince; en Alemania, Islandia, Italia, San Martino y Eslovenia los catorce; y los doce en España, Holanda, Malta y Portugal[29]. ¿No es absolutamente vergonzoso que en estos últimos países los niños de doce años, la mayoría de los cuales no han llegado a la pubertad, puedan dar su consentimiento para que los hombres adultos los exploten sexualmente? Además, los padres, legalmente no pueden impedir la explotación. La pregunta que salta a la vista es: «¿Por qué las organizaciones de homosexuales y lesbianas han trabajado febrilmente para bajar la edad de responsabilidad?». Puede haber una sola respuesta.

La evidencia más espeluznante de que los niños son el objetivo apareció en el siguiente artículo escrito por Michael Swift, quien trabajó para una publicación llamada *Gay Community News*. El excongresista William Dannemeyer lo leyó durante un debate del Congreso, que también lo anotó en las Actas del Congreso. Aquí tenemos un extracto de aquella vergonzosa declaración:

> Sodomizaremos a sus hijos, emblemas de su pobre masculinidad, de sus sueños huecos y de sus mentiras vulgares. Los seduciremos en sus escuelas, en las universidades, en sus gimnasios, en sus vestidores, en sus campos de deporte, en sus seminarios, en sus grupos de jóvenes, en los baños de sus cines, en las barracas de su ejército, en sus paradas de camiones, en sus clubes exclusivos para hombres, en sus cámaras del Congreso. Sus hijos serán nuestros subalternos y harán lo que nosotros les digamos. Los reformaremos a nuestra imagen. Vendrán a implorarnos y adorarnos.
>
> Todas las leyes que prohibían la actividad homosexual serán revocadas. En cambio, se aprobarán leyes que engendren el amor entre los hombres. Todos los homosexuales deben permanecer juntos como hermanos, debemos unirnos artística, filosófica, social, política y financieramente. Triunfaremos únicamente cuando presentemos un frente común contra el despiadado enemigo heterosexual.
>
> Aboliremos el núcleo familiar, semillero de mentiras, traiciones, mediocridad, hipocresía y violencia. El núcleo familiar, que lo único que hace es desalentar la imaginación y frenar la libre voluntad, debe eliminarse. Los varones perfectos serán concebidos y crecerán en un laboratorio genético. Estarán ligados por un ambiente comunal, bajo el control y la instrucción de los intelectuales homosexuales.
>
> Se cerrarán todas las iglesias que nos condenen. Nuestros únicos dioses son los jóvenes bien parecidos. Nos adherimos al culto a la belleza, la moral y la estética. Todo lo que sea feo, vulgar y trivial será aniquilado. Como nos encontramos aislados de las convenciones de la clase

media heterosexual, somos libres para vivir nuestras vidas de acuerdo con los dictámenes de la pura imaginación. Para nosotros, demasiado no es suficiente.

Saldremos victoriosos porque estamos llenos de la feroz amargura de los oprimidos que se han visto obligados a representar papeles igualmente amargos en su tonta comedia heterosexual a lo largo de los siglos. Nosotros también somos capaces de disparar armas de fuego y levantar barricadas de la revolución final.

Tiemblen, cerdos heterosexuales, cuando nos presentemos ante ustedes sin nuestras máscaras[30].

Este artículo, que indignó a los cristianos conservadores y a muchos otros estadounidenses, fue recibido con total indiferencia por el público en general y por los miembros del Congreso. ¿Acaso estas palabras representan los puntos de vista personales de un hombre o los de una comunidad más grande? No lo sé. Seguramente, no todos los activistas homosexuales se adherirían a esto. Sin embargo, queda claro que nuestros muchachos necesitan que los protejamos del abuso sexual, ya sea homosexual o heterosexual. Cuídelos día y noche cuando son jóvenes. No los envíe solos a un baño público. Tenga mucho cuidado de ver a quién se los confía en los campamentos de verano, en la escuela dominical o en el vecindario. Cualquier explotación sexual de un niño, ya sea que provenga de un miembro de la familia o del vecino de al lado, ya sea homosexual o heterosexual, tiene el mismo efecto nocivo.

Voy a ir un poco más allá para darles una recomendación polémica a ustedes como padres. Creo que no es buena idea que dejen a sus hijos de ambos sexos al cuidado de muchachos adolescentes. Ni tampoco le permitiría a mi hijo adolescente que cuide a niños. ¿Por qué no? Porque en los varones adolescentes hay una gran revolución sexual interior. Es una preocupación que invade cada aspecto de la vida. El impulso sexual en los varones se encuentra en su pico máximo entre los dieciséis y los dieciocho años. Bajo esa influencia, hay niños que han sido seriamente dañados por «buenos muchachos» que no tenían la intención de dañarlos pero que se sentían atraídos por la curiosidad de experimentar y explorar. Estoy seguro de que muchos de mis lectores no estarán de acuerdo conmigo en cuanto a esta postura, y hasta pueden sentirse muy sorprendidos por este consejo. En la vasta mayoría de los casos, sería más seguro ignorar mi advertencia;

pero francamente no me arriesgaría durante los años vulnerables. Hay mucho en juego. He hablado con demasiados padres que se han arrepentido de haber confiado en alguien que pensaban que no tendría problemas. Hago esta recomendación sabiendo que los confundiré a algunos de ustedes y tal vez los haga enojar. Sencillamente se trata de mi opinión basada en casos lamentables de los cuales he sido testigo a través de los años.

Volviendo ahora al tema de la homosexualidad, no nada más me preocupa el abuso sexual de los niños (y de las niñas), sino también lo que la cultura en general les enseña. De repente, todos parecen hablar del mismo tema. Yo no me enteré de esto hasta que tenía once años. Ahora parece que estuviéramos decididos a hablarle a todo niño de cinco años acerca de este aspecto de la sexualidad adulta. Nuestras escuelas públicas parecen dirigirse implacablemente en esa dirección.

De acuerdo con lo que hemos discutido en este capítulo, ¿puede ver cómo esta enseñanza generalizada puede confundir terriblemente a los varoncitos que experimenten una crisis de identidad de género? ¿Y qué me dice de las otras influencias culturales, incluyendo la televisión y las películas que instan a los niños y a las niñas a pensar como «homosexuales» y a experimentar el cambio de papeles? Cuando esto se combina con la ausencia o desentendimiento de los padres, podemos comenzar a comprender por qué la incidencia de la homosexualidad parece estar creciendo y por qué más y más niños y adolescentes dicen que piensan que son homosexuales[31]. Como la situación de familia continúa desintegrándose, estamos poniendo los cimientos para otra epidemia como las que han tenido lugar históricamente.

Mamás y papás, ¿están escuchando? Este movimiento es *la mayor* amenaza para sus hijos. Es un peligro en particular para aquellos varoncitos ingenuos que no tienen idea de la perversión que planean para ellos. Yo le preguntaría: «¿Existe algo más importante que tomarse el tiempo para proteger a sus hijos y para estar allí cuando más lo necesiten?». Creo que no.

Cerraré este capítulo refiriéndome de nuevo a Mark y otros muchachos que parecen afeminados, confundidos en cuanto a su género o disconformes de manera crónica con sus compañeros del mismo sexo. Padres y madres, no hay tiempo que perder. Busquen ayuda profesional para aquellos que parecen encontrarse en dificultad y oren por ellos todos los días. Y usted, que es el padre, comience a aplicar los principios delineados por el doctor Nicolosi, y por todos los medios, deles a sus varones lo que necesitan con mayor urgencia: USTED.

PREGUNTAS Y RESPUESTAS

Mi iglesia tiende a apoyar el lado liberal de los temas sociales, y enseña que como la homosexualidad se hereda y, por lo tanto, es involuntaria, los cristianos debieran afirmarla y aceptarla. Esto es importante para mí porque mi hijo tiene diecisiete años y ha anunciado que es homosexual. ¿Puede hacer un comentario acerca de la posición que adopta mi iglesia y cómo puedo encontrarle un sentido a la situación en nuestra familia?

En primer lugar, la única manera en la que su iglesia puede validar su posición es ignorando los pasajes bíblicos que condenan el estilo de vida homosexual; pero permítame contestarle su pregunta en otro nivel, haciéndole dos preguntas de mi parte. Estas son: «¿Qué pasaría si?» y «¿Y entonces qué?».

¿«Qué pasaría si» se pudiera demostrar, sin que quedara duda alguna, que la homosexualidad es, como pretenden los activistas, genética, bioquímica y neurológica en su origen? Todavía quisiéramos saber: «¿Y entonces qué?». Como usted dijo, la comunidad homosexual activista quisiera hacernos creer que, porque su comportamiento está genéticamente programado y se encuentra fuera de su control, es moralmente defendible. Eso no tiene ninguna base que lo apoye. La mayoría de los hombres han heredado la lujuria por las mujeres. Su tendencia natural es tener relaciones sexuales con cuantas muchachas hermosas les sea posible, ya sea antes de casarse o después. La abstinencia antes del matrimonio y la monogamia posterior se logran mediante disciplina y el compromiso. Si los hombres actuaran de acuerdo con la manera en que están programados genéticamente, la mayoría serían promiscuos desde alrededor de los catorce años en adelante. ¿Acaso eso haría que ese comportamiento fuera menos inmoral? Por supuesto que no.

¿«Qué pasaría si» un pedófilo (el que abusa de los niños) pudiera alegar que heredó su lujuria por los niños? Podría encontrar buenas razones. Por cierto, su aparato sexual y la testosterona que lo impulsa son creaciones genéticas. Aunque su perversión fuera el resultado de experiencias tempranas, podría alegar con precisión que no eligió ser lo que es. Pero «¿y entonces qué?» ¿Acaso eso hace que su abuso de niños sea menos ofensivo? ¿Acaso la sociedad debiera aceptar, proteger y otorgarles derechos civiles especiales a los pedófilos? ¿Es una descarada discriminación que los enjuicien, los condenen y pongan en prisión por hacer algo para lo cual están «programados»? ¡No! La fuente de su preferencia sexual no tiene importancia en cuanto al comportamiento en sí, que la sociedad considera inmoral y reprochable.

¿«Qué pasaría si» se pudiera demostrar concluyentemente que los alcohólicos heredan su vulnerabilidad química hacia el alcohol? Probablemente, ese sea el caso, ya que algunas razas tienen mayor incidencia de alcoholismo que otras. Pero «¿y entonces qué?». ¿Significa que el alcoholismo es un problema menor para las familias y para la sociedad? ¡Me imagino que no!

Espero que este punto haya quedado claro. El hecho de tener una inclinación genética a hacer cosas inmorales no hace que estas cosas sean correctas. Dentro de nosotros hay muchas influencias en acción, pero son irrelevantes. No conozco ningún ejemplo en la Biblia donde Dios les haya guiñado el ojo a los que hacen el mal debido a su herencia manchada o a sus experiencias tempranas. De hecho, se nos dice que un ángel le informó a la madre de Ismael que el hijo que llevaba en su vientre sería «un hombre indómito como asno salvaje. [Lucharía] contra todos, y todos [lucharían] contra él; y [viviría] en conflicto con todos sus hermanos» (Génesis 16:12). En otras palabras, Ismael se encontraba genéticamente inclinado hacia la violencia y la rebelión. Sin embargo, no existe indicación que muestre que disfrutó de una dispensación especial de Dios que lo excusara de su comportamiento pecaminoso. Cada uno de nosotros es responsable de lo que hace, sin excusas ni racionalizaciones. Por eso todos necesitamos un Salvador que murió para erradicar pecados, sin importar cuál sea su origen.

Hay otro: «¿Y entonces qué?», al cual me voy a referir. Si los homosexuales pueden alegar que están genéticamente predispuestos a desear relaciones sexuales con personas del mismo sexo, ¿qué diferencia existe entre su circunstancia y la de los heterosexuales solteros? Los individuos solteros ciertamente están programados hereditariamente para desear la satisfacción con el sexo opuesto, pero se les llama a una vida de pureza. Yo sé que este es un pedido difícil, especialmente para aquellos que nunca se casarán, sin embargo, eso es lo que entiendo de las Escrituras. La promiscuidad para los heterosexuales es el equivalente moral de la promiscuidad de los homosexuales. Los ministros liberales, que están modificando las normas de la iglesia para aceptar la expresión sexual de los homosexuales, debieran, en mi opinión, extender la misma concesión a los heterosexuales solteros. Pero antes de hacerlo, tendrían que encontrar algún apoyo bíblico que sustente la «nueva moralidad». Creo que tal cosa no existe.

Espero que esto le haya servido de ayuda. En cuanto a la situación de su familia, lamento que atraviese por circunstancias tan difíciles.

Como su hijo tiene diecisiete años, es poco lo que puede hacer para exigirle que busque ayuda. Su tarea en este momento es permanecer de rodillas y pedirle al Señor que le hable en los términos que él necesita escuchar. Muchos muchachos de diecisiete años que piensan que son homosexuales, luego regresan al mundo de la heterosexualidad. Le sugiero que mantenga su relación con el muchacho y que usted esté allí cuando él regrese, si lo hace.

Padres solteros,
separados y abuelos

Hace muchos años, cuando Shirley y yo estábamos recién casados, ella se encontraba sola en casa al atardecer. Sorpresivamente, el timbre de la puerta sonó y mi esposa fue a ver quién era. Parada allí en el porche se encontraba una mujer joven, de dieciocho o diecinueve años, pobremente vestida. De inmediato, soltó un recitado de ventas con muy buena labia, ofreciendo una variedad de cepillos para el hogar.

Shirley la dejó hablar por algunos minutos y luego le dijo amablemente:

—Lo siento, pero ahora no necesitamos más cepillos. Gracias por pasar por aquí.

La jovencita dejó caer la cabeza y dijo:

—Lo sé. En realidad, nadie los quiere.

Entonces se le llenaron los ojos de lágrimas mientras se daba vuelta para partir.

—Espera —le dijo Shirley—. Dime quién eres.

—Me llamo Sally —contestó—. Tengo un niño y tengo que darle de comer; pero es tan difícil.

Shirley invitó a la joven a pasar para poder conocerla mejor. Sirvió café, y Sally comenzó a hablar. Resultó ser una madre abandonada que había dejado la escuela secundaria a los dieciséis años. Había quedado embarazada y, apresuradamente, la casaron con un muchacho inmaduro que pronto la abandonó, dejándola con un bebé y sin recursos para

155

mantenerse. Desesperada, y sin tener habilidades para la venta, tomó el trabajo como vendedora de cepillos de puerta en puerta.

Cuando llegué a casa aquella noche, Shirley me contó la historia y manifestó su preocupación por su nueva amiga. Nos subimos al auto y nos dirigimos a la dirección que Sally le había dado. Vivía en un edificio de apartamentos en una calle muy transitada. Subimos por una escalera externa y llamamos a la puerta. Sally apareció con su pequeño, Sammy, en brazos y nos invitó a pasar. Después de conversar unos minutos, le pregunté qué habían cenado. Me llevó a la cocina y me señaló una lata vacía de fideos. Aquello había sido todo. Abrí los armarios y el refrigerador. No había más comida en el apartamento.

Subimos a Sally y a Sammy a nuestro auto y nos dirigimos a un supermercado cercano. Compramos varias bolsas de comestibles y luego volvimos al hogar. Durante las siguientes semanas, invitamos a Sally a participar en las actividades de nuestra iglesia, y la ayudé a conseguir un empleo en el Hospital de Niños donde yo trabajaba como miembro del equipo de pediatría. Gradualmente, se fue recuperando y más tarde se mudó fuera del área de Los Ángeles.

Han pasado muchos años desde que vi a Sally y a Sammy por última vez, pero he pensado en ellos muchas veces. Recuerdo que lo primero que pensé cuando los conocí fue lo increíblemente difícil que debe ser estar solo, ser pobre y estar estresado hasta el límite por las responsabilidades de criar a un niño, o a varios. Me cuesta imaginar cómo las madres muy jóvenes en esa situación pueden enfrentar los desafíos de la vida diaria. Tienen que encontrar guarderías accesibles y seguras, tienen que trabajar durante ocho o más horas cada día, recoger a los niños, detenerse para comprar provisiones, luego regresar a casa para preparar la cena, lavar los platos, cambiar pañales, ayudar con las tareas escolares, bañar a los niños, leerles una historia, secar algunas lágrimas, decir una oración y arroparlos en la cama. Entonces, tal vez después de dieciséis horas de trabajo duro y responsabilidades maternas, tiene que abordar las tareas de la casa.

Los fines de semana son un torbellino de actividades. Lavar, planchar, pasar la aspiradora y hacer los trabajos planificados, tales como limpiar la cocina, se deben hacer durante las horas «libres». Y, ¿quién está allí para ayudar cuando el auto no arranca, el refrigerador no funciona o aparece una gotera en el techo? Finalmente, una madre debe encontrar una manera para ocuparse de sus propias necesidades de amor, cuidado y de desafío intelectual. Después de todo, no es una máquina. Les digo francamente que la tarea de ser madre soltera o separada, especialmente cuando se es joven y pobre, es el trabajo más difícil del universo y reservo mi respeto y admiración para aquellas que lo hacen magníficamente. Los padres que están solos también merecen nuestro elogio, al tratar desesperadamente de hacer las veces de madre para sus necesitados hijos. Sin embargo, el enfoque de este capítulo se centrará en las madres debido a los problemas especiales con que se enfrentan al criar varones.

En Enfoque a la Familia, recibimos todos los meses cerca de 250.000 cartas, llamadas telefónicas y correos electrónicos, algunos de los cuales provienen de madres que están solas. Aquí tenemos una de estas apasionadas notas:

> *Estuve casada durante treinta años, pero mi esposo falleció hace poco. Ahora necesito que usted me ayude. Dígame de qué manera se supone que debo actuar como persona que está sola. Necesito aprender a divertirme sola, a saber qué decir, qué hacer y qué no hacer. Dígame qué hago para regresar a una casa vacía, donde nadie me necesita, sin nadie a quién cuidar y sin nadie con quién compartir la vida. ¿Cómo puedo aprender a disfrutar de la vida de nuevo? Me casé con el segundo hombre con el cual salí, y él era mi mejor amigo, mi amante, mi compañero. ¿Cómo puedo encontrar el amor otra vez? Cualquier hombre con el cual pudiera salir no desearía hablar acerca de mi esposo, pero yo sencillamente no puedo dejar atrás treinta años y negar que existieron. Dígame, a dónde voy a buscar respuestas y, ¿existen estas respuestas?*
>
> *Atentamente,*
> *Kelly*

Esta mujer aprenderá a vivir de nuevo, pero le llevará algún tiempo hasta que sanen las heridas y su corazón se restaure. He compartido esta carta y las otras ilustraciones anteriores para elevar la sensibilidad de todos nosotros a la situación difícil que viven aquellos que han sufrido la pérdida de un ser querido ya sea a través de la muerte, el abandono o el divorcio. Es una de las experiencias más traumáticas de la vida.

Lo que he descrito aquí, abarca a un gran número de personas en los Estados Unidos y en todo el mundo, y sus filas aumentan con cada vez más rapidez. De acuerdo con los números del censo realizado en mayo del 2001, la familia nuclear ha continuado su espiral descendiente que comenzó al inicio de los setenta. Por cierto, en este momento se encuentra en caída libre. El periódico local de Colorado Springs, *The Gazette*, dio la noticia a gritos, con una letra gigantesca: «La familia nuclear desaparece»[1]. *The Boston Herald*, en una columna escrita por Don Feder, llevaba el título: «A la familia nuclear se le derrite el núcleo»[2]. Allan Carlson, del *Howard Center* para la familia dijo: «Nos dirigimos hacia una sociedad posfamilia»[3]. Tristemente y de manera alarmante estas afirmaciones son verdad. Esta institución establecida por Dios, que ha prevalecido en casi todas las culturas de la tierra durante más de cinco mil años, se está desintegrando frente a nuestros propios ojos.

Aquí tenemos algunos de los conocimientos más perturbadores del informe: los hogares que están encabezados por parejas que no están casadas han aumentado en casi 72% durante la última década, la mayoría de las cuales están formando personas que viven juntas sin el compromiso del matrimonio. Los hogares encabezados por madres solteras aumentaron en más de 25%, y los dirigidos por un solo padre crecieron en casi 62%[4]. Por primera vez en la vida, las familias nucleares cayeron por debajo de 25% de los hogares[5]. Un tercio de todos los bebés nacieron de mujeres solteras (33%), comparado con 3,8% en 1940[6]. Por otros estudios, sabemos que la convivencia ha aumentado en 1000% desde el 1960[7]. También estamos viendo un creciente número de mujeres solteras de veinte y treinta años que, al igual que la actriz Jodie Foster, prefieren concebir y criar hijos solos[8].

En esencia, los viejos tabúes en contra del divorcio y la convivencia están desapareciendo y la cultura está abandonando su compromiso con el matrimonio para toda la vida. Por cierto, dudo que la mayoría de los adultos jóvenes entiendan por qué las generaciones anteriores defendieron con tanta fuerza o por qué miraban despectivamente a aquellos que descaradamente se iban a «vivir juntos». Era porque violaban principios bíblicos que se encontraban profundamente arraigados en la cultura. Ahora, el índice de divorcios es más alto por un pequeño margen entre los cristianos que entre aquellos que no profesan ninguna fe[9]. Estos cambios sociales representan una creciente decadencia con consecuencias de largo alcance para el futuro.

Basándose en estas tendencias, ahora se predice que más de la mitad de los bebés nacidos en la década de los noventa pasarán al menos una parte de su niñez en hogares con solo un padre o una madre[10]. Estados Unidos ya es el líder mundial en el porcentaje de padres solteros[11], y ese número crece aceleradamente. ¿Qué sucederá si el matrimonio en realidad se vuelve obsoleto o en su mayor parte irrelevante en los días venideros? Presagia un mundo en el cual la mayoría de los niños tendrán varias «madres» y «padres», tal vez seis u ocho «abuelos» y docenas de hermanastros. Será un mundo en el cual a las niñas y a los niños pequeños se les arrastrará de un lado a otro en un modelo de vida interminablemente cambiante en el cual grandes cantidades crecerán en hogares de crianza o vivirán en las calles (como sucede con millones de niños en Latinoamérica en la actualidad). Imagínese un mundo en el cual nada es estable y en el cual la gente piensa en primer lugar en ella misma y en su propia preservación. En resumidas cuentas, la desaparición de la familia producirá un mundo caótico que será devastador para los niños.

Dada la crisis nacional que parece estar en el horizonte, uno pensaría que el gobierno federal trata desesperadamente de apoyar la institución del matrimonio y de hacer todo lo posible por restaurarla a una posición de salud y vitalidad. Lo cierto es que sucede exactamente lo contrario. Nuestros líderes políticos desvergonzadamente han demostrado su falta de preocupación por la institución de la familia. Cuando le preguntamos a Margaret La Montagne, consejera de política interna del presidente George W. Bush en la Casa Blanca, durante una entrevista para C-Span cuál era su reacción frente al informe del censo, contestó: «Creo que mi respuesta sería: "¿Y qué?"»[12]. Su comentario establece alguna clase de récord en cuanto a su ignorancia. Las familias de la nación se están desintegrando de manera ininterrumpida, sin embargo, La Montagne dijo, en realidad: «¿A quién le importa?». Lo que perturba es que esta mujer se encuentra en los niveles más altos del gobierno, y todos los días le ofrece consejo al hombre más poderoso de la tierra. ¡Señor, ayúdanos! Lamentablemente, su comentario irrespetuoso refleja la actitud arrogante hacia las familias que generalmente expresan los funcionarios en Washington. ¿Cuánto hace que no escucha a uno de nuestros líderes prominentes hablar acerca de las presiones que ejercen sobre los matrimonios o sobre la desesperante necesidad de que el gobierno les ofrezca una ayuda?

En ausencia de la ayuda de nuestros líderes, o de cualquier otra persona, la familia continúa desintegrándose. Mientras tanto, nuestros niños son los que más sufren. Barbara Dafoe Whitehead, al escribir su aclamado artículo «Dan Quayle Was Right» (Dan Quayle tuvo razón), dijo lo siguiente acerca del estrés que experimentan los niños y las niñas cuando las familias se separan:

> Toda esta inseguridad [en un hogar en que falta uno de los padres] puede ser devastadora para los hijos. Cualquiera que conozca a los niños sabe que son criaturas profundamente conservadoras. Les gusta que las cosas sean estables. Tan pronunciada es esta tendencia, que se ha sabido de ciertos niños que piden el mismo sándwich

de mantequilla de maní y mermelada para el almuerzo durante años y años. Los niños están particularmente estructurados cuando se trata de la familia, de los amigos, del vecindario y de las escuelas. Sin embargo, cuando una familia se desintegra, todas estas cosas pueden cambiar. El novelista Pat Conroy ha comentado que «cada divorcio es la muerte de una civilización». Nadie siente esto con mayor intensidad que los niños[13].

Cynthia Harper, de la Universidad de California, en San Francisco, y Sara McLanahan, de Princeton, estudiaron el fenómeno de la ausencia del padre realizando lo que se dio a conocer como la «Encuesta nacional longitudinal de la juventud». Los investigadores identificaron a 6403 varones entre catorce y veintidós años y luego los siguieron hasta cerca de los treinta. Aquí tenemos algunos de sus descubrimientos más notables:

1. Los hijos de las madres solteras se encuentran en un mayor riesgo de inclinarse a la violencia, aparentemente porque han pasado menos tiempo con sus padres. Un niño nacido fuera del matrimonio tiene dos veces más probabilidades de pasar algún tiempo en prisión.
2. Que cualquiera de las partes mantenga al hijo económicamente, no cambia la posibilidad de que ese muchacho se convierta en un criminal al crecer. Parece que el nivel económico de una madre soltera no es el factor clave. Es la ausencia de «papá».
3. La tercera conclusión es aún más sorprendente. El pequeño número de varones adolescentes en el estudio, que vivían solos con el padre, tenían las mismas probabilidades de cometer delitos que los varones de familias intactas. ¿Por qué? Tal vez sea porque los hombres que no se casan, sino que se dedican a criar a sus hijos solos son padres inusualmente devotos[14].

Bueno, sé que esta noticia es angustiante para las madres que están solas. Desearía poder decir que encontrar un nuevo esposo sería la solución definitiva. Lamentablemente, las investigaciones confirman que el nuevo casamiento de uno de los padres, generalmente les hace las cosas más difíciles a los varones. De acuerdo con el estudio citado anteriormente, los varones que viven en familias con padrastros o madrastras tienen el triple de posibilidades de caer en prisión que aquellos jóvenes que viven en familias intactas[15]. Las probabilidades para los jóvenes que viven en familias con padrastros son similares a las de los que no viven con ninguno de sus padres. Aparentemente, los padrastros y los hijos muchas veces compiten por el tiempo, la atención y los recursos de la madre biológica, creando conflictos y amarguras.

Además, combinar a dos familias representa enfrentar algunos cambios muy particulares y perturbadores. Puedo decirle que la Familia Brady (la idea de que una madre y un padre con tres hijos cada uno puedan crear una gran familia feliz, sin conflictos ni rivalidades) es un mito. Sencillamente no sucede así, aunque muchas familias combinadas, con el tiempo, se ajustan a sus nuevas circunstancias. Al menos durante los primeros años, es típico que uno o más de los hijos vea al nuevo padrastro o madrastra como un usurpador. La lealtad a la memoria del padre o de la madre que ha partido puede ser intensa. Por lo tanto, para ellos, darle la bienvenida con los brazos abiertos a un extraño sería un acto de traición. Esto sitúa al padrastro o a la madrastra en una situación imposible.

Además, es muy común que uno de los hijos ocupe el vacío de poder que ha dejado el padre o la madre que se fue. Ese jovencito se convierte en el cónyuge sustituto. No me refiero a cuestiones sexuales. Más bien, ese hijo o hija comienza a relacionarse con el padre o la madre que ha quedado más como si fuera su compañero. La posición que acompaña a ese papel de apoyo es muy seductora y el jovencito no está dispuesto a renunciar a ella.

Existe un problema aún más serio entre las familias reconstituidas. Está relacionado con lo que sienten el nuevo esposo y la esposa con respecto a sus hijos. Cada uno está del todo comprometido con los que son de su propia sangre, mientras que se preocupa muy superficialmente por los demás. Cuando se producen peleas entre los bandos de niños, los padres casi siempre son parciales y se inclinan hacia aquellos que trajeron al mundo. La tendencia natural es que los miembros de la familia combinada se separen en dos bandos armados: nosotros contra ellos. Si los hijos sienten esta tensión entre los padres, la explotarán para obtener poder sobre sus hermanos. A menos que existan algunas maneras de ventilar estos asuntos y resolverlos, pueden tener lugar algunas terribles batallas. Debido a todos estos desafíos, se hace evidente por qué las probabilidades de que un segundo o tercer matrimonio tenga éxito son considerablemente más bajas que en el primero. Es posible tener éxito al combinar dos familias, y millones de personas lo han hecho, pero la tarea es difícil, y si usted escoge ese camino es probable que necesite algo de ayuda para salir adelante. Por esta razón, sugiero enfáticamente que aquellos que planean volverse a casar busquen a un consejo profesional antes. Es raro, pero otro divorcio es todavía más costoso.

Existe otro problema preocupante que me siento reacio a mencionarle a las madres solteras, que probablemente ya estén desanimadas por el panorama que he descrito. Pero debo hacerlo. De acuerdo con un estudio realizado por los investigadores canadienses Martin Daly y Margo Wilson, los niños preescolares de familias con un padrastro o madrastra tienen cuarenta veces más posibilidades de sufrir abuso sexual que los niños de las familias intactas[16]. Whitehead señala que la mayoría de los abusos sexuales los comete un tercero, como por ejemplo un vecino, un amigo del padrastro, o alguna otra persona que no es familiar, pero los padrastros tienen muchas más probabilidades de acosar a un hijo no biológico que a sus propios hijos carnales[17].

Ya que volverse a casar puede o no resolver el problema de encontrar una influencia masculina para los hijos varones, la madre que está sola debe pensar en otras maneras de enfrentar este desafío. ¿Cómo les puede enseñar a afeitarse, a atarse una corbata o a pensar como un hombre? ¿Qué les puede decir acerca de la sexualidad masculina y qué puede hacer para prepararlos para guiar en el futuro a sus propias familias? ¿Qué puede hacer para encontrar modelos masculinos que llenen el vacío del padre que falta? Estas son preguntas de monumental importancia, pero existen algunos enfoques que pueden servir de ayuda.

A toda madre soltera que se encuentra en esta búsqueda, quiero enfatizarle en primer lugar que tiene un inestimable recurso en nuestro Padre celestial. Él creó a sus hijos y los considera de mucho valor. ¿Cómo lo sé? Porque una y otra vez en su Palabra dice que siente una ternura especial por los huérfanos y por sus madres. En la Biblia hay muchas referencias a su situación difícil. Por ejemplo:

- Deuteronomio 10:17-18: «Porque el Señor tu Dios [...] defiende la causa del huérfano y de la viuda y muestra su amor por el extranjero, proveyéndole ropa y alimentos» (NVI).
- Deuteronomio 27:19: «Maldito sea quien viole los derechos del extranjero, del huérfano o de la viuda» (NVI).
- Salmo 68:5: «Padre de los huérfanos y defensor de las viudas es Dios en su morada santa» (NVI).
- Zacarías 7:10: «No opriman a las viudas ni a los huérfanos, ni a los extranjeros ni a los pobres» (NVI).

El mensaje es muy claro, ¿no es cierto? El Señor cuida del oprimido, del pobre, del agobiado y del que no tiene padre. Y sí, él está preocupado por los hijos de usted también. Está esperando que le pida ayuda. He visto respuestas milagrosas a oraciones a favor de aquellos que han buscado su ayuda en lo que parecían situaciones imposibles.

Mi propia esposa, Shirley, fue el producto de un hogar destruido. Su padre era un alcohólico que maltrataba a la familia y despilfarraba sus escasos recursos en un bar local. Pronto, el matrimonio terminó en divorcio. En un momento crítico, la madre de Shirley reconoció que iba a necesitar ayuda para criar a sus dos hijos, así que los envió a una pequeña iglesia evangélica del vecindario. Allí conocieron a Jesucristo y encontraron la estabilidad que les faltaba en el hogar. Shirley comenzó a orar en la quietud de su pequeña habitación para que el Señor les enviara a un padre que los amara y los cuidara. Eso fue precisamente lo que Dios hizo. En eso llegó un maravilloso hombre de treinta y siete años, llamado Joe que nunca se había casado. Se convirtió al cristianismo y pasó a ser un maravilloso padre para los dos hijos. Joe les proporcionó estabilidad a lo largo del resto de su niñez y de su adolescencia. Hasta el momento, ha sido mi suegro durante cuarenta y dos años y lo amo como si fuera mi propio padre. Por lo tanto, ya ve, a pesar de que las probabilidades y predicciones de un segundo matrimonio son riesgosas, todo es posible cuando uno depende de Dios y busca en él la fuerza. Dejo en las manos de usted y en las de su pastor la tarea de decidir si tiene bases bíblicas para volver a casarse, lo cual puede ser otro asunto espinoso de tratar.

Hasta que aparezca un hombre bueno como Joe, como madre soltera debe hacer un esfuerzo supremo para encontrar un padre sustituto para sus hijos. Un tío, un vecino, un entrenador o el director de música de la iglesia, o el maestro de la escuela dominical pueden funcionar. Poner a sus muchachos bajo la influencia de un hombre así, aunque sea durante una hora por semana, puede ser muy significativo. Hágalos participar en los Boy Scouts, en algún club de fútbol o en las ligas menores. Fíjese en la opción de Hermanos Mayores como una posibilidad. Dele a sus varones biografías y llévelos a ver películas o alquile videos que se centren en la historia de héroes fuertes, masculinos pero morales. Elija lo que elija para solucionar el problema, no permita que pasen los años sin la influencia de un hombre en las vidas de sus muchachos. Si no tienen modelos masculinos para seguir, se volverán a cualquiera que tengan disponible, como miembros de pandilla, o tal vez, se vuelvan a usted, mamá. Y como ya sabemos, no es saludable que los varones se formen exclusivamente bajo la influencia de las madres.

Una buena idea sería buscar la ayuda de organizaciones cuya misión es brindarle su ayuda. Existen cientos de estos ministerios y de organizaciones sin fines de lucro que ofrecen ayuda de diversas clases. Yo me inclino hacia Enfoque a la Familia, que produce materiales maravillosos para niños. Entre los principales, se encuentra una serie de obras de alta calidad. Grabadas originalmente para radio, pero que ahora se encuentran disponibles en casetes y discos compactos, llamadas *Adventures in Odyssey* (Aventuras en Odisea). A los niños les gustan mucho. Más de 470 de estos episodios, que se basan en los valores, ahora se encuentran disponibles en álbumes, y cada uno enseña a modelar los papeles masculinos y femeninos, la vida de familia y los principios de moral y ética. Odisea es una de las mejores ideas que han salido de nuestra organización. Existen otros muchos ministerios que ayudarán de otras maneras a medida que los muchachos crezcan, incluyendo Young Life (Vida joven), Youth for Christ (Juventud para Cristo), Youth Builders (Constructores de la juventud). Para una lista más detallada de posibilidades, consulte el sitio de la Internet que se encuentra en www.youthworkers.net.

Ahora, permítame ofrecerles alguna esperanza y algunos consejos adicionales a las madres solteras. A pesar de que los estudios indican que un alto porcentaje de los niños de familias con un solo padre o madre tienen problemas, la gran mayoría de ellos salen buenos. Si usted es una madre dedicada que le da prioridad a sus hijos, ellos también se comportarán bien.

Hablemos brevemente acerca de la disciplina que necesitan nuestros varones, que discutiremos más tarde en el capítulo 16. Debe entrenar y guiar a sus hijos de la misma manera que si su matrimonio estuviera intacto. Algunas veces, las madres solteras se sienten culpables por no poder proveer adecuadamente para sus hijos e hijas, y por las dolorosas circunstancias que acompañan el divorcio. Entonces se vuelven permisivas y escrupulosas. Eso no es lo mejor para sus hijos y es especialmente riesgoso para los varones. Necesitan límites, incluso más que los niños de familias intactas. Una madre autoritaria pero amorosa le trae seguridad a un niño para el cual todo parece inseguridad. ¡Tome la batuta y dirija! Castigue cuando el castigo sea necesario, Abrácelos cuando necesiten sentirse seguros y amados, y hágales pensar que usted sabe lo que hace y hacia dónde se dirige, aunque tal vez no tenga la menor idea.

Anteriormente me referí al niño que tiene la tendencia de ocupar el vacío de poder que se crea al perder al padre, convirtiéndose en el «cónyuge sustituto» para la madre. No permita que esto suceda. El muchacho que trata de convertirse instantáneamente en un adulto sigue siendo un niño y no debiera sentir la carga de las responsabilidades y preocupaciones de un adulto. No le cuente todos sus temores, le costará caro cuando, tal vez en la adolescencia, tenga que decirle que no o deba hacerle frente cuando se esté saliendo del camino. En realidad, este cónyuge sustituto puede ser una mujer. No es inusual que las niñas también aspiren a este papel. De todas maneras, no es una buena idea para un niño de cualquier sexo. Déjelos crecer como Dios manda, un día a la vez.

Y ahora, veamos algunas ideas para madres solteras que tratan de desarrollar características masculinas en sus varones. Debra Gordon, en *The Virginian-Pilot* (Norfolk, VA), escribió un artículo interesante acerca de la «agresión natural» llamado «Los muchachos de mamá». Puede resultarle de ayuda. A continuación paso a citar una parte:

> Esta Navidad, Suzanne Rhodes hizo algo que había jurado no hacer jamás: puso revólveres de juguete debajo del árbol.
>
> Con cuatro varones de entre nueve y quince años, Rhodes había decidido desde hacía tiempo que nunca les compraría revólveres ni les permitiría traerlos dentro de la casa.
>
> En cambio, siguió la agenda políticamente correcta y no sexista para criar varones en los años ochenta y los noventa, comprándoles juguetes de género neutro como rompecabezas y bloques. Cuando los amigos de sus hijos venían con sus pistolas de juguete, ella les hacía dejar las armas en la puerta.
>
> «A pesar de todo, parecía no importarles. Había muchos dedos humeando allí afuera», dice la madre.
>
> Pero este año, después de visitar los campos de batalla de la Guerra Civil, de leer libros y de mirar películas con sus hijos acerca de las muchas guerras en este país, cambió su manera de pensar.
>
> «Lo he pensado mucho», dice Rhodes, quien también tiene una hija de seis años, y cuyo esposo es oficial de la marina. «Están allí jugando juegos de guerra; no salen a matar por el placer de matar. Muestran su agresión como lo hacen los varones. Existe una conexión que tienen los hombres con la guerra y los juegos de guerra, y pienso que uno nunca les podrá sacar esta inclinación porque los varones y las mujeres son como el día y la noche».
>
> Y ahí está lo esencial del caso cuando hablamos de las madres que crían hijos varones. ¿Aspiramos a la niñez

que se ha planteado últimamente, no sexista, de género neutral, siguiendo la teoría de que podemos moldear a los niños principalmente a través del ambiente y del ejemplo, o aceptamos que nuestros niños y niñas son diferentes por herencia, y les enseñamos a los varones a manejar y canalizar constructivamente su agresión innata, ese gen «golpeador», como lo llamó una madre?[18].

En mi opinión, la mejor respuesta es la última.

ABUELOS

Permítame ahora hablar acerca de la gente que con mayor probabilidad le ofrezca la ayuda que necesita. Me refiero a los abuelos paternos o maternos. Tienen una responsabilidad que Dios les ha delegado: influir en sus nietos, y la mayoría de ellos están más que dispuestos a satisfacer los requisitos. Nuestra organización acaba de publicar un libro práctico que puede estimular algunas ideas. Se titula *The Gift of Grandparenting* (El regalo de ser abuelo), de Eric Wiggin. Aquí tenemos algunos extractos de este libro que espero que no solo motive a los padres solteros para que recurran a sus padres, sino que inspire a los abuelos a participar más en la vida de sus nietos. Estas son las palabras de Eric Wiggin que debemos tomar en consideración:

> Los jóvenes que visitan a sus abuelos, salvo pocas excepciones, lo hacen porque generalmente desean muchísimo la compañía de sus mayores. La misma abuela que me ganaba jugando a las damas cuando tenía nueve años se convirtió en una amiga en la cual podía confiar cuando llegué a los diecinueve años. Me escribía cartas, largas y llenas de noticias de la familia. Cuando volvía a casa de la universidad, hablábamos y, ¿saben qué?, ¡La abuela quería escucharme! Pronto descubrí que quedaba fascinada con todo lo que yo tenía que decir, y tenía más tiempo para escucharme que mis padres. Tal vez, el «entretenimiento» más importante que usted pueda darles a sus hijos adolescentes o jóvenes sea escucharlos cuando hablan[19].

Un sabio, una vez comentó que los ancianos aminoran la marcha y se encorvan, de tal manera que pueden ver las cosas de nuevo como los niños, pueden tomar de las manos a los pequeños que comienzan a caminar con sus piececitos sin experiencia. Ese insecto en el camino, el caracol debajo de la hoja de repollo, el petirrojo que picotea el gusano sobre la tierra húmeda por la lluvia: estas son las cosas pequeñas en que los niños y sus abuelos se fijan[20].

Nuestros nietos viven en hogares imperfectos. Los crían padres imperfectos: nuestros hijos e hijas casados con nuestras nueras y yernos, todos ellos imperfectos. Aunque todos cometemos errores al criar a nuestros hijos, la buena noticia es que como abuelos que amamos al Señor, que caminamos con él, podemos esperar que el Señor nos use. Debido a la inmadurez que teníamos cuando criábamos a nuestros hijos, que ahora son padres, es probable que los hayamos desilusionado; pero al mantenernos con vida para disfrutar a nuestros nietos, el Señor nos da un ministerio que cumplir, ayudando a llenar esos vacíos en la crianza imperfecta de nuestros hijos[21].

Nosotros, los abuelos, debemos retomar firmemente la conducción, si no podemos hacerlo en toda la sociedad, al menos en nuestras familias. Este no es un paso tan drástico como puede parecer porque el péndulo ha comenzado a inclinarse hacia el otro lado y la madurez se está poniendo de moda de nuevo[22].

Escribiéndoles a los abuelos, la columnista Evelyn Sullivan resumió un estudio que abarcó a más de setecientos estudiantes de la Universidad Estatal de Misuri Central. Sullivan citó al profesor de estudios de familia de dicha universidad, el doctor Gregory E. Kennedy, quien descubrió que después de un divorcio, estos estudiantes sentían que el papel de los abuelos era «aún más importante» en sus vidas que en los hogares que quedaban intactos. La mayoría de los abuelos, ya sea que los padres estén divorciados o no, tienen una interacción regular con sus nietos, según los hallazgos del doctor Kennedy. Algo que merece consideración es que la mayoría de los estudiantes se sentían más cerca de sus abuelos maternos que de los paternos. Esto es importante para los abuelos maternos, ya que cuando tiene lugar un divorcio, generalmente se pone a los hijos bajo la custodia de la madre[23].

Como abuelos, deseamos ayudar a guiar a nuestros nietos a cruzar el umbral hacia la edad adulta. Podemos hacerlo mejor cuando nos damos cuenta de que estos jóvenes, que la mayor parte del tiempo están felices y despreocupados, también sufren a lo largo de los años más difíciles de la vida: desde la pubertad hasta la madurez joven. Criticamos con amabilidad su comportamiento cuando debemos hacerlo. Establecemos pautas cuando los dejan a nuestro cuidado. Así como no cuestionaríamos el peluquín o el peinado de otro adulto, evitamos hacerles observaciones personales a nuestros adolescentes que se están haciendo adultos, cuyas almas probablemente ya hayan sido pisoteadas y destrozadas en los ataques en la escuela o en los conflictos en el hogar. Pero, por sobre todas las cosas, apoyamos, escuchamos, oramos y amamos[24].

Hoy en día, se necesitan a los abuelos no solo en una tarea de apoyo a sus hijas e hijos, sino que un sorprendente número de ellos han recibido la custodia completa de sus nietos. Criaron a sus hijos hace muchos años y pensaron que su tarea paterna había concluido. Entonces, cuando tendrían que cumplir una tarea sencillamente de apoyo, se enfrentan con una de dos tareas muy difíciles: o aceptan la responsabilidad de criar a otra generación de niños, o los ven sufrir debido a un inadecuado cuidado o a las largas horas pasadas en una guardería. Las familias no fueron diseñadas para funcionar así. Esto representa otro aspecto de la desintegración matrimonial y de los niños nacidos fuera del matrimonio. Necesitaría otro libro, o varios, para referirme con profundidad a este aspecto preocupante, pero es algo que merece nuestras oraciones y nuestros pensamientos creativos.

No puedo concluir este tema sin hablar de manera directa, y tal vez atrevida, a los cristianos que viven en familias intactas. En este capítulo han leído acerca de los desafíos que enfrentan los padres que están solos. Espero que piensen de qué manera pueden ayudar. A los hombres, ¿qué me dicen de llevar a los hijos de las madres solteras con sus propios hijos cuando van a pescar o cuando van a un partido de fútbol? Deje que esos niños sin padre sepan que usted se preocupa por ellos. Responda sus preguntas y enséñeles a patear o agarrar una pelota. Esto es simplemente una sugerencia mía al pasar; es un mandamiento divino. ¿Se acuerda de las Escrituras que compartí acerca de la compasión que siente Dios por los niños sin padre? Jesús les transmitió ese mismo amor; tomó a los niños y a las niñas en su regazo y dijo: «Y el que recibe en mi nombre a un niño como este, me recibe a mí» (Mateo 18:5, NVI).

A las madres casadas les digo: «Espero que se acerquen a las madres solteras, como Sally, y las ayuden a salir adelante con la tarea de criar hijos. Cuídele los hijos para que ella pueda salir de vez en cuando. Comparta sus recursos financieros con aquellos que tienen menos, e inclúyalos en sus actividades vacacionales. Es probable que pueda evitar que una madre soltera se desmorone dándole sencillamente un poco de aliento y asistencia. El Señor la recompensará, lo creo, por cuidar de alguien que se encuentra desesperadamente necesitada de una amiga».

Diciendo esto, cerremos el tema de los padres solteros y de los abuelos con dos sencillos pensamientos más. El primero, se refiere a la difícil tarea de soltarlos cuando la tarea ha terminado. Ese puede ser un tiempo muy emotivo, especialmente para una madre que ha trabajado, transpirado, orado, llorado, que ha hecho grandes economías, ha ahorrado, cocinado, limpiado, enseñado y pastoreado a sus hijos a través de numerosas crisis sin la ayuda de un esposo o de un padre para sus hijos. De repente, al otro extremo de la niñez, debe renunciar a la razón de su existencia y a su pasión por la vida. Sus hijos han crecido. El lugar que queda vacío a medida que sus hijos se van de la casa puede parecerse a un abismo. Después de todos estos años, se encuentra sola de nuevo.

Mi oficina en Enfoque a la Familia se encuentra frente al valle de la Academia de la Fuerza Aérea de los Estados Unidos. Desde allí, puedo ver a los cadetes que se entrenan para ser pilotos y oficiales. Particularmente disfruto mirando los planeadores que se deslizan por el cielo. La única manera en la que estas atractivas naves amarillas pueden volar es amarradas a un avión con motor que las eleva hasta donde pueden encontrar una corriente de aire. Entonces se desenganchan y navegan libres y solitarias hasta que regresan a la tierra.

Un día, mientras observaba este hermoso espectáculo, pude reconocer una analogía entre el vuelo y la crianza de un hijo por parte de un padre solo o una madre sola. Hay un tiempo en el que sus hijos necesitan que «la nave nodriza» los remolque. Si esa ayuda no estuviera disponible o si no se aceptara, el «planeador» jamás se levantaría de la tierra; pero inevitablemente llega el momento apropiado en que el joven piloto debe desengancharse y surcar libre y solo los cielos azules. Ambas operaciones son necesarias para un vuelo exitoso. Si como padre no está presente cuando sus hijos son pequeños, es probable que permanezcan «sin poder despegar» en la vida. Por otra parte, si permanecen amarrados a usted cuando son adultos jóvenes, nunca experimentarán la emoción de volar independientemente. Al soltarlo, su hijo o hija que ha crecido no solo encuentra libertad, sino que usted también puede volar. Todo es parte de un plan divino.

Cerraré este debate acerca de los padres solteros y los abuelos compartiendo un pensamiento inspirador de una vieja película en blanco y negro. La protagonizaban Ginger Rogers y Robert Ryan, y se llamaba *Tender Comrade* (Tierno camarada). Se presentó en 1943, cuando la mayoría de los esposos y padres se habían ido a la guerra. Rogers era una de las muchas mujeres que se encontraban criando solas a un bebé. Un día recibió el temido telegrama del Departamento de Guerra que comenzaba diciendo: «Lamentamos informarle...». Su esposo había muerto en acción. Ginger subió las escaleras de inmediato y se dirigió a la habitación donde se encontraba su bebé en la cuna. Lo meció en sus brazos y después de estar unos momentos a solas en silencio, en medio de lágrimas, le dijo estas conmovedoras palabras:

> Despierta, Chris. Lamento tener que despertarte de esta manera pero necesito hablar con alguien. No puedo hablar con los que están en el piso de abajo porque hay una boda allí. Tú eres el único al que puedo decírselo. Creo que esto es algo privado entre tú y yo, de todas maneras. Supongo que después de muchos años seguiré contándote cómo estaba parada allí al lado del tren. (Su voz se apaga, y se escucha una conversación que ella tuvo con su esposo en la estación de trenes).
>
> Muchachito (le muestra la foto a su bebé), este es tu padre. Chris, este es tu hijo. Ustedes dos nunca se van a conocer. Nada más a través de mí van a saber el uno del otro. Así que ahora los estoy presentando. Este es el hijo que nunca quisiste hasta que me conociste, Chris. Este es tu padre, amiguito. Lo conocí cuando no era mucho mayor que tú. Bueno, tal vez un poquito mayor. Tienes sus ojos y esa mata de pelo, ya sabes, ese cabello en tu cabeza que nunca se queda en su lugar. Por seguro es como el de tu papá. Parece gracioso llamarlo tu papá; él mismo era un bebé. (Su

voz se apaga, y se escuchan las voces infantiles de ella y su esposo teniendo una conversación cuando eran niños).

Al haber crecido junto a él, sé todo lo que te va a suceder. Cuando tengas siete años, alguna niña te va a golpear en la cabeza con una piedra, y cuando tengas diez años, tú le vas a cortar el cabello a ella, y cuando tengas quince, la vas a llevar al primer baile y le romperás el corazón. Ya vez, pequeñito, sé cómo funciona todo. (Su voz se apaga, y se escucha la voz del padre diciendo todos los maravillosos planes que tenía para su hijo).

Recuérdalo, hijo. Recuerda a tu padre mientras vivas. Era un hombre magnífico, pequeño Chris. Nunca dio discursos, pero murió para que cuando crezcas puedas tener una oportunidad mejor que las que él llegó a tener. No la misma oportunidad, sino una mejor, pues él pensó mucho en ti a su manera. Nunca lo olvides, muchachito. Nunca lo olvides. No te dejó nada de dinero. No tuvo tiempo para hacerlo, pequeño Chris. No hay para ti millones de dólares, ni clubes elegantes, ni autos relucientes, pequeñito. Lo único que te dejó es el mejor mundo en el que un muchacho puede crecer. Lo compró para ti con su vida. Esa es su herencia. Un regalo personal de tu padre. (Se apaga su voz, y se escucha la voz del padre hablando acerca de lo que es la guerra).

Y una cosa más. Mientras vivas, no permitas que nadie diga que él murió por nada. Si permites que digan eso, estarás permitiendo que llamen tonto a tu padre, quien murió sin saber de qué se trataba. Murió por una buena causa, pequeñito, y si alguna vez la traicionas, si alguna vez se te escapa de las manos, si alguna vez permites que alguien te convenza de lo contrario, o que te quiten esta verdad, incluso por la fuerza, entonces más valdría la pena que tú también estuvieras muerto. Por lo tanto, entiéndelo, aférrate a ella con esos pequeños deditos; tómala, pequeño Chris, tómala directamente de las manos de tu padre y levántala en alto, levántala con orgullo.

(Se levanta y le habla a la foto del padre). No te preocupes, Chris; él crecerá y será un buen muchacho. Buenas noches, Chris [le dice a la foto]. Buenas noches, Chris [le dice al bebé][25].

PREGUNTAS Y RESPUESTAS

Hola, doctor Dobson. Me llamo Cristina y tengo nueve años. Amo mucho a mi abuela y a mi abuelo. Escribí un poema acerca de a dónde me gustaría ir cuando estoy en la casa de los abuelos. Es el siguiente:

> *Hay un lugar en el cual me gusta esconderme.*
> *Hay un lugar lleno de amor en ciernes.*
> *Es el jardín de mi abuela.*
> *Cuando todo está en silencio me quedo inmóvil*
> *Y escucho a los árboles y a los pájaros cantores.*
> *Hay un lugar en el cual me gusta esconderme.*
> *Hay un lugar lleno de amor en ciernes.*
> *Es el jardín de mi abuela.*
> *Es el jardín de mi abuela.*

Gracias, Cristina. Me encantó tu poema. Debes tener unos abuelos muy especiales. Espero que sigas escribiendo. Tienes el don para hacerlo. Jesús te ama Cristina, y yo también.

Tengo siete nietos y pienso que son maravillosos, pero no sé cómo hablarles cuando estamos juntos. Ha pasado mucho tiempo desde que fui joven. ¿De qué manera puedo entablar conversación con estos niños y acercarlos hacia mí? ¿De qué debiera hablarles?

A los niños les gusta hablar acerca de la diversión y de cosas cómicas. Les gusta jugar juegos, resolver rompecabezas y mirar fotografías. Cuando penetre en el mundo de ellos en estos y otros puntos de interés, y si usted no es maniático o exigente, ellos se abrirán. Todo lo que tiene que hacer es darles su tiempo y su atención. ¡Entonces no podrá sacárselos de encima!

Ahora bien, en cuanto a lo que debiera hablar con sus nietos, una de las contribuciones más importantes que puede hacer es hablarles acerca de la historia de su familia, de los obstáculos que tuvieron que vencer y de aquellas cosas que hacen que su historia sea especial. La escritora y consultora de educación Cheri Fuller, aplicó las líneas de una vieja canción africana a esta responsabilidad. Incluía esta línea: «Cuando muere un anciano, es como si se quemara una biblioteca»[26]. Usted es la «biblioteca» de sus nietos, y tiene la capacidad de conectarlos con su pasado. Creo que es su obligación y privilegio darles una sensación de identidad como familia.

Mi bisabuela ayudó a criarme durante mis primeros años. Recuerdo que cuando yo no tenía más de tres o cuatro años, me contaba historias acera de su vida en el límite de los territorios colonizados. Me contaba cómo se sentaba en su cabaña de troncos por la noche y escuchaba a los pumas que bajaban de las colinas buscando a los cerdos. Me describía experiencias fascinantes que me ayudaron a comprender cuán diferente era la vida entonces. El tiempo que pasábamos juntos nos unió. Las historias que me contó entonces todavía siguen vívidas en mi memoria. Ayudaron a abrir mi mente al amor por la historia, un tema que hasta el día de hoy me fascina.

Le sugiero que reúna a sus nietos y comience a contarles historias del pasado: de su noviazgo con la abuela, cómo era su apariencia y por qué se enamoró de ella. Luego cuénteles cómo llegó a tener una relación con Jesucristo y qué fue lo que eso produjo en usted. Pienso que sus pequeños vendrán a comer de su mano.

«¡Allá vamos!»

Si tiene un hijo varón, apuesto a que es un competidor innato. Le gustan los desafíos y no hay nada que lo entusiasme más que ganar. Aunque no tenga la habilidad para aceptar el reto de su vida, probablemente trate de intentarlo. Si usted comprende este aspecto de su temperamento masculino, gran parte de su comportamiento comenzará a tener sentido.

Una de mis historias favoritas la contó un hombre llamado Bill Dolan, quien dijo:

Puedo recordar la noche cuando estábamos cenando y Tom se negó a beber su leche; yo exageré demasiado cuando le dije:

—No te vas de la mesa hasta que no te hayas tomado la leche.

Él dijo:

—No quiero la leche.

Yo le dije:

—Esa no es la cuestión. Te bebes la leche antes de irte a la cama.

Estábamos en una verdadera situación sin salida. Entonces, finalmente se me ocurrió que yo conocía a este muchacho, así que fui y busqué un vaso y lo llené de leche. Luego le dije:

—Te juego una carrera.
A lo cual contestó:
—Grandioso.
Y nos bebimos la leche. Él puso el vaso en la mesa y
dijo:
—Hagámoslo otra vez[1].

Este impulso competitivo se nota en los «muchachos» de todas las edades. Ya he mencionado varias veces a mi suegro, Joe Kubishta. Tiene noventa y nueve años pero todavía le gusta sentir la emoción de la victoria. Juega al golf entre cuatro y cinco veces por semana, y lleva un registro de sus victorias y derrotas en contra de sus compañeros jóvenes. Se destaca especialmente en un juego de cartas llamado corazones, que jugaba durante las horas libres cuando estaba en la marina. Me enseñó a jugarlo después de que Shirley y yo nos casamos, y jugábamos cada vez que estábamos juntos, pero Joe nunca me reveló los secretos para ganar. Pasaron tres años hasta que entendí cómo era que me ganaba. Joe sencillamente se rio y dijo: «Juguemos de nuevo». Ahora, yo tenía un secretito propio. Cuando él tiene una buena mano y tranquilamente trata de «liquidarme», el cuello se le pone rojo. Yo no hago otra cosa más que mirar esa región debajo de sus orejas y puedo saber qué es lo que trata de hacer. Ya ve, Joe no es el único al cual le gusta ganar.

Es imposible comprender por qué algunos hombres hacen algunas de las cosas que hacen si no consideramos su naturaleza competitiva. ¿De qué manera podemos explicar las sangrientas campañas militares que se han desatado a través de los siglos? Vastos ejércitos dirigidos por líderes tales como Alejandro Magno, Julio Cesar, Napoleón Bonaparte o Adolfo Hitler marcharon para luchar y morir en campos de batalla extranjeros; no lo hicieron con el propósito de defender una causa en particular, sino sencillamente por conquistar y subyugar a personas más débiles. ¿Por qué lo hicieron? La motivación de los grandes generales es evidente; regresaban a casa con los despojos de la guerra. Pero ¿qué me dice de las tropas de soldados rasos? Soportan terribles privaciones, una paga baja, mala comida, enfermedades devastadoras, el riesgo constante de que los hirieran o que murieran. A cambio, la mayoría de ellos no recibía otra cosa más que un traguito del sabor de la gloria y el respeto de sus compañeros. Es sorprendente, pero eso era suficiente. En 1862, después que el general Stonewall Jackson casi dirigió a las tropas yanquis al Rappahannock, el general confederado Robert E. Lee dijo: «Es bueno que la guerra sea tan terrible; de lo contrario, llegaría a gustarnos demasiado»[2].

Esta sed masculina de conquista no nada más ha conducido a muchas guerras, sino también a algunas hazañas llenas de valor que definieron a la humanidad. Uno de los resultados fue el descubrimiento del Nuevo Mundo en los siglos quince y dieciséis, y otras grandes proezas de aquella era. Se describe un ejemplo más reciente en un maravilloso libro titulado: *Endurance* (Resistencia), escrito por Alfred Lansing. Es la crónica de una expedición que se realizó en 1914 a los confines del mundo. El barco en el cual navegaba la tripulación, también llamado *Endurance*, de repente se encontró atrapado en un mar de hielo que averió y hundió la embarcación. Los hombres observaban desde un témpano de hielo cómo el único nexo que los unía con su hogar desaparecía de su vista[3]. Esta historia verídica describe la lucha desesperada por volver a Inglaterra. Es un libro que todos deben leer. (Escribí el prólogo para una de las versiones).

Cuando se preparaba para el viaje, el capitán Earnest Shackleton puso el siguiente aviso en los periódicos locales. Decía así: «Se necesitan hombres para una tarea arriesgada. Sueldos bajos. Mucho río. Largos meses de completa oscuridad. Peligro constante. Regreso dudoso. En caso de éxito, honor y reconocimiento». La respuesta fue fenomenal. Más de cinco mil hombres respondieron al aviso, de los cuales se aceptaron a veintisiete. Un polizón también se las ingenió para hacer el viaje. De nuevo, tenemos que preguntarnos, ¿por qué había tantos hombres dispuestos a arriesgar todo con tal de formar parte de esta peligrosa aventura? Creo que sabemos cuál es la respuesta[4].

Es probable que su hijo también posea algo de este espíritu competitivo y aventurero. Si como padre o madre usted comprende y responde a esta naturaleza, tanto usted como su hijo estarán más sincronizados. Como punto de partida, debe enseñarle no solo a ganar, sino también a perder con dignidad. Una buena manera de hacerlo es supervisando cuidadosamente su participación en deportes organizados, utilizando los partidos como un estímulo para lo que desea enseñarle. Los entrenadores y los padres deben dar ejemplo de un buen espíritu deportivo, de autocontrol y de trabajo en equipo. No solo deben exhibir actitudes ellos mismos, sino que deben enseñárselas a sus hijos. No se les debe permitir a los mejores atletas que se burlen de los que son más pequeños y que tienen menos coordinación. La crueldad en el campo atlético no tiene lugar en el mundo de los jóvenes, aunque generalmente existe. Finalmente, los adultos deben resistir con toda su fuerza la idea de «ganar a toda costa», que se ha vuelto tan común entre los niños que participan en deportes organizados. Es la vergonzosa manera en que algunos padres y entrenadores actúan frente a niños y niñas impresionables. Se podría pensar que hay un campeonato nacional en juego.

Hace poco, un artículo de primera plana, en el *New York Times*, describió el apabullante comportamiento de los padres cuyos hijos compiten en equipos de fútbol, béisbol y baloncesto. Dice el escritor, que los árbitros renuncian en cantidades nunca antes vistas debido al abuso del cual son objeto rutinariamente. Las madres y los padres gritan, escupen, abuchean y arman peleas cuando las decisiones van en contra de sus hijos e hijas. A este comportamiento hasta se le ha dado un nombre: ira de afuera del campo de juego. Uno de los árbitros que hace poco renunció a su silbato dijo que estaba cansado de que sus espectadores le gritaran: «Quita tu cuerpo gordo del campo», «Estás ciego», «Lo único que te importa es el dinero» y «Por tu culpa, mi hijo está desconsolado». En alrededor de 15% de los partidos de niños se produce alguna clase de abuso verbal de parte de los padres o entrenadores, en comparación con 5% que se producía hace cinco años. Es un aumento lamentable[5].

Su actitud como padre formará el futuro comportamiento de su hijo varón. Si lo ve actuar como un niño malcriado, gritándole al árbitro, provocando a los otros jugadores y haciendo berrinche cuando las cosas van mal, su hijo se comportará tan mal como usted. Debe recordar qué es lo que trata de conseguir a través de los deportes organizados. Ganar a esta edad no es nada; enseñarle a su hijo cómo tratar adecuadamente con su ira, con la desilusión y la frustración es todo. Esto no quiere decir que usted deba menospreciar o ignorar sus sentimientos en momentos difíciles. De hecho, nunca debe subestimar lo mal que se siente su hijo cuando tiene un desempeño pobre en algo que es importante para él. El asunto no es simplemente que perdió, sino que se siente avergonzado por haber fracasado. Es una flecha dirigida justo al corazón. Permítale hablar acerca de la experiencia y ayúdele a comprender que durante el resto de su vida habrá veces en las que ganará y otras en las que perderá. Los padres debieran contarles las veces en que jugaron bien y las otras en las que fracasaron. Al hacerlo, papá estará modelando cómo tratar con cada desenlace. Rudyard Kipling, en su gran poema «If» [Si], se refiere tanto al triunfo como al desastre como «impostores»[6]. Esto encierra sabiduría. Los éxitos no son tan terribles como parecen en el momento.

La manera en que ustedes, como padres, respondan en los momentos dolorosos, harán que sean mejores o peores. Mi amigo Dick Korthals contó una historia acerca de una vez que asistió a una exhibición de perros que ilustra el enfoque correcto. Como parte de la competencia, a más o menos una docena de perros se les dio la orden: «¡Quédate!», y entonces se esperaba que se quedaran como estatuas durante ocho minutos mientras sus dueños se iban de la pista. Los jueces les adjudicaban un puntaje de acuerdo con lo bien que podían guardar la compostura en ausencia de sus dueños. Muy bien, a alrededor de cuatro minutos del ejercicio, Dick se fijó en el perro que estaba al final, un magnífico pastor alemán llamado Jake. Parecía que estaba perdiendo el aplomo y se hundía lentamente hacia la tierra. Cuando su entrenador regresó, el pobre Jake estaba acostado de panza al suelo con la cabeza entre las patas. Jake vio de inmediato la desilusión en los ojos de su dueño y comenzó a arrastrarse hacia él. Todos esperaban que el entrenador le diera una reprimenda al perro por su pobre comportamiento, pero en cambio, se inclinó y tomó la cabeza del perro entre sus manos; y luego le dijo con una sonrisa: «Está bien, Jake. Lo haremos mejor la próxima vez». Ese fue un momento muy conmovedor.

Aquí hay una lección para todos los padres, también, no nada más con respecto a los deportes, sino con respecto a todo lo demás. Los hijos nos van a desilusionar. Es una parte inevitable de ser joven; y cuando lo hagan, nuestra reacción natural será gritarles: «¿Por qué hiciste eso?» o «¿Cómo pudiste ser tan tonto?». Pero si somos sabios, recordaremos que no son más que pequeños seres humanos inmaduros como lo fuimos nosotros. Hay momentos en los que debemos decir con cariño: «Está bien, hijo. La próxima vez lo harás mejor».

Aquí debo dar otro consejo que seguramente será discutido. Pienso que es un grave error pedirles a los varones que compitan con las mujeres en los deportes. El psicólogo George Gilder explica por qué. Él cree que los deportes mixtos desmoralizan y desaniman a los varones más débiles y no ayudan a las muchachas. Este punto de vista va directo al grano de lo que sucede en muchas escuelas en los Estados Unidos, en las cuales la educación física mixta es común. Gilder dijo: «[Esto es] una idiotez que asombraría a cualquier antropólogo que pudiera salir de la espesura de la selva para observar el comportamiento peculiar de los estadounidenses en nuestra sociedad»[7]. Estoy absolutamente de acuerdo.

Permítame adelantarme a decir que las muchachas necesitan tener oportunidades atléticas tanto como los varones, y los recientes esfuerzos de los Estados Unidos para abrirles esas puertas a las mujeres son bien aconsejables. La financiación del Título IX de parte del gobierno federal, lo cual requiere que exista una distribución justa del dinero que se le adjudica a cada sexo, ha sido una iniciativa exitosa y beneficiosa. Sin embargo, al mismo tiempo los varones han perdido algo valioso en el proceso. Los deportes han sido el domino de los hombres durante siglos.

En el gimnasio y en el campo atlético, encontraban un desahogo para sus impulsos competitivos. Y una fuente para la identidad masculina y el orgullo personal. Claro está, que esas salidas todavía se encuentran a su disposición, pero ese mundo ha sido invadido y, en algunos casos, superado. En realidad, los sexos han comenzado a intentar superarse el uno al otro.

En 1999, después de que las mujeres norteamericanas ganaran el Mundial de fútbol, Newsweek traía un gran estandarte en la portada de su número del 19 de julio, en el que proclamaba: «Las muchachas mandan». Mostraba una fotografía de la musculosa Brandi Chastain en el momento de su victoria contra el equipo chino, cuando de repente se arrancó la camiseta, cayó de rodillas, cerró los puños y gritó su triunfo. La historia en el interior de la revista explicaba el título: «Desde los campos de fútbol suburbanos más lejanos se oye un nuevo grito de batalla: "Las muchachas mandan"»[8]. También describía los anuncios publicitarios de Gatorade que presentaban el tema: «Yo puedo hacerlo mejor», midiendo las fuerzas de otra jugadora del equipo, Mia Hamm, con las del jugador estrella de la NBA (Asociación Nacional de Baloncesto), Michael Jordan. Las dos superestrellas se enfrentaron en una serie de competencias deportivas, desde el tenis hasta las artes marciales, en las cuales Mia igualó a Michael paso a paso. Rick Burton, un profesor de la Universidad de Oregón, lo expresó de la siguiente manera: «Tenemos el mayor símbolo de los deportes estadounidenses al lado de esta mujer que dice: "Puedo vencerte"»[9].

Yo celebré la victoria de fútbol de los Estados Unidos cuando tuvo lugar, e incluso, mi esposa y yo nos encontrábamos mirando el partido por televisión y alentando al equipo. Mia y sus compañeras se merecían los elogios que recibieron a raíz de su logro. Sin embargo, hay algo que me molesta en cuanto a la forma en que se anunció el partido. Al proclamar que «Las muchachas mandan», debemos preguntarnos sobre quién mandan ahora. ¿Sobre los varones? Eso explica que los varones han sido «destronados», cualquiera que sea la interpretación que se le dé a esta palabra. Nuestra cultura políticamente correcta les dice a los hombres jóvenes, de cien maneras diferentes, que son inferiores.

¿Cómo cambiaría yo esta situación si pudiera hacerlo? No lo sé. Tengo un conflicto al respecto. Tengo una hija que participó en pista y en otros acontecimientos deportivos, y reconozco el valor de estas actividades para las niñas y para las mujeres. Los deportes organizados no estaban a su alcance hace una o dos décadas, y eso era lamentable. Sencillamente me gustaría que existieran más cosas que los varones pudieran hacer para definir su masculinidad. Una a una, las antiguas áreas de dominio absoluto han ido desapareciendo hasta que casi no queda nada que identifique a la masculinidad. Ni siquiera el combate es responsabilidad exclusiva del varón hoy en día. Hay tantos aspectos en nuestra cultura que se han convertido en unisexuales. No es de asombrarse que los muchachos no tengan más que una mera idea de lo que significa ser un hombre.

Permítame concluir brindándole un artículo autobiográfico escrito por Raymond Lovett que hace algunos años apareció en la revista *Esquire*. Lo he guardado en mis archivos porque nos ayuda a comprender por qué los deportes y la competencia son tan codiciados por los muchachos. Espero que se tome el tiempo de leerlo.

El corte

«No la batees hacia mí. Por favor, no la batees hacia mí», grité silenciosamente. Mi estómago se estruja de miedo, siento que se me perfora. Mágicamente, espero que mi fervor controle al bateador. «Apuesto a que bateará a la izquierda; no lo hagas, ay no», musito las palabras dentro del guante prestado que no es digno de confianza. Espero pasar la entrada sin tener que recoger la pelota.

Me eligieron a lo último, y me han puesto en el jardín derecho otra vez. Hoy sufro la humillación de jugar en el jardín derecho a pesar de que tenemos siete de nuestro lado. Un jardín central vacante se juzga menos peligroso que tenerme a mí en el centro. Esta opinión acerca de mi habilidad es más acertada que maliciosa, lo cual aumenta mi temor.

«No le pegues hacia aquí, Bobby. Batea con la otra mano», deseaba decirle a Bobby Bodman, un tipo demasiado musculoso, el único bateador ambidiestro en el terreno, mientras decide en qué dirección batear. Elige la izquierda. Cuando batea con la izquierda, generalmente lanza una bola muy alta hacia el jardín derecho. Tengo los próximos minutos. No tengo mucho tiempo que esperar.

Le pega a la pelota en el primer lanzamiento. Veo que deja el bate, y la observo. Es alta. Escucho los abucheos.

—Es un jonrón, lánzala justo hacia él.

—Vamos, Raymo.

—Protege tu cabeza, Raymo.

—Retrocede, sube, a tu derecha, a tu izquierda —alguien se burla.

Ahora la pelota viene hacia abajo. La tengo. Sostengo mi voluble guante sobre el pecho, golpeo con el puño vacío la manopla y espero que la pelota caiga dentro de mi guante. Ahora se mueve hacia atrás. Atrás, atrás, atrás. Me muevo junto con ella, Me detengo. Estoy listo para agarrarla. En el último segundo la pelota se mueve de nuevo. Salta hacia arriba, luego cae dentro del guante. Mientras doy volteretas hacia atrás sosteniéndola con mi pecho. Salto. «¡La tengo! ¡La agarré!».

«¡Tírala con fuerza! ¡Tírala con fuerza!».

Bodman está casi en la tercera base. Comienzo a correr y tiro la pelota con todas mis fuerzas hacia el cuadro, como mejor puedo: moviendo la mano por debajo del hombro. La pelota cae cerca de la primera base, lo esquiva y se detiene. Mientras el jugador de primera base agarra la pelota, Bodman cruza el plato. Todos se ríen a carcajadas y hacen comentarios en voz alta.

—¿Viste eso?

—Lindo tiro.

—Un brazo grandioso.

—¡Oye, Ramona, tírame una! —grita alguien con voz de falsete.

—La... atrapé... —Las risotadas ahogan cada palabra y la sepultan más abajo; la indecisión me deja mudo.

—Sí, seguro que lo hiciste —grita la primera base.

En realidad la atrapé. Los que se burlan de mí, y yo, estamos tan acostumbrados a que se me caiga la pelota que conspiramos para no aceptar que la atrapé. Conocen mi historia en el jardín derecho. Me siento demasiado herido para poder defenderme.

—El juego de la herradura. Ese es el juego para él.

—Tírame otra, Ramona.

Mientras más me duele, más duro lo intento. Mientras más duro lo intento, peor juego. Les echo la culpa a mis hermanas. Me enseñaron a lanzar como ellas lo hacían; moviendo la mano por debajo del hombro. No puedo volver a aprender la lección. Cuanto más empeño ponía, más me parecía a una niña. Cada intento por lanzar la pelota moviendo la mano por encima del hombro causaba más risas. La tiraba con mi cuerpo y mi mano, con el hombro pegado a mi costado. Esto parecía todavía más propio de una niña. Tenía una alternativa entre este fracasado esfuerzo y tirar moviendo la mano por debajo del hombro. Escogí la mano por debajo del hombro, y seguí así durante el largo verano insultante.

Cuando se reían de mí, quería lastimarlos a ellos. Algunas veces, deseaba matarlos. Deseaba causarle dolor físico a cada uno hasta que imploraran misericordia. Pero no tenía valor para canalizar mi ira. Los estragos de la risa del grupo me dejaron tan indefenso que me quitaron la ira como para hacer cualquier cosa. Me sentía demasiado devastado como para lanzar un solo puñetazo.

Encaucé mi dolor en un deseo de venganza. Ya verían. El año próximo sería parte del equipo local, sería la nueva estrella del equipo South End Sluggers.

Cuando terminó la temporada, me compré una pelota rosada por 39 centavos. Entre las hojas que caían y la nieve resbaladiza, tiraba la pelota rosada al aire, la volvía a atrapar y la tiraba de nuevo. Practicaba impulsado por los recuerdos de las burlas recibidas en el jardín derecho.

Allí, debajo de mi techo, descubrí mi brazo. Recuperar mi brazo era la clave. Si lo recuperaba, podría lanzar la pelota más lejos. Aprendí a tirar con un movimiento circular. Puse el cuerpo y el brazo juntos. Practicaba todos los días. Y al fin llegó el momento. Lo conseguí. Podía lanzar por encima del hombro.

Mi habilidad me llenó de alegría. Seguí adelante teniendo juegos imaginarios, y luego el estrellato. Debajo de mi techo logré atrapadas sobresalientes en los campos de cada una de las ligas mayores; evité jonrones, saqué a veloces jugadores que probaron mi brazo. El plato era una tabla en medio de dos ventanas en nuestra casa con el techo a dos aguas. Ese lugar se ensució con la mugre del invierno mientras yo acertaba en el blanco un montón de tiros en su camino hacia la meta.

Además de mis nuevas habilidades como lanzador y jardinero, conseguí mi propio guante. Estábamos visitando a mi primo, y lo vi tirado en el suelo del patio.

Lo recogí. Era de color marrón claro, y prácticamente no tenía relleno en los dedos y menos en la canasta, ni tampoco tenía una traba. A decir verdad, me recordaba a un holgado guante de esquiar tanto como un guante de béisbol. Pero parecía disponible. Cuando le dije a mi padre que se lo pidiera a mi tío, se negó a hacerlo. Le dije que se lo pagaría. Se negó de nuevo.

«Puedes comprarte uno cuando aprendas a jugar».

En un momento de valor, impulsado por la desesperación, llamé a mi tío y le pregunté acerca del guante. Me lo dio.

De camino a casa, compré aceite de linaza. Al aceitar mi guante, sentí un nuevo éxtasis: ahora nada podía detenerme. Tomé mi pelota rosada y me dirigí al imaginario Parque Fenway. El aceite chorreaba a través de la débil cubierta de cuero que me cubría la palma de la mano. La pelota rosada me causaba dolor. Borré el temor a que una pelota más fuerte me causara dolor. Pero ningún dolor podía robarme el éxito. Podía lanzar por encima del hombro, lograba grandes atrapadas, tenía el brazo fuerte y ahora tenía mi propio guante. Bajo el alero, con la pelota rosada en el guante aceitado, comencé a verme en un papel protagónico como jugador del equipo South End Sluggers.

Me imaginaba cada minuto de la primera práctica. Me compraría una gorra de béisbol. Iría en bicicleta, con el guante en el manubrio. Llegaría a tiempo. Haría precalentamiento. Ganaría las carreras de velocidad. No cometería errores en el campo, atraparía cualquier pelota que viniera hacia mí, y haría alarde de mi brazo con tiros precisos y poderosos. Me haría amigo de otros jugadores. Nadie se reiría de mí. No tendría que presentarme a una prueba para intentar jugar en el jardín derecho.

Nada se escapa de mi imaginación. Veía el cielo azul, cómo yo estaría parado, dónde me pararía, la ferocidad de mis tiros y la velocidad de mis carreras. Sentía la camaradería de mis amigos, de las bromas y la mutua admiración por la habilidad y el valor. Me vi con el uniforme, el número 8, tercero en batear. En un momento, hasta vi el tablero marcador de nuestro primer partido; estaba tres a cuatro (dos dobles y un sencillo), con cuatro carreras impulsadas. Sabía lo que me pondría ese día, lo que comería en el desayuno. Podía sentir el olor de la primavera en el campo, podía ver que el jardín central estaría húmedo, y especialmente que me divertiría muchísimo.

Comencé a mirar al tablero de anuncios el primero de marzo. Mis compañeros de clase, Mac y Henry, comenzaron a hablar acerca de la primera práctica y acerca del equipo a mediados de marzo, pero no me hablaban a mí. Si les hacía una pregunta, no me contestaban, o le contestaban a cualquier otro. Me ignoraban, recreando lo que yo sentía cuando estaba en el jardín derecho.

Después de la escuela, el lunes 4 de abril, vi a Mac y a Henry que iban muy apurados en sus bicicletas, llevando los guantes en el manubrio.

«¿A dónde van?», grité. No me escucharon. Me recorrió una oleada de temor. ¿Será hoy?

Volví a entrar en la escuela, subí las escaleras de dos en dos escalones a la vez, luego de tres en tres, y corrí hacia el tablero. Me fijé en el montón de avisos, y allí estaba. En una pequeña tarjeta anaranjada, escrita con lápiz, prendida con una chinche en medio del atestado tablero:

Pruebas
Equipo South End Sluggers
De 14 años hacia abajo
Lunes 3:30–South Park
B. Cummings, entrenador

¿Cómo no lo había visto? Me invadió el pánico. *¡Voy a ir! ¡Voy a ir!* Corrí los dos kilómetros hasta mi casa lo más rápido que pude, deteniéndome nada más una vez para recuperar la respiración. No podía encontrar mi guante por ninguna parte. Cuando estaba por darme por vencido, recordé dónde lo dejaba todas las noches, debajo de mi almohada. Me parece que era Joe DiMaggio el que dormía con su guante cuando era niño. Cuando uno duerme con el guante, le aumenta el deseo y hace que uno sea mejor jardinero. Agarré el guante con rapidez y me dirigí corriendo hacia el campo.

Llegué exhausto, pero no más que unos minutos tarde. Entré por la puerta del jardín derecho y aminoré la marcha mientras me acercaba. Cuando pasé adentro de la línea de faul, me detuve, y mis expectativas se desmoronaron. Miré hacia el plato y vi al entrenador. Henry, Mac y otros estaban haciendo precalentamiento.

Me sentí solo, asustado, necesitado. Mi historia en el jardín derecho me abrumaba. Una oleada de duda se apoderó de mi esperanza y sofocó mi exuberancia. Es difícil vencer la soledad que siente el jardinero derecho aficionado. El temor al fracaso del verano anterior pugnaba con la esperanza de mi invierno de práctica.

Sacudí fuertemente la cabeza y *corrí*, para matar al jardinero derecho en mi imaginación. *¡Esta es una nueva temporada!* Le grité a mi historia.

¿Debo saludar al entrenador? No. No hasta que me mire a los ojos. Me saqué la chaqueta, la dejé sobre el banco y me dirigí al jardín izquierdo.

—Oye, muchacho, ¿a dónde vas? —preguntó el entrenador.

—Para allá: al campo de juego; a la práctica.

—¿Vienes a probarte para el equipo?

—Sí.

—¿Qué posición juegas?

—¿Yo? Allá en los jardines. Casi siempre en los jardines.

Me miró y no dijo nada. Su mirada me presionaba a decir más.

—Allá —señalé el jardín derecho—. Soy un jardinero derecho.

—Muy bien —me dijo.

Después de una mirada al entrenador, me encontraba de nuevo en el jardín derecho.

El entrenador pegaba las bolas altas, profundas, las más altas y las más profundas que les había visto batear hacia los jardineros. Yo jamás había atrapado una bola tan alta. ¿Podría hacerlo? Observé a los otros mientras él le bateaba seis o siete pelotas a cada candidato. Cada muchacho atrapaba con facilidad. Uno de ellos se cayó, pero todos los demás atraparon una de las pelotas, ostentando su brazo. Yo era el próximo.

Mientras esperaba que el entrenador bateara la primera pelota hacia mí, hubiese deseado estar de vuelta bajo los aleros de mi casa. Le pegó a la pelota. Era alta, tan alta y corta, pensé. Corrí hacia dentro, más adentro, más rápido, ahora a toda velocidad. Me lancé para atraparla y lo logré.

«Buena jugada. Linda atrapada», dijo.

Calculé mal en las dos siguientes y dejé caer la tercera, invalidando mi buena atrapada. A pesar de que tiré con toda la fuerza que pude, mis tiros caían a corta distancia. La pelota no era rosada.

En la práctica de bateo, perdí los primeros tres lanzamientos, pegué una línea rápida y dos bolas altas y cometí faltas en unos doce lanzamientos. Las cosas no eran como yo las había planeado.

Mientras esperaba en el jardín durante la práctica de bateo, traté de participar de la animada conversación acerca del programa, del tiempo de práctica, de quién lanzaría en el primer partido y acerca de las posiciones. Cuando Henry me contó que dos muchachos se iban a quedar fuera, el miedo me dejó sordo. Mi entusiasmo se secó tanto como mi boca. Comencé a pensar en dos muchachos que pudieran ser peores que yo. Al no encontrar ninguno que sobresaliera por su inferioridad, comencé a exagerar sus mínimos errores. Le daba sugerencias silenciosas al entrenador:

Mire eso, trata de golpear la pelota tarde.

Ese tipo está demasiado gordo.

No puede batear lanzamientos internos.

Creo que está de mal humor.

A medida que se desarrolló la práctica, me encontré tratando en vano de evitar la mirada del entrenador. Parecía que me miraba constantemente. Pronto, me llamó haciendo una señal con la cabeza.

El entrenador, un gigante de unos cuarenta y cinco años, que tomaba el juego tan en serio como si se tratara de la serie mundial, me puso un brazo velludo sobre el hombro. Yo hubiera deseado estar en alguna otra parte. Con ese esfuerzo evidente que hace un hombre brusco por tratar de ser amable, me dijo que nada más podía quedarse con quince jugadores. «Tú no eres uno de ellos».

Me miró y yo lo miré. Comenzó a decir algo. Lo interrumpí diciendo la mentira más grande de mis doce años, la más grande de toda mi vida. Reuniendo el escaso valor arrugado que quedaba en mi alma destrozada, le dije: «Comprendo, está bien». Las lágrimas me empujaban los ojos desde atrás.

No llores. No llores.

Con una tranquilidad fingida, escondí el avasallante deseo de estar fuera de la vista de todos. Salí caminando tranquilamente hacia el otro lado de la caja de bateo, recogí mi guante y, reuniendo todo el autocontrol que pude, me dirigí al bebedero. Sentía que los ojos del mundo me estaban mirando. Al llegar al bebedero me di vuelta. Nadie miraba. Me fui detrás de las gradas y me deslicé por debajo de la cerca. Comencé a correr desaforadamente, abriéndome camino bruscamente a través de los bosques hacia el camino rumbo a mi casa. Corrí con rapidez, con más rapidez, con la mayor rapidez. Con la mente en blanco, seguía mi carrera lleno de desilusión. Exhausto, me detuve. Mi corazón latía con tanta fuerza como la de mi congoja.

Me senté. Luego me acosté sobre el césped. Miré directamente al sol, con el deseo de quedarme ciego. El estómago se me retorcía.

Se me escapó una pequeña lágrima. Intenté detenerla, pero otras lágrimas siguieron. Aumentaban, caían, salían a borbotones como de un pozo de expulsión. Traté de detenerme, pero sollozaba. Fuertes oleadas de sentimientos sacudían mi cuerpo: enojo, ira, desilusión y un insoportable dolor. Habían asesinado mi sueño. Mi esperanza estaba luchando por seguir viviendo. No podía dejar de sollozar.

Pagué por desear demasiado, por perseguir lo inalcanzable. Pasó mucho tiempo antes de darme cuenta de que solo habían juzgado mi habilidad para el béisbol, que no me habían juzgado a mí. La poderosa angustia adolescente de la exclusión me cegó y no me permitió ver esta redentora distinción.

Esperé que la lección (que el juicio que otro emite sobre mi habilidad o mi poder no es un juicio acerca de mi valor personal) durara para toda la vida, pero no fue así. Todavía sigo confundiendo los juicios en cuanto a mi capacidad con los juicios personales; pero ahora sé que puedo sobrevivir. Ahora ya no me castigo con tanta dureza o durante tanto tiempo. Algunas veces, cuando la vida corta mis sueños, elijo la sabiduría de Popeye en lugar del juicio del entrenador Cummings. El realista de Popeye, feo pero orgulloso, dice: «Soy el que soy». Y eso es suficiente[10].

PREGUNTAS Y RESPUESTAS

Mi hijo se presentó a las pruebas para el equipo de baloncesto cuando estaba en el segundo año de la escuela secundaria. Al no salir bien, Josh se sintió tan herido y avergonzado que nunca más volvió a competir. Este muchacho es un atleta natural y hubiera podido ser bueno en diversos deportes, pero no tiene la confianza como para intentarlo. ¿Tiene alguna sugerencia?

El gran lanzador de béisbol Orel Hershiser fue nuestro invitado en uno de los programas de radio hace algunos años, y contó la historia de su primera experiencia en los deportes competitivos. Tal vez usted quiera compartir esta historia con su hijo como introducción a una conversación para que no se dé por vencido.

Orel dijo que cuando estaba en la secundaria, tenía un pecho hundido y podía golpear la pelota de baloncesto con los hombros. Se definió a sí mismo como un «tonto por excelencia» que no podía conseguir novia y que se sentía muy mal consigo mismo. Sin embargo, este es el mismo hombre al cual el director del equipo de los Dodgers de Los Ángeles, Tommy Lasorda, más tarde le daría el sobrenombre de «Bulldog» debido a que era un competidor tan feroz. ¿Qué fue lo que lo transformó de un perdedor a un ganador? Orel dice que fue porque no se rindió. Siguió intentando. Me contó que si hubiera fracasado en el béisbol, cree que lo hubiera intentado con algún otro deporte porque siempre ha sido un luchador, alguien que lo ha intentado, un hacedor[11].

Esta misma actitud podría convertir a su adolescente en un campeón. Hay algo que él puede hacer adecuadamente. Descubra qué es, tal vez con la ayuda de un entrenador, y anímelo a que lo intente. Tal vez no llegue a ser un jugador de las series mundiales como Orel Hershiser, pero tal vez sí lo sea.

Mi hijo es el segundo de tres varones, y parece estar más «perdido» que los otros dos. ¿Hay algo especial en estar en esa ubicación dentro de la familia?

No todos los hijos de en medio tienen problemas para encontrarse a sí mismos, pero algunos sí. Tal vez, su hijo sea uno de ellos. El malestar proviene del hecho de que ni disfruta de la posición de ser el mayor, ni la atención que se le da al bebé. Cuando comenzaba a dar sus primeros pasos, o poco después, su territorio se vio invadido por un precioso recién nacido que le robó a mamá. No nos sorprende que el hijo de en medio muchas veces se pregunte: *¿Quién soy, y cuál es mi lugar en la vida?*

Le recomendaría que dé algunos pasos para asegurar la identidad de todos sus hijos, pero especialmente la de aquel de en medio. Aquí tiene un par de sugerencias que lo pueden ayudar. En primer lugar, de vez en cuando, préstele atención a cada uno de sus hijos de uno en uno. Puede jugar al golf en miniatura o ir a jugar a los bolos, puede jugar baloncesto, comer pizza o visitar una pista de patinaje. No importa lo que hagan juntos mientras que sea algo que ese hijo en particular disfrute, y que los involucre a ustedes dos. El niño mismo puede elegir qué hacer cuando llegue su turno. En segundo lugar, pídale a cada hijo que diseñe su propia bandera, que luego se pueda hacer de tela. Y entonces esa bandera se puede izar en el patio delantero de la casa en los días «especiales» del niño, incluyendo los cumpleaños o cuando haya recibido la calificación más alta en la escuela. Existen otras maneras de lograr el mismo propósito.

El objetivo, de nuevo, es planear actividades que enfaticen la individualidad de cada muchacho aparte de su identidad como grupo. Generalmente, el más necesitado de esa diferenciación es el hijo de en medio. El suyo puede ser uno de ellos.

LOS HOMBRES SON UNOS TONTOS

HEMOS INDICADO QUE el debilitamiento de la familia y la ausencia de padres afectuosos son las razones principales por las cuales los muchachos se encuentran en problemas hoy en día. Ahora consideraremos otras dos fuerzas poderosas que aparecieron al final de la década de los sesenta y revolucionaron al mundo. Se trata de la revolución sexual y del feminismo radical, que han contribuido en gran manera a la confusión masculina actual. Ese fue un período en el cual las naciones occidentales parecían tambalearse al borde de la locura. El *Time* lo llamó «la hoja de un cuchillo que separó al pasado del futuro»[1].

Esta era trajo una nueva manera de pensar y de comportarse que todavía ha quedado entre nosotros hasta el día de hoy. Jamás una civilización echó por la borda con tanta rapidez un sistema de valores dominante, sin embargo, eso fue lo que ocurrió en una sola década. No solo las normas morales y las creencias tradicionales comenzaron a sucumbir, sino que el antiguo código que gobernaba la relación entre los hombres y las mujeres quedó patas arriba. Precipitó una guerra entre los sexos que todavía se sigue librando muchos años después. La historia nos enseña que los jóvenes y las personas vulnerables sufren más los estragos de la guerra. En este caso, los muchachos de la nación, fueron heridos de rebote.

Es imposible comprender lo que les sucede a nuestros hijos en la actualidad, tanto a varones como a mujeres, sin considerar la influencia de la ideología feminista. De ella se desprendió un ataque contra la misma esencia de la masculinidad. Todo lo que se había asociado con la masculinidad fue objeto de burla. A los hombres que se mantenían en sus papeles tradicionales y en sus actitudes conservadoras se les llamaba «machos». Si tontamente trataban de abrirle la puerta a una dama o querían darle un asiento en los transportes públicos, como sus padres lo habían hecho, les llamaban «cerdos machistas». Las mujeres se presentaron como víctimas que «no iban a seguir permitiendo su condición», y se decía que los hombres eran los opresores despiadados que habían abusado de las mujeres durante siglos. El divorcio alcanzó unas proporciones increíbles, ya que un sorprendente número de mujeres sencillamente empacaban sus cosas y abandonaban a sus esposos y a sus hijos. La palabra *ira* era el lema de los programas de televisión y en las comedias de situación. Recuerdo una entrevista televisiva del ex Beatle John Lennon y su pequeña y extraña esposa Yoko Ono, durante la cual cantaron su nueva canción: «Woman is the Nigger of the World» (La mujer es la negra del mundo)[2]. La letra expresaba la indignante noción de que las mujeres no eran otra cosa más que las esclavas de sus amos masculinos.

La guerra contra los hombres comenzó en realidad con un discurso que dio Kate Millet titulado «Política sexual». Este discurso se presentó en una reunión para la «liberación femenina» en la Universidad de Cornell y, por primera vez, caracterizó a los hombres y a las mujeres como enemigos políticos[3]. A partir de allí, se encendieron las pasiones. El 3 de junio de 1968, el artista pop Andy Warhol recibió un balazo en el estómago que le dio Valeria Solanis, fundadora de SCUM (*Society for Cutting Up Men*; Sociedad para cortar en pedazos a los hombres). ¿Cuál fue la razón? Era un hombre prominente[4]. En el Concurso de Miss América en 1968, las manifestantes feministas tiraron «todos los símbolos de opresión femenina», incluyendo sus sostenes, dentro de un cubo de basura[5]. (Nunca quedó bien en claro por qué acusaban a los hombres de lo que a ellas no les gustaba de su propia ropa interior). Luego, las líderes unieron todas las causas marxistas juntas proclamando: «Deseamos destruir los tres pilares de las clases y castas sociales: la familia, la propiedad privada y el estado»[6]. Lamentablemente, la revolución bramaba mientras seguía su curso.

Aunque estas primeras feministas llamaron la atención sobre algunas preocupaciones válidas que debían abordarse, tales como la misma paga por el mismo trabajo y la discriminación en los lugares de trabajo, fueron mucho más allá de los motivos de queja legítimos y comenzaron a desgarrar y a romper la estructura de la familia. Para cuando la tormenta se calmó, la institución del matrimonio había quedado sacudida hasta sus mismos cimientos, y la masculinidad misma había quedado echada por tierra. Nunca se recuperó del todo.

Muy bien, las «quemadoras de sostenes» han desaparecido, y gran parte de su retórica ha quedado desacreditada. Sin embargo, las discípulas de aquellas primeras feministas y de sus aliadas liberales en los medios de comunicación, en las universidades y en la industria del entretenimiento continúan formando nuestras actitudes y costumbres. Las más radicales todavía procuran desacreditar y destruir lo que creen que son los últimos vestigios de la sociedad patriarcal. Es extremadamente importante que los padres comprendan esta guerra entre los sexos porque influye en la manera en que crían a sus hijos. La feminista Karla Mantilla resumió la filosofía que hay detrás de la misma en un artículo titulado: «Los niños necesitan 'padres' así como los peces necesitan bicicletas». Escribió: «Sostengo que los hombres tienden a enfatizar valores tales como la disciplina, el poder, el control, el estoicismo y la independencia. Seguramente, debe haber algo bueno en estas cosas, pero mayormente dañan a los niños (y a otros seres vivientes). Sin lugar a dudas, hicieron sufrir a mi hijo dándole una existencia aislada y torturada hasta que comenzó a ver que había una salida para toda esta trampa de la masculinidad»[7].

¿La trampa de la masculinidad? Esa es la manera en la que muchas feministas ven la hombría. Una pieza central de esta hostilidad se ve en el continuo esfuerzo por convencernos de que «los hombres son tontos». Se alega que la mayoría de los hombres son inmaduros, impulsivos, egoístas, débiles y no son muy brillantes. La evidencia de esta campaña todavía se puede observar en casi todas las dimensiones de la cultura. Por ejemplo, es interesante destacar, cómo la falta de respeto hacia los hombres domina la industria del entretenimiento, incluyendo los anuncios de la televisión. La fórmula incluye a una hermosa mujer (o a un grupo) inteligente, sexualmente atractiva, admirable y segura de sí misma. Se encuentra con un haragán, generalmente en un bar, que es un jactancioso, e ignorante, que se está quedando calvo y, además, está demasiado gordo. El tipo estúpido, como lo llamaré, no tarda en avergonzarse en la pantalla, y a estas alturas la mujer adopta un aire despectivo o se aleja. Hay cientos de estos anuncios en la televisión hoy en día. Búsquenlos en la tele. Constantemente cambian, pero esta es la clase de material que verá:

1. El tipo estúpido queda tan prendado de la hermosa mujer que se derrama toda la cerveza Heineken sobre los pantalones. Esta fórmula es la favorita de los anunciantes, y tiene muchas permutaciones.
2. Al tipo estúpido le encanta conducir su Acura, así que se pone lápiz labial alrededor de la boca, se revuelve

el cabello y se retuerce la camisa. Trata de hacer que su esposa piense que ha estado con otra mujer, pero cuando llega a casa, ella lo mira burlonamente y dice: «Saliste a manejar otra vez, ¿no es cierto?». Él suspira y mira hacia abajo, como un niño al que lo han sorprendido robando dulces.

3. El tipo estúpido está demasiado asustado como para hablarle a una hermosa mujer en un bar, entonces, un amigo le escribe notas tontas para darle aliento. Le sugieren que diga: «Hola» y «¿Cómo estás?». Finalmente, la muchacha se va con el escritor y el tipo estúpido se queda solo y confundido en el bar.

4. El tipo estúpido es un hombre fofo de unos cuarenta años que se encuentra solo, de pie ante el espejo de su dormitorio. No lleva puesta una camisa. Entonces, con vacilación, se prueba el sostén de su esposa. En ese momento, la esposa aparece en la puerta. El travesti se ve atrapado. Ella no se da cuenta del sostén y le hace una pregunta sobre deportes. El rostro del hombre refleja su alivio. Entonces se lee: «Algunas preguntas son más fáciles de responder que otras».

5. El estúpido trata de impresionar a una hermosa muchacha con su conocimiento de fútbol profesional, pero ella lo corrige a cada rato. Entonces, él le recuerda que fue un «defensor» de los Pittsburg Steelers. La joven dice sarcásticamente: «¡Larry! ¡Eras guarda de un estacionamiento!».

6. Tres tipos estúpidos están juntos en una fiesta, cuando ven a una hermosa mujer vestida de rojo. Uno de ellos la identifica, y les dice a los otros que es «la esposa del presidente, la señora Robinson». (El escenario trae a la memoria a la señora Robinson de *El graduado*, quien seduce al actor Dustin Hoffman). A estas alturas, la mujer se acerca sigilosamente a uno de los hombres y le dice: «¿Alguna vez has visto algo que simplemente sabes que lo deseas?». El tipo estúpido traga saliva y tiembla. Ese es un gran momento. Entonces, la señora Robinson le quita la cerveza «Killian's Irish Red» y se aleja caminando.

7. El tipo estúpido se acerca a una hermosa muchacha en un bar, la cual echa una cerveza Heineken en un

vaso. (¿Adivine qué sucede?) Ella le sonríe seductora-
mente. El tipo queda tan prendado por su belleza que
sigue echando cerveza en su propio vaso hasta que se
derrama. Luego el anunciante dice que es «un derrama-
miento prematuro». Queda una pequeña duda acerca
del significado de esto último.

8. Una preciosa mujer del tipo de Jane Goodall se encuentra escondida detrás de un árbol en un bosque, «estudiando» el comportamiento de varios tipos estúpidos a
los que llama «primates» y «machos nómadas». Toma
notas mientras los hombres se vuelven locos ante un
evento deportivo en la televisión, y se ponen a bailar alrededor de su auto, actuando como chimpancés
salvajes.

9. Este es absolutamente lo peor. El tipo estúpido es el
entrenador de un gimnasio que trata de demostrarle a
una hermosa muchacha cómo endurecer los «glúteos»,
refiriéndose a los músculos en las nalgas. Se para delante
de ella y comienza a gruñir y a forzar la voz, inclinándose ligeramente hacia delante haciendo muecas. Uno
se pregunta si sucede algo terrible dentro de sus pantalones. Luego se mete la mano atrás y saca una nuez
que aparentemente ha roto su trasero. Se supone que
esta desagradable propaganda debe instar al observador
a desear alquilar un auto en Budget. Les aseguro que
conmigo no tuvieron suerte.

Debemos preguntarnos por qué hay tantos de estos avisos publicitarios con «tipos estúpidos» en televisión hoy en día. La razón debe
ser que son efectivos, es decir, que aumentan el número de ventas de
los productos que anuncian. Las agencias realizan estudios de mercado
exhaustivos antes de invertir millones de dólares corporativos en avisos
publicitarios como estos. Entonces, ¿qué es lo que sucede? ¿Será posible
que a los hombres, en especial aquellos que beben cerveza y los fanáticos
de los autos deportivos, en realidad les guste que los presenten como
tontos, lujuriosos, gordos y feos? Aparentemente sí. También debemos
suponer que a los tipos no les ofende que los transformen en el centro
de miles de bromas. Pero ¿por qué? Las mujeres no toleran esa clase de
burlas. Verá que nunca se hace un anuncio que muestre a la mujer estúpida. Ni en un millón de años vería a una mujer corpulenta, sin atractivo,

codiciando a un hombre atractivo que la mira con desdén mientras ella hace algo ridículo. Sin embargo, los hombres, parecen no darse cuenta de que la broma se la hacen a ellos. Tal vez, ellos (nosotros) hemos quedado desensibilizados después de treinta y cinco años de recibir palizas.

La Internet se ha convertido en una interminable fuente de humorismo dirigido en contra de los hombres. Aquí tenemos un ejemplo reciente de un autor anónimo, llamado *Dumb Men Jokes—Strange but True* (Bromas de hombres tontos: Extrañas pero reales). No son muy graciosas, pero ejemplifican lo que decimos.

1. No piense que puede cambiar a un hombre... a menos que él use pañales.
2. Nunca deje vagar su mente masculina, es demasiado pequeña para andar por allí sola.
3. Definición de un solterón: un hombre que ha perdido la oportunidad de hacer miserable a una mujer.
4. La mejor manera de conseguir que un hombre haga algo: sugiérale que es demasiado viejo para eso.
5. Si desea un hombre comprometido, búsquelo en un hospital psiquiátrico.
6. Búsquese un hombre más joven; de todas maneras, nunca maduran.
7. ¿Cuál es la mejor manera de lograr que un hombre haga abdominales? Ponerle el control remoto entre los dedos de los pies.

En realidad muy ingeniosos, ¿eh?

Películas inspiradoras del pasado que presentaban la fuerza moral y el heroísmo, tales como *Mutiny on the Bounty* (*Rebelión a bordo*) o *Good-Bye Mr. Chips* (*Adiós, Mr. Chips*), dieron lugar en los setenta y en los ochenta a las diatribas de odio al hombre en *Thelma y Louise* y *Nine to Five* (*Cómo eliminar a su jefe*). Mientras tanto, la mujer ideal en las películas ha dejado de ser la dama amorosa y femenina del tipo de Donna Reed en *It's a Wonderful Life* (*¡Qué bello es vivir!*) para pasar a ser una mujer agresiva y masculina tal como las que nos presentan *Los Ángeles de Charlie* o la última recreación de *Juana de Arco*. Su carácter no revela ninguna convicción religiosa, lo cual es curioso dado el origen cristiano de la historia. En cambio, era una ruda estratega militar que conducía a sus subordinados masculinos a la guerra. En estas películas, la masculinidad casi siempre se presenta en papeles serviles y débiles.

Aun cuando las películas populares no son específicamente hostiles hacia los hombres, muchas veces socavan el respeto por la masculinidad de una manera u otra. Un ejemplo clásico de esta tendencia se vio en la taquillera película de 1997, *Titanic*. Contaba la historia del gran transatlántico que se hundió el 12 de octubre de 1912. En aquella noche helada, 1509 personas se ahogaron o murieron congeladas cerca del círculo polar ártico[8]. Los restos de la embarcación permanecieron en calma hasta 1985, cuando el explorador Robert Ballard[9] localizó el barco hundido casi a cuatro mil metros de profundidad[10]. Se observó que el barco se estaba deteriorando con rapidez por la acumulación de óxido causado por una bacteria en particular que verdaderamente se come al metal. Así que, se lanzó un ambicioso esfuerzo por recuperar artefactos y objetos de interés del fondo del océano. Hasta la fecha, los exploradores y oceanógrafos han recuperado un impresionante número de fascinantes objetos.

Mi esposa Shirley y yo tuvimos la suerte de visitar una exhibición en Boston que mostraba algunos de los artículos que se han recuperado y preservado. Caminamos en silencio y con reverencia entre las posesiones de aquellos que habían muerto hace tanto tiempo. Había frascos de perfumes, ropa, joyas, candelabros, la vajilla del barco, utensilios para comer y un reloj de bolsillo que dejó de andar en el momento en que su dueño se hundió en el mar. También sobrevivieron varias fotografías y cartas que se encontraban guardadas en valijas o cajas de seguridad a prueba de agua. Para mi esposa y para mí fue una experiencia muy emotiva mientras tratábamos de imaginar lo que habían tenido que vivir los desafortunados pasajeros y cómo debieron ser sus últimos minutos.

Luego llegamos a la última habitación de la exhibición, donde se encontraban los nombres de aquellos que murieron, escritos en orden alfabético sobre las placas de vidrio. Lo que más nos sorprendió a los dos era la poca cantidad de mujeres que había en la lista. De hecho, 1339 hombres murieron en aquella trágica noche pero solo murieron 114 mujeres y 56 niños y niñas[11]. ¿Por qué esta disparidad? Porque, salvo pocas excepciones, los esposos y los padres dieron sus vidas para salvar a sus esposas y a sus hijos. Fue uno de los ejemplos históricos más conmovedores de amor sacrificial. Aquellos hombres condenados desaparecieron en las aguas heladas del Atlántico para que sus seres queridos pudieran sobrevivir y ver un nuevo día. Por eso hasta el día de hoy al *Titanic* se le llama «el barco de las viudas».

Hace poco, me encontraba discutiendo este hecho histórico con un joven escritor, Ned Ryun, hijo del congresista de los Estados Unidos, Jim Ryun. Me envió un relato escrito acerca del reverendo John Harper de Glasgow, Escocia, quien se encontraba en el *Titanic* la noche en que se hundió. Él es uno de los hombres que, cuando comenzó la alocada carrera hacia los botes salvavidas, gritó: «Dejen que las mujeres, los niños y los que no son salvos suban a los botes salvavidas». Luego le dio un beso de despedida por última vez a su única hija, Nana, y se la entregó a uno de los oficiales del barco a bordo de un bote salvavidas. Pronto se encontraba en las heladas aguas del Atlántico. Lo siguiente es la descripción de Ned de lo que sucedió a continuación:

> Preocupado no por su vida, sino por las de los que morían a su alrededor, Harper, con su último aliento nadó hasta las almas que morían y clamó para que fueran salvas: «Crean en el Señor Jesucristo y serán salvos».
>
> Cuando se le iba acabado la fuerza, Harper llamó a un hombre que se aferraba a un pedazo de madera:
>
> —¿Es usted salvo?
>
> —No —fue la respuesta.
>
> A los pocos segundos, Harper y el hombre se pusieron en contacto otra vez:
>
> —¿Todavía no es salvo?
>
> —No —fue la respuesta de nuevo.
>
> —Crea en el Señor Jesucristo, ¡y será salvo! —gritó Harper la última vez y, dicho esto, se hundió debajo de las olas. Al joven que se aferraba a la madera lo rescataron y, más tarde, testificó que en realidad aquella noche había sido salvo, no solo por el barco de rescate, sino por las palabras de John Harper.

Hubo muchos relatos de heroísmo masculino que tuvieron lugar mientras el gran barco se hundía. Lamentablemente, James Cameron, el director de la película *Titanic*, prefirió ignorarlos. En cambio, describió a los hombres destinados a morir como unos cobardes aturdidos por el pánico. En su versión, a cientos de pasajeros masculinos se les mantuvo lejos de los botes salvavidas a punta de pistola. Se muestra a un hombre que pasó de contrabando entre las mujeres y los niños y se apoderó de uno de los valiosos asientos. La historia confirma que hubo unos pocos hombres que se comportaron de esa manera deshonrosa[12], y algunos de ellos eran camareros a los que se les pidió que se hicieran cargo de las pequeñas tripulaciones. La hermosa joven y heroína de la película, Rose, era una joven batalladora que también escogió hundirse junto con el barco. Su prometido, Cal, es un personaje despreciable que trató de sobornar a un camarero para entrar a un bote salvavidas. Cuando fue rechazado, se apoderó de un niño y saltó al bote. No puede quedar duda de que Cameron quiso que pensáramos que la mayoría de los pasajeros masculinos hubieran pasado por encima de las mujeres y los niños si hubieran tenido la oportunidad. Al hacerlo, ensució la memoria de aquellos que se quedaron voluntariamente. Suzanne Fields escribió: «Si el *Titanic* se hundiera hoy, no habría tal cosa como 'las mujeres y los niños primero'. Un varón cobarde no necesitaría vestirse de mujer para entrar en los botes salvavidas. Algunas de las mujeres lo ayudarían a subirse»[13].

A pesar de la calidad de la película *Titanic* y de sus notables efectos especiales, la manera en que se presenta a los hombres es característica de la industria fílmica de hoy. Casi nunca se pierde la oportunidad de mostrar a los hombres como egoístas, deshonestos, misóginos o de lo contrario se les presenta de una manera irrespetuosa. Esas son las reglas de juego de hoy.

Las comedias de situación televisivas también arremeten contra la masculinidad tradicional como una bola de demolición en contra de un edificio. Después de unos cuantos golpes directos, la estructura comienza a derrumbarse. No existe un solo ejemplo, mientras escribo, de una familia saludable que se represente en un programa de televisión, que incluya a un tipo masculino que ama a sus hijos y al cual su esposa lo respeta. ¡Ninguno! Comenzando en los setenta con el sureño de clase rural Archie Bunker y su intimidante esposa, Edith, los programas que se pasan en las horas de mayor audiencia han evolucionado hasta llegar a las farsas de hoy en día, la mayoría de las cuales presentan a personas profanas que explícitamente cohabitan sexualmente y andan sin rumbo fijo episodio tras episodio. Los protagonistas generalmente son hombres con la mentalidad atolondrada de muchachos de catorce años. El mejor (o peor) ejemplo de esta tontería se vio hace algunos años en una serie llamada *Men Behaving Badly* (Hombres que se portan mal). El título lo dice todo.

Invariablemente, las comedias actuales tienen al menos un personaje homosexual o una lesbiana, que representa un papel empático. Es una fuerza poderosa en la cultura. Uno de los principales objetivos de los activistas homosexuales es influir en la próxima generación y reclutar niños para su movimiento y, si es posible, para su estilo de vida. De todas maneras, las escuelas son devastadoras. ¿Cómo es posible que niños y jóvenes puedan discernir lo que es un hombre heterosexual, y menos un padre dedicado y disciplinado cuando lo único que alimenta sus mentes, noche tras noche, son estas tonterías y sus propios padres no están por ninguna parte? Recuerde que, también, otros modelos masculinos son lamentables, como los atletas profesionales que engendran (y luego abandonan) a seis u ocho hijos de diferentes madres, y las estrellas de rock que horadan el cuerpo con adornos y se arruinan el cerebro con drogas que alteran la mente. ¿Qué es lo que le transmite ese comportamiento a los muchachos que están tratando de imitar a estos hombres perdidos e irresponsables?

También vemos ejemplos de la idea «los hombres son unos tontos» en tarjetas contemporáneas de felicitación. Aunque no es políticamente correcto ridiculizar a las mujeres, a los homosexuales o a las minorías, apelar a los hombres blancos (al menos a los de la variedad heterosexual) es aceptable. Visite un negocio de Hallmark o algún lugar de venta al por menor y verá que se ha convertido en un negocio muy lucrativo. Las mujeres compran estas tarjetas humillantes por millones. Sin embargo, es interesante que las tarjetas hechas para que las compren los hombres no tienen el mismo tono. Sus mensajes son carismáticamente amables y amorosos para sus esposas o novias. La diferencia entre las tarjetas románticas para hombres y las irrespetuosas para mujeres es sorprendente. El escritor Warren Farrell escribe: «Si un hombre menosprecia a una mujer, podemos estar frente a una demanda judicial; pero si una mujer desprecia a un hombre, estamos frente a una tarjeta de Hallmark»[14].

Podría llenar un libro con otros ejemplos del apaleo en contra de los hombres en la cultura de hoy. A la cabeza de todos ellos se encuentran los programas de estudios universitarios hechos por mujeres, cuyo tema central es el odio y la ridiculización de los hombres. Roger Scruton, autor de «Modern Manhood» («Hombría moderna»), explica qué es lo que está sucediendo con la percepción de la masculinidad. Las feministas han husmeado hasta descubrir el orgullo masculino en cualquier lugar donde haya crecido y lo han arrancado de raíz sin piedad. Bajo su presión, la cultura moderna ha degradado o rechazado las virtudes masculinas tales como el valor, la tenacidad y la destreza militar, favoreciendo hábitos más suaves, más «socialmente incluyentes»[15].

El psicólogo Tim Irwin, vicepresidente de la compañía *Right Management Counseling* (Consultoría de Administración Correcta de Empresas), ha observado estas mismas tendencias en el ambiente de trabajo. Han terminado en lo que él llama «la feminización del lugar de trabajo». Irwin dijo que el esfuerzo por terminar con el acoso sexual y la discriminación, lo cual ha sido una preocupación legítima que debía abordarse, ha puesto un gran poder político en las manos de las mujeres. La carrera de un hombre se puede ver arruinada incluso por la sugerencia, válida o inválida, de que ha tratado a una empleada de manera irrespetuosa. La posibilidad de ser acusados de acoso ha intimidado a los hombres, incluso en circunstancias en las que hubiera necesitado una acción disciplinaria o cuando existen desacuerdos entre supervisores y subordinadas. Muchos hombres en esta situación tienen temor de ejercer el liderazgo necesario si es que eso le va a desagradar a una mujer o la va a enfadar. Es más seguro comportarse como un títere.

Los mejores administradores y líderes del pasado eran hombres que «se hacían cargo», que eran enérgicos y seguros de sí mismos. Ahora, los futuros líderes no están seguros de cómo deben jugar el juego, ya que no es políticamente correcto ser un «macho» o comportarse de manera tradicionalmente masculina. Eso hace que algunos se comporten de manera tentativa en su lugar de trabajo. Los puntos fuertes de las mujeres son los trabajos de creación de contactos, la cooperación, la facilitación, la enseñanza, la instrucción y el cuidado. Los puntos fuertes de los hombres son las empresas, el pensamiento independiente, correr riesgos, planificar y liderar. Cada sexo tiene su contribución que hacer, pero algo se pierde cuando las mujeres entienden lo que significa ser mujer mientras que los hombres están confundidos en cuanto al significado de la masculinidad. Cuando se le proporcionan poderosos recursos legales a un sexo para eliminar una injusticia social, el otro sexo se queda vulnerable y confundido.

El resultado es que muchos hombres han perdido la brújula. No es nada más que no saben quiénes son, sino que no están seguros de lo que la cultura espera que sean. Este comportamiento remilgado, aparentemente, es lo que motivó al columnista Walter Williams a escribir esta columna titulada «Los hombres debieran ponerse de pie».

Francamente, el comportamiento de algunas mujeres se ha descontrolado, y eso ha sucedido porque nosotros, los hombres, nos hemos convertido en unos cobardes y unos caprichosos. Cuanto más adopten los hombres las normas dobles, las exigencias ridículas y sencillamente las cosas sin sentido, estas mujeres más harán. Usted dirá: «¿Qué es lo que tiene en contra del sexo débil, Williams?». Mi respuesta es nada. Aunque algunas de mis mejores amigas son mujeres, me estoy cansando de toda la tontería basada en los sexos. Echémosle una mirada.

En el programa *Today* del pasado noviembre, Katie Couric de repente se apartó de su buen humor y le preguntó a una novia a la que el novio la había dejado plantada el día de la boda: «¿Has considerado la castración como una opción?». No hubo ninguna tempestad de protestas, y la desenfrenada Katie sigue en la nómina de empleados de la NBC. El escritor John Leo cita a Fred Hayward, un organizador de los derechos de los hombres, en *U.S. News & World Report*: «Imagínense la reacción si Matt Lauer le hubiera preguntado a un novio al que su novia lo dejó plantado en el altar: "No te gustaría arrancarle el útero?"»[16]. A Matt Lauer lo hubieran puesto de patitas en la calle.

Leo informa que hasta hace poco la compañía 3M puso a la venta notas con el siguiente mensaje impreso: «Los hombres tienen nada más dos faltas: todo lo que dicen y todo lo que hacen»[17]. Hallmark fue mucho más allá con una tarjeta de felicitación que decía: «Los hombres son escoria... Perdón, por un segundo me sentí generosa». Luego tenemos las tarjetas de felicitación hechas por la compañía *American Greeting Cards*, que decían en el frente: «Los hombres siempre andan lloriqueando diciendo que nosotras los sofocamos», y en el interior de la tarjeta seguía: «Personalmente, pienso que si usted lo puede escuchar lloriquear, no está apretando suficiente la almohada»[18]. ¿Qué cree que sucedería si una compañía sacara un anuncio haciendo bromas respecto a matar mujeres?

Los varoncitos no se salvan del ataque feminista. En una escuela primaria del área de Boston, nadie objetaba si las muchachas se ponían camisas estampadas con el letrero: «Las muchachas mandan», o cuando hostigaban a los muchachos con un cantito que dice: «Los muchachos van a Júpiter para volverse más estúpidos, las muchachas van a la universidad para saber cada vez más». Pero cuando los niños se pusieron las camisas estampadas con el emblema «Los muchachos son buenos», hubo una protesta. Una de las maestras que protestaba se puso un prendedor que decía: «Tantos hombres, tan poca inteligencia»[19].

Las mujeres pueden darse el gusto de decir cualquier cosa que sea degradante, perversa, hostigadora para los hombres, pero los hombres se meten en problemas al decir el halago más inocente. Esto fue lo que le sucedió a Seth Shaw, consejero en una escuela primaria de Fort Worth, Texas. Por decirle a una nueva empleada: «Hola, bonita», lo acusaron de acoso sexual y terminó sufriendo una suspensión de veinte días sin sueldo.

El artículo de Leo del 21 de agosto del 2000 en *U.S. News & World Report* sugiere que todo esto puede empeorar si las exigencias de las feministas del exterior llegan a nuestras playas. Las jóvenes en Suecia, Alemania y Australia han lanzado una nueva causa: Quieren que los hombres se sienten para orinar. Parte de su exigencia tiene que ver con el «salpicado», pero lo más importante es que estas mujeres juzgan que el hecho de que los hombres orinen de pie es un triunfo para la masculinidad, «un repugnante gesto machista» y, por extensión, desagrada a las mujeres. Las feministas en la Universidad de Estocolmo están en campaña para prohibir los urinarios en el recinto de la universidad, y en una escuela primaria en Suecia ya los han sacado[20]. No sé qué piensa usted, pero si no les pido a las mujeres que se paren para orinar, no me van a decir a mí que me siente para hacerlo. En resumidas cuentas, será mejor que los hombres resistamos a estas feministas chifladas antes de que el último recurso que nos queda sea darles unas bien merecidas nalgadas[21].

© 2001 Creators Syndycate, Inc.

Estas son las palabras de Walter Williams, no las mías, pero estoy de acuerdo con lo que siente. Es hora de que los hombres actúen como hombres: con respeto, consideración y caballerosidad hacia las mujeres, pero reaccionando con confianza, fuerza y seguridad. Algunos se callan la boca, actuando como marionetas. Otros, se han animado con valor a hablar en contra de la influencia feminista, negándose a que los intimiden los defensores de la corrección política. Algunos han atacado, reaccionando con ira y frustración. Otros se han enrojecido, recurriendo al alcohol, las drogas, el sexo ilícito y otros caminos de escape. Algunos se han escapado, descendiendo a la televisión tonta, a los deportes profesionales y a las actividades recreativas obsesivas. Otros han transigido, convirtiéndose en defensores de la nueva identidad. Algunos, sencillamente se han ido, dejando plantadas a sus familias. El resultado es una visión cambiante de la masculinidad con resultados de largo alcance para el futuro de la familia.

Me parece que puedo escuchar a algunos de mis lectores diciendo: «¡Vamos! Usted exagera. ¿Qué problema hay en divertirse inocentemente a expensas del hombre?». Estoy de acuerdo con que son lo suficientemente mayores para cuidarse solos. Mi mayor preocupación es por los niños vulnerables e influenciables y por lo que les está haciendo. En la actualidad, ellos, al igual que sus padres, son el objeto de la burla.

Por favor permítame hacer el mayor énfasis en este punto. Las feministas radicales y las elitistas nos dicen no solo que los hombres son unos tontos, sino que los muchachos también lo son. La periodista Megan Rosenfeld dijo que nuestros hijos se ven como «políticamente incorrectos». «Son los chivos expiatorios universales, los torpes estúpidos con pies apestosos, a los que lo único que les importa son los deportes y hacer travesuras»[22]. El psicólogo de Harvard, William Pollack dijo que las mujeres consideran que los muchachos son criaturas que pueden «infectar a las muchachas con alguna clase de microbio social»[23].

Michael Thompson, coautor de *Raising Cain* (*Educando a Caín*) dijo que muchas mujeres esperan a toda costa que sus hijos no se conviertan en lo que son sus esposos[24].

La columnista Kathleen Parker escribió:

> Los muchachos de hoy en día crecen en un ambiente singularmente hostil. Les dicen que sean fuertes, que no lloren, que sean hombres: irónico insulto en una cultura que devalúa a los hombres y a los padres. Se ven intimidados por los que no toleran el comportamiento de los varones en las escuelas, les dicen que son menos especiales que las niñas y los padres, demasiado ocupados, los dejan bajo el tutelaje de sus compañeros, de los medios de comunicación y de los superhéroes que causan estragos para lograr un nuevo récord[25].

Ningún estudio sobre la orientación de los muchachos estaría completo sin hacer referencia a la discriminación que ahora se hace evidente en la educación pública de los Estados Unidos. William Pollack dijo sucintamente: «Parece terrible decirlo, pero las escuelas mixtas públicas se han convertido en los lugares menos amigable de la tierra para los varones. Todavía puede ser un mundo de hombres, pero con toda seguridad no es un mundo de muchachos»[26].

Christina Hoff Sommers, la defensora más apasionada y eficiente de los muchachos, hizo eco de estas preocupaciones en su sobresaliente libro *The War Against Boys: How Misguided Feminism Is Harming Our Young Boys* (La guerra contra los chicos: Cómo un feminismo mal entendido está dañando a los chicos jóvenes). Dice que este es un mal momento para ser un muchacho en los Estados Unidos debido a la tendencia que existe en contra de ellos en nuestras instituciones educacionales[27]. Esta hostilidad encontró su manifiesto en un informe inexacto y terriblemente parcial que se escribió y se dio a conocer en 1992 por parte de la asociación ultra-liberal *American Association of University Women* (AAUW) (Asociación Norteamericana de Mujeres Universitarias). Se titula *How Schools Short-changed Girls* (De qué manera las escuelas defraudaron a las muchachas), y trajo como resultado años de discriminación en contra de los varones. Por cierto, si su hijo asiste a una escuela del gobierno en la actualidad, es probable que esta declaración política siga influyendo en su experiencia escolar. Su impacto en la educación norteamericana ha sido profundo.

Este informe describía al aula típica como un lugar horrible para las muchachas, alegando que tenían desventajas en todos los sentidos. Afirmaba que las muchachas estudiantes eran invisibles, se les ignoraba, no se les tenía respeto y se les negaban los recursos educativos compartidos. El descubrimiento que más se diseminó fue que los maestros les permitían a los varones hablar o participar en clase ocho veces más que a las muchachas, pero, al igual que el resto de las conclusiones, esto resultó ser totalmente absurdo. Sus datos se basaban en un viejo estudio de 1981 que en realidad decía que a los varones se les reprende ocho veces más que a las muchachas[28], y que las tres cuartas partes, tanto de niños como de niñas, pensaba que las maestras elogian a las niñas con mayor frecuencia, que piensan que son más listas y prefieren estar con las alumnas[29]. Este nivel de distorsión era evidente a lo largo de todo el informe de la AAUW.

Aunque el informe ha quedado ampliamente desacreditado en la comunidad profesional por lo que era: un descarado intento por quitarles los recursos educativos a los varones y presentar a las muchachas como víctimas; el daño ya se había hecho. Terminó en una injusta distribución de los recursos disponibles que continúa hasta el día de hoy.

A pesar de sus fallas, el informe de la AAUW influyó en toda la nación. Se infiltró en el Departamento de Educación de los Estados Unidos, en las universidades y en los distritos escolares locales. Los medios de comunicación (incluyendo a Oprah y a los programas de noticias de la mañana) presentaron sus conclusiones al público como si fuera la verdad del evangelio. El *New York Times* dijo que el informe creó un período de «examen de conciencia a nivel nacional» en cuanto a los problemas que enfrentaban las niñas en las escuelas públicas[30]. Luego, el Congreso de los Estados Unidos entró en escena. Que Dios nos ayude cuando el Congreso comienza a establecer políticas educativas. En 1994, bajo fuerte presión de la AAUW y la Organización Nacional de Mujeres, el Congreso aprobó una ley de largo alcance llamada la Ley de la equidad de género en la educación, que adjudicó cientos de millones de dólares por año a programas diseñados para compensar la inclinación en contra de las niñas. Dentro del mismo paquete se encontraban escuelas exclusivamente para niñas en Harlem, y en otras partes, y dinero para «reprogramar» a los maestros que «inconscientemente fueran sexistas»[31]. Estas fueron las palabras usadas para referirse a cualquiera que se aferrara a la idea de que los varones también son especiales. El proyecto de ley se aprobó sin problemas en el Congreso porque pocos políticos se animaban a votar en contra de la «igualdad». Les dio a las feministas el dinero, el poder y el acceso que necesitaban para reformar las escuelas de la nación. A partir de entonces, la discriminación de los varones se consagró en la política nacional.

Numerosos programas favoreciendo a las niñas comenzaron a desprenderse del viciado informe de la AAUW. Por ejemplo, la Fundación Nacional de Ciencias, desarrolló un programa de nueve millones de dólares para interesar a las niñas en la ciencia[32]. Fue una buena idea que continúa hasta el día de hoy. Lamentablemente, no se ha desarrollado una iniciativa similar para ayudar a los varones a interesarse en la lectura o en las habilidades de la escritura. Otro programa federal se llama «¡Poder para las niñas!», apoyado por la entonces Secretaria de Salud y Recursos Humanos, Donna Shalala[33]. Ella dijo: «Esperamos alcanzar a las niñas en esta edad clave de transición cuando están formando sus valores y actitudes»[34]. De nuevo, este es un buen objetivo; pero ¿dónde están los programas parecidos para los varones? ¡No existen!

El resultado de esta falta de énfasis en los varones, ahora tiene su efecto predecible. Las muchachas están cerrando las brechas que las separaban de ellos y, por cierto, son más las mujeres que asisten a las clases de matemáticas y ciencia que los varones[35]. Aquellos que fueron los últimos baluartes del punto fuerte académico masculino, por la forma en que está diseñado el cerebro del hombre. Ni siquiera esa ventaja fisiológica puede vencer los privilegios que se les dan a las mujeres en la educación pública[36].

Esta tendencia en contra de los varones tiene muchas consecuencias. Hasta la organización de mayor influencia, los Boy Scouts de Norteamérica, ha sido objeto de un ataque feroz de los activistas homosexuales. Como mencionamos anteriormente, algunos sectores de *United Way* se han negado a darle fondos[37], y el Distrito Escolar de la ciudad de Nueva York le dijo al personal de las escuelas que no se les permitía más patrocinar a las tropas de los Scout[38]. ¡Qué atrocidad! Los Boy Scouts han proporcionado un maravilloso entrenamiento y una formación masculina a los niños de los barrios pobres, a los que tienen a solo uno de sus padres y a millones de otros muchachos. No ha existido otra organización más respetada y efectiva para varones que la de los Scouts, sin embargo, ha sido calumniada sin misericordia porque sus líderes decidieron no incluir en su programa a los que abiertamente se reconocen homosexuales. Los empleados de las Girl Scouts estiman que una de cada tres profesionales remuneradas en el equipo es lesbiana[39]. Los homosexuales varones desean infiltrarse en los Boy Scouts hasta el mismo punto.

Los varones pierden en casi todos los frentes porque el sistema está arreglado en contra de ellos. ¿Podemos asombrarnos de que se encuentren en medio de semejante confusión hoy en día?

¿Y qué me dice que las iniciativas privadas tales como «Llevemos a nuestras hijas a un día de trabajo», alrededor de la cual se ha hecho tanto espaviento? Explíquenme por qué no se debiera introducir a los varones también al lugar de trabajo. ¿Puede pensar en alguna buena razón para dejar a los varones en casa cada 22 de abril mientras sus hermanas recorren en visita guiada la oficina o la fábrica? No sería más razonable y más justo sugerir que los padres lleven de vez en cuando a sus hijos y a sus hijas al trabajo? Pero ¿quién se ocupa de promover una idea igualitaria? Los varones tienen pocos defensores en el gobierno, en los medios de comunicación y en la educación pública que atiendan sus necesidades. Esto es desatinado y discriminatorio. Basar los derechos y los privilegios en el género es un juego disparejo. Cuando se favorece extremadamente a un sexo en la cultura, el otro está destinado a perder. ¿Adivine quién se queda con las sobras?

Las escuelas británicas, en contraste con la educación pública norteamericana, reconocieron hace varios años que sus varones se estaban quedando atrás académicamente y advirtieron la posibilidad de tener una «subclase de hombres permanentemente desempleados y sin habilidades». Según la profesora Sommers:

> El gobierno británico reaccionó con un retorno a los programas básicos altamente exitosos en las escuelas primarias, cuyo propósito explícito era ayudar a los varones a alcanzar a las muchachas. Los británicos también están experimentando con clases para varones en escuelas mixtas. En sus materiales didácticos, permiten de nuevo los «estereotipos de género». Descubrieron que a los varones les gusta leer aventuras con héroes masculinos. La poesía de la guerra ha vuelto. Lo mismo sucede con la competencia en el salón de clases. En comparación, nuestro gobierno federal y

nuestros gobiernos estatales siguen totalmente ajenos a los problemas de los muchachos[40].

Es una tragedia nacional.

La tendencia en contra de los varones en los Estados Unidos no solo influye el programa básico de estudios de la educación, también se manifiesta en hostilidad hacia la masculinidad misma. Como escribió Michael Thompson: «A los varones llenos de energía es probable que se les discipline sencillamente por comportarse normalmente»[41]. Thomas Sowell, respetado profesor de economía de la Universidad de Stanford, expresó esta misma preocupación en cuanto al vigente esfuerzo por rediseñar a los varones. Escribió lo siguiente:

La mayoría de padres no saben que existen programas financiados federalmente para impedir que los varones actúen como siempre lo han hecho. Las cosas que han hecho quienes se han tomado la tarea de cambiar a los varones van desde prohibirles que corran y salten hasta hacerles vestir ropa de mujer fingiendo ser muchachas o mujeres en el salón de clases. Cualquiera que sea la mezcla de cosas que se han hecho en una escuela en particular, va acompañada por una descarga de artillería de propaganda preparada por las feministas radicales para que se distribuya a nivel nacional con la bendición y el dinero del Departamento de Educación de los Estados Unidos. Los que hacen esto, piensan que su tarea es cambiar a los hijos de usted y convertirlos en la clase de personas que ellos quieren que sean, no la clase de personas que usted quiere que sean. A los niños en la escuela primaria, y hasta en el jardín de infancia, se les ha castigado por no ser políticamente correctos con las niñas. Trágicamente, las feministas radicales son nada más una de las fuerzas de fanáticos insensatos que han convertido nuestras escuelas en centros de adoctrinamiento ideológico, en lugar de ser lugares en los cuales reciban la educación para las habilidades básicas. Una de las razones por las cuales los niños estadounidenses tienen tan malos resultados en las pruebas académicas internacionales es que nuestras escuelas están ocupadas en cruzadas sociales políticamente correctas[42].

© 2001 Creators Syndicate, Inc.

Lo que el doctor Sowell y otros nos dicen, tiene su mejor ilustración en la historia de Jonathan Prevette, un niño de seis años, rubio, con anteojos, de la Escuela Primaria del Suroeste, en Lexington, Carolina del Norte. Un día, en el patio de recreo, se inclinó juguetonamente y le dio un beso en la mejilla a una niña (¡qué horror!). Una maestra observó el ofensivo comportamiento y no tardó en informar a la directora. En medio del desconcierto total, el pequeño Jonathan, quien dijo que la niña le había permitido que la besara, fue acusado de «acoso sexual», y le hicieron un sumario mediante el cual lo suspendieron de la escuela. Este pequeño, recién salido de la guardería, había violado un dogma liberal y había pagado un precio muy alto por ello.

Jane Martin, vocera del distrito, dijo con convicción: «Que un niño de seis años bese a una niña de seis años es un comportamiento indebido. Inoportuno es inoportuno a cualquier edad»[43].

Este incidente sería gracioso si no fuera tan ridículo. Revela hasta dónde nos han invadido el gobierno federal, las cortes y las feministas radicales en los últimos años. En efecto, el 24 de mayo de 1999, el Tribunal Supremo de los Estados Unidos pronunció una decisión lamentable declarando que los distritos de cada escuela local podían considerarse responsables si los educadores no hacían caso a las quejas de acoso sexual de las estudiantes[44]. Desde ese momento en adelante, las bromitas entre niños y niñas que han existido desde el comienzo del género humano se han convertido en cuestiones legales que deben pasar a manos de los tribunales. Si una maestra pasa por alto una broma o un comentario descuidado, puede enredar a la escuela en una demanda judicial. Los cinco magistrados que nos impusieron esta decisión, ¿lo hicieron en realidad con seriedad? Que ética tan extraña hemos creado.

Más o menos por la misma época en que Jonathan cometió su indiscreción, al presidente de los Estados Unidos se le acusaba de acoso sexual a varias mujeres, y una de ellas ganó un acuerdo de cerca de un millón de dólares[45]. ¿No es interesante que el pueblo estadounidense, conociendo este y otros cargos relacionados con el sexo, reeligió a Bill Clinton por una diferencia abrumadora porque estaba «haciendo un buen trabajo», pero un niño de primer grado que ni siquiera puede pronunciar la palabra *acoso* fue suspendido de la escuela por demostrarle afecto infantil a una compañera?

Según la columnista Linda Chávez, las escuelas primarias se han convertido en la nueva frontera en el esfuerzo por reordenar la manera en que los niños, especialmente los varones, piensan y actúan. Escribió: «Es probable que Jonathan Prevette salga del atolladero temporalmente, pero no será por mucho tiempo. Si los federales y sus aliadas feministas hacen las cosas a su manera, a cada niño y niña en la nación se le enseñará que el coqueteo es un delito y hasta una mirada de admiración, y mucho más un beso, pueden llevarle a usted a un tribunal»[46].

Por lo tanto, lo que le sucedió a Jonathan Prevette, no es otra cosa que el producto de la ideología izquierdista soltada alocadamente en algunas de las escuelas de la nación. Para un niño de seis años, mostrarle efecto a alguien que le gusta es tan natural como cazar sapos o jugar a la pelota. Norman Rockwell ha hecho de escenas como esta el tema habitual de sus muchas ilustraciones.

Ha habido muchos episodios similares que reflejan la guerra entre los sexos. El columnista John Leo escribió:

> Mi ejemplo favorito es [...] el niño de tercer grado al que se le acusó de tocarle los senos a una niña, aunque tal vez sea más justo decir que mientras jugaban el juego infantil en el que un niño persigue a otro hasta tocarlo, él la tocó en el preciso lugar donde supuestamente le aparecerían los senos en unos tres o cuatro años. Esto es como que a uno lo acusen de haber robado un banco que todavía no se construyó[47].

A estas alturas debería quedar claro por qué he dedicado este capítulo a reexaminar la ideología feminista y la filosofía posmoderna de la cual surge. Lo he hecho porque los defensores de estas ideas torcidas y dañinas se han convertido en ingenieros sociales que están decididos a reordenar la manera en que piensan los niños e intimidar a los muchachos por ser tal como Dios los hizo. Este propósito se expresa en una simple frase dentro del informe de la AAUW que dice: «El plan de estudios de las escuelas debiera tratar directamente con los temas del poder, de la política del género y de la violencia en contra de las mujeres»[48]. Lo que esto quiere decir es que, a los varones, los liberales los ven como alborotadores disfuncionales que crecen para transformarse en hombres egoístas y abusivos. Necesitan que se les «arregle» mientras son pequeños, reordenando su manera de pensar. Y las escuelas son los instrumentos designados para enderezarlos.

Por favor, entienda que las niñas y las mujeres no me inspiran otra cosa que admiración y respeto. He estado felizmente casado con el «amor de mi vida» durante más de cuarenta años, y he hablado de las necesidades y preocupaciones de las mujeres en varios de mis libros anteriores. Sin embargo, debo llamar a las cosas por su nombre. Y, desde mi punto de vista, los varones tienen una desesperante necesidad de amigos.

Son las víctimas de una larga y costosa batalla entre los sexos que ha envilecido la esencia de la masculinidad y ha atacado al mundo de los niños. Y eso no es bueno. Poner a los niños unos contra otros como competidores y enemigos no puede ser saludable para nadie. Como escribe Kathleen Parker: «Es una estupidez seguir insistiendo en que un sexo es el vencedor mientras que el otro es la víctima, lo cual, además de no ser verdad, tiene un efecto ruin. Si se hace que los varones se sientan superfluos, si no inferiores, no se puede evitar que ellos les tengan aversión a las muchachas»[49].

Estas son algunas de las condiciones sociales que hacen que la tarea de criar varones sea más difícil hoy en día. Su tarea como padre es servir de contrapeso contra esas fuerzas mediante la enseñanza y la guía que les dé a sus varones en casa. Manténgase involucrado en las escuelas locales. Asista a las reuniones de la junta de la escuela. Conozca a los maestros y pregúnteles acerca de los objetivos que tienen para sus alumnos. Anime a los educadores que tratan de enseñar las cosas básicas. Opóngase a los que no lo hacen. Comuníquese con otros padres preocupados. Únase a un grupo de madres y oren diligentemente por los hijos y por sus escuelas. Si el nivel de su preocupación es demasiado alto, cambie a sus hijos o hijas a escuelas cristianas o haga usted misma la tarea de enseñarles en casa. Por todos los medios, no se distraiga durante los influenciables años de la niñez de su hijo. Pasarán con mucha rapidez. Hay pocas cosas en la vida que superen en importancia a esta responsabilidad de los padres.

PREGUNTAS Y RESPUESTAS

Ahora que usted lo menciona, puedo ver que los hombres están siendo representados como más femeninos y a las mujeres se las hace parecer hombres. El otro día vi una película en la cual una hermosa mujer se enojaba con un hombre grandote y rudo. Lo derribó con un solo golpe y le rompió los dientes. Soy cirujano ortopédico, y puedo decirle que los pequeños huesos de la mano de una mujer se romperían mucho antes de que pudiera fracturar la tosca mandíbula de un hombre. También sería imposible que lo derribara al suelo dejándolo inconsciente con un solo puñetazo. ¿Por qué cree que Hollywood trata de crear un mito así?

Como hemos visto, es parte de la agenda feminista mostrar a las mujeres como poderosas, valientes e indomables, mientras que los hombres son débiles, sensibles y fáciles de manipular. La industria del entretenimiento, la cual parece decidida a destruirnos, trabaja codo a codo con las feministas y los homosexuales activistas para traernos a ese mundo feliz. La presentación que hacen de los modelos de papeles masculinos y femeninos, casi siempre está pervertida o distorsionada de una u otra manera.

Permítame ilustrarlo refiriéndome a la película taquillera *Novia fugitiva*, la cual se presentó en 1999. Fue una de las películas más populares del año. Si me lo permite, me gustaría describir el argumento de la historia en detalle porque esta película es clásica propaganda feminista, pero aquellos que la vieron y con los cuales he hablado ni siquiera se dieron cuenta de lo que se les decía. Nos proporciona una descarada dramatización del «nuevo hombre feminizado» y de la «nueva mujer masculinizada». El argumento de la historia es una celebración de noventa minutos al cambio de los papeles de los sexos que contradice los convencionalismos en todos los aspectos. Comienza con la estrella femenina, Julia Roberts, cruzando un bosque a la carrera sobre un caballo, con un hermoso cabello fluyendo y su vestido de novia al viento. Acababa de dejar a su tercer novio frente al altar. La mayoría de las niñas, desde muy pequeñas, sueñan con tener una boda romántica algún día, mientras que los muchachos, generalmente, son los que tienen problemas para comprometerse. Sin embargo, en esta película, los hombres eran tontos que resollaban detrás de esa criatura evasiva, parecida a un muchacho.

Desde el comienzo, los episodios de confusión sexual le llegan al espectador de una manera borrosa. Julia en algún tiempo fue mecánica, plomera y especialista de aire acondicionado que creaba lámparas de malísima calidad, hechas con desechos eléctricos. Ella era muy agresiva y egoísta, de una manera atractiva. Dirigía el negocio de ferretería de la familia, manejaba una vieja camioneta, generalmente usaba botas de combate y llevaba con facilidad una pesada mochila que su novio cargó con dificultad. Cuando se sentía frustrada, pateaba y con ganas le daba puñetazos a una bolsa de boxeo, haciendo muecas de dolor y traspirando profusamente. En un momento, la banda de sonido incluye fragmentos de la canción pop «She's a Man Eater» (Ella es una devoradora de hombres). Captamos la conexión.

Julia exhibe lo que se ha dado a conocer como «la nueva andrógina», al tener características estereotípicas tanto masculinas como femeninas. Tiene manos limpias y delicadas, uñas arregladas, piel cremosa y un hermoso cuerpo; sin embargo, se gana la vida haciendo un trabajo grasiento y luchando como hombre. Choca los cinco con los tipos en los partidos de pelota, golpeando los cuerpos como los jugadores de la NFL después de las anotaciones. Hablando de la NFL, ella recordó el nombre de la superestrella Jerry Kramer de los años cincuenta, mientras que su novio, un entrenador de fútbol americano, no lo pudo recordar. No se perdió ninguna oportunidad para decirnos que Julia era un «hombre». Y, sin embargo, era una cosita hermosa y delicada.

Ahora consideremos cómo se manejó en la película la imagen de la masculinidad. El papel masculino protagónico, representado por Richard Gere, era un tipo atractivo pero algo debilucho e incompetente. Estaba sin trabajo, después de que su jefa (que, de paso, era su exesposa) lo había menospreciado y despedido. Cuando su auto se averió, Julia tan solo miró debajo del capó y se dio cuenta de inmediato que él, estúpidamente, le había puesto gasolina con plomo a un motor que estaba diseñado para gasolina sin plomo. Uno se pregunta cómo se las ingenió Gere para comprar la gasolina equivocada puesto que ya no está permitida su venta. Aunque hubiera encontrado un lugar donde la vendieran, no hubiera logrado que se la pusieran al auto porque por ley la manguera de la bomba de combustible tiene una boquilla demasiado grande como para que entre en la boca del tanque de la gasolina. La ineptitud de Gere como hombre era patética, mientras que Julia era sobresaliente en todas las tareas masculinas. Después de que el auto de Gere se quedó parado, los dos caminaron de vuelta a casa a través de un campo cubierto de hierba, donde ella le dijo con mucha calma que había muchas serpientes. Aterrorizado, Richard comenzó a saltar por las malezas como lo hace un niño descalzo sobre una acera caliente. Julia se reía y caminaba sin preocuparse. Sí, era un «tipo» muy duro, no cabe la menor duda.

Todos los otros personajes ilustraron el tema central de que las mujeres son más masculinas que los hombres y que los hombres son muy buenos para nada. Hubo una escena dirigida a las niñas que apareció nada más un instante en la pantalla. Cuando Richard llegó a la ciudad de Julia, se vio a un niño aburrido desplomado sobre un caballo de madera, justo en el momento en que una hermosa niña pasa junto a él montada en un caballito de verdad. Ella iba con la nariz alzada. Esa fugaz escena que no tuvo nada que ver con la historia, ejemplificó lo que el director y los escritores estaban tratando de decir. Las mujeres de todas las edades son fuertes y confiadas, mientras que los hombres son invariablemente débiles e inútiles. Hasta la anciana abuela de Julia entró en escena. Deseaba sexualmente a los hombres jóvenes, destacando que le gustaban particularmente los muchachos con «el trasero firme». Y así siguió y siguió.

No cabe duda de que *Novia fugitiva* tiene objetivos políticos, como los tienen casi todas las películas contemporáneas. Este es el tema habitual en las películas de hoy. A los personajes masculinos generalmente se les presenta como débiles, perdidos, confundidos, bastante afeminados.

Las virtudes masculinas, tales como el carácter moral, el autocontrol, la integridad y la confianza, casi nunca se muestran en las dramatizaciones. Con excepción de *El patriota*, presentada en el 2000, casi nunca se ve a los hombres como personas fuertes, padres y esposos amorosos que son fieles a sus esposas y que están profundamente comprometidos con sus hijos. Las mujeres, por otra parte, aparecen como las duras, profesionales físicamente poderosas, generalmente abogadas o cirujanas, que tienen todo bajo control. No todas las películas siguen esta fórmula, por supuesto, pero es muy común hoy en día. La columnista Maureen Dowd las describió de la siguiente manera: «Las nuevas heroínas son agresivas y calculadoras. Han adoptado todos esos rasgos que antes aborrecían en los hombres. Mienten, espían, engañan, planean venganza, tratan con el sexo de manera indiferente y luego, se deslizan fuera de la cama y se van»[50].

Un último comentario: Usted mencionó el puñetazo que en otra película una hermosa mujer le dio a un hombre de aspecto rudo. Lo derribó con un solo golpe. Esta escena tiene lugar cada vez con mayor frecuencia en las películas de Hollywood de hoy en día. Sin embargo, tiene el potencial de ser muy contraproducente para las mujeres. Uno de los absolutos en la cultura es que un hombre nunca tiene justificación para golpear a una mujer, y por buenas razones. Las mujeres no son tan fuertes como los hombres y deben ser protegidas de la brutalidad masculina. Pero cuando se muestra a las muchachas haciendo lo mismo, derribando a hombres que son el doble de grandes que ellas, se socava la prohibición racional de violencia de cualquier clase en contra de las mujeres, ya sea en el matrimonio o en cualquier situación. Como sucede con frecuencia, los mensajes que nos da la industria del entretenimiento son destructivos o absolutamente tontos.

LOS VARONES
EN LA ESCUELA

HEMOS ANALIZADO SERIAMENTE la tendencia que existe en las escuelas en contra de los varones y cómo muchas veces los discriminan por su sexo. Existen otras preocupaciones que debemos considerar ahora en cuanto a cómo aprenden los varones: por qué hay tantos de ellos que fracasan y de qué manera su carácter generalmente obra para su desventaja.

Casi todas las autoridades en desarrollo del niño reconocen que, por lo general, las escuelas no están preparadas para satisfacer las necesidades exclusivas de los varones. Especialmente, los salones de clases de la escuela primaria están diseñados principalmente por mujeres y se adaptan al temperamento y al estilo de aprendizaje de las niñas. Sin embargo, al contrario de las descaradas tendencias descritas en el capítulo anterior, esta desventaja para los varones es mayormente involuntaria. Sencillamente, así es como han funcionado las escuelas siempre. El psicólogo de Harvard y escritor, William S. Pollock, lo dice así: «Las muchachas se preocupan más por la escuela. Se las arreglan mejor. Los varones no. A ellos se les enseña de una manera que los hace sentir fuera de lugar y si dicen algo, los mandan a ver al director»[1].

El psicólogo Michael Thompson, coautor de *Raising Cain: Protecting the Emotional Life of Boys* (*Educando a Caín: Protegiendo la vida emocional de los niños*), también ha expresado alarma acerca de lo que les sucede a los niños pequeños en el aula. Nos dice: «Los varones sienten que la escuela es un juego arreglado en su contra. Aquellas cosas en las que ellos sobresalen (las grandes habilidades motrices, las habilidades visuales y espaciales, su exuberancia) no tienen buena recepción en la escuela»[2]. También desde una edad muy temprana, a los niños se les ubica en ambientes formales de educación, y esto es muy difícil para los varones. Generalmente, a la edad de seis años tienden a estar seis meses por detrás del desarrollo de las niñas, lo cual hace que a ellos les resulte difícil sentarse quietos y trabajar con lápices y papel adaptándose a las presiones sociales que de repente les ponen delante. Muchos de ellos tienen un mal comienzo y empiezan a sentirse «tontos» e incompetentes.

Un hombre de unos veinte años, una vez dijo: «Recuerdo que me sentaba en mi silla en el primer grado y pensaba: *Si me dejaran levantarme, ¡Si tan solo pudiera levantarme!*». Millones de niños inmaduros sienten lo mismo. Tienen potentes dispositivos de poscombustión pero no tienen timón. Se encuentran en agonía cuando les piden que pasen largos períodos de relativa inactividad, sin poder hacer ruido y en un ambiente donde todo está establecido con rigidez. Anhelan correr, saltar, luchar, reír y trepar, cosas que el sistema simplemente no puede tolerar. Thompson dijo: «Cuando llegan a cuarto grado, los varones dicen que las maestras quieren más a las niñas»[3]. Es probable que tengan razón.

Admitámoslo, la escuela puede ser un lugar escabroso para aquellos que no «encajan» dentro del programa típico de clases. ¿Qué hacemos con estos niños cuando se quedan atrás en las cosas básicas? Los anestesiamos con algún medicamento o los obligamos a repetir el grado. Esta segunda alternativa se está volviendo muy popular ahora. Retener a un varoncito muy inmaduro en primer o segundo grado puede ser una buena idea porque le da la oportunidad de crecer sin grandes inconvenientes. Pero al llegar al tercer grado o más, hacer volver atrás a un niño puede ser algo desastroso. Puedo decirle después de muchos años de experiencia que lo único que logramos al «reprobar» a un niño después de los grados primarios es humillarlo y desanimarlo. Esto lleva a la apatía, a la rebelión o a un espíritu abatido (o a las tres cosas juntas). Luego, avanza pesadamente hacia la pubertad un año o dos antes que sus compañeros y esto crea gran confusión. Retener a aquellos que reprueban no es la panacea que hoy prometen los partidarios de la línea dura.

A lo largo de los años, he conocido a pequeños alborotadores inmaduros que volvieron locas a sus maestras. De hecho, yo solía ser uno de ellos. Recuerdo que no podía mantener la boca cerrada cuando estaba en tercer grado. La maestra, la señora Hall, finalmente escribió mi nombre en el pizarrón y me advirtió que si tenía dos «marcas» más por hablar, me encontraría en grandes problemas. Sinceramente, traté de quedarme callado, pero no podía guardarme los pensamientos para mí mismo. Me inclinaba y le susurraba algo al que estaba sentado cerca. De nuevo me pescó el largo brazo de la ley. Cuando esta segunda marca fue a parar al pizarrón, la señora Hall se mostró visiblemente fastidiada. Lentamente caminó hasta su escritorio y comenzó a recortar algo en un papel. Me sentía como si estuviera a punto de ejecutarme. El resto de los niños observaba con entusiasmo para ver qué era lo que la maestra estaba haciendo. Pronto lo descubrí. Estaba haciendo una especie de máscara para ajustarla sobre mi boca y alrededor del cuello. Aseguró el papel con el broche en la parte trasera y lo dejó en su lugar hasta que llegó el recreo. Fue uno de los momentos en que pasé más vergüenza en toda mi vida. En realidad, pensé que la vida se había terminado. Las muchachas se burlaban y los varones me señalaban mientras me encontraba sentado cubierto con aquella cosa ridícula. Fue sencillamente bochornoso.

En realidad, no culpo a la señora Hall por lo que hizo. No cabe duda que le había puesto los nervios de punta y se había cansado del asunto; pero probablemente subestimó la humillación que esta experiencia me causaría. Más aun, quizás no haya entendido que yo no trataba de faltarle al respeto a propósito. No era más que un niño con hormigas en los pantalones que no podía quedarme quieto y mantener la boca cerrada.

Todos los días en la escuela suceden variaciones de este tema. La escritora Celeste Fremon describió una de ellas en un artículo titulado «¿Les fallan nuestras escuelas a nuestros muchachos?». Esto es lo que escribió:

> Cuando mi hijo me contó por primera vez que lo habían castigado por correr en el patio de recreo en la escuela primaria del sur de California a donde asistía, supuse que estaba exagerando. ¿Qué escuela prohibiría correr en el recreo? Seguramente había algo más. Pero me enteré que la escuela había implementado recientemente la política de no correr porque, tal como me informó la directora en un tono de juicio muy impreciso: «Los niños se pueden lastimar», como si semejante explicación debiera ser necesaria para el padre que es verdaderamente cuidadoso.
>
> La cuestión de «no correr» sucedió justo después de otro incidente en el cual a mi hijo, que se llama Will, casi lo suspendieron de la escuela por saltar por encima de un banco. Aparentemente, esta era la segunda infracción. «Él sabe que saltar por encima de los bancos va en contra de

las reglas, por lo tanto, esto constituye un desafío», me dijo la directora. Soy la primera en estar de acuerdo en que las maestras deben guardar el orden y Will siempre ha sido un niño activo; le gusta trepar árboles, saltar por encima de los bancos y siempre se mueve mucho. Cuando está triste, lo más probable es que se consuele golpeando fuertemente sus tambores o intentando un nuevo truco en la patineta.

Sin embargo, también es un niño amable y extremadamente brillante que no se involucra en peleas, diseña proyectos sumamente ingeniosos para la feria de ciencias y tiene un puntaje de 97 o superior en el percentil de esas pruebas que las escuelas hacen cada primavera. No obstante, a lo largo de gran parte de su carrera académica (ahora está en octavo grado), me han llamado a reuniones con maestras y administradores de ceño fruncido. Con un tono muy serio me dicen que su letra es malísima. Se mueve durante la clase de inglés, y se pone la gorra mientras todavía se encuentra dentro del aula.

Cuando me siento deprimida, me pregunto cuál es mi falla como madre ya que tantos educadores con los que Will trata no pueden percibir el futuro inventor exuberante que yo creo que será y, en cambio nada más ven a un molesto niño alborotador. Lo que es aún peor, me temo que mi inteligente hijo se encuentre en peligro de abandonar los estudios por completo, y no estoy segura de qué hacer al respecto. De todas maneras, me he enterado de que mi hijo se encuentra solo en esta experiencia[4].

Aunque compadezco a esta madre, para ser justo, debo señalar que hay otro aspecto de esta historia, con el cual estoy muy familiarizado. Cuando yo tenía veinte años, enseñé ciencia y matemáticas a niños de séptimo y octavo grado. También trabajé como consejero y administrador de servicios psicológicos en una escuela secundaria. Gracias a esta experiencia sé muy bien lo perturbador que puede ser tener un aula llena de varones atolondrados como Will que no cooperan y piensan que todo es extremadamente gracioso. Además, a las escuelas les falta estructura, si es que tienen alguna, en lugar de ser demasiado rígidas. La disciplina es lo que hace posible el aprendizaje. Por lo tanto, no critico a las escuelas que requieren orden y conducta, pero el problema es que la manera en que están diseñados los varones les hace más difícil adaptarse a la escuela, especialmente cuando son jóvenes. Al menos nosotros, como padres, debiéramos entender lo que sucede y tratar de ayudarlos a moldearse. Hablemos acerca de algunos de estos enfoques.

En primer lugar, ofreceré algunas ideas para la enseñanza de los varones en diversas etapas del desarrollo y con diferentes temperamentos. Comenzaremos considerando a dos clases de niños que son los que se ven comúnmente en las aulas. Los que se encuentran en la primera categoría son por naturaleza individuos organizados que cuidan los detalles. Se toman las tareas muy en serio. Si tienen un desempeño bajo en una prueba, se deprimen durante varios días. Los padres de estos niños no necesitan controlar su progreso para mantenerlos trabajando. Lamentablemente, no existen demasiados de este tipo como para satisfacer a los padres y a los maestros.

En la segunda categoría, se encuentran los varones y las muchachas que no se adaptan bien a la estructura del aula. Son descuidados, desorganizados e inconstantes. Tienen una aversión natural hacia el trabajo y su única gran pasión es jugar. Al igual que las bacterias que gradualmente se tornan inmunes a los antibióticos, estos niños que no rinden al nivel de su capacidad se vuelven inmunes a la presión de los adultos cuando llega a la libreta de calificaciones, y caen de nuevo en la apatía cuando nadie está mirando. Ni siquiera escuchan las tareas que les dan en la escuela y parece que no les causa ninguna vergüenza no completarlas. Si llegan a graduarse, no será con honores, sino con un «menos mal que acabé».

Dios creó una gran cantidad de niños así, en su mayoría, varones. Sacan a los padres de quicio y su falta de voluntad para el trabajo puede desatar en sus hogares la Tercera Guerra Mundial.

Si usted tiene uno de estos hijos inconstantes, es importante que comprenda que no son intrínsecamente inferiores a sus laboriosos hermanos. Es verdad que sería maravilloso si cada estudiante usara su talento para obtener las mejores ventajas, pero cada niño es un ser único que no tiene por qué caer en el molde de otro. Además, algunas veces, estos niños que consiguen poco, a largo plazo sobrepasan a las superestrellas. Esto fue lo que le sucedió a Albert Einstein, Thomas Alva Edison, Eleanor Roosevelt, Winston Churchill y muchas otras personas exitosas. Por lo tanto, no catalogue a ese niño desorganizado y aparentemente haragán con un perdedor para toda su vida. Es probable que le dé una sorpresa. Mientras tanto, existen maneras en las que puede ayudar.

Hay algo que es seguro: enojarse con este jovencito no solucionará el problema. Jamás podrá transformar a un niño de bajo rendimiento en un erudito rezongando, dándole un empujón, amenazando o castigando.

Sencillamente es algo que le falta. Si trata de convertirlo por la fuerza en alguien que él no es, lo único que conseguirá es volverse loco y lastimar al niño. Su desorganización es producto de su comportamiento desorganizado y de elementos de inmadurez, no se trata de rebelión ni de desobediencia deliberada. Además, la testosterona está trabajando en él.

Por otra parte, usted debiera permanecer lo más cerca posible de la escuela de este niño juguetón. Él no le va a decir lo que sucede en el aula, así que tendrá que descubrirlo usted mismo. Si es posible, busque la asistencia de un tutor, para ayudarlo a mantenerse al día. No cabe duda de que a su hijo le falta la disciplina para estructurar su vida y usted tendrá que enseñarle si es que va a aprenderla. Finalmente, después de hacer todo lo que pueda por ayudarlo, acepte lo mejor que él pueda dar. Siga la corriente y comience a buscar otras áreas de éxito.

El niño que es desorganizado en la escuela primaria probablemente seguirá siendo inconstante a medida que crece, a menos que reciba ayuda. Esa característica de su temperamento está profundamente arraigada y se convierte en la fuente principal de sus problemas académicos. No se va «así nomás» de rápido. ¿Qué pueden hacer los padres para ayudar? La consultora de educación Cheri Fuller sugiere que las madres y los padres que tengan hijos en la escuela secundaria les den una mirada a sus cuadernos. Dice que es posible decir si alguien es un estudiante con calificaciones de notable o de deficiente examinando los papeles de la escuela. El cuaderno de un buen estudiante está organizado con divisiones y carpetas para las tareas y los trabajos que tiene que entregar. El cuaderno de un alumno que va a reprobar es una mezcla de garabatos, notas sin sentido, avioncitos de papel, frases a medio escribir y trabajos escritos que no se entregaron. Hasta es probable que haya una nota de la maestra para la señora Pérez o el señor Gómez que jamás llegó al destinatario[5].

Fuller dice que, en estos casos, las habilidades organizativas se pueden aprender, y cuanto antes, mejor. Este entrenamiento debe completarse antes de los últimos años de la secundaria, cuando varios maestros por día les darán tareas, trabajos para entregar y proyectos extraídos de diferentes libros de texto. Se requiere de un alto nivel de organización para mantenerlos al día y a la mano. ¿De qué manera se supone que un niño sepa cómo manejar este requerimiento si nunca se les ha enseñado? Los varones también necesitan aprender a completar tareas a largo plazo poco a poco. La correcta supervisión puede ayudar, con el tiempo, a un adolescente indisciplinado a ser más disciplinado y automotivado, aunque nunca llegue a tener el rendimiento de aquel que naturalmente es un erudito.

Existe otro factor al que se le debe dar la mayor prioridad. Si su hijo no aprende a leer adecuadamente, todo lo demás estará en peligro. También es probable que luche con un concepto dañado de sí mismo. Trabajé con un muchacho de la secundaria que había decidido dejar los estudios a los dieciséis años después de haber repetido el año un par de veces. Era un muchacho violento y enojado al cual parecía no importarle nada. Cuando le pregunté por qué deseaba abandonar la escuela, los ojos se le llenaron de lágrimas. Me contó que nunca había aprendido a leer. Luego, me dijo entre dientes: «Ustedes me han hecho sentir sin valor toda mi vida, pero lo han hecho por última vez. ¡Me voy!». No puedo decir que lo culpo.

Lo trágico es que a este joven se le hubiera podido enseñar a leer. Casi todos los jóvenes pueden dominar esta habilidad si se enfoca adecuadamente y si se usan métodos que se adapten a su estilo de aprendizaje. Para comenzar, me encuentro entre los que creen que se debe enseñar fonética, materia que no se ha incorporado todavía en muchos programas de lectura en las escuelas públicas. Sea por lo que sea, millones de niños son analfabetos cuando se gradúan de la escuela secundaria. Cuando estaban en la escuela primaria se desperdiciaron maravillosas oportunidades de convertirlos en buenos lectores.

La Evaluación Nacional del Progreso en la Educación muestra que dos tercios de los niños de cuarto grado en los Estados Unidos no tienen un nivel competente de lectura, tres cuartas partes no tienen un nivel competente de escritura y cuatro quintos no tienen un nivel competente en matemáticas[6]. ¡Esto es una vergüenza nacional! Hubo un tiempo, en los años 1800, cuando 98% de la población era alfabetizada porque los padres les habían enseñado a sus hijos para que pudieran leer la Biblia[7]. En un instante hablaremos de qué es lo que ha fallado en las escuelas públicas, pero nuestro centro de atención ahora es su hijo, que probablemente se esté yendo a pique. Como padre, movería cielo, mar y tierra para encontrar a alguien que le enseñara a mi hijo a leer. En casi todas las comunidades existen tutores capacitados y hay organizaciones privadas que pueden enseñarle a su hijo a leer. Aunque tenga que hipotecar la casa para pagarlo, le insto a que resuelva este problema. Es la clave para todos los objetivos académicos, y a los que aprenden a leer les espera un mundo de aventuras.

La lideresa en pro de la familia, Phyllis Schlafly, les enseñó a todos sus nietos a leer antes de que entraran al jardín de infancia. Desarrolló un programa a base de sonidos que se encuentra a disposición de los padres. Si desea más información, póngase en contacto con Enfoque a la Familia, en Colorado Springs, en focusonthefamily.com y le enviaremos los detalles.

Una vez que su hijo ha aprendido los conceptos básicos de la lectura, debe motivarlo a que practique. El escritor para niños Sigmund Brouwer dice que incluso los «lectores reacios» pueden aprender a amar a los libros si se les orienta adecuadamente[8]. Aquí presento algunas sugerencias orientadas hacia los varones que se proveen en un artículo publicado en el *Orlando Sun-Sentinel* titulado: «Boys and Books Can Be a Great Mix» (Los muchachos y los niños pueden formar una gran mezcla).

- En general, los varones quieren más acción que las muchachas, las cuales prefieren el desarrollo de los personajes.
- A los varones les gusta que sus personajes hagan algo. Si el libro no tiene la suficiente velocidad, muchos varones dejarán de leer. Les gustan los hechos y los argumentos dinámicos.
- Si desea que sus varones lean ficción, fíjese que esté llena de información.
- Las serpientes, las arañas y los aeroplanos, también captan su atención.
- A los varones no les gusta leer cosas que puedan denominarse «sentimentales». Prefieren los deportes y las aventuras.
- A los varones les gusta inclinarse hacia lo que no es ficción: libros acerca de deportes, automóviles, ovnis, yoyos, magia, misterio y ciencia ficción.
- Haga que la lectura sea parte regular de las actividades de la casa. Que su hijo le vea a usted leer.
- Regale libros. Por ejemplo, cuando le dé a su hijo una pelota, incluya un libro que hable de deporte.
- Admita que la lectura de no ficción y de información objetiva como, por ejemplo, la página de deportes, es tan legítima como leer novelas.
- Los varones se abalanzarán sobre los libros que están de acuerdo con sus intereses, pero también se debe considerar el nivel de lectura. Si el libro es demasiado fácil, se aburrirán. Haga que sea un desafío, pero no un imposible.
- Lleve a su hijo a la biblioteca y permítale explorar las opciones de lectura. Se le pude instar al bibliotecario para que converse con él acerca de sus pasatiempos e intereses y que luego escuche atentamente su respuesta.

Esto le dará al bibliotecario una pista en cuanto a los libros que le pueden gustar. El secreto está en involucrarlo en la decisión.

- Nunca le dé un solo libro. Pruebe a darle cinco o seis. Si no les gusta el primero o el segundo, tienen mayores posibilidades para elegir.
- Otro secreto es la repetición. Aprender a leer mejor es como cualquier deporte. A menos que exista un problema de la vista o fisiológico, los lectores más renuentes pueden cambiar con la práctica.
- Si usted, como padre, quiere más sugerencias, lea *Great Books for Boys* (Grandes libros para varones) por Kathleen Odean[9].

Espero que estas sugerencias le hayan servido de ayuda. Prestemos atención ahora a la clase de escuela a la que su hijo debiera asistir, suponiendo que usted tenga los recursos y el compromiso como para considerar algunas alternativas. La estructura de ninguna escuela es perfecta, ya sea pública, cristiana, privada secular, o la escuela en el hogar. Cada una de ellas tiene ventajas y desventajas, según las necesidades de cada niño en especial y la calidad de los programas disponibles en una zona en particular. Por eso nunca les he dado a los padres una recomendación general acerca de dónde deben ubicar a sus hijos. Depende de las finanzas, de las presiones de la familia, de la calidad de las escuelas locales y de otras circunstancias individuales. Shirley y yo elegimos escuelas cristianas para nuestros hijos, desde el jardín de infancia hasta la universidad, con excepción de un par de incursiones en la educación pública. Hasta el día de hoy, estoy agradecido por los hombres y las mujeres que se sacrifican enormemente para enseñar en esas instituciones cristianas. Apenas ganan lo suficiente para vivir. Han escogido ese trabajo porque desean compartir su fe con los estudiantes. Que Dios los bendiga.

A pesar de eso, si tuviéramos que hacerlo todo de nuevo, Shirley y yo optaríamos por la instrucción escolar en el hogar. Pienso que hubiéramos podido hacer el trabajo muy bien. Sin embargo, cuando ellos eran pequeños, la escuela en el hogar no estaba de moda. Ni siquiera había oído hablar de ella. Debido a esta falta de información, sin darme cuenta, ayudé a que comenzara el movimiento de la instrucción escolar en el hogar que ahora se está difundiendo por todo el mundo. Era el año 1979, y alguien me dio un libro escrito por un hombre llamado Raymond Moore. El título del libro era *School Can Wait* (La escuela puede esperar). Pronto escribió un texto que acompañaba a este, titulado: *Better Late Than Early* (*Mejor tarde que temprano*). Como Moore y yo habíamos obtenido nuestros doctorados en el desarrollo del niño, en la Universidad del Sur de California, nos habíamos visto una o dos veces. Sobre la base de ese conocimiento superficial, lo invité a que participara en mi entonces nuevo programa de radio *Focus on the Family* (*Enfoque a la familia*). No estaba preparado en lo más mínimo para lo que sucedería después.

Aquel día, el doctor Moore habló acerca del concepto básico de la instrucción escolar en el hogar y de por qué es riesgoso y desatinado poner a niños muy pequeños, especialmente a varoncitos inmaduros, en los ambientes formales de educación. Explicó cómo las investigaciones habían demostrado, de manera concluyente, que a los niños sus padres les pueden enseñar en un ambiente hogareño muy informal hasta las edades de ocho, nueve, diez años o incluso hasta más tarde antes de ponerlos en contacto con sus compañeros de edad. Ellos tienden a captar los conceptos con rapidez y ser los líderes en sus clases[10]. Estas ideas eran nuevas para mí ya que me habían enseñado que la escuela formal, a una edad temprana, era necesaria para que el niño alcanzara todo su potencial. Ese era el furor cuando me encontraba en la escuela de posgrado. Se ha comprobado que esto es un error y, sin embargo, personas como el actor Rob Reiner, y otros fanáticos, siguen promoviendo este concepto[11]. A medida que escuchaba al doctor Moore y leía las investigaciones relacionadas, comencé a ver la locura que había en el concepto de la escuela a una edad temprana.

En cuanto mi entrevista radial con el doctor Moore salió al aire, una avalancha de respuestas llegó a nuestras oficinas. En ese entonces, yo ni sabía que tenía tantos oyentes. Durante semanas, estuvimos sepultados bajo los pedidos del libro del doctor Moore y de información adicional acerca de cómo comenzar una escuela en el hogar. El resto es historia. El concepto se extendió con rapidez y continúa expandiéndose. En este momento, es el movimiento educativo de crecimiento más rápido en el país, y sigue creciendo a una velocidad del 15% al año[12]. Raymond y Dorothy Moore siguen siendo mis amigos, y aprecio la enorme contribución que les han hecho a los niños y a las familias alrededor del mundo.

¿Por qué crece con tanta rapidez la instrucción escolar en el hogar? Tal vez la siguiente transcripción de un programa de *Focus on the Family* ayude a explicarlo. Mi invitado era el doctor Bill Bennett, ex secretario de educación del gobierno del presidente Ronald Reagan, y que también ocupó un puesto de gran autoridad en el gobierno del presidente George Bush en la lucha contra las drogas. Durante años él ha escrito y dado conferencias acerca de las escuelas públicas, tiene un doctorado de la Universidad de Texas y un título en leyes de la Universidad de Harvard. Si existe alguien con una visión clara acerca de la educación, ese es el doctor Bennett. A continuación, tenemos una porción de sus comentarios de aquel día, con ligeras modificaciones para clarificación:

James C. Dobson: Bill, bienvenido de nuevo a *Focus on the Family*.

Bill Bennett: Muchas gracias. Es un placer estar aquí hoy día.

JCD: Hablemos de la educación pública hoy en día. ¿Por qué no comienza dándonos un informe acerca de las escuelas de hoy? ¿En qué condiciones están comparadas con las de los años pasados?

BB: Bueno, echemos una mirada a lo académico. Puedo hacerlo de manera breve, Jim. Existen muchos buenos informes en todo el país. Hay muchas notas altas. Cuando los padres preguntan cuál es el rendimiento de sus hijos, les dicen que es muy bueno. Cuando uno evalúa los resultados de los exámenes de los estados, parecen bastante alentadores. Luego, llevamos a nuestros niños a una competencia con otras naciones industrializadas y los resultados son muy malos.

En el tercer grado, en matemáticas y ciencias, los resultados de nuestros niños llegan casi al máximo comparados con los niños de tercer grado de otras naciones industrializadas. En el octavo grado, los resultados se encuentran a la mitad. En el grado doce, son los más bajos. En resumen, cuanto más tiempo se pase en la escuela en los Estados Unidos, más tonto se vuelve uno en comparación con los niños de otros países.

JCD: ¡Qué tremenda crítica!

BB: Se trata de un proceso descendente, pero lo interesante es que nuestros niños se desempeñan razonablemente bien en tercer grado, lo cual sugiere que no es culpa de ellos; hay algo que anda mal en el sistema. Esto se ha estudiado y examinado. Ya ha sucedido varias veces, y vemos que mientras más tiempo pasa un niño en la escuela, más atrás se queda, en relación con los niños de otras naciones.

JCD: ¿Qué es lo que falla en el sistema?

BB: Es una falla de capacidad. El sistema no es competente.

Hay muy poca responsabilidad en el sistema. Hay algunas maestras maravillosas en nuestras escuelas, pero hay otras que no tendrían que estar allí. Los últimos números que vi decían que nada más 20% de nuestras maestras de matemáticas, en la escuela secundaria, tenían un título que las habilitara para esa área. Por lo tanto, la falta de preparación es un problema muy serio.

Un estudio que se hizo en la Universidad de California en Berkeley, señaló que la mitad de las maestras de matemáticas de la escuela primaria no podían dividir uno y tres cuartos entre un medio. Todas las maestras chinas de la República Democrática de China (la llamo China comunista porque eso es lo que es) que hicieron la prueba podían dividir uno y tres cuartos entre un medio. Ahora bien, si usted le va a enseñar matemáticas a mi hijo o a su hijo debe saber hacer eso. Creo que esto explica en parte los números de las competencias internacionales.

Hasta el nivel de tercer grado, es bastante sencillo: descifrar un texto, sumar y restar. Las cosas en realidad se vienen abajo en los grados intermedios. Lo que es aún más importante, Jim, es que existe una confusión acerca del plan de estudios. Existe un caos. No hay acuerdo en cuanto a lo que se debe enseñar. Hay toda clase de teorías que vienen de las escuelas de educación en las universidades. Una vez que se pasa el cuarto o quinto grado, nadie sabe qué es lo que a un niño le van a enseñar en la escuela.

JCD: Dados los resultados, uno pensaría que los educadores profesionales estarían diciendo: «Qué barbaridad, sería mejor que nos ocupemos en serio o alguien nos va a acusar por hacer fracasar a nuestros niños. No están teniendo un buen rendimiento académico. Hay demasiados niños que no lo logran. Veamos si podemos arreglar el problema». En cambio, uno de los objetivos principales de la Asociación de Educación Nacional y del Departamento de Educación de los Estados Unidos es asegurar que se le enseñe propaganda homosexual a cada niño en la nación: desde el jardín de infancia hasta el grado doce. Si pudieran hacerlo a su manera, el punto de vista de los homosexuales y las lesbianas integraría cada materia académica: matemáticas, ciencias, lenguaje, arte y estudios sociales. Esto tiene un aspecto de locura.

BB: Sí, y vaya si lo tiene. Es la vieja historia. Cuando algo anda mal, cambiamos de tema. Si la materia es matemáticas, transformémosla en otra cosa. Si la materia es ciencias, transformémosla en otra cosa. Por lo tanto, aquí tenemos una causa más para promover. Hemos mezclado la educación con cosas que no son centrales en la misión educativa. Pero lo que menos quiere el pueblo estadounidense es que sus escuelas les prediquen a sus hijos acerca de la necesidad de acomodarse a la homosexualidad y animar el punto de vista de que todos los estilos de vista son iguales.

¿Recuerda el plan de estudio llamado «Sandra tiene dos mamás»? Era un programa para promover una nueva definición de las familias que involucran a padres homosexuales.

JCD: Sí, lo recuerdo.

BB: Hace poco, estuve con algunos de esos valientes en Nueva York, esos ciudadanos que se levantaron y dijeron: «No, no vamos a permitir esto». Tenían razón para oponerse, pero ahora vemos un resurgimiento de este esfuerzo por meter por la fuerza esta cuestión en todo el sistema educativo. Estos valores, estas ideas, no son bien recibidas por la mayoría de los padres. No las van a apoyar.

JCD: Hace unos minutos, usted me dijo en mi oficina que si California y otras escuelas se movieran en esta dirección, millones de padres huirían. La escuela en el hogar es uno de los lugares donde irían.

BB: Jim, si la Asociación Nacional de Educación (NEA, por sus siglas en inglés) desea ver un éxodo mayor saliendo de las escuelas, un aumento en la cantidad de estudiantes en el hogar, y un mayor descontento con la educación pública, procederá de esta manera. Cuando los padres leyeron en los periódicos acerca de las matanzas en Santee, en Granite Hills y aquí cerca en Littleton, Colorado, entonces se comenzaron a preguntar: «¿Por qué enviamos a nuestros hijos a las escuelas públicas? Existen riesgos de toda clase».

No pretendo exagerar las cosas; sabemos que la incidencia de violencia en las escuelas es, en realidad, menor de lo que ha sido en años anteriores, pero a la hora de enviar a sus hijos a la escuela, hay tantas cosas por las cuales los padres se tienen que preocupar ahora.

¿Por qué obstaculizar el sistema con una tangente? ¿Por qué las escuelas o la NEA habrían de irritar a los padres y hacerlos buscar alternativas? Vea, usted y yo hemos hablado acerca de esto varias veces. Ahora se sabe que el éxito de la instrucción escolar en el hogar es prácticamente universal.

JCD: Los niños obtienen una excelente educación allí. Eso es innegable.

BB: Los niños en las escuelas públicas alcanzan un puntaje, apropiadamente suficiente, el percentil cincuenta en las pruebas de competencia académica. En otras palabras, la combinación de sus puntajes es «promedio». Sin embargo, los que reciben la instrucción en el hogar alcanzan el percentil ochenta y siete, por la sexta parte del costo. Los jóvenes que salen de la escuela en casa ingresan a las universidades que sus padres desean enviarlos, y el programa produce un alto grado de satisfacción para los padres y para el hijo.

Otra cosa interesante que acabamos de descubrir acerca de estos maravillosos niños es que tienden a involucrarse activamente en asuntos políticos. Tienden a ser personas sociables que se unen a muchas organizaciones. Tienden a participar en actividades cívicas (exactamente lo opuesto a lo que la gente ha dicho). Tengo una teoría al respecto que me gustaría someter a su punto de vista. Pienso que estos niños están llenos de amor materno, usted sabe, tanto afecto y devoción por parte de sus madres y padres (los padres, de vez en cuando, desempeñan un papel en la instrucción escolar en el hogar; dediquémosles una palabra a ellos), que tienen absoluta confianza en sí mismos.

JCD: Muchos niños que reciben instrucción en el hogar vienen aquí a *Focus on the Family* en sus viajes de estudios. Es interesante observarlos. Tienen mucha confianza en sí mismos, como usted ha dicho. Miran a los adultos a los ojos y les responden con respeto. Hay algo diferente en cuanto a estos niños y niñas, y esa diferencia es buena. No es para todos, pero con seguridad les da resultado a los que se comprometen.

BB: No todos los maestros son padres, pero todos los buenos padres son maestros.

JCD: Yo estaba mirando la televisión, y vi los finales de la competencia nacional de conocimientos. Le digo que fue una experiencia emocionante. Los tres primeros ganadores habían estudiado en su hogar, lo cual ya ha ocurrido en estos programas competitivos de esta naturaleza.

BB: Correcto. Absolutamente correcto.

JCD: El ganador miró hacia la cámara y le agradeció a Dios que le había dado la capacidad para competir. Su padre causó una impresión mayor. Le dijo al entrevistador: «Estoy orgulloso del logro de mi hijo. Hizo un buen trabajo. Pero estoy más satisfecho con el desarrollo de su carácter que con sus logros académicos».

BB: Correcto.

JCD: Este es el sistema de valores que los padres pueden inculcar en su hogar, y que sus hijos no reciben en una escuela pública porque está prohibido por ley.

BB: ¿Recuerda la gran historia de Ronald Reagan? Se publicó en Selecciones del Reader's Digest. El presidente leyó la historia de una niñita que encontró una cartera y se la devolvió a su dueño. Se lo contó a su consejero, y luego le preguntó: «¿Hice lo correcto?». El consejero le dijo: «Bueno, conversemos de eso con el resto de los niños». Todos hablaron del tema y el consejero dijo: «Ahora votemos». La mayoría votó diciendo que la niña no había hecho lo correcto, que era una estúpida. Ella debería haberse quedado con el dinero. Entonces, por supuesto, la niña miró al consejero desconsoladamente, y él levantó los brazos y dijo: «Yo estoy aquí nada más para ver lo que piensa la gente, simplemente para facilitar la discusión». Hubo un tiempo cuando el consejero o maestro hubiera reforzado la corrección de lo que la niña había dicho. Ahora, se les pide a los niños que voten para decidir lo que es moralmente correcto.

JCD: Cuando estaba en primer grado, un día, encontré diez centavos en el patio de la escuela. Cuando yo tenía seis años, diez centavos era mucho dinero. No quiero decir que yo era alguna clase de santito, pero en casa me habían enseñado que no debía quedarme con algo que no me pertenecía. Ahora, se les pide a los niños que debatan lo que está bien y lo que está mal, no basándose en normas de moralidad establecidas, sino la opinión del grupo. Eso es sencillamente increíble.

BB: Piense en esa pobre niña perdida, que buscó guía en el adulto, pero él no le dio ninguna respuesta. Al consejero le habían dicho que no favoreciera ni un punto de vista ni otro en este tipo de «clarificación de valores», y que no usara el lenguaje de lo correcto e incorrecto porque no hay absolutos.

JCD: [Más tarde en la entrevista] Entiendo que usted tiene ahora un nuevo plan de estudios, disponible para los niños desde el jardín de infancia hasta el grado doce, con el fin de ayudar a los padres que instruyen a los hijos en el hogar, y a otros que deseen enseñarles directamente a los niños. Denos la idea básica.

BB: En muchos aspectos, es una idea muy simple. Lo que estoy haciendo junto con mis colegas es desarrollar un programa de educación en la web, desde el jardín de infancia hasta el grado doce. Que consta de seis materias: matemáticas, lenguaje, historia, ciencias, arte y música. Estamos desarrollando una lección para cada día del año de esos trece años. Consistirá en libros, materiales y programas en la Internet.

Se lo ofrecemos a los padres y a los maestros, o a cualquiera que esté interesado en ello. Hemos mirado los programas de ciencias en los diferentes estados, y hemos mirado programas de lectura y escritura en todas partes. Se ha juntado lo que pensamos que es el mejor programa educacional que un padre o una escuela puede dar. Esperamos que los alumnos en el hogar se interesen en todo o en una parte de este programa. También esperamos que las escuelas públicas le den una mirada, y que los padres lo consideren.

JCD: ¿Cómo pueden los padres conseguir más información acera del programa?

BB: Sencillamente entrando en la siguiente dirección en la Internet: http://www.K12.com.

JCD: Bill, gracias por haber estado con nosotros de nuevo. Siempre será bienvenido a estos micrófonos.

BB: Gracias, Jim. Siempre es un placer hablar con usted[13].

Espero que nuestros lectores entiendan que a pesar de las preocupaciones expresadas por el doctor Bennett y por mí acerca de las escuelas públicas, ninguno de nosotros es «negativo» con respecto a ellas. Existen muchos maestros y administradores en la educación pública, hoy en día, que están tan comprometidos con los niños como los que describí de las escuelas cristianas. Sin embargo, debo admitir que, si las escuelas del gobierno siguen alejándose cada vez más de la moralidad tradicional y del sentido común, como en el caso de los programas de educación sexual que es superficial y todas las cuestiones posmodernas que promueven la NEA y el Departamento de Educación de los Estados Unidos, pronto me opondré definitivamente a ellas.

Una de las críticas más serias es en contra de la filosofía que expresó en 1973 la ex primera dama y ahora senadora de los Estados Unidos, Hillary Rodham Clinton. Tal vez, las palabras que escribió hace tanto tiempo se hayan olvidado. No importa. La filosofía que ella expresó refleja la dirección que han tomado los educadores públicos en muchos aspectos y, por cierto, los líderes de sus sindicatos. Aquí tenemos un resumen del punto de vista de la señora Clinton, escrito por el columnista George F. Will:

> Si los niños son adultos en miniatura, dotados naturalmente con la mayoría de las cualidades necesarias para participar en la sociedad adulta, si necesitan una escasa formación, si existe poca necesidad de restringir y redirigir sus impulsos naturales, bueno, entonces, «la situación legal de la infancia o la minoría de edad debiera abolirse y debiera revocarse la presunción de incompetencia respecto a la maternidad, el aborto, la enseñanza escolar y muchas otras cosas»[14].

Esta declaración no tiene sentido para mí. La señora Clinton dice que los niños no son personitas inmaduras que necesitan que se les discipline, se les forme, se les enseñe y dirija. Son individuos completamente competentes a los cuales se les debiera dar la situación legal de adultos. Por lo tanto, las escuelas debieran quitarse del camino y dejar que la naturaleza siga su curso. Se supone que los educadores no deben «enseñarles» a los niños, ya que esto implicaría una situación de superioridad. Son «codiscípulos» y «facilitadores» que sencillamente les ayudan a los niños a descubrir por sí mismos lo que más les conviene. La continuación de esta filosofía es la razón por la cual, como dijo el doctor Bennett, existe un «caos en el plan de estudios». Muchos educadores profesan no saber qué es lo que debieran enseñar (o incluso, si tienen derecho a enseñarlo). No nos asombremos de que nuestros niños queden en los últimos lugares en las competencias académicas internacionales. Probablemente sepan cómo usar un condón, pero muchos de ellos no pueden hacer las operaciones básicas de matemática, o no pueden leer ni escribir.

Por esta razón muchos padres se han vuelto a la instrucción escolar en el hogar como un medio para enfrentarse a esta cultura hostil. Les permite transmitirle los valores a la próxima generación. Y como hemos visto, se ha demostrado que proporciona un ambiente altamente efectivo para el aprendizaje. Los estudiantes educados en el hogar ahora se encuentran inscritos en algunas de las universidades más prestigiosas de la nación, en las cuales se han distinguido tanto en el aspecto académico como en el personal. La instrucción escolar en el hogar les ofrece un enfoque altamente exitoso a los padres que se comprometen con la labor.

Muchas veces se les advierte a aquellos que han escogido enseñarles a sus propios hijos que sus niños y niñas «aislados» serán inadaptados sociales. Esta preocupación en cuanto a la «socialización», como se le llama, es una nube oscura que se cierne sobre las cabezas de los padres que instruyen a sus hijos en el hogar. Creo que es una acusación falsa por varias razones. En primer lugar, sacar a un niño del aula no necesariamente significa confinarlo dentro de su casa. Una vez que se encuentra fuera de las puertas de la escuela, las opciones son prácticamente ilimitadas. Los grupos de apoyo a la escuela en el hogar surgen en comunidad tras comunidad. Algunos están muy organizados y ofrecen viajes de estudio, servicios de tutores, actividades sociales y diversas formas de ayuda y recursos. En algunas zonas, hasta hay ligas atléticas y orquestas. Además, algunas escuelas públicas les permiten a los estudiantes en el hogar participar en sus actividades y programas.

Aunque usted trabaje completamente solo, existen excursiones a museos y a parques, visitas a granjas, hospitales y oficinas del gobierno local, días en que papá lo puede llevar a su trabajo, viajes a la casa de la abuela, actividades fuera del plan de estudios como música, grupos de jóvenes de la iglesia, organizaciones de servicios y clubes de diferentes intereses especiales. Se puede invitar a amigos y a familiares, y se puede asistir a fiestas. La lista es interminable. Hasta un viaje al supermercado con mamá puede proporcionarles a los estudiantes más jóvenes la invaluable exposición a las vidas y tareas diarias de los adultos en el mundo real. Mientras está allí, se pueden aprender una multitud de lecciones de matemáticas (precios, fracciones, gramos, kilogramos, suma, resta, etcétera), se pueden leer etiquetas y realizar otras actividades académicas. Y sin las restricciones de los horarios de los programas formales de estudio, todo se puede considerar parte del proceso educativo. A eso lo llamaría socializar al máximo. Sugerir que los estudiantes que hacen la escuela en el hogar son extrañas criaturas en confinamiento solitario es una tontería.

La gran ventaja de la instrucción en el hogar, como hemos dicho, es la protección que les proporciona a los niños vulnerables de la clase de socialización equivocada. No me refiero tan solo a las influencias culturales de las que hemos hablado, sino a lo que los niños se hacen unos a otros. Cuando se les arroja a un grupo grande, los más fuertes y agresivos no tardan en intimidar al débil y vulnerable. En estas circunstancias, los niños inmaduros y «diferentes» son los que sufren. Cuando esto sucede en el jardín de infancia, aprenden a tenerles miedo a sus compañeros. Allí tenemos a un niño de piernas delgadas que no tiene la menor idea acerca de la vida o de cómo enfrentarse a las cosas que lo atemorizan. O se hunde, o flota. Es fácil ver que estos niños tienden a ser más dependientes de sus compañeros debido a los empujones que han recibido a una edad muy temprana. Esta sensación permanece hasta bien entrada la adolescencia. Las investigaciones nos muestran que si los varones, inmaduros en particular, pueden quedarse en casa algunos años más, protegidos del impacto de la presión social, tienden a ser más confiados, más independientes y generalmente surgen como líderes tres o cuatro años más tarde[15].

Si exponer a los niños al ridículo, al rechazo, a las amenazas físicas y a los rigores de la jerarquía social es necesario para socializar a nuestros hijos, recomiendo que los mantengamos «no socializados» por algún tiempo más.

Sé que en este capítulo le he prestado excesiva atención a un enfoque de la educación: la de la instrucción escolar en el hogar. Existen muchas otras alternativas, y no he sido justo con ellas. Además, hay padres que no tienen las características emocionales o temperamentales para realizar una buena tarea instruyendo a los hijos en casa. Otros no pueden vivir con un solo sueldo. Por lo tanto, no es para todos. En ese ambiente, sigo agradecido a los maestros cristianos tanto en la educación pública como privada que trabajan cada día para el mejoramiento de los niños. También existe una gran promesa en las «escuelas autónomas» y en las que se llaman «escuelas imán» (escuelas públicas con cursos especializados) que ofrecen alternativas atractivas. Sin ellas, las escuelas públicas tendrían un candado alrededor de cada niño en los Estados Unidos.

A los padres de varones inmaduros que no estén listos para sentarse en clase hora tras hora, los insto a que al menos consideren las otras posibilidades mientras sus hijos son pequeños. Si les da una oportunidad, sus hijos pueden sobresalir.

PREGUNTAS Y RESPUESTAS

¿Qué piensa de los vales o cupones que les permiten a los padres seleccionar la escuela de su elección y pagar la educación con dinero del gobierno?

Permítame darle una respuesta directa. El enorme éxito de la libre empresa y el capitalismo como sistemas económicos está ligado a la presencia de la competencia. Esa es la razón por la cual los Estados Unidos va a la cabeza del mundo en cuando a productividad y eficiencia. La ausencia de competencia explica el estrepitoso fracaso del comunismo y de otras formas de gobierno. La sencilla razón es que la competencia mejora el comportamiento humano en casi todos los contextos. McDonald's, Wendy's y Burger King no se atreven a quedarse atrás de sus competidores en cuanto a la calidad y cantidad de comida y el servicio que brindan. Si lo hicieran sería fatal. Este principio tiene aplicaciones interminables. Fíjese en la manera en que operan el Departamento de Vehículos, la oficina local del Seguro Social, la oficina de correos y otras agencias federales. Póngase en contacto con ellos y vea si recibe una rápida respuesta. No quiero menospreciar a la buena gente que trabaja en esos lugares y en otras oficinas de gobierno, pero si usted necesita algo de ellos, se dará cuenta de inmediato de que ellos no lo necesitan a usted como cliente. Tienen un monopolio manejado por el estado que no tiene competencia. La gente se vuelve descuidada cuando nada los apremia.

¿Recuerda cuando la compañía telefónica Bell mantenía un monopolio virtual en las llamadas de larga distancia? Una llamada fuera del área costaba aproximadamente treinta centavos por minuto. Cuando mamá Bell se dividió y se permitió la competencia de otras compañías, los precios bajaron a seis o siete centavos. Todavía siguen bajando. La importancia de este suceso en relación con la educación pública debiera ser evidente. Nunca proporcionará el servicio que los padres desean, ni alcanzará un alto nivel de eficiencia hasta que los educadores se vean forzados a competir. Por eso, apoyo el concepto de los vales. Al darles a los padres el derecho de elegir la escuela de su hijo se les da poder y motivo a las escuelas públicas a que hagan una mejor tarea. Lo único que es un impedimento para esta idea comprobada es el poderoso grupo de presión de la educación que ejerce un dominio en Washington y en los gobiernos estatales.

La maestra de mi hijo, que va en tercer grado, me dijo durante una conferencia la semana pasada que él era el «payaso de la clase». Dijo que era capaz de hacer cualquier cosa con tal de hacer reír a los demás. Generalmente, en casa no se comporta de esa manera. ¿Qué cree usted que le sucede?

Su hijo no está solo. Por lo menos existe un payaso en cada aula. Generalmente, estos hábiles perturbadores son varones. A menudo, tienen problemas de lectura o de alguna otra clase. Pueden ser bajitos, aunque no siempre, y hacen todo lo posible por atraer la atención de los demás. Sus padres y maestros tal vez no re]conocen que detrás de este comportamiento bullicioso con frecuencia se esconde el dolor de una baja autoestima. El humor es la clásica respuesta a los sentimientos de incompetencia, y esa es la razón por la cual muchos comediantes exitosos han sido niños o niñas heridos. Los padres de Jonathan Winters se divorciaron cuando él tenía siete años. Él contaba que los otros niños se burlaban de él porque no tenía papá. Dijo que actuaba como si no le importara, pero que cuando nadie miraba, se iba detrás de un árbol y lloraba. Winters dijo que todo su humor había sido una respuesta al dolor[16]. Con frecuencia la comediante Joan Rivers hacía bromas acerca de lo fea que era cuando niña. Decía que era tan fea que su padre tuvo que apagar la luz para que se casara[17].

Estos comediantes, y la mayoría de los demás, obtuvieron su entrenamiento durante la niñez, utilizando el humor como una defensa en contra de sus heridas infantiles. Por lo general, esa es la inspiración que mueve al payaso de la clase. Al hacer que todo sea una gran broma, esconde la inseguridad que se agita dentro.

Saber esto la ayudará a satisfacer las necesidades de su hijo y lo ayudará a encontrar maneras más aceptables de llamar la atención. Tocar un instrumento musical, participar en deportes, o actuar en las obras de teatro de la escuela son buenas alternativas. Tomar medidas enérgicas por su comportamiento tonto también sería una buena idea.

DEPREDADORES

HEMOS HABLADO DE varios de los problemas sociales más serios, que son responsables de gran parte de la dificultad con que se enfrentan los varones y sus padres en la actualidad. En este capítulo consideraremos otra dificultad más, a la cual nos hemos referido varias veces sin definirla. Se llama posmodernismo, el cual nos ayuda a explicar cómo las familias, y especialmente los varones, han llegado a un estado de semejante confusión. Este sistema de pensamiento, llamado también relativismo moral, enseña que la verdad no se puede conocer a partir de Dios, ya que lo percibe como un mito, ni a partir del hombre que no tiene derecho a hablar por los demás. Más bien, la verdad no existe en absoluto. *Nada* es correcto ni incorrecto, nada está bien o mal, nada es positivo o negativo. Todo es relativo. Lo único que importa es «lo que está bien para mí y lo que está bien para usted». Estas ideas evolucionan de persona a persona a medida que siguen adelante.

Aunque parezca increíble, algunos profesores hoy en día arguyen que ni siquiera la exterminación de seis millones de «indeseables» perpetrada por los nazis durante la Segunda Guerra Mundial fue inmoral porque la idea de la moralidad en sí misma es falsa[1]. Decir que algo es inherentemente malo implica que un gran juez se sienta en alguna parte del universo y dictamina los valores y los mandamientos primordiales para el mundo. El posmodernista está convencido de que tal autoridad no existe. En la ausencia de un Ser Supremo, la tolerancia se convierte en el «dios» que aprueba absolutamente todo menos las creencias cristianas. Las políticas públicas se determinan mediante encuestas de opinión o se traman bajo la base de nociones populares que sencillamente le parecen apropiadas a alguien en el momento.

Lo interesante acerca de los posmodernistas es la capacidad que tienen para vivir cómodos en medio de contradicciones. La razón es que no existen absolutos preocupantes a los cuales tengan que enfrentarse. Por ejemplo, los relativistas morales celebran la dignidad humana y la armonía racial como preceptos, pero apoyan el asesinato (o la eutanasia) de los ancianos, de los que todavía no han nacido, e incluso de bebés saludables, con el tiempo de gestación necesario, en el momento en que salen del canal uterino. Se puede prescindir de la vida humana si es inconveniente. «¡Un momento!», usted dirá. Estas ideas no pueden coexistir en la misma mente. «Claro que pueden», dice el posmodernista sin explicar nada.

Esta filosofía errónea es lo que le permitió a la senadora de los Estados Unidos, Barbara Boxer (demócrata de California), insistir durante un debate del Senado en que debemos preservar el hermoso ambiente de Dios, pero luego afirmó en otra ocasión que los bebés no son seres humanos hasta que los padres se los llevan a casa desde el hospital. Se les puede asesinar impunemente durante esas primeras horas o días[2]. Qué lógica tan intrincada y, sin embargo, a los posmodernistas no les importa que las ideas conflictivas como esta no tengan sentido. Esta es la esencia del posmodernismo.

El bioeticista y profesor de Princeton, Peter Singer, es uno de los defensores más importantes de esta filosofía inmoral y carente de valores. Él ha dicho: «Matar a un bebé discapacitado no es moralmente equivalente a matar a una persona. La vida de un recién nacido tiene menos valor... que la vida de un cerdo, de un perro o de un chimpancé[3]. Este hombre extraviado recibió recientemente la titularidad de Princeton, después de revelar sus estrafalarias ideas acerca de la carencia de valor de la vida humana. Lo peor de todo es que la universidad ha tenido la audacia de nombrar al doctor Singer presidente del departamento de bioética.

Ahora bien, ¿qué tiene que ver esta relatividad moral con la crianza de los varones? En realidad, tiene que ver con todo. Ha confundido todas las antiguas diferenciaciones entre lo correcto y lo incorrecto, entre lo adecuado y lo inadecuado, entre lo que tiene precio y lo que no tiene valor, y entre lo humano y lo inhumano. También ha traído como consecuencia una caída libre de la moral que todavía no ha tocado fondo. El posmodernismo le ha dado credibilidad y libre reinado a toda forma de mal. Sí, dije *mal*. Los varones, con sus tendencias de expandir sus límites y desafiar a la autoridad, son vulnerables. Se les atrae a conductas terrible-mente destructivas que las generaciones anteriores hubieran parado en seco, ya que sabían que algunas cosas son incuestionablemente malas y que todas las ideas tienen consecuencias.

La idea del posmodernismo enseña a los niños, a los adolescentes y a los adultos que le deben su existencia al azar en un universo sin diseño ni diseñador. No tenemos que rendirle cuentas a nadie mientras vivamos un instante sin sentido, en un cosmos moribundo que terminará en com-pleta oscuridad. Como seres humanos no tenemos un valor inherente ni una importancia más allá de nuestro viaje por el río del tiempo. No nos sorprende que la baja autoestima y la falta de respeto por los demás estén a la orden del día. Es una deplorable visión del mundo que ataca a la familia y deforma a sus jóvenes.

Recuerde, también, que las ideas determinan el comportamiento. El libro de Proverbios dice: «Porque cual es su pensamiento en su corazón, tal es él» (Proverbios 23:7). Aquellos a los que les dicen que no son otra cosa más que el resultado de la casualidad tienen menos razones para ser morales, cumplidores con la ley, respetuosos o agradecidos. Y, por cierto, muchos de ellos no lo son.

Cuando el sistema de pensamiento posmodernista se traduce en un millón de ideas e imágenes, asalta a la familia y deforma a sus miembros más jóvenes e impresionables. Además, da las directrices para la crianza de los hijos en la actualidad. Leí un indignante ejemplo de este enfoque irresponsable en una columna de preguntas y respuestas en el ejemplar de agosto del 2000 de la revista *Maryland Family*. Un «padre preocupado» escribió para preguntarles a las columnistas Laura Davis y Janis Keyser, acerca de su hijo de siete años, Brett, que se estaba involucrando en juegos sexuales con su mejor amiga, Jacqueline. Durante varios años, se habían ocultados desnudos debajo de las frazadas, examinándose los genitales, y «se reían mucho tontamente». Ninguna de las dos familias se había pre-ocupado por la actividad, que aparentemente había tenido lugar desde que los niños tenían cuatro o cinco años. Más recientemente, habían comen-zado a cerrar la puerta y a pasar más tiempo juntos desnudos. Cuando el padre entró a la habitación, gritaron indignados y le ordenaron que se fuera. Cuando el papá les preguntó qué era lo que estaban haciendo, Jacqueline dijo que deseaban ver los huevos y el esperma de Brett. Papá deseaba que las columnistas le dijeran qué guías debían darles a los niños.

¿Puede creerme si le digo que las que se llaman a sí mismas «exper-tas», las columnistas, pensaron que era perfectamente normal y aceptable que los niños se involucraran en esta clase de comportamiento sexual?

«Los niños —dijeron— sienten curiosidad acerca de la relación sexual y de dónde vienen los bebés». Recuerde que Brett y Jacqueline tenían menos de cinco años cuando comenzaron esta actividad. Davis y Keyser le advirtieron al padre que «no se interpusiera con muchas ideas propias» y que mantener una política de puerta abierta «podría ser difícil porque los niños generalmente exigen privacidad». Luego las expertas dijeron lo siguiente: «Si los niños pasan más de la cuarta parte de su tiempo explorando sus cuerpos y en juegos sexuales, o si parecen 'obsesionados', es probable que necesiten su ayuda contestándole algunas de sus preguntas y encontrando otras actividades que puedan disfrutar juntos». Y, finalmente: «Si los niños disfrutan la sensualidad del juego, usted podría inventar algunas maneras más estructuradas de participar en un juego táctil. Los masajes en la espalda y en los pies con loción o aceite son alternativas maravillosas»[4]. ¡Pero esto nada más si los niños pasan más de 25% de su tiempo debajo de las frazadas.

¿Nos hemos vuelto completamente locos? Algunas veces estoy convencido de que así es; o que al menos los posmodernistas se han vuelto locos.

La columnista Ellen Goodman, que hasta donde yo sé no dice ser cristiana, escribió un editorial perspicaz acerca de esta batalla para proteger a nuestros niños de las perniciosas influencias de nuestros días. He aquí su punto de vista:

En algún lugar entre Lamaze y la Asociación de padres y maestros (PTA, por sus siglas en inglés) resulta claro que una de las principales tareas que usted tiene como padre o madre es contrarrestar la cultura. Se espera que lo que los medios de comunicación les entregan masivamente a los niños, usted lo refute de una cosa a la vez.

Pero se me ocurre en este momento que el llamado a la «responsabilidad de los padres» aumenta en proporción directa con la irresponsabilidad del mercado. Se espera que los padres protejan a sus hijos de un ambiente cada vez más hostil. ¿Están tratando de venderles a sus hijos comida no nutritiva? Simplemente dígales que no. ¿Es mala la televisión? Apáguela. ¿Hay mensajes acerca del sexo, las drogas y la violencia por todas partes? Contrarreste la cultura.

Se espera que las madres y los padres controlen prácticamente todos los aspectos de las vidas de sus hijos. Que verifiquen la clasificación de las películas, que lean las etiquetas de los discos compactos, que averigüen si en la casa de al lado tienen MTV. Todo esto mientras se mantienen en contacto con la escuela y, en su tiempo libre, se ganen la vida.

Barbara Dafoe Whitehead, investigadora asociada en el Institute for American Values (Instituto para los Valores Estadounidenses), escribió lo siguiente en entrevistas que tuvo con padres de clase media. «Una queja común que escuché de los padres es la sensación de que la cultura los abruma. Se sienten relativamente más desamparados que sus padres».

Ella advierte: «Los padres se ven a sí mismos en una lucha por los corazones y las mentes de sus hijos». No es que no puedan decir que no. Es que hay demasiadas cosas a las que les deben decir que no.

Sin deleitarnos en una falsa nostalgia, se ha producido un cambio fundamental. Los estadounidenses en algún tiempo esperaban criar a sus hijos de acuerdo con los mensajes dominantes de la cultura. Hoy en día, se espera que los críen oponiéndose a ella.

En un tiempo, el conjunto de los valores culturales estaba lleno de ministros, vecinos y líderes. Exigían más acatamiento pero ofrecían más apoyo. Ahora, los mensajeros son las Tortugas *Ninjas*, Madonna, los grupos de rap y las celebridades que imponen qué zapatillas deben usarse. A los padres solo se les considera «responsables» si tienen éxito en su resistencia.

Esto es lo que hace difícil criar hijos. Es la razón por la cual los padres se sienten más aislados. No se trata nada más de que las familias en los Estados Unidos tienen menos tiempo para estar con sus hijos, es que tenemos que pasar más de ese tiempo batallando contra nuestra propia cultura.

Es como tratar de hacer que sus hijos coman habichuelas después de que durante todo el día han hablado de las maravillas de las golosinas. Pensándolo bien, es exactamente así[5].

Para los padres cristianos, la lucha por proteger a sus hijos va más allá de la comida poco nutritiva y de las celebridades que venden zapatillas. Por cierto, los niños de hoy han sido bombardeados con más ideas peligrosas que cualquier otra generación en la historia de los Estados Unidos. Para las madres y los padres se ha convertido en una tarea de enormes proporciones proteger a sus hijos de la educación que reciben en las escuelas acerca de las «relaciones sexuales sin riesgo», de los «maestros espirituales» de la Nueva Era, del lenguaje profano y sucio del vecindario, y de las tentaciones de todos los colores habidos y por haber. Los depredadores persiguen a los jóvenes como lobos hambrientos para explotarlos con fines de lucro, incluyendo iniciadores en la droga, a los productores de televisión y de cine sin principios, a los abusadores sexuales, a los que facilitan abortos, a los fanáticos de la música heavy-metal, y ahora, a aquellos que habitan en la Internet. Como ejemplo, podemos nombrar lo que ha hecho Planificación Familiar distribuyendo miles de cajitas a los adolescentes de la zona de Mineápolis, llamadas: «Equipos de supervivencia para el baile de graduación». Cada cajita contiene tres condones, dos mentas para el aliento, un paquetito de confeti y un cupón de descuento para la primera visita a la clínica de Planificación Familiar. Estos incentivos para la actividad sexual, no tan sutiles, son característicos de los mensajes que adultos, que debieran saber más que eso, les dan a los adolescentes. Qué triste que los padres tengan que luchar constantemente para preservar el sentido común y la decencia en el hogar.

Algunas veces, me parece que no queda nada sano para que nuestros niños y adolescentes lo disfruten. Por ejemplo, hoy en día, los programas más populares de la televisión por cable representan las violentas payasadas de la World Wrestling Federation (WWF) (Federación Nacional de Lucha Libre). Son los favoritos de los niños, con su marca de entretenimiento sangriento. Observar a la gente grande comportándose de una manera tan violenta y escandalosa tiene que ser nocivo para los niños. ¿Se acuerda del niño de doce años de la Florida, Lionel Tate, que golpeó a una niña de seis años hasta matarla, aplastándole el cráneo y lacerándole el hígado? Dijo que había visto a los luchadores en televisión y que deseaba probar sus movimientos. Al joven asesino le dieron cadena perpetua[6]. No he escuchado ni un solo comentario que diga que la WWF y sus patrocinadores comerciales tienen una gran responsabilidad en esta tragedia, pero así es.

Las comedias televisivas subidas de tono también tienen un tremendo impacto sobre las mentes de los jóvenes. Los ejecutivos de MTV, con su énfasis en el sexo y la violencia, admiten que intentan formar a cada generación de adolescentes. Uno de los anuncios muestra la parte de atrás de la cabeza de un adolescente con las letras «MTV» afeitadas en su cabello. El letrero dice: «MTV no es un canal, es una fuerza natural. La gente no lo mira, lo ama. MTV ha cambiado la manera de pensar, de hablar, de vestirse y de comprar de toda una generación»[7]. Lo asombroso es que MTV no solo admite que trata de manipular a los jóvenes y a los inmaduros, sino que gasta una enorme cantidad de dinero haciendo alarde de ello.

Si todavía le queda alguna duda en cuanto a que MTV explota a sus hijos, le sugiero que mire algunos de sus programas populares. Debieran helarle el alma. Aunque los productores cambian constantemente para atraer a más espectadores, tienden a poner las cosas cada vez peor. Uno de sus programas actuales llamado *Jackass* es descaradamente horrible. Presenta como «protagonista» a un adolescente chiflado llamado Johnny Knoxville, que aparece en diversos escenarios repugnantes. Lo filmaron mientras estaba cabeza para abajo y le arrojaban el agua de un inodoro portátil. Él lo llamó un «cóctel de excremento». Se comió un pez dorado vivo y luego lo vomitó dentro una vasija. Se vistió como una persona discapacitada en una silla de ruedas y luego se estrelló contra una pared[8]. En una ocasión, se puso un chaleco a prueba de balas y se disparó en el pecho con una pistola calibre 38, escena que MTV, inusitadamente, se negó a sacar al aire[9]. Lo que este y otros programas buscan es hacer absolutamente cualquier cosa (la mayoría de ellas sensacionalistas, temerarias e inmorales) para obtener un índice de audiencia más alto. Mientras hablamos, más de dos millones de jóvenes ven *Jackass* todas las semanas[10]. ¿Cuántos muchachos son lo suficientemente inmaduros e inestables como para imitar el comportamiento que ven? Sospecho que la mayoría, en un momento o en otro.

Para cuando usted lea este libro, habrá alguien tramando algo nuevo dirigido a su influenciable hijo, algo aún peor. El escritor James Poniewozik dice que el resultado de estos asquerosos ofrecimientos es lo que él llama el fenómeno del «muchacho grosero»[11]. Los hombres de hoy, dijo, han tenido que imaginarse cómo alienar a sus padres, muchos de los cuales «han vivido». Para superar la rebelión del pasado, su comportamiento se ha vuelto aún más extremo y audaz. Pero ¿ha pensado usted en esto? Algún día, los niños que nacerán de estos muchachos groseros y de sus estrambóticas novias tendrán que ingeniárselas para impresionar a *sus* padres. No será fácil. No existen cosas alocadas que les queden por hacer.

La industria de la música rock se lleva el premio por producir el material más atroz y peligroso para los jóvenes. Dudo que los padres sean completamente conscientes de la basura y la violencia que les venden a sus hijos. Permítame compartir un ejemplo nada más, que no es peor que otros mil iguales, tomado de un disco compacto que se lanzó al mercado hace unos años atrás. Lo grabó un grupo popular llamado Korn e incluía esta letra:

*Tu garganta, te tengo agarrada, ¿puedes sentir el
dolor?
Luego tus ojos se dan vuelta para atrás, ¿puedes
sentir el dolor? [...]
Tu corazón deja de latir, ¿puedes sentir el dolor?
Orgasmos negros, ¿puedes sentir el dolor?
Beso tu piel sin vida, ¿puedes sentir el dolor?
Allí estás mi preciosa, con tu alma rota*[12].

Resulta increíble, pero esta canción terrible se titulaba: «Mi regalo para ti». El disco compacto (producido y distribuido por Sony Records) fue el número uno de la lista de éxitos, y se vendieron veinte millones de copias del mismo. La mayoría de los jóvenes que compraron esta grabación, algunos de los cuales deben haber sido preadolescentes, no solo escucharon las palabras, sino que las memorizaron escuchando el disco una y otra vez. Dados estos ecos de la cultura, nos preguntamos por qué no hay más padres y madres cristianos protestando en las puertas de compañías y organizaciones tales como Sony, que deforman y tuercen los valores de sus hijos. ¿Por qué, si se puede saber, se le permite a Howard Stern tener su propio programa de radio o televisión a pesar de las cosas increíbles que ha dicho y hecho? A los pocos días de que doce adolescentes y un adulto fueran asesinados a sangre fría en la escuela secundaria Columbine en Littleton, Colorado, Stern dijo: «A esa escuela va un puñado de muchachas bonitas. Había jovencitas en realidad muy bonitas corriendo hacia afuera con las manos sobre la cabeza. ¿Trataron esos muchachos de tener sexo con cualquiera de estas jovencitas hermosas? Ni siquiera hicieron eso. Al menos, si te vas a matar y vas a matar a todos los demás, ¿por qué no tener un poco de sexo?»[13].

¿Dónde estuvo la furia que hubiera tenido que lloverle a Stern sobre su cabeza peluda? ¿Por qué a los patrocinadores de su programa no los asediaron padres furiosos? ¿Dónde estaban los medios de comunicación que expresan tremenda indignación cuando se ataca lo políticamente correcto? ¿Por qué a Stern no lo echaron del trabajo, y no se oyó nunca más de él? ¡Buenas preguntas! En cambio, a los pocos días de sus inolvidables comentarios, todo siguió como siempre. Jamás perdió el compás. En este momento, tiene el programa radial de entrevistas que ocupa el tercer lugar entre los más populares.

Lo que sucede en las universidades estos días es otra triste historia, donde nadie se opone al posmodernismo y donde las borracheras son la actividad de todos los fines de semana. Algunas universidades son todavía más extremas. Un artículo que apareció en el New York Times el 18 de marzo del 2000, describía lo que llamaron «El dormitorio desnudo» en la Universidad Wesleyana, una residencia mixta en la cual la ropa es opcional. Existe la «hora desnuda» en la cual los hombres y las mujeres se juntan para socializar. Un estudiante dijo: «La idea no es juzgar a nadie y respetar las creencias de los demás. No tiene una insinuación sexual». ¡Sí, claro! Le ahorro los otros detalles, excepto que el artículo decía que estas fiestas se encuentran entre las más populares de la universidad. Estoy seguro que así es. La pregunta que yo haría, una y otra vez, es la siguiente: «¿Dónde están los padres que pagan las cuentas para sostener ese tipo de locura?». Una estudiante le contó a su padre acerca de este dormitorio y: «Él sencillamente se rio»[14].

La organización de investigaciones Luntz Research condujo una encuesta que abordaba el tema de la moralidad. Sorprendentemente, descubrieron que 80% de los estadounidenses creen que la inmoralidad es el mayor problema de nuestra nación[15]. Sin embargo, la mayoría de ellos están demasiado ocupados o desanimados como para enfrentarse a los que están explotando a sus hijos. Así es como los manipuladores se las ingenian para permanecer impunes de cometer asesinato.

Gracias a Dios, todavía hay madres y padres que están decididos a proteger a sus hijos. Una de ellas, Michelle Malkin, está muy enojada con los padres blandos que toleran semejantes barbaridades. Escribió:

Los padres modernos se han quedado dormidos

«Cuando los cerdos vuelen. Cuando el infierno se congele. Cuando las vacas salten por encima de la luna. N-O. ¡NO, no, no! Se terminó la discusión». Eso es lo que le diré a mi hija cuando me pregunte, de aquí a muchos años, si puede asistir a una fiesta mixta para dormir juntos. En todo el país, crease o no, los adolescentes de ambos sexos retozan juntos, en paños menores, bajo un mismo techo con la aprobación de sus padres.

El *Washington Post* le dedicó 1200 palabras a esta moda pasajera de los adolescentes que está en auge. La búsqueda en la base de datos de un periódico halló cerca de 200 historias acerca de estas fiestas mixtas para dormir juntos. Populares programas televisivos de adolescentes, tales como *Séptimo cielo* de la Warner Bros ha mostrado este tipo de fiestas. Un catálogo navideño reciente de Abercrombie & Fitch mostró a cuatro muchachas preadolescentes en la cama debajo de las frazadas con un muchacho mayor que ellas agitando lascivamente sus calzoncillos en el aire.

«Es lo último de lo último», le explicó un adolescente de diecisiete años llamado «J. D.» al reportero del *Post*. Las fiestas mixtas de toda la noche «son una variación a las citas en grupo —informa al *Post*— en las cuales los adolescentes pasan el rato juntos, pero generalmente no forman parejas. Algunos padres dicen que las fiestas se volvieron más comunes hace un par de años, después de que los administradores de varios distritos les pidieron a los hoteles que dejaran de proveer habitaciones a los estudiantes luego de grandes acontecimientos en la escuela secundaria». Para ganarles a sus padres, J. D. argumentó que auspiciar una fiesta mixta para pasar la noche es «mejor que estar mintiendo acerca de dónde estamos y que alquilar alguna sucia habitación en un hotel».

Muchos padres, y utilizo el término sin excesivo rigor, se tragan esta lógica barata. «Me parece que es absolutamente mejor que ir a los hoteles, y de esta manera uno conoce a los chicos que vienen, y sabe con quiénes están», dijo Edna Breit, una madre de Maryland que le permite a su hijo adolescente invitar a más de veinte muchachas y muchachos a dormir juntos, a bañarse juntos en una tina caliente y quedarse despiertos hasta el amanecer mirando películas en el sótano de la casa.

Breit compartió su método furtivo para controlar a sus jóvenes invitados toda la noche: «Les doy recipientes pequeños con refrigerios. De esta manera, tengo el pretexto de bajar a volver a llenarlos». Esto es patético. ¿Cómo hemos llegado al punto en que una mujer mayor se enorgullece de convertir su casa en un motel mixto, donde los padres deben inventar maneras tramposas de espiar a sus propios hijos? ¿En qué momento el «mejor que» reemplazó a lo que es mejor para sus hijos?

Los padres incautos que piensan que esto es una diversión inocente, que simplemente debiéramos quedarnos tranquilos y relajarnos, necesitan despertarse. Los adolescentes no pertenecen a los ambientes adultos de la intimidad. Las fiestas mixtas para dormir juntos les envían a los adolescentes demasiado inmaduros el mensaje equivocado de manejar situaciones cargadas de sexo. No es más que la última señal de una cultura que ha renunciado a reforzar los papeles tradicionales de autoridad, y a pasar de una generación a la siguiente los conceptos de moral y de sabiduría.

Gracias en parte a los valores igualitarios que abrazaron los padres de esta generación, las nociones estadounidenses de disciplina se han vuelto más blandas que el relleno de las bolsas de dormir de los adolescentes. Kay Hymowitz, autora de *Ready or Not: Why Treating Children As Small Adults Endangers Their Future and Ours* (*Listos o no: Por qué tratar a nuestros hijos como pequeños adultos pone en peligro su futuro y el nuestro*), destaca que hoy en día «los adultos se definen como aliados, instructores, compañeros, amigos, "facilitadores", condiscípulos y defensores de sus hijos. Su tarea es capacitarlos, defenderlos, aumentar su autoestima, respetar sus derechos y proporcionarles la información con la cual puedan tomar sus propias decisiones. Pero ¿es esto lo que en realidad necesitan los hijos?».

Mi hija necesita que sus padres sean padres, no compañeros de juego. No es fácil decir que no, y sé lo que digo, pero estamos preparados para decirlo una y otra vez. Hasta entonces, acariciaré los volátiles días de inocencia en los que una fiesta mixta para dormir juntos, para mi hija significa una siesta en su cuna con señor Gusano, la señora Oveja y su muñeca con una pijama rosada[16].

© 2001 Creators Syndicate, Inc.

Gracias, señora Malkin. Es bueno saber que todavía se puede encontrar sentido común entre las familias jóvenes. El resto de nosotros debemos unirnos a usted en nuestra determinación para proteger a los niños. La primera obligación que tenemos es prestar atención a las señales de advertencia que se encuentran en los cruces de caminos. Les dicen a los conductores: «Alto, mire y escuche». Esto es exactamente lo que debemos hacer con relación al mundo en que viven nuestros hijos. No debemos permitirnos estar demasiado ocupados como para controlar sus actividades. Ese escrutinio es necesario cada día a causa de los depredadores que acechan cerca de ellos en la hierba alta, especialmente en lo que concierne a los niños pequeños. Nunca olvide que los pedófilos (los individuos que abusan sexualmente de los niños) merodean buscando víctimas. No tienen dificultades en encontrarlas. El pedófilo promedio «caza» y explota a 150 niños durante su carrera[17]. A la mayoría no los atrapan durante muchos años, y aunque los atrapen, es probable que no los condenen. Estos hombres son muy hábiles en su oficio. Pueden entrar en un lugar donde los niños pasan el rato despreocupadamente, como una sala de videojuegos o una pizzería, y descubren cuáles son los más solitarios y necesitados casi instantáneamente. Buscan niños y niñas que están hambrientos emocionalmente a causa de sus desentendidos padres. En cuestión de minutos, pueden tener a estos niños bajo su control y comienzan a abusar de ellos. El tiempo promedio en el que se somete a un individuo a la explotación ¡son siete minutos![18] ¿Por qué no sale a la luz el secreto? Porque los niños son intimidados mediante amenazas a los padres.

Los pedófilos también navegan en la web buscando niños necesitados. Por eso permitirle a su hijo que tenga acceso a la Internet sin su control, es como si un hombre grasiento se presentara a su puerta, sonriera y le dijera: «Sé que usted está ocupada y cansada. ¿Qué le parece si entretengo a su hijo o a su hija por un rato?». Usted le permite entrar y el hombre camina directamente hacia la habitación de sus hijos y cierra la puerta. ¿Quién sabe lo que sucede lejos de lo que usted puede oír? Eso es lo que hace usted cuando pone una computadora o un televisor en la habitación de sus hijos. Es una invitación al desastre. Y eso es justamente lo que la mayoría de los padres han hecho y muchos de ellos han tenido que lamentar de por vida la falta de supervisión. Hablaré más acerca de esto en un momento.

Otra serpiente en el césped es el fácil acceso a la pornografía con un solo clic del ratón. No nada más está *disponible* para los niños, sino que los encargados de la pornografía los conducen hacia ella. Los niños que regularmente navegan por la web, inevitablemente tropezarán con pornografía dura. Si un varón hace clic en la palabra *juguetes*, una de las opciones que puede saltar es la de juguetes sexuales. Si una niña hace clic en un sitio llamado «amo a los caballos», puede ver imágenes de sexo entre una mujer y un caballo. Para atraer a los niños y a los adultos a un sitio pornográfico pago, los proveedores de pornografía ofrecen entretenimientos casi irresistibles. Preocupado por esta práctica, el Congreso de los Estados Unidos presentó un proyecto de ley en 1996 que prohibía estos regalos obscenos. Se dio a conocer como la Ley de Decencia en las Comunicaciones. El Tribunal Supremo, en su sabiduría, vetó la ley alegando que era inconstitucional[19]. ¿Se puede imaginar usted a los fundadores de la nación intentando proteger semejante basura cuando escribieron la Primera Enmienda?

El asalto a las mentes jóvenes no ha disminuido en lo más mínimo. De acuerdo con la *Safe America Foundation*, 53% de los adolescentes dicen haber entrado en algún momento a sitios en la web que contenían material pornográfico o violento. Más de un 91% dijo que involuntariamente se tropezaron con este terrible material mientras estudiaban para la escuela o sencillamente navegaban en la web[20]. *Safe America* dijo que los padres insisten en que controlan las exploraciones de sus hijos en la Internet, pero los hijos dicen que no es verdad. La mayoría ve lo que se les antoja.

Cualquier niño puede visitar una biblioteca y encontrar al alcance de su mano los materiales más horrendos. No solo puede ver las descripciones sexuales gráficas en la Internet, sino que toda clase de imágenes e ideas dañinas están al alcance de su mano: desde cómo fabricar una bomba hasta las instrucciones para suicidarse. Cuando los padres alarmados han exigido que se proporcionen filtros y supervisión para proteger a sus hijos de estos sitios de la Internet, la *American Library Association* (Asociación Americana de Bibliotecas) y el *American Civil Liberties Union* (Unión Americana de Libertades Civiles) han luchado como locos para oponérseles. Como es de esperar, estos libertinos proclaman descaradamente que la instalación de filtros violaría los derechos de la Primera Enmienda de los niños[21]. También dicen: «Las bibliotecas no pueden ser padres». Capte lo que esto implica. Es un ejemplo clásico de lo que hemos estado hablando. Se les dice a los padres: «Arréglenselas solos. No es problema nuestro». El suministro de computadoras sin supervisión representa la primera vez en la historia en que se han programado máquinas patrocinadas por el gobierno que pueden dañar a los niños y, sin embargo, esto es exactamente lo que sucede. Los padres incautos dejan a sus hijos en las bibliotecas locales, suponiendo que están seguros en un ambiente de aprendizaje. No tienen idea de lo que sucede allí adentro. ¿A alguien todavía le queda duda de que la cultura está en guerra con las familias?

Espero que lea con mucho cuidado lo que voy a escribir ahora porque explica por qué esta cuestión es tan significativa. La pornografía y la indecencia representan una terrible amenaza para sus varones. Una sola exposición para un adolescente de trece a quince años de edad es todo lo que necesita para crear una adicción que lo mantendrá esclavizado durante toda su vida. Es más adictiva que la cocaína o la heroína. Esa fue una de las conclusiones a las que se llegó durante la Comisión del Procurador General de los Estados Unidos sobre la Pornografía, en la cual presté mis servicios. Es sabido entre los que trabajamos en el campo del desarrollo del niño que el centro de interés sexual no está muy establecido entre los adolescentes jóvenes. Se puede reorientar a través de una experiencia sexual temprana (deseada o indeseada) o a través de la exposición a la pornografía. Un varón que por lo general se sentiría estimulado por la imagen de alguien del sexo opuesto puede aprender a través de la obscenidad a encontrar excitación en lastimar a alguien, o en el sexo con animales, o en la violencia homosexual, o en tener relaciones sexuales con niños pequeños. Muchos hombres que han sucumbido ante estos apetitos sexuales perversos pueden rastrearlos hasta el momento que comienza la adolescencia.

Esto fue lo que le sucedió a Ted Bundy, al cual entrevisté justo diecisiete horas antes de que lo ejecutaran por asesinar a tres niñas, una de ellas, la pequeña Kimberly Leach, de doce años[22]. Bundy confesó dos días antes de su muerte haber matado por lo menos a veintiocho mujeres y niñas; las autoridades dicen que la cifra puede haber llegado a cien. Bundy pidió hablar conmigo porque quería que el mundo supiera cómo la pornografía lo había conducido a (no había causado) su conducta asesina. Tenía trece años cuando descubrió materiales pornográficos en un basurero. Entre ellos había revistas detectivescas que mostraban mujeres ligeras de ropa que estaban siendo atacadas A Bundy, estas imágenes le resultaron extremadamente excitantes, y así comenzó una trágica vida que terminó en una silla eléctrica de la Florida.

No sugiero que todos los adolescentes que lean revistas pornográficas o que observen videos obscenos van a ser asesinos cuando crezcan. Lo que digo es que algunos lo serán, y que muchos otros, tal vez la mayoría, desarrollarán verdaderas adicciones a la indecencia. Es un gran problema cultural. ¡Afecta a más de 40% de los pastores![23] ¿Cómo se metieron en esto? Exponiéndose a materiales pornográficos que los encendían. Este modelo de conducta es el responsable de incontable número de divorcios y de problemas matrimoniales. Sé que esto es verdad porque lo escucho casi todos los días de boca de mujeres cuyos esposos es encuentran fuertemente atados a la pornografía. La disponibilidad que ofrece la Internet ha aumentado la incidencia de esta tragedia infinitamente.

Volvamos al peligro de poner computadoras y televisores en los dormitorios de los hijos. De acuerdo con una encuesta reciente, desde los dos hasta los dieciocho años, los niños pasan un promedio de cinco horas y veintinueve minutos, cada día, mirando televisión, escuchando música, jugando en la computadora o con los videojuegos. Ese total aumenta en el caso de los niños mayores de ocho años, que pasan casi cuarenta horas por semana involucrados en alguna clase de actividad relacionada con estos medios. La encuesta también reveló que 53% de los hijos tienen televisores en sus habitaciones, dentro de lo cual se incluye 32% de dos a siete años y 65% de ocho a dieciocho años. De todos los chicos, 60% tienen radios en sus habitaciones y 16% tienen computadoras[24].

¡Qué inquietante descripción nos proporciona este informe acerca de los niños y jóvenes estadounidenses en el siglo xxi! El hombre grasiento que llamó a la puerta se ha instalado en el dormitorio. Una vez más, todo está relacionado con el frenético estilo de vida. Estamos demasiado cansados y apurados como para preocuparnos por aquellos a quienes más amamos. Apenas sabemos lo que hacen en casa, mucho menos cuando estamos afuera. ¡Qué vergüenza! Yankelovich Partners Inc. dijo que la imagen de la familia reunida alrededor de un televisor en la sala está desapareciendo. En cambio, muchos niños miran televisión solos, donde pueden elegir cualquier cosa que quieran ver. Ann Clurman, socia de Yankelovich, dijo: «Casi todo lo que los niños ven penetra esencialmente en sus mentes sin censura ni filtros de ninguna clase»[25].

Le insto firmemente a que saque estos aparatos, ya sean televisores, computadoras o videocaseteras *fuera de la habitación*. Póngalos en la sala, donde pueda controlarlos y donde pueda regular la cantidad de tiempo que pasan encendidos. ¿Qué menos puede hacer por sus hijos?

También es nuestra responsabilidad mirar diversas formas de entretenimiento *con* nuestros hijos e hijas cuando son pequeños. Lo que ustedes ven juntos puede presentar situaciones de enseñanza que los ayudará a ellos a elegir correctamente por sí mismos cuando sean mayores. Un miembro de nuestro equipo ejecutivo me compartió un incidente relacionado con esto, que ocurrió mientras miraba televisión con su hija de trece años. Tratando de complacerla, eligieron una serie que era popular entre los adolescentes. El padre se alarmó ante lo que vio y escuchó, pero trató con todas sus fuerzas de no convertir el tiempo juntos en un sermón paternal. Finalmente, no pudo contenerse más.

«Cariño —le dijo—, sencillamente no puedo quedarme aquí sentado permitiendo toda esta basura en nuestro hogar. Es espantoso. Vamos a tener que mirar alguna otra cosa».

Antes su sorpresa, su hija le dijo: «Me preguntaba cuándo lo apagarías, papá. Ese programa es terrible».

Nuestros hijos tal vez resistan nuestros esfuerzos por desechar la inmundicia y la violencia que ahora invade su mundo, pero saben que es correcto que lo hagamos. Nos respetarán por decirles: «Dios nos dio este hogar y no lo vamos a insultar a él contaminándolo con programas sucios». Sin embargo, para hacer este juicio, usted debe mirar con sus hijos para saber qué es lo que requiere su atención. ¿Puedo sugerirle que luego comparta esta Escritura con su familia, escrita hace 2600 años por el rey David? «No pondré delante de mis ojos cosa injusta» (Salmo 101:3). También lea el siguiente versículo de los escritos de Pablo, y hable de él con sus hijos: «Por lo demás, hermanos, todo lo que es verdadero, todo lo honesto, todo lo justo, todo lo puro, todo lo amable, todo lo que es de buen nombre; si hay virtud alguna, si algo digno de alabanza, en esto pensad» (Filipenses 4:8).

Si no se puede controlar a la caja boba, tal vez debe tratar de desenchufarla, venderla, llevarla al garaje, romperla a hachazos o meterle un zapato en su parpadeante ojo azul. Si la computadora personal se convierte en un problema, ¡tírela! Luego reúna a la familia y juntos lean un buen libro.

Bueno, queridos padres, sé que lo que he compartido en este capítulo ha sido terrible. No causa asombro que muchos de ustedes se sientan atrapados en las repercusiones de la cultura posmodernista cuyo único dios es la autogratificación, y cuyo único valor radical es el individualismo. De todas maneras, usted debe saber la verdad y lo que puede hacer para proteger a los que ama. En el siguiente capítulo ofreceré lo que considero que es la manera más efectiva para tratar con una cultura posmoderna. Mientras tanto, aquí tenemos algunas cosas para considerar:

En primer lugar, démosles prioridad a nuestros hijos. En tiempos pasados, la cultura actuaba como un escudo para protegerlos de imágenes dañinas o de la explotación. Ahora, todo está al alcance aun de los más pequeños. Pongamos el bienestar de nuestros muchachos por encima de nuestra propia conveniencia y enseñémosles la diferencia entre el bien y el mal. Necesitan escuchar que Dios es el autor de sus derechos y libertades. Enseñémosles que él los ama y que nos lleva a un alto nivel de responsabilidad moral.

En segundo lugar, hagamos todo lo que está en nuestro poder para cambiar la plaga de violencia y lujuria que se ha vuelto tan generalizada en nuestro país. Exijamos que los magnates del entretenimiento dejen de producir agentes de contaminación moral. Reconquistemos en los tribunales aquel sistema de autogobierno que tradicionalmente les permitía a los estadounidenses debatir sus diferencias más profundas abiertamente y alcanzar soluciones factibles en conjunto. ¡El individualismo radical nos está destruyendo! El posmodernismo es un cáncer que corrompe el alma de la humanidad. El credo que proclama: «Si te gusta, ¡hazlo!» ha llenado demasiados hospitales con adolescentes con sobredosis de drogas, demasiadas celdas de prisiones con jóvenes sin padres, demasiados ataúdes con jóvenes asesinados y les ha arrancado muchas lágrimas a padres perplejos.

Finalmente, prometamos juntos hoy establecer para nuestros hijos las normas más altas de ética y moralidad y protejámoslos, tanto como sea posible, del mal y de la muerte. Nuestras familias no pueden ser perfectas, pero *pueden* ser mejores, mucho mejores.

PREGUNTA Y RESPUESTA

Creo que una vez usted dijo en su programa de radio que verdaderamente estamos entrenando a nuestros hijos para matar. ¿Qué quiso decir?

Esa es la tesis de David Grossman, quien, junto con el gobernador Mike Huckabee de Arkansas, escribió *On Killing: The Psychological Cost of Learning to Kill in War and Society* (*Acerca del asesinato: El costo psicológico de aprender a matar en la guerra y en la sociedad*). El profesor Grossman fue nominado a un premio Pulitzer por sacar a la luz la violencia visual a la cual llamó «la sustancia más tóxica, adictiva y destructiva»[26]. Cuando le pidieron que testificara ante un comité senatorial de los Estados Unidos que investigaba la violencia juvenil, expresó con estremecedores detalles lo que estamos enfrentando como nación. Al haber pasado veinticuatro años en la fuerza aérea, él es una autoridad en lo que se conoce como «asesinología». Este término se refiere al estudio del asesinato, concentrándose en los procesos de entrenamiento utilizados por los militares para preparar a hombres para las tareas más violentas en el combate. La alarmante conclusión de Grossman es que los mismos métodos y experiencias usados para este propósito se están empleando para adoctrinar a los niños. En resumen, se les está enseñando a matar sin sentir remordimiento.

Estas técnicas, que incluyen una excesiva exposición a conductas perturbadoras, se han comprendido durante décadas. Son muy efectivas. Es un hecho establecido que la mente humana aceptará hasta las experiencias más horribles y repugnantes si le da tiempo para adaptarse y si se les acompaña con una lógica que desarme las defensas. El mejor (o peor) ejemplo de este proceso se vio en los escuadrones asesinos de los nazis, llamados *Einsatzgruppen*, que operaron en Europa del Este durante la Segunda Guerra Mundial. Alrededor de cuatro de estos pequeños grupos de entre doce y veinte hombres asesinaba sistemáticamente a más de un millón cuatrocientas personas a sangre fría, sin importar si se trataba de mujeres, niños o bebés[27]. En varias ocasiones, mataron a cincuenta mil judíos, gitanos, polacos y prisioneros políticos en un solo día[28]. Después de la guerra, los científicos sociales, al estudiar el comportamiento asesino de los participantes, supusieron que debieron estar trastornados o de lo contrario no hubieran podido soportar semejante horror día tras día. Sin embargo, después de la investigación, se supo que eran seres humanos básicamente normales: ex comerciantes, médicos, abogados y hombres de negocios, que creían en la causa nazi y que con rapidez se inmunizaron contra el asesinato sin sentido. Se convirtieron en «monstruos» que verdaderamente disfrutaban al ver a la gente inocente rogándoles en vano misericordia. Lo que sucedió es que la excesiva exposición a la brutalidad endureció a los asesinos ante el sufrimiento de gente inocente, e incluso ante el llanto de los niños. El proceso mental mediante el cual los seres humanos aprenden a aceptar lo que antes consideraban repugnante se conoce como insensibilización.

Una vez más, la excesiva exposición es el mecanismo mediante el cual se logra esta sorprendente adaptación. A los reclutas nazis se les pedía que realizaran tareas perturbadoras repetida y sistemáticamente hasta que no les causara más impresión ni repulsión. Les daban hermosos cachorros de pastores alemanes, y les permitían que se ligaran emocionalmente a ellos. Luego, los obligaban a que les rompieran el cuello a los cachorros con sus propias manos. Hacían esto para hacerlos «rudos». Lo que los líderes nazis hacían era insensibilizar a los reclutas a la crueldad. Emocionalmente, existe una corta distancia entre matar a perros adorables y asesinar a seres humanos indefensos[29].

Este procedimiento de insensibilización se usa de manera más productiva hoy en día en la industria aérea. Es el mecanismo mediante el cual se entrena y se prueba a los pilotos. Los colocan en aparatos conocidos como simuladores en los que se crean supuestas situaciones de emergencia, tales como una falla de un motor o problemas en el tren de aterrizaje. El propósito es desarrollar habilidades que se puedan usar en una verdadera crisis, pero también condicionar a los pilotos a permanecer en calma durante circunstancias catastróficas. Más tarde, cuando han pasado por todas las emergencias posibles en el entrenamiento, supuestamente pueden manejar situaciones de vida o muerte sin entrar en pánico. Funciona. A los estudiantes de medicina también se les insensibiliza para que manipulen en una sala de emergencia o de cirugía cosas ensangrentadas que al principio les resultaban chocantes. La mayoría de nosotros tenemos la capacidad de adaptarnos a estas experiencias perturbadoras.

En efecto, eso es lo que estamos haciendo con millones de espectadores, especialmente niños, al exponerlos a las violaciones y a los asesinatos incesantemente en la televisión y en las películas. Esto fue precisamente lo que se descubrió en una investigación que duró veintidós años, que se llevó a cabo en la Universidad de Illinois en Chicago. De acuerdo con el psicólogo Leonard Eron, se aceptaron a 875 sujetos de una zona medio rural de un condado de Nueva York, para estudiarlos cuando tenían ocho años. Cuando llegaron a los treinta años, aquellos que habían mirado más violencia en la televisión habían sido sentenciados por un número significativamente mayor de crímenes serios.

Eron, que dirige la *American Psychological Association's Commission on Violence and Youth* (Comisión sobre violencia y juventud de la Asociación Americana de Psicología), llegó a la siguiente conclusión: «La violencia en la televisión afecta a los jóvenes de todas las edades, de ambos sexos, de todos los niveles socioeconómicos y de todos los niveles de inteligencia, y el efecto no se limita a aquellos que están predispuestos a ser agresivos y no se restringe a este país»[30].

Considere ahora la violencia a la cual se encuentran expuestos los niños de hoy día en la vida cotidiana, por ejemplo, en los videojuegos que se encuentran disponibles. Mortal Kombat es un ejemplo excelente. Niños muy pequeños aprenden no nada más a matar, sino también a que no los afecte el ver volar cabezas y sangre para todos lados. Con un poco de práctica, aprenden a adaptarse a la muerte y al sufrimiento. El profesor Grossman dijo que es inevitable que la insensibilización que están experimentando nuestros hijos se pueda transferir directamente a los recintos de las escuelas[31].

Refiriéndonos de nuevo a Eric Harris y Dylan Klebold, los asesinos de la escuela secundaria Columbine, su película favorita era *Basketball Diaries* (Diario de un rebelde), que mostraba una escena parecida a la matanza que más tarde cometieron. También tenían una gran influencia del ambiente gótico, que enseña la muerte, la violencia y la perversión sexual. Dado al «entrenamiento», no debiera sorprendernos que esos jóvenes asesinos gritaban, celebraban y hasta parecían disfrutar de un «gran momento» mientras mataban a tiros a sus compañeros de escuela. ¿Cómo puede negar cualquier persona racional esta relación entre la violencia virtual y la violencia en las calles?

La importancia de
permanecer cerca

EN EL CAPÍTULO anterior, describí una cultura que está aniquilando a las familias en todas partes y que amenaza el bienestar de nuestros hijos. Ha puesto a los padres en una posición muy difícil. Ellos tienen que cerrar los ojos e ignorar las dañinas influencias que andan dando vueltas alrededor de sus hijos o discutir cómo defenderlos. Permítame darles algunas ideas a aquellos que tienen la intención de atrincherarse y luchar.

El punto central de esta discusión suena tan obvio que puede parecer que no ofrece nada nuevo. Sin embargo, creo que lo que voy a escribir tiene valor. La esencia de mi mensaje es que ustedes como padres deben procurar más que nunca tratar de construir una relación satisfactoria y fortalecedora con sus hijos. Deben lograr que deseen quedarse dentro de los confines de la familia adaptándose a su sistema de valores. Si fracasan en esta tarea, pueden perder la batalla de voluntades más tarde. En la actualidad, la ley favorece a los adolescentes rebeldes. Es probable que salgan favorecidos en cualquier enfrentamiento cara a cara entre generaciones, incluso llevando, tal vez, a la emancipación legal a una edad temprana. Esto es lo que ustedes pueden hacer para prevenirlo.

Cuando yo era niño, los padres no tenía que depender tanto de la comunicación y la cercanía para tener a sus hijos a raya. Podían controlarlos y protegerlos, en mayor o menor medida, mediante la imposición de reglas o aislándolos de las circunstancias externas. El granjero común podía llevarse a su hijo insolente lejos de la vista de los demás para enderezar su conducta de nuevo. La simple amenaza de que esto fuera a suceder era suficiente para impedirles a la mayoría de los adolescentes que perdieran los estribos.

Mis padres entendían el sistema. Tenían un millón de reglas. Había normas y prohibiciones para casi cada situación imaginable. Al venir del hogar de un ministro de una congregación muy conservadora, no me permitían ir al cine (que era notablemente insípido), ni a bailes, ni utilizar un vocabulario medianamente vulgar. Recuerdo que una vez me regañaron por decir: «¡Caray!», frente a algo que me entusiasmó. Todavía no estoy seguro de cuál era el peligro que esa palabra le transmitía a padre, pero me advirtió que no volviera a decirla. La palabra *darn* (caray) se veía como un eufemismo de *damn* (maldición), *geez* quería decir Jesús y *dad-gummit* (una vieja expresión sureña) era una representación evidente del nombre de Dios. No podía pronunciar nada que se asemejara vagamente a algo profano, aunque no tuviera sentido. Mi primo, que vivía bajo el mismo régimen general, inventó una palabra llamada *gerrit* que podía usar sin que lo acusaran de decir algo malo. «Estoy cansado de esa *gerrit* escuela», solía decir. El invento no funcionó También le censuraron esa palabra.

En aquellos días, la autoridad de los padres se erguía como un gran escudo en contra de los males existentes en lo que se llamaba «el mundo». Todo lo que se percibía como pernicioso o inmoral se mantenía fuera de la cerca blanca sencillamente mediante el deseo de no dejarlo entrar. Felizmente, la comunidad circundante ayudaba a los padres. Estaba organizada para mantener a los niños bien encaminados. La censura impedía que las películas llegaran demasiado lejos, las escuelas mantenían una disciplina estricta, cuando se cometía una infracción los padres recibían el informe, los encargados del control de asistencia impedían que los estudiantes faltaran sin motivo a la escuela, los chaperones generalmente preservaban la virginidad, a los menores no se les vendía alcohol y no se oía hablar de las drogas lícitas. Incluso a los adultos que no pertenecían a la familia les parecía que era su responsabilidad cívica ayudar a proteger a los menores de cualquier cosa que pudiera lastimarlos, ya fuera física, emocional o espiritualmente. La mayoría de estos conciudadanos, probablemente conocían a los padres, así que para ellos era más fácil intervenir. Por supuesto, este sistema no siempre funcionaba, pero generalmente era efectivo.

Sin embargo, como vimos en el capítulo anterior, este compromiso con el bienestar de los niños ha desaparecido absolutamente. En lugar de ayudar a los padres en las responsabilidades que tienen al criar a sus hijos, en realidad, la cultura conspira en contra de ellos. Lamentablemente, la cerca blanca ha desaparecido. Las ideas e imágenes se escurren por debajo de la puerta del frente, como dijimos anteriormente, se deslizan directamente dentro de los dormitorios a través de los medios electrónicos. A medida que el mundo se ha vuelto más sexualizado y más violento, existen demasiadas oportunidades para que los jóvenes se metan en problemas. Además, allí afuera hay innumerables «voces» que los alientan a hacer lo que está mal.

La autoridad de los padres también se socava a cada instante. Por ejemplo, hoy en día, cuando ellos deciden no permitirles a los varones ver una película mala, es muy probable que su orden reciba una contraorden. Los hijos pueden mirar la película prohibida en la casa de los amigos o en video cuando los padres están en el trabajo. Y en estos días, parece que los adultos trabajan cada vez más y más horas. Eso introduce uno de los más grandes puntos de peligro. A las madres y los padres les resulta casi imposible mantener a raya a los aspectos perniciosos de la cultura ya que casi nunca están en casa por la tarde. Un hijo sin supervisión puede meterse, en un solo día, en más problemas de lo que los padres pueden arreglar en un año.

Considerando cómo ha cambiado el mundo, es doblemente importante construir relaciones con los varones desde su temprana niñez. Ya no se puede confiar en que las reglas los protegerán de los depredadores del mundo exterior. Todavía tiene sentido prohibir comportamientos inmorales o dañinos, pero esas prohibiciones deben suplirse con una cercanía emocional que haga que los hijos deseen hacer lo que es correcto. Deben saber que usted los ama incondicionalmente y que todo lo que les exige es por su propio bien. También sirve de ayuda explicar por qué desea que se comporten de ciertas maneras. Es muy probable que «establecer la ley», sin ese vínculo emocional, conduzca al fracaso.

El escritor y orador Josh McDowell expresó este principio en una sola frase. Él dijo: «Reglas sin relación llevan a rebelión»[1]. Tiene toda la razón. Con todas las tentaciones zumbando alrededor de nuestros hijos, si nada más decimos que no mil veces, creamos un espíritu desafiante. Debemos construir puentes hacia ellos que surjan desde las mismas bases. La construcción debe empezar desde temprano y debe incluir diversión como familia, risas, bromas, juegos de mesa, tirar o patear pelotas, hacer tiros de baloncesto, jugar ping-pong, correr con el perro, hablar a la hora de dormir y hacer un millar de cosas que tienden a unir a las generaciones. Lo difícil es establecer estas amistades mientras se mantienen la autoridad y el respeto de los padres. Se puede hacer. Se debe hacer.

Para construir relaciones con los hijos no se necesitan grandes cantidades de dinero. Los vínculos para toda la vida generalmente surgen de tradiciones que le dan sentido al tiempo que se pasa juntos en familia. A los niños les encantan las rutinas y actividades diarias más sencillas. Quieren escuchar la misma historia o la misma broma hasta que mamá y papá están a punto de volverse locos. Y, sin embargo, muchas veces los niños aprecian más estas interacciones que los juguetes caros o los acontecimientos especiales.

El amado escritor y profesor, doctor Howard Hendricks, una vez les preguntó a sus hijos ya grandes qué era lo que recordaban con más cariño de su niñez. ¿Las vacaciones que habían pasado juntos o los viajes a los parques temáticos o al zoológico? «No», le respondieron. El momento más preciado era cuando papá se tiraba al suelo y luchaba con ellos. Así piensan los hijos. Especialmente los varones. Las actividades más significativas para la familia son, muchas veces, aquellas sencillas que construyen relaciones duraderas entre las generaciones.

Describamos qué es lo que queremos decir cuando nos referimos a las tradiciones. Nos referimos a aquellas actividades repetitivas que le dan identidad y una sensación de aceptación a cada miembro de la familia. En el musical de Broadway *El violinista en el tejado*, él se encontraba encaramado seguro en el techo de la casa debido a la tradición. Le decía a cada miembro de la comunidad judía quién era cada uno y cómo debían enfrentarse a las demandas de la vida, e incluso qué ropa ponerse. Los niños se sienten cómodos y seguros cuando saben qué se espera de ellos y de qué manera ocupan un lugar en el diseño divino.

Dos amigos, Greg Johnson y Mike Yorkey, ofrecieron algunos ejemplos de cómo *no* construir buenas relaciones con sus hijos en su libro *Daddy's Home* (Ya llegó papi). Estas sugerencias se escribieron en tono de broma, pero creo que logran mostrar cuál es la cuestión.

- Sírvales como la máquina de monedas en la sala de videojuegos.
- Tenga el partido de la NBA encendido mientras juega Monopolio con ellos.
- Lea el periódico mientras los ayuda con las tareas de álgebra.
- Vaya al campo de la escuela a practicar sus «tiritos», y luego pídales a sus hijos que recojan las pelotas.
- Sugiérales que duerman la siesta con usted en una hermosa tarde de domingo.

- Llévelos a los Scouts Cachorros y lea una revista en el auto mientras el instructor les enseña a atar nudos.
- Llévelos a su oficina un sábado y póngalos a dibujar mientras usted trabaja[2].

Evidentemente, hay muchas maneras de engañar: de parecer que uno está preocupado y participando mientras que, en realidad, lo único que hace es cuidarlos como lo haría una niñera. Sin embargo, le garantizo que no podrá engañar a sus hijos por mucho tiempo. Pueden mirar a través de los engaños de adultos con algo muy parecido a los rayos X, y recordarán si usted estuvo o no a su disposición cuando lo necesitaban. Alguien dijo que amar es prestarle atención a otro de una manera absoluta. Es una gran definición.

Aquí tenemos otra idea importante en cuanto a las relaciones, que pienso que tiene mucho sentido. Se llama «los primeros cinco minutos» y se basa en un libro que se publicó hace muchos años. Su teoría era que los primeros cinco minutos entre las personas son los que determinan el tono de todo lo que vendrá a continuación. Por ejemplo, un orador público tiene unos pocos minutos para convencer a su audiencia de que en realidad tiene algo importante que decir. Si al comienzo es aburrido o poco natural, la audiencia lo desconecta como a un enchufe, y el orador nunca sabrá por qué. Y si decide usar el humor en su discurso, será mejor que diga algo gracioso con rapidez o de lo contrario no creerán que los puede hacer reír. La oportunidad del momento se habrá perdido. Felizmente, cada vez que comenzamos una nueva interacción, tenemos la oportunidad de reprogramar el estado de ánimo.

Este sencillo principio también se relaciona con los miembros de la familia. Los primeros cinco minutos de la mañana determinan la manera en que la madre se relacionará con sus hijos ese día. Los gruñidos y las quejas mientras los hijos se reúnen para desayunar agriarán su relación durante horas. Saludar a los niños con palabras amables cuando vuelven de la escuela y recibirlos con algún bocadillo sabroso es algo que se recordará por décadas. Y, al final del día, cuando un hombre regresa a su hogar del trabajo, la manera en que saluda a su esposa, o la manera en que no la saluda, influirá en la relación que tengan el resto de la noche. Una sencilla crítica como: «¡Otra vez atún con arroz!», pondrá la relación en riesgo hasta el momento de irse a la cama. Los hombres que se quejan de que sus esposas no son cariñosas en la cama debieran recordar los primeros momentos en que se reencontraron esa noche. Es probable que él haya arruinado algunas grandes posibilidades con sus primeros comentarios bruscos.

Todo comienza con los primeros cinco minutos.

Resumiendo, una familia fuertemente unida es lo que mantiene a los muchachos firmes cuando el mundo los presiona para que abandonen sus principios. En estos días, usted no puede atreverse a estar desconectado en el momento en que todo está en peligro.

Mientras hablamos de nuestras relaciones, hay otro tema que debemos considerar. Se trata del verdadero poder de las palabras. Es tan fácil decirlas, por lo general de forma atropellada y sin mucho razonamiento o precaución. Los que les arrojan críticas o comentarios hostiles a los demás, muchas veces ni siquiera creen lo que dicen, o no tienen la intención de decirlo. Sus comentarios pueden reflejar celos momentáneos, resentimientos, depresión, fatiga o venganza. Sea cual sea la intención, las palabras ásperas clavan su aguijón como abejas asesinas. Casi todos nosotros, incluyéndonos a usted y a mí, hemos vivido momentos en que un padre, un maestro, un amigo, un colega, un esposo o una esposa dijeron algo que nos hirió en lo más profundo. Esa herida, ahora se encuentra sellada para siempre en el banco de la memoria. Esa es una propiedad asombrosa de la palabra hablada. Aunque una persona se olvida de la mayoría de sus experiencias diarias, puede recordar durante décadas un comentario particularmente hiriente. En contraste, el individuo que hizo el daño, probablemente no se acuerde del hecho después de unos pocos días.

La ex primera dama Hillary Clinton contó una historia acerca de su padre, quien nunca la apoyó cuando era niña. Cuando se encontraba en la escuela secundaria, trajo una libreta de calificaciones con la nota máxima en todas las asignaturas. Se la mostró a su padre, con la esperanza de recibir una palabra de elogio. En cambio, él le dijo: «Bueno, parece que asistes a una escuela muy fácil». Treinta y cinco años más tarde, el comentario todavía arde en la mente de la señora Clinton. La respuesta desconsiderada de su padre, tal vez no ha representado otra cosa más que una burla, pero creó un punto de dolor que ha durado hasta el día de hoy[3].

Si usted tiene dudas del poder de las palabras, recuerde lo que escribió Juan, el discípulo, bajo la inspiración divina. Dijo: «En el principio ya existía el Verbo, y el Verbo estaba con Dios, y el Verbo era Dios» (Juan 1:1, NVI). Juan describía a Jesús, el Hijo de Dios, al cual identificó en forma personal con las palabras. Esta es la mejor demostración del tema en cuestión. Mateo, Marcos y Lucas registran una declaración profética relacionada que hizo Jesús confirmando así la naturaleza eterna de sus enseñanzas. Él dijo: «El cielo y la tierra pasarán, pero mis palabras jamás pasarán» (Mateo 24:35, NVI). Nosotros recordamos lo que él dijo, hasta este momento, después de más de dos mil años. No cabe duda de que las palabras importan.

En el libro de Santiago, tenemos más sabiduría acerca del impacto de las palabras. El pasaje dice lo siguiente:

> Cuando ponemos freno en la boca de los caballos para que nos obedezcan, podemos controlar todo el animal. Fíjense también en los barcos. A pesar de ser tan grandes y de ser impulsados por fuertes vientos, se gobiernan por un pequeño timón a voluntad del piloto. Así también la lengua es un miembro muy pequeño del cuerpo, pero hace alarde de grandes hazañas. ¡Imagínese qué gran bosque se incendia con tan pequeña chispa! También la lengua es un fuego, un mundo de maldad. Siendo uno de nuestros órganos, contamina todo el cuerpo y, encendida por el infierno, prende a su vez fuego a todo el curso de la vida.
>
> SANTIAGO 3:3-6, NVI

¿Alguna vez se ha encendido usted con las chispas que se escapan de su lengua? Y lo que es más importante, ¿alguna vez ha encendido usted el espíritu de un hijo con enojo? Todos hemos cometido ese error. En el momento en que el comentario se nos escapó de la boca, nos dimos cuenta de que habíamos metido la pata, pero ya era tarde. Si lo intentáramos durante cien años, no podríamos cambiar un solo comentario. El primer año de casados, Shirley se enojó muchísimo conmigo por algo que ninguno de los dos podemos recordar. En medio de la frustración del momento ella dijo: «Si esto es el matrimonio, no quiero tener nada que ver con él». Esa no era su intención, y casi de inmediato se lamentó de haber dicho esas palabras. A la hora siguiente nos habíamos reconciliado y perdonado, pero lo que Shirley había dicho no se pudo cambiar. A través de los años nos hemos reído y el incidente carece totalmente de importancia hoy en día. Sin embargo, no hay nada que podamos hacer para borrar la frase de ese momento.

Las palabras no se recuerdan tan solo durante la vida, sino que, si no se perdona, perdurarán más allá de las heladas aguas de la muerte. Leamos en Mateo 12:36, NVI: «Pero yo les digo que en el día del juicio todos tendrán que dar cuenta de toda palabra ociosa que hayan pronunciado». Gracias a Dios, aquellos que tenemos una relación personal con Jesucristo tenemos la promesa de que no se recordarán nuestros pecados, ni nuestras duras palabras, y serán echados tan lejos de nosotros «como lejos del oriente está el occidente» (Salmo 103:12). Sin embargo, al margen de esta expiación, nuestras palabras nos seguirán para siempre.

No pretendo predicar un mensaje porque no soy pastor ni teólogo; pero encuentro una gran inspiración para todas las relaciones familiares en la gran sabiduría de las Escrituras. Y lo mismo sucede con el impacto de lo que decimos. Lo que nos asusta a los padres es que nunca sabemos cuándo está funcionando el video mental durante las relaciones con nuestros niños y adolescentes. Un comentario que significa poco para nosotros, en el momento puede «clavarse» y podrán repetirlo mucho después de que hayamos muerto. Por el contrario, las palabras afectuosas y reafirmantes que les digamos a nuestros hijos pueden ser una fuente de satisfacción durante décadas. De nuevo, todo está en el poder de las palabras.

Aquí tenemos algo más para recordar. Las circunstancias que precipitan un comentario hiriente dirigido a un niño o a un adolescente no tienen importancia en relación con el impacto que causan. Permítame explicarle. Aunque un hijo lo empuje a usted hasta el límite, lo frustre o lo enoje al punto de la exasperación, de todas maneras usted pagará el precio por reaccionar de forma exagerada. Supongamos que pierde la compostura y grita: «¡No te aguanto más! Ojalá fueras hijo de otro». O: «No puedo creer que te fue tan mal en otro examen. ¡Cómo es posible que un hijo mío sea tan estúpido!». Aunque cualquier padre normal se perturbaría en una situación similar, su hijo no pensará en su propio comportamiento. Es probable que olvide lo que él hizo que provocó la explosión de usted; pero recordará el día en que le dijo que no lo quería o que era un estúpido. Eso no es justo, pero la vida tampoco lo es.

Sé que con estos comentarios estoy agregando un poco de culpa a la mezcla. (Mis palabras también son poderosas, ¿no es cierto?) Sin embargo, mi propósito no es herirle a usted, sino recordarle que todo lo que dice tiene un efecto duradero para un hijo.

Tal vez, él lo perdone más tarde por «encender el fuego», pero cuánto mejor hubiera sido permanecer tranquilo. Puede aprender a hacer eso mediante la oración y la práctica.

Nos servirá de ayuda saber que somos más propensos a decir algo hiriente cuando estamos terriblemente enojados. Esto se debe a una poderosa reacción bioquímica que se produce en el interior de la persona. El cuerpo humano está equipado con un sistema de defensa llamado mecanismo de «lucha o huida», el cual prepara a todo el organismo para la acción. Cuando estamos molestos a asustados, la adrenalina fluye en la corriente sanguínea, estableciendo una serie de respuestas fisiológicas en el cuerpo. En cuestión de segundos, el individuo pasa de una condición tranquila a una «reacción de alarma». El resultado es un padre o una madre con la cara enrojecida que grita cosas que nunca tuvo la intención de decir.

Estos cambios bioquímicos son involuntarios y operan totalmente aparte de las elecciones conscientes. Sin embargo, lo que *sí es* voluntaria es nuestra reacción a ellos. Podemos aprender a dar paso hacia atrás en el momento de exasperación. Podemos mordernos la lengua y apartarnos de una situación de provocación. Como usted ha escuchado, es bueno contar hasta diez (o hasta quinientos) antes de responder. Es extremadamente importante hacer esto cuando tratamos con hijos que nos hacen enojar. Podemos controlar el impulso de arremeter verbal o físicamente, haciendo algo de lo cual seguramente nos lamentaremos cuando se nos pase el enojo.

¿Qué debemos hacer cuando hemos perdido el control y hemos dicho algo que ha herido profundamente a nuestro hijo? La respuesta es que debemos reparar el daño lo antes posible. Tengo muchos amigos fanáticos del golf que han tratado en vano de enseñarme su loco juego. Nunca se dan por vencidos a pesar de que es una causa perdida. Uno de ellos me dijo que debo volver de inmediato a poner en su lugar el pedazo de césped, después de haber hecho un hoyo con mi palo de golf. Me dijo que cuanto antes pudiera colocarlo en su lugar, sus raíces volverían a conectarse con más rapidez. Mi amigo hablaba de golf, pero yo pensaba en la gente. Cuando se ha herido a alguien, ya sea a un hijo, un cónyuge o un compañero, se debe vendar la herida antes de que se infecte. Pida perdón, si es lo apropiado. Hablen abiertamente de ello. Traten de reconciliarse. Cuanto más tiempo pase el «pedazo de césped» cociéndose al sol, menores serán las posibilidades que tendrá de recuperarse. ¿No es este un pensamiento maravilloso? Por supuesto, el apóstol Pablo se nos adelantó. Hace más de dos mil años él escribió: «No permitan que el enojo les dure hasta la puesta del sol» (Efesios 4:26, NVI). Este versículo se ha aplicado con frecuencia a los esposos y las esposas, pero pienso que es igualmente válido para los hijos.

Antes de dejar el tema de las palabras, deseo referirme al tema de las palabras obscenas. Me resulta penoso presenciar la manera en la que la suciedad y lo sacrílego se han infiltrado en nuestro lenguaje en las naciones occidentales. Las maldiciones, los juramentos y las palabrotas son tan comunes hoy en día que hasta algunos de nuestros preescolares hablan como lo hacían los marineros de ayer. No siempre ha sido así. Cuando yo daba clases en una escuela secundaria pública, no se permitían las malas palabras. Estoy seguro de que los muchachos las usaban cuando estaban a solas, pero, por lo general, no lo hacían dentro del ámbito educativo. Un día, una de mis mejores estudiantes usó el nombre de Dios de una manera sacrílega. Esta joven me decepcionó mucho. Aunque parezca increíble, habiendo enseñado a varios cientos de alumnos por año, aquella fue la única vez que recuerdo haber escuchado a un muchacho o muchacha hablar de esa manera. Le señalé que uno de los diez mandamientos nos enseñaba a no usar el nombre del Señor en vano y que debíamos tener cuidado en nuestra manera de hablar. Creo que esa joven me creyó. Eso fue en 1963.

¡De qué manera tan radical han cambiado las cosas desde entonces! Ahora, parece que casi cada estudiante usa el lenguaje obsceno: referencias repugnantes a funciones del cuerpo y al comportamiento sexual. Las muchachas dicen palabrotas tanto como los muchachos. A partir de la aventura amorosa del presidente Bill Clinton con Monica Lewinsky en la Casa Blanca, hasta los niños de la escuela primaria han hablado abiertamente acerca del sexo oral, como si no fuera gran cosa[4]. Cada vez más de ellos lo prueban como nunca antes. La verdad es que las enfermedades de la boca y de la garganta transmitidas sexualmente están alcanzando proporciones epidémicas entre los estudiantes de los últimos años de la secundaria. Tanto jóvenes como viejos, nos hemos convertido en personas profanas e inmorales. No obstante, los antiguos mandamientos no han cambiado. Esto es lo que la Escritura nos dice particularmente en cuanto al uso a la ligera del nombre de Dios:

> Y me daré a conocer en medio de mi pueblo Israel. Ya no permitiré que mi santo nombre sea profanado; las naciones sabrán que yo soy el SEÑOR, el santo de Israel.
>
> EZEQUIEL 39:7, NVI

> Deberán enseñarle a mi pueblo a distinguir entre lo sagrado y lo profano, y mostrarle cómo diferenciar entre lo puro y lo impuro. EZEQUIEL 44:23, NVI

> Cuando ustedes digan «sí», que sea realmente sí; y cuando digan «no», que sea no. Cualquier cosa de más, proviene del maligno. MATEO 5:37

Si estamos dispuestos a creer en la validez de este y otros pasajes de la Biblia, el lenguaje profano es una ofensa contra Dios. Es terrible manchar los nombres de Dios, de Jesús y del Espíritu Santo, utilizándolos como palabras para maldecir o para recalcar frases en nuestra conversación diaria. Hasta los cristianos, muchas veces dicen «Dios» en situaciones sin importancia. Algunas veces, cuando escucho que se mancha lo sagrado o que se le hace burla, elevo una oración silenciosa pidiéndole a nuestro Padre celestial que perdone nuestra falta de respeto y que sane nuestra tierra. Es hora de que respaldemos lo que creemos y que les enseñemos esas eternas verdades a nuestros hijos.

Les recomiendo que le den un énfasis importante al lenguaje de sus hijos. No debiéramos ser tan legalistas como era mi padre. La palabra «¡caray!» probablemente no sea una gran cosa, pero todavía queda lugar para un lenguaje limpio, sano y respetuoso. En especial, usted no debiera permitir que sus hijos se burlen del nombre de Dios. La razón principal por la que incluí los anteriores pasajes de la Escritura es para ayudarle a que enseñe estos conceptos bíblicos en casa. Lea y hable de «la Palabra» para establecer este principio vital. Al enseñar una reverencia por las cosas que son santas, usted demuestra que sus creencias deben tomarse en serio y que todos somos responsables delante del Señor por la manera en que nos comportamos. También es una forma de enseñar principios de educación, lo cual debiera ser un objetivo central de su liderazgo en el hogar.

Me he apartado un poco de mi tema de las relaciones, pero creo que hablar de las palabras era importante. Volviendo al tema que nos ocupa, se aproxima el día en que aquellos que tengan hijos pequeños necesitarán recurrir al cimiento de amor y cuidado sobre el cual usted ha edificado. Si el resentimiento y el rechazo caracterizaron los primeros años, la experiencia adolescente puede ser una pesadilla. La mejor manera de evitar esa bomba de tiempo adolescente es desactivarla durante la infancia. Esto se logra con un saludable equilibrio entre la autoridad y el amor en casa. Comience ahora a construir una relación que le guíe a través de las tormentas de la adolescencia.

PREGUNTAS Y RESPUESTAS

Yo soy uno de los padres desanimados de los que usted habló. Mi esposa y yo tratamos por todos los medios de ser buenos padres, pero ahora, nuestro hijo de dieciséis años es áspero, irrespetuoso y desafiante. Tiene serios problemas con la ley y no tenemos idea de qué es lo que hicimos mal.

Antes de que usted se culpe por todo lo que ha sucedido, le insto a que se detenga y piense en lo que ha ocurrido. Todos los que trabajamos con niños, hemos observado que el comportamiento rebelde de un adolescente algunas veces no es el resultado de errores o fallas de los padres, sino de las malas elecciones que él ha tomado por iniciativa propia. Es probable que su hijo sea uno de ellos.

A partir de esto, hay dos cosas que quedan claras. En primer lugar, los padres se atribuyen el mérito o la culpa por la manera en que salieron sus hijos. Las madres y los padres que crían brillantes superestrellas tienden a sacar pecho y decir: «Mira lo que hemos logrado». Los que tienen hijos irresponsables se preguntan: «¿En qué fallamos?». Es muy probable que ninguna de las dos evaluaciones sea correcta. Aunque los padres tienen una influencia en las vidas de sus hijos, no son más que un componente en la formación de los niños.

Los científicos del comportamiento han sido demasiado simplistas en su explicación del comportamiento humano. A pesar de que sus teorías dicen lo contrario, somos más que la calidad de nuestra nutrición. Somos más que nuestra herencia genética. Somos más que nuestra bioquímica. Y, por cierto, somos más que las influencias de nuestros padres. Dios nos ha creado como individuos únicos, capaces de tener un pensamiento independiente y racional que no se puede atribuir a ninguna fuente. Esto es lo que hace que la crianza de los hijos sea tan desafiante y gratificante. Precisamente cuando piensa que ya tiene a sus hijos encaminados, ¡agárrese fuerte! Algo nuevo aparece en el camino.

¿Qué papel desempeña la herencia en el comportamiento de un hijo como el mío?

Los expertos en el desarrollo del niño han discutido durante casi un siglo acerca de la relativa influencia de la herencia y el ambiente, o lo que se le ha llamado la controversia de «la naturaleza y la crianza». Ahora, por fin, parece que se ha llegado a una conclusión. Los investigadores de la Universidad de Minnesota han pasado muchos años identificando y estudiando a cien pares de gemelos idénticos a los cuales los separaron enseguida después de nacer. Los criaron en diversas culturas, religiones, lugares y circunstancias. Como cada par de gemelos compartía la misma estructura genética, a los investigadores les fue posible examinar el impacto de la herencia comparando sus similitudes y diferencias en muchas variables. Por los resultados de estos y otros estudios, quedó claro que gran parte de la personalidad, tal vez 70% o más, se hereda. Nuestros genes influyen en cualidades tales como la creatividad, la sabiduría, la amabilidad, el vigor, la longevidad, la inteligencia y hasta la alegría de vivir[5].

Considere a los hermanos conocidos como los «gemelos Gem», a los cuales los separaron hasta los treinta y nueve años. Sus similitudes eran sorprendentes. Ambos se habían casado con mujeres llamadas Linda. Ambos fumaban un cigarrillo tras otro. Ambos conducían un Chevy, y ambos trabajaban como ayudantes del alguacil. Hasta compartían un extraño sentido del humor. Por ejemplo, a los dos les gustaba fingir estornudos cuando estaban en un ascensor para ver la reacción de los desconocidos[6]. Este grado de similitud en las personalidades de los gemelos idénticos criados por separado habla de la notable influencia de las características heredadas.

Se piensa que la estructura genética de una persona hasta influye en la estabilidad de su matrimonio. Si un gemelo idéntico se divorcia, el riesgo de que el otro se divorcie es de 45%[7]. Sin embargo, si un gemelo, quien comparte solo la mitad de los genes, se divorcia, el riesgo de que el otro se divorcie es nada más de 30%[8].

¿Qué significan estos hallazgos? ¿Somos meros títeres que colgamos de unas cuerdas y seguimos un curso predeterminado sin tener libre albedrío ni elecciones personales? Por supuesto que no. A diferencia de los pájaros y los mamíferos que actúan de acuerdo con el instinto, los seres humanos somos capaces de razonar y actuar independientemente. Por ejemplo, no actuamos por cada instinto sexual, a pesar de nuestra base genética. Lo que queda claro es que la herencia proporciona un leve impulso en una dirección en particular, un impulso o inclinación definido, pero que se puede controlar mediante nuestros procesos racionales.

Evidentemente, estos hallazgos tienen una enorme importancia para la comprensión de los hijos. Antes de atribuirse todo el mérito o la culpa por el comportamiento de ellos, recuerde que usted desempeñó una parte importante en los años formativos, pero de ninguna manera fue la única.

En cuanto a su rebelde de dieciséis años, le sugiero que le dé algo de tiempo. Probablemente se va a asentar cuando esté cerca de los veinte. Oremos porque no haga algo que tenga consecuencias de largo plazo antes de que salga de la adolescencia.

Cómo disciplinar
a los varones

Hace unos días, junto con mi esposa, hicimos una rápida visita al supermercado para comprar unas pocas cosas. Cuando llegamos, nos llamó la atención una mujer que estaba de compras con su hijo de cinco años y ambos estaban envueltos en una lucha de voluntades. El niño le exigió que le comprara algo y, cuando ella se negó, hizo una clásica rabieta. El conflicto todavía seguía en pie cuando llegaron al mostrador de pago donde nos encontrábamos esperando en la fila. Haciendo caso omiso de que yo lo estaba oyendo, la mamá se inclinó hacia abajo y le habló con mucha tranquilidad a su hijo.

—Te iba a comprar lo que me pediste —le dijo—, pero ahora de ninguna manera puedo hacerlo. No recompensamos esa clase de comportamiento.

Pero el muchacho no estaba dispuesto a ceder. Continuó gruñendo y quejándose. Entonces, la madre le dijo con total naturalidad:

—¿Sabes lo que sucederá cuando lleguemos a casa?

—Sí —dijo el niño.

—¿Qué sucederá? —le preguntó la madre.

—Una nalgada.

—Así es —dijo la madre—. Y si te sigues comportando así, serán dos. —Al decir eso, se tranquilizó y se comportó como un caballero. Casi nunca tomo parte en esta clase de episodios entre padres e hijos, pero esta fue una excepción. La mujer se merecía una palabra de elogio.

—Usted es una buena madre —comenté.

—Bueno, no es fácil —respondió con una sonrisa.

La última vez que los vi, la mujer y su hijo se dirigían hacia la puerta. Sin querer, nos había dado una demostración de disciplina firme pero amorosa en circunstancias bastante difíciles. El niño había desafiado la autoridad de la madre frente a extraños, situación que la ponía en desventaja. A pesar de la vergüenza causada por la situación, permaneció controlada y en calma. No gritó ni reaccionó exageradamente. En cambio, dejó en claro que las reglas que se aplicaban en la casa también se aplicarían, literalmente, en el supermercado. Esa clase de disciplina amorosa y confiada fue la que mi sabia y piadosa madre me aplicó cuando yo era un niño, la cual traté de describir en mi primer libro para padres y maestros, titulado: *Atrévete a disciplinar*.

No intentaré resumir los elementos de aquel libro ni de otros que he escrito acerca del tema de la disciplina. Sin embargo, podría ser de ayuda para los varones. Comencemos examinando el papel de autoridad, que es fundamental para la adecuada enseñanza de niños y niñas, pero especialmente de los niños. La clave para los padres es evitar los extremos en cualquier dirección. Durante el curso de los últimos 150 años, las actitudes de los padres han cambiado radicalmente: desde la opresión y la rigidez en un extremo hasta la permisividad y la debilidad en el otro. Ambos son dañinos para los hijos. Durante la era victoriana, se esperaba que los niños se vieran pero no se oyeran. El padre siempre era un personaje represivo y temible que castigaba duramente a sus hijos por errores y defectos. Algunas veces, la madre era la que proporcionaba el cariño, pero también podía ser una mujer severa. Estas técnicas autoritarias y punitivas reflejaban la creencia de que los niños eran adultos en miniatura que necesitaban que se los formara con palizas, comenzando poco después del nacimiento y continuando hasta bien entrada la juventud.

Con el tiempo, esa rigidez empujó el péndulo hacia el otro extremo del universo. Al final de los años cincuenta y comienzo de los sesenta, los padres se convirtieron decisivamente permisivos. Lo que se llamó un enfoque «centrado en el niño» fue socavando la autoridad y creando algunos pequeños terrores en la casa. De hecho, los niños que nacieron justo después de la Segunda Guerra Mundial, y crecieron durante esa era, llegaron estrepitosamente a la adolescencia justo a tiempo para revolucionar a la sociedad.

A pesar de que el espíritu revolucionario que generaron, ahora se ha calmado, las familias actuales siguen bajo su influencia. Muchos representantes de la generación de los sesenta y los setenta criaron a sus hijos con las mismas técnicas permisivas que observaron en sus hogares. No tenían idea de por qué era importante enseñarles respeto y responsabilidad a sus hijos e hijas, ya que ellos nunca lo habían experimentado personalmente. Ahora, una tercera generación ha entrado en escena que todavía está menos familiarizada con los principios tradicionales de la crianza de los hijos. Por supuesto, estoy hablando en términos generales, y existen muchas excepciones. Sin embargo, mi opinión es que hoy los padres están más confundidos que nunca con respecto a la disciplina efectiva y amorosa. Se ha convertido en un arte perdido, en una habilidad olvidada. Madres y padres bien intencionados se han desviado del camino gracias a los principios liberales de una cultura posmoderna, especialmente cuando se trata de un comportamiento rebelde o malo. No hace falta más que mirar a los padres interactuando con sus hijos en público. Verá a madres frustradas, gritándoles a sus hijos impertinentes, irrespetuosos y fuera de control. Hasta el observador que carece de información se puede dar cuenta de que algo anda mal. Desde esa perspectiva fue que le dije a la mujer en el supermercado que pensaba que era una buena madre.

Estas tendencias no son sencillamente mis propias observaciones del cambiante panorama social. Se encuentran validadas por investigaciones. Un estudio reciente conducido por el Centro de Investigaciones de la Opinión Nacional de la Universidad de Chicago confirmó que los padres actuales son más flojos y permisivos que hace una década. De acuerdo con la opinión de los participantes, el niño perfecto es un «pensador independiente» y alguien «muy trabajador». El acatamiento a las reglas, a las normas y al comportamiento prescrito es de inferior prioridad. El director del Centro, Tom W. Smith, resumió los hallazgos de la siguiente manera: «La gente se ha vuelto menos tradicional con el tiempo, el énfasis ha cambiado de la obediencia y las familias que tienen a los padres como el centro, a valorar la autonomía de los hijos. Ahora los padres esperan que sus hijos se autodisciplinen»[1].

A aquellas madres y padres que esperan que sus varones se disciplinen a sí mismos, lo único que puedo decirles es: «mucha suerte». La autodisciplina es una meta valiosa, pero casi nunca se desarrolla por iniciativa propia. Se debe enseñar. Formar y moldear las mentes jóvenes es el producto de un liderazgo diligente y cuidadoso de parte de los padres. Puede estar seguro de que se requiere un gran esfuerzo y una gran paciencia. En cuanto a los padres que esperan que sus hijos sean pensadores independientes y personas muy trabajadoras, esto no es más que un sueño. Los adultos a quienes se entrevistó, aparentemente esperaban que sus hijos hicieran cosas magníficas sin demasiada participación de los padres. Eso es como decirle a un niño: «Puedes hacerlo por ti mismo, no me molestes». Si fuera tan fácil, las madres y los padres dedicados no estarían trabajando de noche para ayudar a sus hijos a terminar la tarea o para enseñarles principios de carácter y valores. La idea de una crianza de los hijos sin esfuerzo para las madres y los padres muy ocupados está destinada al fracaso, especialmente con varones tenaces a los cuales les encanta la diversión y los juegos. Lo mire por donde lo mire, los padres están enganchados.

La revista *Smithsonian Magazine* una vez presentó a un maestro escultor de Inglaterra llamado Simon Verity, quien perfeccionó su arte restaurando catedrales del siglo XIII en Gran Bretaña. Mientras los escritores contemplaban su trabajo, se dieron cuenta de algo muy interesante. Escribieron: «Verity escucha atentamente para oír el sonido de la piedra debajo de los cuidadosos golpes. Un sonido metálico más agudo podría significar problemas. Se podría desprender un pedazo de roca. Constantemente ajusta el ángulo de su cincel y la fuerza del mazo de acuerdo con el sonido, deteniéndose con frecuencia para pasar la mano sobre la superficie recientemente esculpida»[2].

Verity comprendió bien la importancia de esta tarea. Sabía que un movimiento equivocado podía ser devastador y causar daños irreparables a su trabajo artístico. Su éxito se arraigaba en la habilidad de interpretar las señales que sus piedras le cantaban. De manera similar, los padres deben escuchar la «música» de sus hijos, especialmente durante las épocas de enfrentamiento y corrección. Hace falta una gran cantidad de paciencia y de sensibilidad para discernir cómo responde el niño. Si escucha con atención, sus hijos le dirán lo que piensan y sienten. Perfeccionando su arte, usted también se puede convertir en un maestro escultor que crea hermosas obras de arte. Pero recuerde lo siguiente: la piedra no se puede esculpir por sí misma.

Permítame repetir lo que ya he dicho dos veces en este libro: los varones necesitan estructura, supervisión y necesitan que se les civilice. Cuando se les cría en un ambiente de ausencia de intervención, carente de liderazgo, generalmente comienzan a desafiar las normas sociales y el sentido común. Muchas veces, una gran mayoría se estrella y se incendia durante los años adolescentes. Algunos nunca se recuperan totalmente. Aquí tenemos otra metáfora que nos puede servir de ayuda: un río sin riberas se convierte en un pantano. Su tarea como padre es construir el canal por el cual correrá el río. Y otra más: a un niño lo guiará el timón o la roca. La autoridad, cuando se equilibra con el amor, es el timón que dirige a sus varones a través de las puntiagudas rocas que pudieran romper el fondo de sus frágiles embarcaciones. Sin usted, el desastre es inevitable. Autodisciplina, ¡no me digan!

Esta semana, recibimos una carta en Enfoque a la Familia proveniente de una madre que ha observado las mismas tendencias que me preocupan. Escribió: «¿En qué se ha convertido la columna vertebral de los padres hoy? Mi esposo y yo nos hemos asombrado, vez tras vez, ante el temor de los padres para adoptar una actitud firme con sus hijos, aun con los pequeños. Parece que no captan la idea de que Dios los ha puesto a cargo por una buena razón y que es él quien les va a pedir cuentas. Si los padres les inculcaran a sus hijos desde temprano el concepto de la autoridad adecuada que honra a Dios, sería mucho más fácil imponérsela cuando llegan los años preadolescentes».

Esta madre tiene toda la razón. Los padres sienten la obligación de hacerse cargo de sus hijos y de enseñarles a tener un comportamiento respetuoso y responsable. Cuando fracasan en esta misión, los problemas asolan a las dos generaciones.

A estas alturas, usted probablemente se ha dado cuenta de que me gustan los animales y que saco muchas de mis ilustraciones de ellos. Aquí tenemos un ejemplo importante que tiene que ver con los caballos. Específicamente, podemos aprender algo acerca de cómo disciplinar a los hijos estudiando la manera en que las yeguas manejan a sus potrillos. Aprendí esto de Monty Roberts, autor del éxito de ventas: *The Man Who Listens to Horses* (*El hombre que escucha a los caballos*). Hace poco visité a Monty en su rancho en Solvang, California, para ver con mis propios ojos sus famosos métodos para entrenar caballos. Monty comenzó diciéndome cómo creció entre caballos y cómo solía montarlos en espectáculos y rodeos cuando tenía cuatro años. Un poco después, apareció en decenas de películas del oeste como doble de los niños actores que no podían montar. A los trece años, le gustaba observar a los caballos salvajes en los desiertos de Nevada. Se despertaba temprano en la mañana y se pasaba el día observando a una manada con sus binoculares desde bastante lejos. Gradualmente, aprendió a descifrar un lenguaje que «hablan» todos los caballos. Se comunican con las orejas y con varios gestos y movimientos.

Monty me contó que la yegua más vieja es la jefa de la manada. Ella decide dónde van a comer, beber o a dónde se van a ir. El semental piensa que él está a cargo, pero su única función es proteger a las yeguas y reproducirse. Cuando un potrillo, generalmente uno pequeño, se porta mal mordiendo y pateando a sus vecinos, la yegua corre directamente hacia él. Si el potrillo no sale corriendo, lo tira al suelo de un golpe. Luego lo persigue casi durante un kilómetro. La yegua regresa a la manada y se cuadra frente al potrillo mientras lo mira directamente a los ojos. Los caballos son animales de manada y se sienten asustados cuando están solos en descampado. Le está diciendo que no regrese, lo cual es muy amenazador y perturbador para él. Un puma u otros depredadores podrían matarlo a menos que el resto de la manada esté allí para proporcionarle protección.

Pronto, el nervioso potrillo comienza a escribir un gran círculo alrededor de los otros caballos. Todo el tiempo, la yegua se mueve en un pequeño círculo para mantener su cuerpo frente a él y sus ojos fijos en su dirección. Finalmente, el joven caballo se cansa y comienza a hacer señales para mostrar que está listo para «negociar». Lo demuestra bajando la cabeza, moviendo los labios y mostrando los dientes. También apunta una oreja erecta hacia la yegua mientras que con la otra escudriña el horizonte a sus espaldas en busca de depredadores. Después de un rato, la yegua le hace señales de que está dispuesta a hablar. Lo hace dando vuelta ligeramente al cuerpo, apartándolo del potrillo y mirando hacia otra parte. Gradualmente, el potrillo se acerca de vuelta a la manada hasta que verdaderamente se acurruca junto a la vieja dama. A estas alturas, ella acepta estar en buenas relaciones de nuevo. No es extraño que la yegua tenga que disciplinar al potrillo corriéndolo varias veces hasta que él decide ajustarse a las reglas. Sin embargo, al final, reconoce que ella es la que manda y que él está a sus órdenes.

Monty utiliza este conocimiento del lenguaje de los caballos para doblegar a estos magníficos animales a la silla de montar (aunque él lo llama «iniciar» en lugar de doblegar). Aislando al caballo y luego mirándolo como lo haría una yegua, verdaderamente puede montar un caballo salvaje en treinta o cuarenta minutos. Usted debiera ver el proceso en acción. Es algo digno de contemplar.

Muy bien, es cierto que la lustración no se aplica directamente a los hijos, pero existen algunas similitudes útiles. Mamá y papá son las figuras de autoridad, que no deben tolerar el comportamiento rebelde o irrespetuoso. Cuando el niño insiste en romper las reglas, se le disciplina justo lo suficiente como para que se sienta incómodo. No, los padres no deben echar al pequeño fuera del territorio, pero deben dejar en claro que no están felices con la manera en que se ha comportado. Esto se puede lograr mediante unas nalgadas razonables (pero no severas) en ocasiones cuando el comportamiento ha sido desafiante o irrespetuoso. O pueden imponerle un período de aislamiento o algún otro castigo menor. Sea cual sea el método, al niño le debe resultar desagradable. Después del malestar de ese enfrentamiento, llegará el momento en que el niño pregunte, de manera simbólica o con palabras: «¿Puedo regresar?». A estas alturas, los padres debieran recibirlo con los brazos abiertos. Este es el momento para explicarle por qué se metió en problemas y de qué manera puede evitar el conflicto la próxima vez. Durante este proceso, los padres nunca debieran recurrir a los gritos ni a otras manifestaciones que indiquen que se sienten frustrados o que están fuera de control. En cambio, los padres debieran demostrar el dominio de la situación, como lo hace la yegua mirando fijamente al potrillo rebelde. Unas pocas palabras en voz baja, dichas con convicción por una madre o un padre, generalmente pueden transmitir esta confianza y autoridad mejor que una andanada de amenazas y gestos furiosos.

A pesar de que esta comprensión de la disciplina es bastante sencilla de entender, algunos padres tienen problemas tratando de aplicarla. Si tienen temor de que su hijo se sienta incómodo o infeliz cuando se ha comportado mal, o si temen producirle un daño emocional permanente cuando lo tienen que castigar, no tendrán la determinación para ganar los inevitables enfrentamientos que surgirán. El niño presentirá sus vacilaciones y los empujará más lejos. El resultado final será padres frustrados, irritados e ineficientes y niños rebeldes, egoístas y obstinados.

Para aplicar este método de la crianza de los hijos, les voy a presentar a un amigo mío, Ren Broekhuizen, quien tiene un conocimiento intuitivo de los niños. Tiene treinta y cinco nietos que lo aman como si fuera un santo patrón. Ren se enteró que yo estaba escribiendo un libro acerca del tema de los varones y me compartió las siguientes ideas. Los niños, dijo, deben aprender que «el amor puede fruncir el ceño». Muchos padres hoy en día tienen temor de mostrarle desagrado a sus hijos por temor a herirlos o rechazarlos. Por el contrario, los pequeños deben saber quién es el que manda y que están «seguros» al cuidado de esa persona. Al recordarle a un niño que usted es un jefe benévolo, hace énfasis en que espera que lo obedezcan. Hay momentos en que un padre o una madre necesitan arrodillarse sobre una rodilla, deben mirar al niño o a la niña directamente a los ojos (¿se acuerda de la yegua?), y deben decir con seguridad pero sin ira: «No quiero que vuelvas a portarte mal. ¿Está claro?». Sin gritar ni amenazar, su tono de voz dice: «Toma muy en serio lo que te digo».

El reverendo Broekhuizen demostró este punto relacionándolo con una ocasión en la que llevó a su nieto a una juguetería. Antes de entrar al edificio le dijo: «No toques nada hasta que te diga que puedes hacerlo». El niño asintió. El abuelo dejó en claro sus expectativas y el muchacho se adaptó a ellas perfectamente. Se evitó el conflicto.

Para usar otra analogía, establecer límites de esta naturaleza, que no sean ambiguos, no dista mucho de la similitud con los oficiales de las autopistas que ponen letreros que advierten: «velocidad controlada por radar». Les recuerdan a los conductores que existen leyes específicas que rigen la velocidad a la que una persona puede ir, y aquellos que excedan el límite tendrán consecuencias desagradables. Así es como funciona el mundo de los adultos. El Departamento de Impuestos les dice a los ciudadanos: «Paguen sus impuestos antes de tal fecha o paguen una multa de tanto por ciento». La noche antes del vencimiento, la gente forma filas para cumplir con esta regla. O, por citar otro ejemplo, su compañía le dice: «Si desea que se le reintegren los gastos de viaje, debe presentar los recibos cuando regrese de un viaje autorizado». En estos acuerdos no hay ira. Sencillamente son así. Sin embargo, muchos padres creen que si se aplica un método similar con los niños es dañino o injusto. Pienso que están equivocados. Establecer las reglas por adelantado y luego hacerlas cumplir con firmeza es mucho más saludable para un niño que castigarlo y amenazarlo una vez que la mala conducta ha tenido lugar.

Otra cosa que destacó el reverendo Broekhuizen es que los padres hacen demasiadas preguntas a sus hijos. «¿Quieres irte a dormir ahora? ¿Quisieras guardar tus Legos? ¿No te parece que es hora de comer?». Las madres y los padres que ofrecen estas propuestas tentativas entre signos de interrogación, en realidad evitan decir: «Haz esto, porque es lo mejor y porque te lo digo yo». Existen momentos apropiados para decir exactamente eso. Dios les ha dado la autoridad a los padres para dirigir y formar el comportamiento de los hijos. ¡Debieran usarlo!

Después de escribir los recuerdos, citados anteriormente, de mi conversación con Ren, le envié el manuscrito para asegurarme de que lo estaba citando fielmente. Respondió con una carta en la que llevaba las ideas un poco más allá. Pensé que lo que él escribió sería valioso para los padres, así que lo incluí aquí:

Querido Jim:

Gracias por tus amables palabras. Es un privilegio estar asociado contigo y con tu trabajo.

Me parece que una de las grandes preguntas que tus lectores deben resolver es: «¿En realidad creo que tengo la autoridad como para ser el que mande aquí?». Pienso que esa es una de las razones por las cuales hay tantos signos de interrogación en las declaraciones de los padres. Sencillamente no están seguros si esto es correcto o no. Una vez, la agobiada madre de cuatro niños me dijo:

—¿Cómo se las ingenió usted para criar cinco hijos? Tiene que

haber sido un continuo zoológico.

Yo le dije:

—Lo principal es que los niños sepan desde el comienzo quién manda.

—Ah —me dijo—, pero eso suena tan autoritario.

Creo que ella habla por toda una generación que perdió la autoridad cuando crecía y no conoce el plan divino que llama a los padres a instruir a sus hijos en el camino correcto (Proverbios 22:6). El apóstol Pablo dijo: «Y si la trompeta diere sonido incierto, ¿quién se preparará para la batalla?» (1 Corintios 14:8). Lo que los niños escuchan es un sonido incierto. ¿Cuántos de sus lectores creen rotundamente que saben más que los hijos que Dios les ha confiado a su cuidado? Esto me recuerda a la madre de un niño de cuatro años que se niega a irse a la cama antes de las once. Ella tiene la autoridad para decirle lo que él tiene que hacer, pero tiene temor de usarla.

Las posibilidades de que los padres sepan más que sus hijos opera en una escala descendente. Desde que los hijos son pequeños, y hasta alrededor de los cinco años, mamá y papá saben 100% más que ellos. Luego comienza el cambio lentamente. Cuando llegan a los ocho, y luego a los dieciocho o veintiocho, las probabilidades continúan aumentando a favor de ellos. En algunas áreas, mis hijos e hijas saben mucho más que yo; pero cuando eran pequeños, yo sabía que el plan de Dios era que yo fuera el que mandara. Él me hace responsable por lo que hice con esa autoridad.

Seguramente querrán que siga adelante, así que continuaré.

Otro aspecto de esta inseguridad en cuanto a quién es el que manda es lo que llamo «el límite móvil». Una vez vi a un niño que cruzaba corriendo el parque en dirección a la calle. Su padre le dijo: «Pablo, detente allí mismo. ¡Pablo! ¡Pablo! Te dije que te detengas allí mismo. Me escuchaste». Pero a Pablo lo habían «entrenado» para no escuchar y seguir corriendo. Llegó al auto y giró la manija de la puerta. Su padre le gritó: «Agárrate de esa manija». Abdicó totalmente a su autoridad. Veo estas mismas actuaciones en el supermercado. Los encargados ponen los caramelos sobre esos canastos junto a la caja registradora para que los niños sentados en el carrito de compras puedan alcanzarlos. El niño dice:

—Quiero caramelos.

Su madre dice:

—No, es demasiado temprano.
El niño levanta la voz y dice:
—Caramelos.
Ella grita:
—¡No!
El niño estira la mano y saca un paquete de caramelos. La madre le dice:
—No te los comas hasta que llegues al auto.
Otra completa anulación de la autoridad.

«Contarles» a los niños para que obedezcan suena engañosamente como si el padre estuviera a cargo, pero también es un límite movible. «Juan, ven aquí. Te cuento. Uno. Dos. Tr... Así me gusta, Juan. Gracias por obedecerle a mami». Pero algo se perdió en el proceso. Al contar, lo único que hace es mover su línea de autoridad tres pasos hacia atrás. ¿Qué viene a continuación? ¿Cuatro, cinco, seis? Su respuesta debería transmitir el mensaje sin gritar ni amenazar: «¡Te estoy hablando en serio!».

Diré una cosa más, esta vez acerca de los abuelos y luego prometo no decir nada más. Sonreímos benignamente y pensamos que es lindo echar a perder a nuestros nietos. Es un gran error. Cuando algo se echa a perder, yo lo tiro. Mi tarea como abuelo es ser un ejemplo tanto para los padres como para los nietos mostrándoles un líder amoroso. A los abuelos les gusta mirar hacia arriba y decir que sus nietos son «activos». Cuando esta palabra se aplica a un niño es una palabra en clave para decir «fuera de control». Me siento responsable de ayudar a enseñar a mis nietos a ser amables y respetuosos de la gente y de sus pertenencias cuando estamos juntos. Cuando los padres están cerca, yo me hago a un lado porque no quiero socavar su autoridad.

El reverendo Broekhuizen ha dado justo en el blanco con ese consejo. Pero ¿qué sucede con esos padres que creen que deben ser eternamente positivos con sus hijos y que cualquier cosa que se interprete como negativa debe evitarse? Existen millones de madres y padres que parecen pensar así. Bueno, no estoy de acuerdo con ellos, no solo con respecto a los niños, sino con respecto a la vida misma.

Debemos admitir que el pensamiento positivo es algo bueno. Es más agradable tener cerca a alguien que naturalmente es optimista y, además, esta gente parece sacarle provecho a la vida. También son más productivos que aquellos que por costumbre están deprimidos y desalentados. Pero el pensamiento negativo también tiene sus ventajas. El pensamiento negativo es el que me impulsa a ponerme el cinturón de seguridad cuando subo al auto. Podría lastimarme en un choque si no estoy bien atado. El pensamiento negativo es lo que me hace comprar un seguro de vida para proteger a mi familia. Podría morir de repente y dejar a mis seres queridos con dificultades financieras. El pensamiento negativo es lo que me anima a evitar el comportamiento que pudiera ser adictivo, como usar drogas ilícitas, alcohol o pornografía. Existen millones de ejemplos de lo que se podría llamar los «negativos beneficiosos». La conclusión es que existe poder en *cualquier* clase de pensamiento legítimo. Por cierto, si una persona se permite leer o escuchar tan solo mensajes positivos, tendrá que pasar por alto por lo menos la mitad de las Escrituras. Jesús dijo algunas de las palabras más profundamente negativas que jamás se hayan pronunciado, incluyendo el pronóstico de la gente no regenerada que entra a la eternidad sin Dios. Sin embargo, su mensaje a un mundo perdido y moribundo se llama evangelio, que quiere decir «buenas noticias».

Lo interesante acerca de lo positivo y lo negativo es que producen el mayor beneficio cuando trabajan en conjunto. Por ejemplo, si usted coloca un cable eléctrico en el polo positivo de la batería de un auto, no sucederá nada. Puede ponérselo en la boca si lo desea, pero no se producirá ninguna energía. Si saca ese cable del polo positivo y lo pone en el negativo, seguirá sin recibir la carga. Pero ¿qué sucede cuando conecta un cable al polo positivo y otro al negativo, y luego toca los puntos de contacto? Se le erizará el cabello, si le queda algo.

Este principio, de juntar lo positivo con lo negativo, se ilustra una y otra vez en la Escritura. Cuando considere este pasaje del libro de Isaías: «"Vengan, pongamos las cosas en claro" —dice el SEÑOR—. ¿Son sus pecados como escarlata? ¡Quedarán blancos como la nieve! ¿Son rojos como la púrpura? ¡Quedarán como la lana!"» (Isaías 1:18, NVI). Qué ilustración maravillosa es esta del amor y del perdón de Dios. Sin embargo, cuatro capítulos más adelante, Isaías escribió unas palabras aterradoras bajo la inspiración divina: «Por eso se enciende la ira del SEÑOR contra su pueblo, levanta la mano contra él y lo golpea; las montañas se estremecen, los cadáveres quedan como basura en medio de las calles» (Isaías 5:25, NVI).

Este equilibrio entre la compasión y el juicio aparece desde el Génesis hasta el Apocalipsis. Va de la Creación a la Caída, de la condenación al perdón, de la crucifixión a la resurrección, del cielo al infierno. El ejemplo más grande se encuentra en el libro de Isaías, donde las maravillosas profecías de la venida del Mesías aparecen mezcladas con las terribles predicciones de la destrucción de Israel. Ambas demostraron ser precisas.

Aprender a equilibrar la intersección entre estas dos fuerzas es especialmente útil para los niños. Existe un tiempo de reafirmación, de ternura, de amor. Nutren el espíritu y sellan los lazos entre las generaciones. Pero también existe un tiempo para las disciplinas y el castigo. Las madres y los padres que tratan de ser eternamente positivos, ignorando la irresponsabilidad o la falta de respeto de los hijos, dejarán de enseñarles que el comportamiento tiene consecuencias. Pero ¡cuidado! Los padres que constantemente castigan y acusan, pueden crear serios problemas emocionales y de conducta. El apóstol Pablo reconoció este peligro y les advirtió a los padres que no se excedan en la disciplina. Él dijo: «Padres, no hagan enojar a sus hijos, sino críenlos según la disciplina e instrucción del Señor» (Efesios 6:4, NVI). Menciona esta advertencia de nuevo en Colosenses 3:21: «Padres, no exasperen a sus hijos, no sea que se desanimen» (NVI). Recuerde que Pablo también dijo enfáticamente a los hijos: «Obedezcan a sus padres en todo, porque esto agrada al Señor» (Colosenses 3:20, NVI). Cuánta sabiduría hay en esos pasajes convergentes.

Me he extendido bastante al referirme al tema del equilibrio en la disciplina porque es la clave para toda la relación entre los padres e hijos. Francamente, es difícil lograr permanecer en la seguridad del punto medio como madres y padres. Ninguno de nosotros lo hace de manera perfecta. Pero los mejores padres son aquellos que se abren paso entre la permisividad y el autoritarismo. Sus varones, en especial, se desarrollarán bajo su liderazgo si evita los extremos y tiene cuidado de «sazonar» su relación de amor.

La palabra *disciplina* implica no solo moldear el comportamiento y las actitudes de un niño, sino también darle una medida de autocontrol y la capacidad de posponer la gratificación. Enseñarle a un niño a trabajar es uno de los mecanismos principales mediante el cual adquirirá esta autodisciplina. Pero como todos sabemos, la mayoría de los varones tienen una gran aversión al trabajo. Pueden sentarse y mirar fijamente la tarea que tienen por delante durante horas. Se requiere de tanta lucha para ponerlos en funcionamiento que muchos padres se dan por vencidos. Parece que es mucho más fácil hacer todo por ellos. «La vida es lo suficientemente dura —dicen— sin hacer que los niños hagan lo que les resulta desagradable». Este es un serio error. Aquellos que saben cómo trabajar, generalmente pueden controlar mejor sus impulsos, pueden permanecer en una tarea hasta haber completado lo que se les pidió, pueden vencer la inconstancia y la inmadurez, pueden reconocer la conexión entre el esfuerzo y la oportunidad, y pueden aprender a manejar el dinero. También sirve como una preparación para la vida en el mundo adulto que vendrá. Lamentablemente, una de las quejas comunes de la comunidad de negocios es que hay demasiados muchachos que no trabajan, y si lo hacen, no saben *cómo* hacerlo. Esto debe ser verdad porque un alto porcentaje de adolescentes parecen zozobrar cuando los ponen a trabajar por primera vez.

Existe otro factor a considerar. Tiene que ver con la conexión directa que existe entre el concepto que uno tiene de sí mismo y el trabajo significativo. El novelista ruso Fiódor Dostoyevski, una vez escribió: «Si desea destruir completamente a un hombre, sencillamente dele un trabajo que sea de una naturaleza completamente irracional y sin sentido»[3]. Es verdad.

En un campo de concentración a las afueras de Hungría, durante la Segunda Guerra Mundial, a los prisioneros judíos se los obligaba a trasladar una montaña de tierra de un extremo del campo a otro. Al día siguiente, les decían que la trasladaran de nuevo a dónde había estado antes. Así siguieron haciéndolo durante semanas, hasta que un día, un hombre mayor comenzó a llorar incontrolablemente. Sus captores se lo llevaron para ejecutarlo. Dos días más tarde, otro hombre que había sobrevivido tres años en el campo, de repente se apartó corriendo del grupo y se arrojó sobre una cerca electrificada. Durante las semanas siguientes, decenas de prisioneros se volvieron locos; salían corriendo de su trabajo y llegado el momento los guardias les disparaban. Más tarde se supo que esta inútil actividad la había ordenado un cruel comandante como un experimento de «salud mental». Quería saber qué sucedería si a la gente se le obligaba a realizar tareas totalmente carentes de sentido. Los resultados ilustraron la relación entre el trabajo y la estabilidad emocional dentro de los trágicos confines de un campo de concentración.

Esta conexión es también importante para el resto de la humanidad. El trabajo le da significado y sentido a nuestra existencia. Los que son buenos en lo que hacen, generalmente se sienten bien consigo mismos. Experimentan satisfacción al saber que han cumplido con tareas difíciles de una manea excelente. Por el contrario, la gente que fracasa profesionalmente, por lo general tiene luchas en su familia y en otras áreas de sus vidas. Recuerdo un verano, años atrás, cuando Shirley y yo decidimos tomarnos unas vacaciones de dos semanas para quedarnos en casa y descansar. Nos habíamos estado moviendo a un paso frenético y pensamos que sería divertido dormir hasta tarde todos los días y no hacer otra cosa más que dar vueltas. Qué desilusión. Casi nos volvimos locos los dos. Estuvimos desanimados, y caminamos dando vueltas, preguntándonos qué podíamos hacer a continuación. Hasta llegué a pasar varias tardes aburridas mirando televisión. Esto le haría perder la cabeza a cualquiera. A partir de esta experiencia, me di cuenta de que el trabajo está integralmente relacionado con mi sensación de bienestar, y no hacer nada estaba lejos de ser tan divertido como yo esperaba.

Si el trabajo es algo valioso, ¿de qué manera los padres pueden enseñar a los hijos a realizarlo? Pienso que debieran empezar exigiéndoles que hagan pequeñas tareas cuando son muy pequeños, como recoger sus juguetes o traer los platos de la cena a la cocina. Luego, a los cuatro o cinco años, todo pequeño debiera tener a su cargo responsabilidades sencillas dentro de la casa, desde ayudar a lavar los platos hasta sacar la basura. La cantidad de trabajo debe ser razonable y apropiada a la edad, recordando que la actividad principal de los niños pequeños es jugar. A medida que crecen, se les puede asignar más tareas por las cuales no reciban nada más a cambio que las gracias. Después de todo, los hijos son miembros de la familia y deben «poner el hombro» para que la familia funcione.

Aquí tenemos una recomendación relacionada con el tema que es un tanto controversial. Usted puede no estar de acuerdo. Creo que a los hijos se les debe compensar cuando la cantidad de trabajo que realizan supera sus obligaciones, como pasarse todo el sábado ayudando a papá a limpiar el garaje, lavando el auto o pintando la cerca. Muchos padres rechazan enérgicamente esta idea. Dicen que es soborno. No estoy de acuerdo. Es la manera en que funciona el mundo. La mayoría de nosotros vamos a trabajar cada mañana y recibimos un cheque con nuestra paga cada dos semanas. Pagarle a un niño cuando se le pide que invierta «el sudor de su frente» no solo es justo, sino que lo pone al tanto de la conexión que existe entre el esfuerzo y la recompensa. Además, le hace el trabajo menos miserable al que es un vago.

Otra sugerencia: como los niños aprenden por imitación, les ayuda la instrucción acompañada del ejemplo. En lugar de decir: «Ve a tender la cama», trate de completar esta tarea con el niño. Trabajar con un adulto es la forma de juego más enriquecedora para un niño, si se enfoca de la manera correcta. Haga que sea divertido. Encuentre cosas de las cuales reírse. Si reprocha y critica a su hijo incesantemente, él comenzará a desarrollar malas actitudes hacia el trabajo. Transfórmelo en un juego, lo cual les hace la vida más fácil a todos.

Permítame transmitirle otra idea que se presentó en el ejemplar de mayo de 1992 de la revista *Parenting* (Crianza de los hijos). Sugería que se inicie a los niños en el trabajo ayudándolos a convertirse en pequeños empresarios. El autor contaba acerca de un muchacho de catorce años que armaba computadoras personales y las vendía a más de mil dólares cada una[4]. Es probable que su hijo no haga algo tan impresionante, pero existen beneficios definidos al permitirle obtener alguna experiencia en el mundo de los negocios. De hecho, los niños que ganan y administran dinero tienen muchas más probabilidades de tener éxito como adultos. Conducir un negocio les puede ayudar a aprender aplicaciones prácticas de matemáticas, a desarrollar habilidades en la relación con otra gente, y tal vez, lo que es más importante, las recompensas del trabajo arduo. Hay muchas opiniones. Los más pequeños pueden realizar tareas extras en la casa para ganar dinero. A los nueve o diez años, la mayoría está en condiciones de conseguir pequeños trabajos en el vecindario. Las posibilidades incluyen ofrecer un servicio para mascotas, hacer mandados para los vecinos, recolectar botellas y latas para los centros de reciclaje, cuidar niños, cortar el césped y muchas otras. Es importante que los trabajos no consuman mucho tiempo durante la niñez, cuando se deben realizar otras tantas cosas.

También puede llevar a su muchacho con usted al trabajo de vez en cuando. Muchos hijos no tienen idea de cómo sus padres se ganan la vida. Por cierto, he escuchado (aunque no he podido corroborar esta estadística) que nada más 6% de los padres llevan alguna vez a sus hijos a sus lugares de trabajo. Si es así, eso es lamentable. Hace un siglo, los hijos no solo sabían lo que sus padres hacían para ganarse la vida, sino que era común que trabajaran juntos; los varones aprendían las ocupaciones de papá, y las muchachas se identificaban con sus madres. Ahora los niños no tienen idea de lo que sucede cada día en la fábrica, en la compañía de teléfonos o en la tienda.

Un pensamiento más: el locutor de radio y escritor, Dennis Prager, dijo que enseñarles a los varones a trabajar es esencial para prepararlos para la edad adulta. Durante uno de sus programas radiales, les preguntó a algunas mujeres qué características les venían a la mente cuando pensaban en la masculinidad madura. Casi todas ellas mencionaron «responsabilidad». Prager estuvo de acuerdo pero dijo que eso no era suficiente. Algunos hombres conservan buenos trabajos pero siguen siendo inmaduros. La disposición para trabajar debe estar seguida por la devoción a una causa, algo superior a ellos mismos. Estas dos cualidades: la capacidad para vivir responsablemente y el sentido de misión, les ayuda a los varones jóvenes a vencer su egocentrismo y a comenzar a verse como hombres. Entonces, como padres, nuestra tarea no solo es enseñarles a nuestros hijos a trabajar, sino presentarles el significado que se asocia con el trabajo. Para los muchachos, esto significa captar la idea de proveer y proteger a sus familias, tarea para la cual lo está ayudando a prepararse. Todas las piezas encajan perfectamente.

Su propósito al enseñarles a sus hijos a trabajar es darles a probar un poco del mundo real. Sea como sea, no permita que sus varones se sienten frente al televisor o jueguen, año tras año, videojuegos absurdos. Póngalos en marcha. Ayúdelos a organizarse. Póngalos a trabajar.

PREGUNTAS Y RESPUESTAS

Mi hijo tiene catorce años y no tiene el menor concepto de lo que es el dinero ni de cómo usarlo sabiamente. Piensa que crece en los árboles. ¿Tiene alguna sugerencia en cuanto a cómo prepararlo para lidiar con el mundo real cuando sea mayor?

Siguiendo con nuestra discusión acerca del trabajo, permítame añadir que darle un trabajo a un hijo es la manera más efectiva de enseñarle el valor del dinero. Cuando yo era adolescente, aprendí más acerca del valor de unos pocos dólares cavando una zanja de quince metros a $1,50 la hora que a través de todo lo que me enseñaron mis padres. Los diez dólares que gané adquirieron un gran significado para mí. Al cavar esa zanja me salieron ocho ampollas en las manos y el sol me produjo una quemadura seria en la cara, pero fue una lección muy valiosa. Nunca la olvidé.

Además de aprender a trabajar, le sugiero que le enseñe a su hijo unos pocos principios acerca de la administración del dinero. Hay algunos buenos libros escritos al respecto, tales como *Money Matters for Parents and Their Kids* (Asuntos monetarios para padres e hijos) de Ron Blue y *Surviving the Money Jungle* (Cómo sobrevivir a la jungla de dinero) de Larry Burkett. Aquí tiene algunas ideas prácticas que le darán un punto de partida.

1. Dios es el dueño de todo. Algunas personas tienen la noción de que al Señor le corresponde el 10% de nuestros ingresos, lo que se llama el «diezmo», y que 90% nos pertenece a nosotros. No es así. Creo firmemente en el concepto de diezmo, pero no porque la porción de Dios se limite a una décima parte. No somos más que mayordomos de todo lo que él nos ha confiado. Él es quien nos da y, a veces, quien nos quita. Todo lo que tenemos no es otra cosa más que un préstamo que él nos ha dado. Cuando Dios le quitó su riqueza, Job tuvo la actitud correcta al decir: «Desnudo salí del vientre de mi madre, y desnudo he de partir. El Señor ha dado; el Señor ha quitado. ¡Bendito sea el nombre

del Señor!» (Job 1:21, NVI). Si comprendemos este concepto básico, resulta claro que cada decisión que tomamos para gastar nuestro dinero es una decisión espiritual. Por ejemplo, malgastar no es despilfarrar nuestros recursos, sino que es malgastar los recursos de Dios.

Los gastos para fines que valen la pena, como las vacaciones, los helados, las bicicletas, los pantalones deportivos, las revistas, las raquetas de tenis, los autos y las hamburguesas, también se realizan con el dinero de Dios. Por eso en mi familia siempre inclinamos la cabeza para darle gracias al Señor antes de cada comida. Todo, incluyendo la comida, es un regalo de sus manos.

2. Siempre existe un intercambio entre el tiempo y el esfuerzo, y el dinero y la recompensa. Seguramente usted ha oído frases: «No hay lonche gratis» o «Nunca se consigue algo a cambio de nada». Es muy importante entender estos conceptos. Siempre se debiera pensar en el dinero como algo ligado al trabajo y al sudor de nuestra frente.

Ahora vemos qué significado tiene este segundo principio para nosotros. Piense por un momento en la compra más inútil que haya hecho en los últimos años. Tal vez fue una máquina de afeitar eléctrica que ahora tiene almacenada en el garaje, o alguna prenda de vestir que jamás se pondrá. Es importante que se dé cuenta de que no compró ese artículo con su dinero; lo compró con su tiempo, el cual cambió por dinero. En efecto, usted intercambió cierta porción de los días que se le han adjudicado en la tierra por eso que no sirve para nada más que ocupar un espacio en su hogar.

Cuando uno comprende que todo lo que compra lo hace con una porción de su vida, debiera ser más cuidadoso con el uso del dinero.

3. No existe tal cosa como una decisión financiera independiente. Jamás tendrá el dinero suficiente para todo lo que a usted le gustaría comprar o hacer. Hasta los multimillonarios tienen algunas limitaciones en cuanto al poder adquisitivo. Por lo tanto, cada gasto tiene consecuencias sobre otras cosas que usted

necesita o desea. Todo está ligado. Lo que esto significa es que aquellos que no pueden resistir la tentación de derrochar su dinero en cosas de poco valor o calidad se limitan en áreas de mayor necesidad o interés.

Y, de paso, los cónyuges generalmente discuten acerca del uso del dinero. ¿Por qué? Porque sus sistemas de valores son diferentes, y por lo general no están de acuerdo con lo que es un desperdicio de dinero. Mi madre y mi padre eran un caso típico en este respecto. Si papá gastaba cinco dólares en cartuchos de escopeta o en pelotas de tenis, justificaba el gasto porque le traía placer. Pero si mi mamá compraba un pelapapas de cinco dólares que no funcionaba, él lo consideraba un desperdicio de dinero. No tenía en cuenta que a mamá le gustaba ir de compras tanto como a él le gustaba ir a cazar o a jugar al tenis. Sus perspectivas eran sencillamente exclusivas.

De nuevo, este tercer principio implica un reconocimiento de que la extravagancia en un momento, con el tiempo, producirá frustración en otro momento. Los buenos administradores de negocios son capaces de tener en mente el panorama completo mientras toman sus decisiones financieras.

4. Demorar la gratificación es la clave de la madurez financiera. Como tenemos recursos limitados y cosas para elegir ilimitadas, la única manera de salir adelante financieramente es negándonos algunas de las cosas que queremos. Si no tenemos esta disciplina, siempre estaremos endeudados. Recuerde también que, a menos que gaste menos de lo que gana, ningún ingreso, por elevado que sea, será suficiente. Por eso algunas personas reciben aumentos de salarios y pronto se encuentran aún más endeudados.

Permítame repetir este importante concepto: No hay cantidad de dinero que sea suficiente si no se controlan los gastos[5].

Bueno, tal vez estos cuatro principios le ayuden a su hijo a construir un cimiento de estabilidad financiera sin comprometer su sistema de creencias. En resumen, el secreto para vivir de manera exitosa es invertir la vida en algo que perdure, o como dice el escritor de Hebreos: «Manténganse libres del amor al dinero, y conténtense con lo que tienen» (Hebreos 13:5, NVI).

Pienso que es bueno darle a su hijo una idea de lo que se requiere para crear un presupuesto y vivir ajustándose a él. Conocí a un médico que tenía cuatro hijas, y a cada una de ellas le daba una asignación anual para ropa, comenzando desde los doce años. Tenían que dividir cuidadosamente su dinero a lo largo de todo el año para todo lo que necesitaban. La menor era un poco más impulsiva, y celebró su duodécimo cumpleaños gastándose la asignación anual en un abrigo costoso. A la primavera siguiente, tuvo que usar medias agujereadas y vestidos deshilachados. A sus padres les resultó muy difícil verla sin las cosas esenciales; pero tuvieron el valor para mantenerse firmes y enseñarle una valiosa lección acerca de la administración del dinero. Recuerdo a una madre soltera que invitó a su hijo de quince años para que la ayudara a calcular los impuestos familiares. Cuando el muchacho vio los costos ocultos que había detrás del manejo de una casa, tales como pagar intereses de la hipoteca y las primas del seguro, se sintió impactado.

Lo que su hijo debe entender es que el dinero está ligado al trabajo, y todo lo que se compra con él es un intercambio. Si lo derrocha en una cosa, no lo tendrá para otra que puede ser más importante. Dicho de otra manera, debe enseñarle a su hijo que en la vida no existe tal cosa como tener todo lo que uno quiere. Tampoco se come gratis, a menos que usted le provea la comida.

No me preocuparía mucho si su hijo no entiende estos conceptos a los catorce años. Conozco a muy pocos de esa edad que los entienden; pero es hora de comenzar con el proceso de instrucción.

Mi adolescente siempre se queja porque mi esposo y yo no confiamos en él. Generalmente lo dice cuando quiere hacer algo que nosotros objetamos. ¿Cuál debiera ser nuestra respuesta?

Los hijos son expertos en desequilibrar a sus padres en los momentos de enfrentamiento. Una de las herramientas más efectivas de ellos es la que ustedes escuchan. Es típico que mamá y papá comiencen a dar marcha atrás y a explicar: «No, querido, no se trata de que no te tengamos confianza al llegar tan tarde, es que...», y entonces se quedan sin palabras. Están a la defensiva y la iniciativa la tiene la otra parte.

Los padres que se encuentran en esta situación deben recordarles a sus hijos que la confianza es divisible. En otras palabras, confían en ellos en algunas situaciones pero en otras no. No se trata de todo o nada.

Refiriéndome otra vez al mundo de los negocios, a muchos de nosotros se nos autoriza a gastar el dinero de nuestra compañía extrayéndolo de una cuenta designada, pero no se nos permite tener acceso a todo el tesoro de la corporación. La confianza en ese caso es específicamente limitada. De la misma manera, pueden autorizarnos a gastar cinco mil dólares en equipos o mercancías, pero un centavo más requiere la firma de un supervisor. No se trata de que los jefes tengan temor de que se engañe a la compañía. Más bien, la buena experiencia en los negocios ha enseñado que la confianza debiera otorgarse para circunstancias y propósitos específicos. Se llama una «concesión de autoridad». Aplicando ahora esta idea a los adolescentes, ellos pueden esperar que se les otorgue permiso para hacer algunas cosas pero otras no. En la medida en que manejen los privilegios de una manera confiable, recibirán más libertad. El asunto es que ustedes como padres no se dejen embaucar por sus hijos cuando reclaman falsamente que los están maltratando. Les sugiero que no muerdan la carnada.

Mi esposo y yo disciplinamos mucho a nuestros hijos. ¿Existe alguna otra manera de alentarlos a cooperar?

El continuo mal comportamiento de un niño puede reflejar la necesidad de atención. Algunos niños prefieren que los busquen por homicidio antes de que no los busquen en absoluto. Trate de poner algo de diversión y de risas en la relación y vea qué sucede. Puede llegar a sorprenderse. Además, revise las cosas fundamentales. Cuando un equipo de fútbol o de baloncesto va perdiendo, el entrenador, generalmente, vuelve a lo básico. Consígase un buen libro sobre disciplina y vea si puede identificar sus errores.

Tenemos un hijo de siete años que ha estado haciéndoles algunas cosas bastante horribles a los perros y a los gatos del vecindario. Hemos tratado de detenerlo pero no hemos tenido éxito. Me pregunto si no hay algo más serio detrás de esto por lo que debiéramos preocuparnos.

La crueldad hacia los animales puede ser un síntoma de serios problemas emocionales en un niño, y los que hacen estas cosas de manera repetida no están atravesando una fase normal. Sin lugar a dudas, tendría que verlo como una señal de advertencia que deben controlar. No deseo alarmarlos ni darle al caso mayor importancia de la que tiene, pero la crueldad a temprana edad se correlaciona con el comportamiento violento en los adultos[6]. Le sugiero que lo lleven a un psicólogo o psiquiatra para que lo evalúen, y, por favor, jamás toleren cualquier clase de maltrato a los animales.

¿Qué debo hacer con mi hijo de veintidós años, que ha regresado a casa después de abandonar la universidad y de arruinar su vida? No tiene un empleo, no ayuda en la casa y se queja por la comida que le damos.

Yo lo ayudaría a empacar, esta misma tarde si no antes. Algunos jóvenes como el suyo no tienen intenciones de crecer, y ¿por qué habrían de hacerlo? El nido en casa es demasiado cómodo. La comida está lista, la ropa está limpia, las cuentas están pagadas. No hay incentivo para enfrentar el frío y duro mundo de la realidad, y ellos están decididos a no ceder un ápice. Necesitan un empujón firme. Sé que es difícil desalojar a los hijos apegados al hogar. Son como gatitos peludos que dan vueltas alrededor de la puerta trasera esperando que les den un poco de leche tibia en un plato. Pero si se les deja año tras año, especialmente si no persiguen objetivos en sus carreras, se cultiva la irresponsabilidad y la dependencia. Y eso no es amor, aunque bien pueda parecerlo y sentirlo como tal.

Ha llegado el momento de tomar las riendas de la vida de su hijo, con amabilidad pero con firmeza, y obligarlo a que se las arregle solo. Si no lo hace, lo paralizará quitándole todo incentivo para poner orden en su vida. ¡Buena suerte!

LA PRIORIDAD SUPREMA

AHORA HA LLEGADO el momento de envolver con una cinta el trabajo que hemos hecho juntos. Espero que usted haya disfrutado de esta intricada mirada que le hemos dado al maravilloso desafío de criar varones. No hay nada que se pueda comparar con el privilegio de traer hijos preciosos al mundo y luego guiarlos paso a paso a lo largo de sus años de desarrollo hasta la madurez. Al comienzo, escribí que nuestro objetivo como madres y padres es transformar a nuestros hijos «inmaduros e inconstantes en hombres honestos y compasivos, que serán respetuosos de las mujeres, fieles en el matrimonio, cumplidores de sus compromisos, líderes firmes y decididos, buenos trabajadores y hombres que estén seguros de su masculinidad». Es un objetivo alto, pero se puede alcanzar con la sabiduría y guía de nuestro Padre. El principal mecanismo mediante el cual se consiguen estas metas es la aplicación en el hogar de un liderazgo y una disciplina confiados, moderados con amor y compasión. Esta es una combinación invencible.

Nos hemos concentrado en la manera en la que los varones difieren de sus hermanas y en las necesidades particulares asociadas con la masculinidad. También hemos considerado la crisis en vías de expansión a la que se enfrentan nuestros muchachos en el contexto cultural de hoy. A modo de resumen, diré que operan en su contra la desintegración de las familias, la ausencia de los padres no comprometidos, los espíritus heridos que resultan de estas situaciones, el ataque feminista contra la masculinidad y la cultura posmoderna que tuerce y desvía a tantos de nuestros niños. Si existe un tema en común que conecta a cada una de estas fuentes de dificultad, es el ritmo frenético en el que vivimos, que nos ha dejado muy poco tiempo o energía para los hijos que buscan en nosotros lo que necesitan para suplir cada necesidad.

Permítame ampliar este punto. Espero que, a medida que se ha ido desarrollando esta discusión, haya quedado claro que el problema que tenemos con nuestros hijos está ligado a lo que llamo «pánico rutinario» y al creciente aislamiento y la desvinculación que produce. La aventura amorosa de los Estados Unidos con el materialismo ha tenido un grave efecto en las cosas que más importan. Volvamos, ya que viene al caso, a la epidemia de intimidación y burlas que tiene lugar en nuestras escuelas. Todos nosotros experimentamos momentos difíciles similares cuando éramos jóvenes. Entonces, ¿cuál es la diferencia? La ausencia de los padres, que no tienen nada más para dar. Algunos de nosotros, cuando éramos niños, volvíamos a casa para encontrarnos con familias intactas y amorosas que podían sacarnos del borde del precipicio, asegurándonos su amor y ayudándonos a poner las cosas en perspectiva. Había alguien allí que claramente se preocupaba por nosotros y que nos decía que el duro juicio de nuestros compañeros no era el fin del mundo. En ausencia de esa clase de consejo sabio en tiempos de crisis, como el que me dio mi padre cuando volví de la escuela todo maltrecho, los hijos no tienen a dónde ir con su ira. Algunos recurren a las drogas y al alcohol, algunos se retraen en el aislamiento, y otros, tristemente, liberan su ira en asaltos asesinos. Si tan solo mamá y papá hubieran estado allí cuando las pasiones llegaban a su nivel máximo. Muchas dificultades de las que enfrentan nuestros hijos provienen de esta sola característica de las familias de hoy: no hay nadie en casa.

Como hemos visto, una y otra vez, en estos capítulos, los varones son los que sufren más la ausencia del cuidado de los padres. Tengo la convicción de que aquellos que se deciden a traer a un niño al mundo deben darle a ese niño o niña la más alta prioridad durante un tiempo. Muy pronto serán adultos y se las arreglarán por su cuenta.

Estoy seguro de que la mayoría de las madres contemporáneas se preocupan más por su esposo y por sus hijos que por cualquier otro aspecto de sus vidas, y lo que más desearían sería dedicarles sus principales energías. Pero se encuentran atrapadas en un mundo caótico y exigente que las amenaza constantemente con avasallarlas. Muchas de estas mujeres jóvenes también crecieron en hogares llenos de actividad, disfuncionales y con una orientación fundamentalmente profesional, y desean algo mejor para sus hijos. Sin embargo, las presiones financieras y las expectativas de los demás las atrapan en una rutina que las deja exhaustas y agobiadas. Nunca he escrito esto, y me criticarán por decirlo ahora, pero creo que la familia en la que ambos padres ejercen su profesión *durante los años de crianza de los hijos* genera un nivel de estrés que está destrozando a la gente. Y generalmente priva a los hijos de algo que buscarán durante el resto de sus vidas. Nada más podemos esperar que, algún día, un significativo segmento de la población despierte de la pesadilla del exceso de compromisos y diga: «Esta es una manera loca de vivir. Debe existir una forma mejor de criar a nuestros hijos. Haremos los sacrificios financieros para reducir la velocidad en el ritmo de vida».

Sin embargo, no es lo suficientemente sencillo estar en casa a disposición de nuestros hijos. Debemos utilizar las oportunidades de estos pocos años para enseñarles nuestros valores y creencias. Millones de jóvenes que han crecido en la relativa opulencia de los Estados Unidos no han tenido esa instrucción. Tienen una terrible confusión en cuanto a los valores trascendentes. Les hemos dado más bendiciones materiales que a cualquier otra generación en la historia. Han tenido oportunidades que sus antepasados jamás hubieran soñado. La mayoría de ellos jamás han oído el martillear de las bombas ni la explosión de las granadas. Se ha gastado más dinero en la educación, el cuidado médico, el entretenimiento y los viajes de ellos que lo que se ha gastado jamás. Sin embargo, les hemos fallado en la responsabilidad más importante de todas las que tenemos como padres. No les hemos enseñado quiénes son como hijos de Dios o para qué se encuentran aquí.

El filósofo y escritor, doctor Francis Schaeffer, escribió: «El dilema del hombre moderno es claro: no sabe por qué el hombre tiene significado en sí. [...] Esta es la condenación de nuestra generación, el meollo del problema del hombre moderno»[2].

Aunque la profunda declaración del doctor Schaeffer fue escrita hace casi tres décadas, se aplica todavía más a los adolescentes y los adultos jóvenes de hoy en día. La validez de estas palabras se hizo evidente cuando yo escribía el libro para los jóvenes titulado *Life on the Edge* (*Frente a la vida*). Para ayudarme en ese proyecto, *Word Publishers* reunió grupos en varias ciudades para determinar los puntos de interés y las necesidades de la generación joven. Fiel a nuestra tesis, la preocupación más común que surgía era la ausencia de significado en la vida. Estos jóvenes, la mayoría de los cuales profesaban ser cristianos, estaban confundidos en cuanto a la sustancia y al propósito en la vida.

Permítame compartirle una breve sección de ese libro. Creo que se aplica no solo a aquellos para los cuales fue escrito (entre dieciséis y veinte años), sino a todos nosotros en esta sociedad materialista que enfatiza los valores falsos del dinero, del poder, de la posición y de otros símbolos vacíos de significado. Esto es lo que escribí:

> Es muy importante que te detengas y pienses en algunos asuntos básicos mientras eres joven, antes de que las presiones del trabajo y la familia te lo impidan. Hay varias preguntas que tienen un valor eterno con las cuales finalmente cada uno tiene que enfrentarse. Tú te beneficiarás, me parece, si lo haces ahora.
>
> No importa que seas ateo, musulmán, budista, judío, de la Nueva Era, agnóstico o cristiano, las preguntas con que se tiene que enfrentar la familia humana son las mismas. Pero las respuestas serán diferentes. Estas son:
>
> ¿Quién soy yo como persona?
> ¿Cómo llegué aquí?
> ¿Hay una manera correcta o incorrecta de creer y actuar?
> ¿Hay un Dios? Y si es así, ¿qué espera él de mí?
> ¿Hay vida después de la muerte?
> ¿Cómo puedo alcanzar la vida eterna, si es que existe?
> ¿Tendré que rendir cuentas, algún día, por la manera en que he vivido en la tierra?
> ¿Cuál es el significado de la vida y de la muerte?[3]

La triste observación que sacamos de nuestro estudio es que a la mayoría de los jóvenes con los que hablamos les resulta difícil responder preguntas como estas. Tienen una vaga noción de lo que se podrían llamar «primeras verdades». No es sorprendente que carezcan de un sentido de significado y propósito. La vida pierde el significado para alguien que no comprende su origen o destino.

Los seres humanos suelen luchar con preguntas perturbadoras que no pueden responder. Así como la naturaleza aborrece un vacío, el intelecto actúa para llenarlo. O para decirlo de otra manera, trata de reparar un agujero en un sistema de creencias. Por eso tantos jóvenes, hoy en día, andan detrás de «teologías» torcidas y extrañas, tales como la tontería de la Nueva Era, la búsqueda del placer, el abuso de las sustancias químicas y las relaciones sexuales ilícitas. Buscan en vano algo que satisfaga el «hambre» de sus almas. No tienen posibilidades de encontrarlo. Ni los grandes logros, ni la educación superior podrán armar el rompecabezas. El significado en la vida viene solamente respondiendo las preguntas eternas que se enumeraron anteriormente, y solo se pueden tratar de manera adecuada en la fe cristiana. Ninguna otra religión puede decirnos quiénes somos y a dónde vamos luego de la muerte. Y ningún otro sistema de creencias enseña que el Dios del universo y su Hijo, Jesucristo, nos conocen y nos aman individualmente.

Esto nos trae de nuevo al tema de los varones y de lo que ellos y sus hermanas necesitan de sus padres durante los años de desarrollo. En el primer lugar de la lista se encuentra la comprensión de quién es Dios y de lo que él espera de nosotros. Esta enseñanza debe comenzar desde muy temprano en la niñez. Incluso a los tres años de edad, un niño puede aprender que las flores, el cielo, los pájaros y hasta el arco iris son regalos de la mano de Dios. Él creó estas cosas maravillosas, así como nos creó a cada uno de nosotros. El primer versículo que nuestros hijos debieran entender es: «Dios es amor» (1 Juan 4:8, NVI). Se les debiera enseñar a darle gracias a él antes de comer y a buscar su ayuda cuando estén heridos o asustados.

Moisés lleva esta responsabilidad un paso más allá en Deuteronomio 6. Les dice a los padres que les hablen a sus hijos de cuestiones espirituales continuamente. Esta tarea no se logrará enseñándoles a recitar un versículo antes de irse a dormir. La Escritura nos dice: «Grábate en el corazón estas palabras que hoy te mando. Incúlcaselas continuamente a tus hijos. Háblales de ellas cuando estés en tu casa y cuando vayas por el camino, cuando te acuestes y cuando te levantes. Átalas a tus manos como un signo; llévalas en tu frente como una marca; escríbelas en los postes de tu casa y en los portones de tus ciudades» (Deuteronomio 6:6-9, NVI).

Lo que este pasaje quiere decir es que debemos darle el mayor énfasis al desarrollo espiritual de nuestros hijos. No hay nada que se le acerque en importancia. La única manera en que usted podrá estar con sus preciosos hijos en la vida venidera es presentándoles a Jesucristo y a sus enseñanzas, preferentemente cuando son jóvenes e influenciables. Esta es la tarea número uno en la crianza de los hijos.

Quiero decirles a aquellos lectores que necesitan una pequeña ayuda para clarificar estos objetivos, que me permitan pedirles que por unos momentos piensen en el final de sus días, tal vez, dentro de muchos años. ¿Qué le daría a usted la mayor satisfacción al yacer en su lecho de muerte, pensando en las experiencias de toda su vida? ¿Acaso su corazón se estremecería ante el recuerdo de honores, títulos y galardones profesionales?

¿Sería la fama lo que más valoraría, aun en el caso de que la hubiera alcanzado? ¿Se enorgullecería por el dinero que ganó, los libros que escribió o los edificios o empresas que llevan su nombre? Creo que no. Los éxitos y los logros temporales no serán muy gratificantes en ese momento del destino. Creo que el mayor sentido de satisfacción mientras se prepara para cerrar el capítulo final de su vida se lo proporcionaría saber que vivió de acuerdo con una norma de santidad delante de Dios y que invirtió su tiempo desinteresadamente en las vidas de los miembros de su familia y de sus amigos. Y lo más importante será saber que llevó a sus hijos al Señor y que estará con ellos en la eternidad; eso sobrepasará cualquier otro logro. Todo lo demás se reducirá a la insignificancia. Si esta es una verdadera representación de la manera en la que usted se va a sentir cuando sus días lleguen a su fin, ¿por qué no decidirse a vivir de acuerdo con ese sistema de valores mientras todavía tiene la oportunidad de influir en los hijos impresionables que lo admiran? Es probable que esta sea la pregunta más importante que jamás le hagan como madre o padre.

El desarrollo espiritual es importante no solo para la eternidad, sino que es crucial en cuanto a la manera en que sus hijos vivirán sus días sobre la tierra. Específicamente, los varones necesitan estar bien arraigados en su fe para comprender el significado del bien y del mal. Están creciendo en un mundo posmoderno en el cual todas las ideas se consideran igualmente válidas, y nada es malo en realidad. La perversidad es mala solo en las mentes de aquellos que piensan que es mala. Las personas que viven de acuerdo con este punto de vista ajeno a Dios están destinadas a mucho sufrimiento y miseria. Por el contrario, el punto de vista que el cristiano tiene del mundo, enseña que el Dios del universo ha determinado el bien y el mal, y nos ha dado una norma moral inmutable de acuerdo con la cual debemos vivir. También ofrece el perdón de los pecados, que los varones (y las muchachas) tienen buenas razones para necesitarlo. Al comprender estas cosas, el niño estará preparado para enfrentar los desafíos que le esperan. Sin embargo, la mayoría de los niños estadounidenses no reciben ninguna clase de enseñanza espiritual. Les dejan en libertad para que elaboren estas cosas por su cuenta, lo cual conduce a la existencia carente de sentido de la cual hemos hablado.

La herramienta más efectiva para la enseñanza, como hemos visto, es el ejemplo que los padres proporcionan en casa. Los niños perciben sorprendentemente las cosas que ven en sus padres en los momentos en que ellos no están en guardia. Shirley y yo hemos recibido una ilustración de esto cuando nuestros hijos tenían once y dieciséis años. Habíamos ido juntos, con otra familia, a Mammoth, California, a un centro turístico para esquiar. Lamentablemente, nuestra llegada coincidió con una gran tormenta de nieve aquel jueves, que nos confinó a la cabaña y frustró a los niños de manera indescriptible. Cada uno de nosotros se turnaba en caminar hasta la ventana a cada rato con la esperanza de ver un claro en el cielo que nos dejara en libertad, pero nada sucedió. El viernes también nos quedamos atrapados, y la tormenta del sábado enterró nuestros autos bajo la nieve. A estas alturas, las dos familias padecían de «claustrofobia», y hasta nuestro perro parecía tener hormigas en el cuerpo.

Al amanecer del domingo, no se imagina, el sol entró serpenteando en nuestra cabaña y el cielo estaba de color azul brillante. La nieve sobre los árboles era una hermosura y todas las fuerzas propulsoras del cielo funcionaban al máximo. Pero ¿qué debíamos hacer? Nuestra política de toda la vida era ir a la iglesia el domingo, y habíamos decidido no esquiar ni asistir a ningún suceso deportivo en lo que llamamos «el día del Señor». Sé que muchos cristianos estarían en desacuerdo con esta perspectiva, y no tengo problema con aquellos que tienen un punto de vista diferente. Esta era sencillamente la norma para nuestra familia, y habíamos vivido de acuerdo con ella a lo largo de toda nuestra vida de casados. Siempre habíamos tomado en forma literal la Escritura que dice:

> Acuérdate del sábado, para consagrarlo. Trabaja seis días, y haz en ellos todo lo que tengas que hacer, pero el día séptimo será un día para honrar al Señor tu Dios. No hagas en ese día ningún trabajo, ni tampoco tu hijo, ni tu hija, ni tu esclavo, ni tu esclava, ni tus animales, ni tampoco los extranjeros que vivan en tus ciudades. Acuérdate de que en seis días hizo el Señor los cielos y la tierra, el mar y todo lo que hay en ellos, y que descansó el séptimo día. Por eso el Señor bendijo y consagró el día de reposo.
>
> Éxodo 20:8-11, nvi

Admito que esquiar el domingo no es equivalente a trabajar, como se prohíbe en esta Escritura, pero es un día separado para otro propósito. Además, si esquiábamos aquella mañana, les estaríamos exigiendo a los empleados de la compañía de esquiar que hicieran su trabajo. Equivocados o no, esto era lo que creíamos. Pero ¿qué debía hacer en esa situación? Todos deseaban deslizarse por las lomas y, para ser sincero, yo también lo deseaba. Shirley y yo nos estábamos volviendo locos encerrados con todos esos niños aburridos. Entonces, reuní a nuestra familia junto con nuestros invitados y dije: «Ustedes saben, no queremos ser legalistas con respecto a esto [sonrisa]. Pienso que el Señor perdonará una excepción en este caso. Afuera hace un día tan hermoso. Podemos tener nuestro devocional esta noche cuando volvamos de esquiar, y pienso que no hay problema si vamos».

Todos estaban radiantes de alegría, o eso pensaba yo, así que procedimos a vestirnos para la salida. Terminé primero y bajé las escaleras para preparar un desayuno rápido cuando Shirley vino y me susurró al oído: «Será mejor que hables con tu hijo». Siempre era *mi* hijo cuando había problemas. Fui a la habitación de Ryan, y lo encontré llorando.

—Vaya, Ryan, ¿qué sucede? —le pregunté. Jamás olvidaré su respuesta.

—Papá —me dijo—, nunca te había visto transigir. Nos has dicho que no es correcto esquiar y hacer cosas por el estilo el domingo, pero ahora dices que está bien. —Todavía le corrían las lágrimas por las mejillas mientras hablaba—: Si eso estuvo mal en el pasado, sigue estando mal hoy.

Las palabras de Ryan me golpearon como un martillazo. Había desilusionado a este niño que buscaba guía moral en mí. Yo había quebrantado mis propias normas de vida, y Ryan lo sabía. Me sentí como el hipócrita más grande del mundo. Después de recobrar la compostura, dije:

—Tienes razón, Ryan. No tengo manera de justificar la decisión que acabo de tomar.

Ante mi petición, las dos familias se juntaron de nuevo en la sala, y les conté lo que había sucedido. Luego dije, dirigiéndome a mis invitados:

—Quiero que vayan y esquíen. Lo entendemos perfectamente; pero nuestra familia va a asistir a la iglesia del pueblo esta mañana. Así pasamos los domingos, y hoy no es la excepción para nosotros.

Los miembros de la otra familia, tanto niños como adultos, dijeron casi al unísono:

—Nosotros tampoco queremos esquiar. Iremos a la iglesia con ustedes.

Y así lo hicimos. Aquella tarde, me quedé pensando en lo que había sucedido. A la mañana siguiente, llamé a mi oficina para decirles que no regresaríamos hasta el martes. Nuestros amigos también pudieron cambiar sus planes. Así que todos fuimos a esquiar el lunes, y pasamos uno de nuestros mejores días juntos. Y, por fin, mi conciencia estaba tranquila.

No tenía idea de que Ryan me estaba observando ese domingo por la mañana, pero debiera haberlo esperado. Los niños adquieren sus valores y creencias del ejemplo que ven en el hogar. Es una de las razones por las cuales las madres y los padres deben vivir una vida moralmente coherente delante de sus hijos. Si como padre, usted actúa como si no existiera una verdad absoluta, y si está demasiado ocupado para orar y asistir a las reuniones de la iglesia junto con su familia, si les permite a sus hijos jugar al fútbol en los partidos de las ligas menores durante la escuela dominical, y si hace trampa en su declaración de impuestos, o le miente al que viene a cobrar una cuenta, o pelea interminablemente con sus vecinos, sus hijos recibirán el mensaje: «Mamá y papá dicen cosas buenas, pero en realidad no las creen». Si les sirve esta sopa diluida durante toda la niñez, cuando tengan oportunidad la escupirán. Cualquier punto ético débil de esta naturaleza, cualquier falta de claridad en cuestiones relacionadas con lo bueno y lo malo, la próxima generación la advertirá y la magnificará. Si piensa que los niños absorben rutinariamente la fe y las creencias, eche un vistazo a los hijos de los grandes patriarcas de la Biblia, desde Isaac hasta Samuel, David o Ezequías. Todos ellos vieron a su descendencia apartarse de la fe de sus padres con el paso de los años.

De nuevo, el tiempo oportuno es un asunto crítico. El investigador George Barna confirmó lo que sabíamos: que se vuelve progresivamente más difícil influir en los niños este sentido espiritual a medida que crecen. Aquí tenemos unos perturbadores descubrimientos:

> Los datos muestran que, si una persona no acepta a Jesucristo como Salvador antes de los catorce años, la posibilidad de que lo haga alguna vez es muy escasa.
>
> Basándose en una muestra representativa nacional de más de 4200 jóvenes y adultos, los datos de la encuesta muestran que la gente de cinco a trece años tiene 32% de probabilidades de aceptar a Cristo como su Salvador. Los jóvenes de catorce a dieciocho años tienen nada más 4% de probabilidades de hacerlo, mientras que los adultos (desde los diecinueve hasta la muerte) tienen nada más 6% de probabilidades de tomar esta decisión. Los años antes de los doce son aquellos en los que la mayoría de los niños toman la decisión de seguir a Cristo o no[4]. (Nota: estas estadísticas reflejan una encuesta realizada con toda clase de padres, sin tener en cuenta su fe. Indudablemente, los resultados serían diferentes con una muestra de padres cristianos comprometidos).

Cuando se trata de llevar a nuestros hijos al Señor, «cuanto antes mejor». Además, todo lo que hacemos durante esos años en los que ponemos los fundamentos, debiera estar bañado con oración. En los libros no existe el conocimiento suficiente (ni en este ni en ningún otro) que nos asegure los resultados de nuestras responsabilidades como padres sin la ayuda divina. Es arrogante pensar que podemos pastorear a nuestros hijos a través de los campos minados de una sociedad cada vez más pecadora. Esta terrible revelación me sacudió cuando nuestra hija, Danae, tenía tan solo tres años. Yo reconocía que tener un doctorado en desarrollo del niño no sería suficiente como para hacer frente a los desafíos de ser padres. Por eso, Shirley y yo comenzamos a ayunar y a orar por Danae, y luego por Ryan, casi todas las semanas, desde que eran pequeños. Al menos uno de nosotros cumplió con esta responsabilidad de ambos. Por cierto, Shirley lo sigue haciendo hasta el día de hoy. Durante los primeros años, nuestra petición era siempre la misma: «Señor, danos la sabiduría para criar a estos preciosos hijos que nos has prestado, y por sobre todas las cosas, ayúdanos a traerlos a los pies de Jesús. Esto es más importante para nosotros que nuestra salud, nuestro trabajo o nuestras finanzas. Lo que pedimos fervientemente es que el círculo no se rompa cuando nos encontremos en el cielo».

Una vez más, la oración es la clave para todo. Recuerdo la historia que contó un jugador principiante de los Chicago Bulls en la Asociación Nacional de Baloncesto. Una noche, el incomparable Michael Jordan anotó sesenta y seis puntos, y al principiante lo pusieron en el juego durante los últimos minutos. Cuando un reportero entrevistó al joven, después del partido, este dijo: «Sí, fue una gran noche. Michael Jordan y yo anotamos sesenta y seis puntos»[5]. Así me siento con respecto a la crianza de los hijos y la oración. Hacemos todo lo que podemos para anotar unos pocos puntos, pero la mayor contribución la hace el Creador de los niños.

Los padres también necesitan la ayuda de otros miembros de la familia, si está disponible. Yo tuve la bendición de tener una abuela y una bisabuela que ayudaron a mi madre y a mi padre a poner un cimiento espiritual que hasta el día de hoy permanece en mí. Estas dos santas mujeres hablaban regularmente del Señor y de su bondad para con nosotros. Mi bisabuela, a la que llamábamos Nanny, podía mover los cielos a favor de la tierra. Uno de mis primeros recuerdos, aunque parezca mentira, es de ella inclinándose sobre mi cuna. No puedo haber tenido más de quince meses. Llevaba puesto una anticuada gorra tejida que tenía lazos con pompones de felpa que colgaban de ellos. Recuerdo haber jugado con esas cosas peludas mientras Nanny se reía y me abrazaba. Cuando esta mujer, a la cual yo amaba profundamente, comenzó a hablarme de Jesús, en los días que siguieron, yo le creí. Su esposo, mi bisabuelo, oraba todos los días desde las once de la mañana hasta el mediodía específicamente por el bienestar espiritual de sus hijos y de las tres generaciones de su familia que no habían nacido. Murió el año antes de que yo naciera y, sin embargo, sus oraciones continuaron haciéndose eco a lo largo de los corredores del tiempo. Espero en el día en que pueda conocerlo y pueda tener la oportunidad de darle las gracias por la herencia de fe que él y otros antepasados le transmitieron a mi generación.

A mi abuela, por la otra parte de la familia, la llamábamos Mamita porque pesaba nada más que 40 kilos. Ella era el gozo de mi vida. Muchas veces hablaba de lo maravilloso que sería ir al cielo, lo cual me dio muchos deseos de ir allí. Mi padre me contó que cuando era niño, Mamita reunía a sus seis hijos a su alrededor para leer la Biblia y orar. Luego les hablaba de la importancia de conocer y obedecer a Jesús. Muchas veces decía: «Si pierdo a uno solo de ustedes de la fe, yo preferiría no haber nacido». Tal era la prioridad que le daba al desarrollo espiritual de sus hijos. Ella y los demás me transmitieron eficazmente este compromiso.

Permítame dirigirme específicamente a los abuelos y bisabuelos entre mis lectores. Se les ha dado una maravillosa oportunidad de transmitir una herencia espiritual a su descendencia. Es una responsabilidad dada por Dios que, en algunos sentidos, es más efectiva que lo que los atareados padres pueden lograr. Espero que no la desaprovechen. Oren por sus hijos e hijas que están criando a sus retoños en un tiempo muy difícil. En la actualidad, no es fácil ser madres o padres. Ayúdenles a enseñarles acerca de Jesús, acerca del cielo y del infierno, y acerca de los principios del bien y del mal. No puedo decirle la cantidad de cristianos que me contaron que aceptaron a Cristo siendo adultos gracias a la enseñanza temprana que les dieron sus abuelos.

Geoffrey Canada es un afroamericano que creció en las calles del Bronx. Es el autor del libro *Reaching Up for Manhood: Transforming the Lives of Boys in America* (Buscando la hombría: Cómo transformar las vidas de los muchachos en los Estados Unidos). En él comparte algunas de sus experiencias personales y cuenta cómo se sobrepuso a muchas circunstancias adversas. Canada le otorga gran parte del éxito a su abuela, quien con el tiempo le dio un nuevo rumbo a su vida y le puso en las manos una brújula moral. Él relata una historia de los últimos días de ella, cuando moría de cáncer. Fue durante un período terriblemente difícil en su propia vida. Tanto su hermano como su pequeño hijo acababan de morir. Esto es lo que escribió:

Hubiera podido aceptar una de las muertes, pero no las tres juntas. ¿Por qué Dios se había llevado a mi hijito, a mi hermano al cual adoraba, y ahora estaba por llevarse a mi abuela a la cual amaba profundamente? La respuesta para mí era que sencillamente no había Dios. No nada más dudé de la existencia de Dios, sino que mi propia vida perdió sentido. ¿Para qué trabajaba tan arduamente en la universidad, lejos de mi familia y de mis amigos, haciendo semejante sacrificio cuando la muerte podía llegar en cualquier instante haciendo que todo mi trabajo fuera una tontería?

Cuando fui a casa a ver a mi abuela, estaba en la cama. El cáncer le había robado la fuerza y pronto le robaría la vida. Justo antes de volver a la universidad, entré en su habitación y le hice una pregunta que me estaba partiendo en dos. Sé que fue egoísta de mi parte preguntarle esto siendo que ella se estaba muriendo, pero tenía que saberlo.

—Abuela, ¿todavía crees en Dios?

—Por supuesto. ¿Por qué lo preguntas?

—Porque estás enferma. Tienes cáncer.

—Estar enferma no tiene nada que ver con la fe.

—Pero ¿cómo puedes tener fe cuando Dios te ha hecho esto? Te ha hecho sufrir, y, ¿para qué? ¿Qué fue lo que hiciste para ofender tanto a Dios como para sufrir de esta manera?

—Geoffrey, escúchame. Sé que has sufrido mucho por la pérdida de tu hijo y de tu hermano; pero no pierdas la fe en Dios ni en ti mismo. Dios tiene un plan y tú eres parte de él, así que no te puedes dar por vencido. La fe no es algo en lo que crees hasta que las cosas salen mal. No es como ser seguidor de un equipo de fútbol y luego, cuando comienza a perder, te das vuelta y comienzas a seguir al otro equipo. La fe quiere decir que crees pase lo que pase.

»¿Me escuchas? Es fácil tener fe cuando tienes un millón de dólares y gozas de perfecta salud. ¿Crees que eso le prueba algo a Dios? Tu problema es que piensas que si estudias tus libros con suficiente dedicación encontrarás todas las respuestas. Todas las respuestas no están en los libros. Nunca estarán. (¿Recuerda el comentario de Karen Cheng acerca del significado?) ¿Qué si creo en Dios? Sí. Ahora más que nunca.

Después de pasar una semana con mi abuela, volví con desagrado a Bowdoin (donde asistía a la universidad), sin saber que esta había sido la última vez en que la iba a ver o hablar con ella. Murió a las pocas semanas de mi partida. Pasé el resto de mi segundo año de estudiante en aturdimiento; todas estas pérdidas juntas eran demasiado para que yo comprendiera. Pero sabía que tenía que seguir intentándolo, que no debía perder la fe, porque eso era lo que mi abuela deseaba. Y cuando de repente me sentía asustado o deprimido, y me daba cuenta de que mi fe estaba débil y no podía sostenerme, sentía que podía pedirle prestada la fe a mi abuela. Aunque ya no estaba con vida, su fe era real y tangible para mí. Más de una noche me apoyé en su fe cuando sentía que la mía no podía soportar mis dudas.

Cada niño necesita una abuela como la mía en su vida, una persona mayor y más sabia, que esté dispuesta a luchar durante el tiempo que sea por el alma de ese niño. Una persona que esté dispuesta a que su vida sea un ejemplo de fe. Una persona que perdona y enseña a perdonar. Una persona cuya abundancia de fe estará disponible cuando sus descendientes la necesiten. Porque tarde o temprano los hijos necesitan más fe de la que poseen. Es allí cuando nosotros entramos en escena[6].

Después de esto, nos apresuraremos a llegar a una conclusión. Una vez que sus hijos hayan llegado a los últimos años de la adolescencia, será importante que no los presione con demasiada fuerza en el sentido espiritual. Todavía puede tener expectativas razonables en cuanto a ellos mientras están bajo su techo, pero no les puede exigir que crean lo que les ha enseñado. La puerta debe estar totalmente abierta al mundo exterior. Este puede ser el tiempo más aterrador de la crianza de los hijos. La tendencia es a retener el control para evitar que ellos cometan errores. Sin embargo, es más probable que los adolescentes y los adultos jóvenes elijan correctamente cuando no se les fuerza a rebelarse para escapar. La sencilla verdad es que el amor exige libertad. Ambos van de la mano.

No importa cuánto se prepare, nunca es fácil soltar. La difunta Erma Bombeck comparaba la responsabilidad de criar a los hijos con volar una cometa[7]. Uno comienza tratando de lograr que se levante del suelo y algunas veces se pregunta si lo logrará. Corre por el camino lo más rápido que puede con esta incómoda cometa ondeando a sus espaldas.

Algunas veces se estrella contra el piso, entonces le ata una cola más larga y lo intenta de nuevo. De repente, aprovecha una pequeña brisa y vuela peligrosamente cerca de los cables de electricidad. A usted le late el corazón mientras mide el riesgo; pero entonces, sin aviso la cometa comienza a tirar el cordel, y antes de lo que esperaba, llega al final de él. Se para de puntillas, sosteniendo el último centímetro entre su dedo pulgar y el índice. Luego, de mala gana, lo suelta, dejando que la cometa vuele sin restricciones y de manera independiente en el cielo azul de Dios.

Es un momento emocionante y aterrador, momento que estaba predestinado desde el día en que su hijo nació. Con esta última vez que lo suelta, su tarea como padre ha terminado. La cometa está libre, y así, por primera vez en veinte años, usted también lo está.

Oraré por usted mientras lleva a cabo la responsabilidad que Dios le ha dado. Valore cada momento y abrace a sus hijos mientras pueda. Espero que algo de lo que he escrito en estas páginas haya sido de ayuda para usted y para los suyos. Gracias por acompañarme en la lectura.

PARA UN PERRO ES DIFÍCIL
por Jean W. Sawtell

Para un perro es difícil cuando crece su muchachito,
Cuando ya no retoza y juguetea con él como un cachorrito.
Para un perro es difícil cuando su muchachito se hace
grande,
Y cuando hay frío y ya no se acurrucan en la cama.
Para un perro es difícil cuando su muchachito ya es alto,
Y sale con otros muchachos a jugar fútbol y béisbol,
dejándolo solo.
Ya no chapotean juntos en el lodazal,
Esperando encontrar una tortuga o un sapo perdido.
Ya no corren por la hierba que les llega a las rodillas,
Ni ruedan sobre los montones de hojas recién caídas.
Para un perro es difícil cuando su muchachito ya es alto,
Cuando se va a la escuela y mira a las muchachas con
encanto.
Para un perro es difícil cuando él tiene trabajo que hacer,
Y se olvida de jugar como lo solían hacer.
Para un perro es difícil cuando en lugar de bosques,
campos, o estanques,
Su muchachito se convierte en un hombre, y se marcha,
distante[8].

NOTAS

Capítulo 1: El maravilloso mundo de los varones

1. John Rosemond, como lo cita Paula Gray Hunker en «What Are Boys Made Of?» [¿De qué están hechos los varones?], *Washington Times*, 28 de septiembre de 1999, 1(E).
2. Rosemond, «What Are Boys Made Of?».
3. Platón, Laws [Leyes], 1953, edición 1, 164.
4. Kitty Harmon, *Up to No Good: The Rascally Things Boys Do* [Buscando problemas: Las pícaras cosas que hacen los niños] (San Francisco: Chronicle Books, 2000). Reproducido con permiso de Chronicle Books, San Francisco.
5. Ira Dreyfuss, «Boys and Girls See Risk Differently, Study Says» [Los niños y las niñas no consideran el riesgo de la misma manera, dice un estudio], *Associated Press*, 16 de febrero de 1997.
6. Dreyfuss, «Boys and Girls See Risk».
7. «That Little Boy of Mine» [Ese muchachito mío], usado con permiso de Robert Wolgemuth.

Capítulo 2: *Vive la différence*

1. Ver, por ejemplo, Mary Brown Parlee, «The Sexes under Scrutiny: From Old Biases to New Theories» [Los sexos bajo escrutinio: De antiguos sesgos a nuevas teorías], *Psychology Today*, noviembre de 1978, 62–69; Jane O'Reilly, «Doing Away with Sex Stereotypes» [Acabando con los estereotipos sexuales], *Time*, 23 de octubre de 1980, 1.
2. Marlo Thomas et al., *Free to Be You and Me* [Libres para ser tú y yo] (Philadelphia: Running Press, 1974).
3. Germaine Greer, *The Female Eunuch* (London: MacGibbon y Kee, 1970). Publicado en español como *La mujer eunuco*.
4. «No Safe Place: Violence against Women. An Interview with Gloria Steinem» [Sin lugar Seguro: La violencia en contra de las mujeres. Una entrevista con Gloria Steinem], KUED-TV, Salt Lake City, https://www.pbs.org/kued/nosafeplace/interv/steinem.html.
5. «No Safe Place».

6. Elisabeth Bumiller, «Gloria Steinem: The Everyday Rebel: Two Decades of Feminism, and the Fire Burns as Bright» [Gloria Steinem: La rebelde de todos los días: Dos décadas de feminismo, y el fuego quema con la misma intensidad], *Washington Post*, 12 de octubre de 1983, 1(B).

7. Bumiller, «Gloria Steinem».

8. Greer, *The Female Eunuch*.

9. «Lawyer Wages War on Sexism in Toys» [Abogado en guerra en contra del sexismo en los juguetes], *Associated Press*, 9 de diciembre de 1979.

10. Tracy Thomas, «A Gloria Allred Scorecard» [El marcador de Gloria Allred], *Los Angeles Times*, 29 de octubre de 1987, Metro, 2.

11. Joy Dickinson, «Child Advocates Decry Gender Stereotyping in Toys "R" Us Store Redesign» [Defensores de los niños denuncian el estereotipo del género en el nuevo diseño de la tienda Toys "R" Us], *Bradenton Herald*, 19 de febrero del 2000.

12. Christina Hoff Sommers, «The War Against Boys» [La guerra contra los chicos], C-Span 2, 16 de julio del 2000.

13. Gina Kolata, «Man's World, Woman's World? Brain Studies Point to Differences» [¿Mundo del hombre? ¿Mundo de la mujer? Estudios del cerebro apuntan a las diferencias], *New York Times*, 28 de febrero de 1995, 1(C).

14. Parlee, «The Sexes under Scrutiny», 62–69.

15. Dale O'Leary, «Gender: The Deconstruction of Women: Analysis of the Gender Perspective in Preparation for the Fourth World Conference on Women in Beijing, China» [El género: La deconstrucción de las mujeres: Análisis de la perspectiva del género en preparación para el cuarto congreso mundial sobre las mujeres en Beijing, China], 6.

16. Dr. Stella Chess y Dr. Alexander Thomas, *Know Your Child: An Authoritative Guide for Today's Parents* [Conozca a su hijo: Una guía autoritaria para los padres de hoy] (New York, Basic Books, 1987).

Capítulo 3: ¿Cuál es la diferencia?

1. Robert Sapolsky, «Testosterone Rules: It Takes More Than Just a Hormone to Make a Fellow's Trigger Finger Itch» [La testosterona manda: Se necesita más que una hormona para que el dedo disparador de un hombre tiemble], *Discover*, marzo de 1997, 44.

2. Ver http://www.brainplace.com/bp/malefemaledf/default.asp.

3. Bjork, Randall, M.D. (neurólogo). Correspondencia personal; Michael D. Phillips et al., «Temporal Love Activation Demonstrates Sex-based Differences during Passive Listening» [Activación temporal del amor demuestra las diferencias basadas en el sexo al escuchar pasivamente], *Radiology*, julio del 2001, 202–207.

4. Sapolsky, «Testosterone Rules».

5. Andrew Sullivan, «The He Hormone» [La hormona él], *New York Times*, 2 de abril del 2000, 46.

6. Sapolsky, «Testosterone Rules».

7. Gregg Johnson, «The Biological Basis for Gender-Specific Behavior» [La base biológica para el comportamiento específico de género], cap. 16 en *Recovering Biblical Manhood and Womanhood: A Response to Evangelical Feminism* [Recuperando la hombría y la femineidad bíblica: Una respuesta al feminismo evangélico], ed. Wayne Grudem y John Piper (Wheaton, IL: Crossway Books, 1991).

8. 2001 Fortune 500 CEO List. Ver http//www.pathfinder.com/fortune/fortune500/ceolist.html.

9. Congressional Handbook, 107th Congress.

10. Martina Navratilova, «Friends across the Net» [Amigas a través de la red], *Newsweek*, 25 de octubre de 1999, 70.

11. John McEnroe, «Playing with Pure Passion» [Jugando con pura pasión], *Newsweek*, 25 de octubre de 1999, 70. Extraído de *Newsweek*, 25 de octubre © 1999 Newsweek, Inc. Todo los derechos reservados. Impreso con permiso.

12. «Serotonin and Judgement» [La serotonina y el juicio], Society for Neuroscience Brain Briefings (abril de 1997). Ver http://www.sfn.org/briefings/serotonin.html.
13. Joseph LeDoux, *The New Brain* [El nuevo cerebro]. Ver http://www.feedmag.com/brain/parts /ledoux.html.
14. Joshua Freedman, «Hijacking of the Amygdala» [El secuestro de la amígdala], EQ Today. Ver https://www.scribd.com/document/358511150/Hijack.
15. Hunker, «What Are Boys Made Of?».
16. Claudia Wallis, «Life in Overdrive» [La vida exagerada], *Time*, 18 de julio de 1994, 42.
17. Wallis, «Life in Overdrive», 46.
18. Wallis, «Life in Overdrive», 48.
19. Wallis, «Life in Overdrive», 44.
20. George Will, «Boys Will be Boys, or We can Just Drug Them» [Los varones serán varones, o podemos drogarlos], *Washington Post*, 2 de diciembre de 1999, sec. 39A.
21. James Dobson, *Solid Answers* [Respuestas sólidas] (Carol Stream, IL: Tyndale House Publishers, Inc., 1997).

Capítulo 4: Espíritus heridos

1. Michael Gurian, *A Fine Young Man* [Un buen joven] (New York: Jeremy Tarcher/Putnam, 1998), 12–15.
2. Angela Phillips, *The Trouble with Boys* [El problema con los varones] (New York: Basic Books, 1994), 21.
3. Amy M. Holmes, «Boys Today: Snakes, Snails, and Guns» [Los varones hoy: Serpientes, caracoles y pistolas], *USA Today*, 10 de diciembre de 1999.
4. Phillips, *The Trouble with Boys*.
5. Carey Goldberg, «After Girls Get the Attention, Focus Shifts to Boys' Woes» [Una vez que las muchachas reciben la atención, el enfoque se transfiere a las penas de los muchachos], *New York Times*, 23 de abril de 1998.
6. Hunker, «What Are Boys Made Of?».
7. Michael Gurian, *The Wonder of Boys* [La maravilla de los varones] (New York: Jeremy Tarcher/Putnam, 1996), 15.
8. «Newly Released Videotape Offering Insight into Mind of Teen Gunman Kip Kinkel» [Nuevos videos son una revelación sobre la mente del pistolero adolescente Kip Kinkel], NBC News Transcripts, 22 de enero del 2000.
9. Holmes, «Boys Today».
10. «A Devastating Cycle: Substance Abuse, Child Abuse Tragically Linked» [Un ciclo devastador: El abuso de sustancias trágicamente ligado al abuso de menores], *San Diego Union-Tribune*, 26 de abril de 1999, 6(B).
11. Ronald Kotulak, «Why Some Kids Turn Violent: Abuse and Neglect Can Reset Brain's Chemistry» [Por qué algunos niños se vuelven violentos: El abuso y el descuido puede resetear la química del cerebro], *Chicago Tribune*, 14 de diciembre de 1993, 1.
12. Focus on the Family, «The Family at the End of the 20th Century» [La familia a finales del siglo xx], 8–9 junio de 1995.
13. Diane Frederick, «Therapist Discusses Roots of Violence» [Terapeuta considera las raíces de la violencia], *Indianapolis Star*, 3 de marzo del 2000, 1(N).
14. Frank Peretti, *Wounded Spirits* (Nashville: Thomas Nelson/Word, 2000). Publicado en español como *El espíritu herido*.
15. Ericka Goode, «Study Finds TV Alters Fiji Girls' View of Body» [Un estudio encuentra que la televisión altera cómo muchachas en Fiji ven su cuerpo], *New Yok Times*, 20 de mayo de 1999, 17(A).
16. Karen Patterson, «Through Thick and Thin: Americans Lose Sense of Proportion in Struggling with Their Weight» [En toda circunstancia: Los estadounidenses pierden el

sentido de proporción al batallar con su peso], Dallas Morning News, 29 de Agosto de 1999, 1(J).

17. Joan Smith, «For 9-Year-Old Girls, the Big Fear Is Not the Bogeyman, but Getting Fat» [El gran miedo de las niñas de nueve años no es el Coco, sino el engordar], *Chicago Tribune*, 12 de noviembre de 1986, 30.

18. «Study: Elementary School Pupils Watch Their Wastelines» [Estudio: Estudiantes de primaria preocupados por su cintura], *Associated Press*, 2 de mayo de 1989.

19. «Children Aware of Dieting, Body Image» [Los niños conscientes de las dietas y su imagen corporal], *Reuters*, 6 de enero del 2000.

20. «Diana in a New Light» [Diana bajo una nueva luz], ABC News 20.20, 6 de octubre del 2000.

21. Stephen S. Hall, «Bully in the Mirror» [Acosador en el espejo], *New York Times*, 22 de agosto de 1999, 31.

22. Hall, «Bully in the Mirror», 31.

23. «Boys as Bullies: Researchers Find Aggression Can Be a Road to Popularity» [Los varones como acosadores: Investigadores descubren que la agresión puede llevar a la popularidad], *Chicago Tribune*, 19 de enero del 2000, 7.

24. «Psychologist Dorothy Espelage Discusses Report on Bullies in Schoolyard» [La psicóloga Dorothy Espelage examina un reporte acerca de los acosadores en la escuela], NBC New Transcripts [Transcripciones del noticiero NBC], 21 de agosto de 1999.

25. Phillips, *The Trouble with Boys*.

26. «Common Thread among School Shootings Is Bullied Teens Striking Back in Rage» [Los tiroteos escolares tienen en común adolescentes que se vengan en su ira], NBC News, 9 de marzo del 2001.

27. «Common Thread among School Shootings».

28. Andrew Gumbel, «San Diego Killings: Nobody Believed the Scrawny Boy's Threat to Bring a Gun to School» [Asesinatos en San Diego: Nadie le creyó al joven flaquito cuando amenazó con traer una pistola a la escuela], *London Independent*, 7 de marzo del 2001, 5.

29. Gumbel, «San Diego Killings».

30. Adrian Nicole LeBlanc, «The Outsiders» [Los forasteros], *New York Times*, 22 de agosto de 1999, 36. Copyright © 1999 by the New York Times Co. Reproducido con permiso.

31. LeBlanc, «The Outsiders».

32. Jules Crittenden, «High School Horror: United in Grief, 70,000 Mourners Open Their Hearts to Colorado Victims» [Horror en la preparatoria: Unidos en duelo, 70.000 dolientes les abren su corazón a las víctimas en Colorado], *Boston Herald*, 26 de abril de 1999, 1.

33. «Common Thread among School Shootings».

34. «Students' Review Makes Parents Want to Scream» [Reseña de los estudiantes hace que los padres quieran gritar], Plugged In, 15 de agosto de 1997.

35. Rabí Daniel Lapin, Family Research Council Washington Briefing, marzo del 2000.

36. «Media Tied to Violence among Kids» [Conexión entre los medios de comunicación y la violencia entre los niños], *Associated Press*, 26 de julio del 2000.

37. Steve Rubenstein, «Doctors Advise TV Blackout for Little Kids» [Los doctores recomiendan que los niños pequeños no vean televisión], *San Francisco Chronicle*, 4 de agosto de 1999, 1(A).

38. Archibald Hart, *Stress and Your Child* [El estrés y su hijo] (Nashville: Thomas Nelson/Word, 1992).

39. Kathleen Parker, «Let's Give Our Boys A Gift: Self-Control» [Démosles a nuestros hijos un regalo: Dominio propio], *USA Today*, 15 de septiembre de 1999, 17(A).

40. Academia Americana de Pediatría. Usado con permiso del Family Research Council.

41. Harold M. Voth y Gabriel Nahas, *How to Save Your Kids from Drugs* [Cómo salvar a sus hijos de las drogas] (Middlebury, Vt: Paul S. Erickson, 1987).

Notas

Capítulo 5: El padre esencial

1. Warren Leary, «Gloomy Report on the Health of Teenagers» [Triste reporte sobre la salud de los adolescentes], *New York Times*, 9 de junio de 1990, 24.
2. Oficina del Censo, Code Blue [Código Azul] (Washington, D.C.).
3. Kyle D. Pruett, *Fatherneed: Why Father Care Is As Essential As Mother Care for Your Child* [La necesidad de un padre: Porque el cuidado de un padre es tan esencial como el cuidado de una madre para su hijo] (The Free Press, 1999).
4. Departamento de Salud y Servicios Humanos de E.U.A., Morehouse Report, Centro nacional para niños pobres, Oficina del Censo (Washington, D.C.).
5. «Back to School 1999—National Survey of American Attitudes on Substance Abuse V: Teens and Their Parents» [Regreso a clases 1999: Quinta encuesta nacional sobre las actitudes estadounidenses hacia el abuso de drogas: Los adolescentes y sus padres], National Center on Addiction and Substance Abuse at Columbia University, agosto de 1999.
6. William Pollock, *Real Boys: Rescuing Our Sons from the Myths of Boyhood* [Verdaderos varones: Salvando a nuestros hijos de los mitos de ser varones] (New York: Henry Holt and Company, 1998).
7. Barbara Kantrowitz y Claudia Kalb, «Boys Will be Boys» [Los varones serán varones], *Newsweek*, 11 de mayo de 1998, 55.
8. Hannah Clevearin Berlin, «Lads Night Out Can Save Your Marriage» [La noche de hombres puede salvar a su matrimonio], *London Daily Express*, 25 de abril del 2000.
9. John Attarian. «Let Boys Be Boys—Exploding Feminist Dogma, This Provocative Book Reveals How Educators Are Trying to Feminize Boys While Neglecting Their Academic and Moral Instructions» [Dejen que los varones sean varones: El explosivo dogma de las feministas; este libro revela cómo los educadores tratan de feminizar a los varones al descuidar su instrucción académica y moral], *The World and I*, 1 de octubre del 2000.
10. Don y Jeanne Elium, *Raising a Son* [Criando a un varón] (Berkeley: Celestial Arts, 1997), 21.
11. Angela Phillips, *The Trouble with Boys* [El problema con los varones] (New York: Basic Books, 1994), 54–59.
12. Michael D. Lemonick, «Young, Single, and Out of Control» [Joven, soltero y fuera de control], *Time*, 13 de octubre de 1987.
13. Dave Simmons, *Dad, the Family Counselor* [Papá, el consejero familar] (Nashville: Thomas Nelson Publishers, 1992), 112.
14. Departamento de Justicia, Statistics of the Department of Justice. Ver http://www.ojp.usdoj/bjs.
15. Terri Tabor, «Keeping Kids Connected: Elgin High Program Puts At-Risk Students on a Straighter Path» [Manteniendo a los hijos conectados: Programa de la secundaria de Elgin endereza el camino de estudiantes en riesgo], *Chicago Daily-Herald*, 17 de septiembre de 1999, 1.
16. James Robinson, *My Father's Face: A Portrait of the Perfect Father* [El rostro de mi padre: Un retrato del padre perfecto] (Sisters, OR: Multnomah Press, 1997).
17. Carta de la señora Karen S. Cotting. Usada con permiso.
18. Judith S. Wallerstein y John B. Kelly, *Surviving the Breakup* [Sobreviviendo el fin de la relación] (New York: Basic Books, 1980), 33.
19. Karen S. Peterson, «Children of Divorce Struggle with Marriage» [Los hijos del divorcio batallan con el matrimonio], Gannett News Service, 25 de octubre del 2000.
20. D.M. Capaldi, «The Reliability of Retrospective Data for Timing First Sexual Intercourse for Adolescent Males» [¿Qué tan confiable es la información retrospectiva para programar la primera relación sexual de los adolescentes varones?], *Journal of Adolescent Research*, 11, (1996), 375–387.
21. Lawrence L. Wu, «Effects of Family Instability, Income, and Income Instability on the Risk of Premarital Birth» [Los efectos de la inestabilidad familiar, los ingresos y la inestabilidad de los ingresos en el riesgo de nacimientos fuera del matrimonio], American Sociological Review

[Revista sociológica americana], 61, (1996), 344–359.

22. Karla Mantilla, «Kids Need "Fathers" Like Fish Need Bicycles» [Los hijos necesitan «padres» como los peces necesitan bicicletas], Off Our Backs, junio de 1998.

23. Carl Auerbach y Louise Silverstein, «Deconstructing the Essential Father» [Deconstruyendo al padre esencial], *American Psychologist*, 54, no. 6 (junio de 1999): 397–407.

24. Auerbach y Silverstein, «Deconstructing the Essential Father», 397–407.

Capítulo 6: Padres e hijos

1. Dale Turner, «"Dagwood" Image Hides the True Value of Fatherhood: It's No Minor Task to Mold Young Lives» [La imagen de «Dagwood» oculta el verdadero valor de un padre: No es fácil moldear las vidas jóvenes], *Seattle Times*, 19 de junio de 1993, 8(C).

2. William E. Schmidt, «For Town and Team, Honor Is Its Own Reward» [Por el pueblo y el equipo, el honor es su propia recompensa], *New York Times*, 22 de mayo de 1987, 1.

3. Schmidt, «For Town and Team», 1

4. David Blankenhorn, «Fatherless America: Life without Father» [Los Estados Unidos sin padres: La vida sin un padre], *USA Today* Weekend, 26 de febrero de 1995, 4.

5. Michael Gurian, *The Wonder of Boys* [La maravilla de los varones] (New York: Jeremy Tarcher/Putnam, 1996).

Capítulo 7: Madres e hijos

1. Janet McConnaughey, «Romanian Orphans Show Importance of Touch» [Los huérfanos rumanos demuestran la importancia del tacto], *Associated Press*, 27 de octubre de 1997.

2. «Parent's Love Affects Child's Health» [El amor de un padre afecta la salud de su hijo], *Reuters*, 10 de marzo de 1997.

3. Karen S, Peterson, «"Small But Significant" Finding: Kids Thrive on More Mom, Less Day Care» [Descubrimiento «pequeño pero significativo»: Los hijos prosperan con más tiempo con mamá y menos en la guardería], *USA Today*, 8 de noviembre de 1999.

4. Sheryl Gay Stolberg, «Researchers Find a Link between Behavioral Problems and Time in Child Care» [Investigadores descubren conexión entre problemas de comportamiento y tiempo en la guardería], *New York Times*, 19 de abril del 2001, 22(A).

5. Linda Seebach, «What Parents Want in Child Care» [Lo que los padres quieren en el cuidado de sus hijos], *Washington Times*, 19 de septiembre del 2000, 20(A). Ver http://www.publicagenda .org/issues/angles.cfm?issue_type=childcare.

6. Deborah Mathis, «Growing Circle of Stay-at-Home Moms Can Click on Support» [Círculo creciente de amas de casa pueden hacer clic en apoyo], Gannet News Service, 6 de septiembre del 2000.

7. Jean Lush, «Mothers and Sons» [Madres y varones], *Focus on the Family*, 5–6 de marzo de 1991.

8. Michael D. Resnick et al., «Protecting Adolescents from Harm: Findings from the National Longitudinal Study on Adolescent Health» [Protección para los adolescentes: Descubrimientos del estudio nacional sobre la salud adolescente], *Journal of the American Medical Association*, 10 de septiembre de 1999.

9. Marilyn Elias, «Family Dinners Nourish Ties with Teenagers» [Las cenas familiares fortalecen los vínculos con los adolescentes], *USA Today*, 18 de agosto de 1997, 4(D).

10. Nancy Kelleher, «Literacy Begins at Home: Research Shows Conversation and Shared Reading Make the Difference: Family Dinner's the Winner» [El alfabetismo comienza en casa: La investigación demuestra que las conversaciones y la lectura compartida marcan la diferencia: La cena familiar es la ganadora], *Boston Herald*, 10 de diciembre de 1996, 5: Andrew T. McLaughlin, «Family Dinners Provide Food for Thought As Well» [Las cenas familiares también alimentan al pensamiento], *Boston Herald*, 14 de marzo de 1996, 1.

11. Tim Friend, «Heart Disease Awaits Today's Soft-Living Kids» [Las enfermedades cardiacas esperan a los niños mimados de hoy], *USA Today*, 15 de noviembre de 1994, 1(D).
12. Louis Yablonsky, *Fathers and Sons* (New York: Simon and Schuster, 1982), 134. Usado con permiso. Publicado en español como *Padre e hijo*.
13. Carta del doctor C. H. McGowen. Usada con permiso.

Capítulo 8: La persecución de la oruga

1. Zig Ziglar, «Following the Leader» [Siguiendo al líder], 20 de septiembre de 1999. Ver http://www.crosswinds.net/infini/story043.html.
2. James Davison Hunter, «Bowling with the Social Scientists: Robert Putnam Surveys America» [Bolos con los científicos sociales: Robert Putnam encuesta a los Estados Unidos], *Weekly Standard*, 28 de agosto del 2000, 31.
3. «States with Lowest Voters Turnout» [Los estados con la menor participación de votantes], *USA Today*, 10 de noviembre del 2000, 1(A).
4. Hunter, «Bowling with the Social Scientists».
5. Hunter, «Bowling with the Social Scientists».
6. «Survey: Overworked Americans Can't Use Up Limited Vacation, Raising Health Concerns» [Encuesta: Los estadounidenses sobrecargados no pueden tomar sus vacaciones limitadas, creando preocupaciones de salud], *Business Wire*, 21 de febrero del 2001.
7. George Barna, *Generation Next* [La siguiente generación] (Ventura, Calif.: Regal Books, 1995), 55.
8. Armond Nicholi, psiquiatra en la Facultad de Medicina de Harvard y en el Hospital General de Massachusetts, en un discurso durante la conferencia en la Casa Blanca acerca del estado de la familia estadounidense, 3 de mayo de 1983. Se pueden conseguir copias de esta presentación en el Congressional Record (3 de mayo de 1983).
9. Nicholi, discurso durante la conferencia en la Casa Blanca.
10. Deborah Mason, «The New Sanity: Mother's Lib» [La nueva cordura: La liberación de la madre], *Vogue*, mayo de 1981.
11. Judy Dutton, «Meet the New Housewife Wanna-bes» [Presentando a las nuevas aspirantes a amas de casa], *Cosmopolitan*, junio del 2000, 164–168.
12. «U.S. Couples Scaling Back Work to Care for Families» [Parejas estadounidenses trabajan menos para cuidar a su familia], *Reuters*, 3 de diciembre de 1999.
13. Maggie Maher, «A Change of Place» [Un cambio de posición], *Barron's*, 21 de marzo de 1994, 33–38.
14. Maher, «A Change of Place», 33–38.
15. Donna Partow, *Homemade Business* [Empresa hecha en casa] (Colorado Springs, CO: Focus on the Family, 1991).
16. E. Jeffrey Hill, «Put Family First—Work Will Be There When You Return» [Dele prioridad a la familia; el trabajo seguirá ahí cuando regrese], *Deseret News*, 25 de noviembre de 1999, 8(C).

Capítulo 9: Los orígenes de la homosexualidad

1. Claudia Kalb, «What Boys Really Want» [Lo que los muchachos quieren en verdad], *Newsweek*, 10 de julio del 2000, 52.
2. Joseph Nicolosi, *Preventing Homosexuality: A Parent's Guide: Introduction* [Previniendo la homosexualidad: Una guía para los padres: Introducción]. Usado con permiso.
3. Norman Podhoretz, «How the Gay-Rights Movement Won» [Como fue que ganó el movimiento por los derechos homosexuales], *Commentary*, noviembre de 1996, 32.
4. William Bennett, «Clinton, Gays, and the Truth» [Clinton, los homosexuales y la verdad], *Weekly Standard*, 24 de noviembre de 1997, 13.

5. Larry Thompson, «Search for the Gay Gene» [En busca del gen homosexual], *Time*, 12 de junio de 1995, 60.
6. Sharon Begley, «Does DNA Make Some Men Gay?» [¿Hace el ADN que algunos hombres sean homosexuales?], *Newsweek*, 26 de julio de 1993, 59.
7. «Give Me a Break! Can Homosexuals Change and Become Straight?» [¡Por favor! ¿Pueden los homosexuales cambiar y volverse heterosexuales?], ABC News 20/20, 3 de marzo del 2001.
8. August Gribbin, «Public More Accepting of Gays, Survey Finds: Most Believe Orientation Is Genetic» [El público acepta más a los homosexuales, dice una encuesta: La mayoría cree que la orientación es genética], *Washington Times*, 13 de febrero del 2000, 6(C).
9. Matthew Brelis, «The Fading "Gay Gene"» [La desaparición del "gen homosexual"], *Boston Globe*, 7 de febrero de 1999, 1(C).
10. Nicolosi, *Preventing Homosexuality*.
11. Malcom Ritter, «Some Gays Can Go Straight, Study Suggests», *Associated Press*, 9 de mayo del 2001.
12. Nicolosi, *Preventing Homosexuality*, capítulo 2.
13. Nicolosi, *Preventing Homosexuality*, capítulo 2.
14. Nicolosi, *Preventing Homosexuality*, capítulo 2.
15. Nicolosi, *Preventing Homosexuality*, capítulo 1.
16. Ralph, Greenson, «Disidentifying the Mother: Its Special Importance for a Boy» [Desidentificarse con la madre: La importancia especial para un muchacho], *Journal of American Psychoanalytical Association* [Revista de la Asociación Psicoanalítica Americana] 56 (1968): 293–302.
17. Nicolosi, *Preventing Homosexuality*, capítulo 3.
18. Nicolosi, *Preventing Homosexuality*, capítulo 1.
19. I. Bieber et al. *Homosexuality: A Psychoanalytic Study of Male Homosexuals* [Homosexualidad: Un estudio psicoanalítico de hombres homosexuales] (New York: Basic Books, 1982).
20. Ibíd.
21. Nicolosi, *Preventing Homosexuality*, capítulo 3.
22. Mary Elberstadt, «Pedophilia Chic Considered» [La pedofilia chic en consideración], Weekly Standard, 1 de enero del 2001, 18. Reproducido con permiso de *The Weekly Standard*. Fecha original del artículo, 18 de enero del 2001. Copyright © News America Incorporated.
23. Kathryn Jean Lopez. «The Cookie Crumbles: The Girl Scouts Goes PC» [Se desmorona la galleta: Girl Scouts se vuelve políticamente correcta], *National Review*, 23 de octubre del 2000.
24. «Scout Leaders Relieved by Court Ruling on Gay Troop Leaders» [Líderes de los Scout aliviados por la decisión de la corte en cuanto a la tropa homosexual], *Associated Press*, 29 de junio del 2000.
25. Jon Dougherty, «Scouts Still Face Funding Gauntlet» [Los Scouts siguen enfrentándose al desafío de la financiación], WorldNetDaily.com, 20 de febrero del 2001.
26. Dougherty, «Scouts Still Face Funding Gauntlet».
27. Terence Neilan, «World Briefing» [Reporte al mundo], *New York Times*, 2 de diciembre del 2000, 5(A).
28. «Context Affects Age of Consent» [El contexto afecta la edad del consentimiento], *Montreal Gazette*, 1 de diciembre del 2000, 2(A).
29. Dan Izenberg, «Age of Consent for Homosexual Relations Lowered» [Se reduce la edad del consentimiento para las relaciones homosexuales], *Jerusalem Post*, 2 de noviembre del 2000, 3.
30. Michael Swift, «Goals of the Homosexual Movement» [Las metas del movimiento homosexual], *Gay Community News*, 15–21 de febrero de 1987.
31. Suzanne Rostler y E. G. Mundell, «More Americans Having Gay Sex, Study Shows» [Más estadounidenses están teniendo sexo homosexual, demuestra un estudio], *Reuters*, 14 de marzo del 2001.

Capítulo 10: Padres solteros, separados y abuelos

1. «Nuclear Family Fading» [Está desapareciendo la familia nuclear], *Colorado Springs Gazette*, 15 de mayo del 2001, 1(A).
2. Don Feder, «Nuclear Family in Meltdown» [Se está desmoronando la familia nuclear], *Boston Herald*, 23 de mayo del 2001, 33.
3. Feder, «Nuclear Family in Meltdown».
4. Barbara Kantrowitz y Pat Wingert, «Unmarried with Children» [Sin cónyuge y con hijos], *Newsweek*, 28 de mayo del 2001.
5. «Nuclear Family Fading».
6. Kantrowitz y Wingert, «Unmarried with Children».
7. David Popenoe y Barbara Dafoe Whitehead, «The State of Our Unions» [El estado de nuestras uniones], Rutgers University Married Project, 2000. Ver http://marriage.rutgers.edu/state_of _our_unions.
8. Ashley Estes, «More Women Are Raising Children on Their Own» [Más mujeres están criando a sus hijos solas], *Salt Lake City Tribune*, 18 de mayo del 2001, 6(A).
9. «Christians Are More Likely to Experience Divorce than Non-Christians» [Es más probable que se divorcien los cristianos que los no cristianos], Investigación Barna en línea, 21 de diciembre de 1999.
10. «Christians Are More Likely to Experience Divorce».
11. «Breakdown on Family Breakdown» [Desglose de la ruptura familiar], *Washington Times*, 25 de marzo del 2001, 2(B).
12. Don Feder, «Meltdown of Nuclear Family Threatens Society» [El desmoronamiento de la familia nuclear amenaza a la sociedad], Human Events, 4 de junio del 2001, p. 9.
13. Barbara Dafoe Whitehead, «Dan Quayle Was Right» [Dan Quayle tuvo razón], *Atlantic Monthly*, abril de 1993, 64.
14. Maggie Gallagher, «Fatherless Boys Grow Up into Dangerous Men» [Los chicos sin padre se convierten en hombres peligrosos], *Wall Street Journal*, 1 de diciembre de 1998, 22(A).
15. Gallagher, «Fatherless Boys».
16. Whitehead, «Dan Quayle Was Right».
17. Whitehead, «Dan Quayle Was Right».
18. Debra Gordon, «Mama's Boys» [Niños de mamá], *The Virginian-Pilot*, 9 de enero de 1994, 6. Copyright © 1994, *The Virginian-Pilot*. Reproducido con permiso.
19. Eric Wiggin, *The Gift of Grandparenting* [El regalo de ser abuelo] (Carol Stream, IL.: Tyndale House Publishers, 2001), 27–28.
20. Wiggin, *The Gift of Grandparenting*, 29.
21. Wiggin, *The Gift of Grandparenting*, 33–34.
22. Wiggin, *The Gift of Grandparenting*, 69.
23. Wiggin, *The Gift of Grandparenting*, 116.
24. Wiggin, *The Gift of Grandparenting*, 162.
25. *Tender Comrade* [Tierno camarada], copyright 1943, RKO Radio Pictures. Usado con permiso de Turner Entertainment Co.
26. Cheri Fuller, «Motivating Your Child to Learn» [Motivando a su hijo a aprender], *Focus on the Family*, 7 de septiembre de 1990.

Capítulo 11: «¡Allá vamos!»

1. Cobertura olímpica de la NBC de Sydney, Australia, septiembre del 2000.
2. H. Alexander Wise, Jr., «Lee: Why This Man, and His Era, Merit Our Consideration» [Lee: Por qué este hombre, y su era, merecen ser considerados]; Wiggin, *The Gift of Grandparenting*. Ver http://www.civilwarhome.com/newslee.html.
3. Alfred Lansing, *Endurance* [Resistencia] (Carol Stream, IL.: Tyndale House Publishers, 1999).
4. Lansing, *Endurance*.

5. Edward Wong, «New Rules for Soccer Parents: 1) No Yelling, 2) No Hitting Ref» [Nuevas reglas para los padres en el fútbol: (1) No gritar; (2) No pegarle al árbitro], *New York Times*, 6 de mayo del 2001, 1.
6. Rudyard Kipling, «If» [Si...].
7. George Gilder, «Men and Marriage» [Los hombres y el matrimonio], *Focus on the Family*.
8. Mark Starr y Martha Brandt, «...and Thrilled Us All» [...y nos emocionó a todos], *Newsweek*, 19 de julio de 1999, 50.
9. Starr y Brandt, «...and Thrilled Us All», 54.
10. Raymond Lovett, «The Cut» [El corte], *Focus on the Family*, octubre de 1984. Usado con permiso.
11. Orel Hershiser, «A visit with Orel Hershiser» [Una visita con Orel Hershiser], *Focus on the Family*, 17 de abril de 1989.

Capítulo 12: Los hombres son unos tontos

1. Lance Morrow, «1968: Like a Knife Blade, the Year Severed Past from Future» [1968: Como la hoja de un cuchillo, el año separó al pasado del futuro], *Time*, 11 de enero de 1988, 16.
2. «Woman Is the Nigger of the World» [La mujer es la negra del mundo], publicado el 24 de abril de 1972.
3. Michelle Ingrassia, «NOW and Then: A Look at the Origins of Feminism» [AHORA y entonces: Un análisis de los orígenes del feminismo], *Newsday*, 29 de octubre de 1991.
4. Gene Wyatt, «"Warhol" May Give Solanas Her Fifteen Minutes of Fame» [Puede ser que «Warhol» le dé a Solanas sus quince minutos de fama], *Tennessean*, 21 de junio de 1996, 5(D).
5. David Jackson, «The Beat Goes On: 1968–1993: 25 Years Later America Still Feels Era's Influence» [El ritmo sigue: 1968–1993: 25 años después, se sigue sintiendo la influencia de una era en los Estados Unidos], Dallas Morning News, 26 de diciembre de 1993, 1(J).
6. Peter Collier y David Horowitz, *Deconstructing the Left: From Vietnam to the Persian Gulf* [Deconstruyendo a la izquierda: Desde Vietnam hasta el golfo Pérsico] (Lanham, Md.: Second Thoughts Books and Center for the Study of Popular Culture, 1991), 18.
7. Karla Mantilla, «Kids Need 'Fathers' Like Fish Need Bicycles» [Los hijos necesitan «padres» como los peces necesitan bicicletas], Off Our Backs, junio de 1998, 12–13.
8. «Demographics of Titanic Passengers: Death, Survival, and Lifeboat Occupancy» [Información demográfica de los pasajeros del Titanic: Muertes, sobrevivientes y uso de los botes salvavidas], http://www.ithaca.edu/library/training/hotu.html.
9. Ver http://www.titanic-online.com/Discovery/discovery03.html.
10. Enciclopedia Británica en línea. Ver http://www.titanic.eb.com/01_01.html.
11. «Demographics of Titanic Passengers».
12. «Demographics of Titanic Passengers».
13. Suzanne Fields, «Play, Boys: These Days It's All Women's Work» [Jueguen, muchachos: Estos días, las mujeres tienen todo el trabajo], *Washington Times*, 18 de octubre de 1999, 19(A).
14. Cheryl Wetzstein, «Has Man-Bashing Become Hallmark of Greeting Cards?» [¿Se ha vuelto la crítica de los hombres la marca de las tarjetas?], *Washington Times*, 1 de diciembre de 1999.
15. Roger Scruton, «Modern Manhood» [Hombría moderna], *New York City Journal*, 19 de enero del 2000.
16. John Leo, «Mars to Venus: Back Off» [De Marte a Venus: Deja de molestar], U.S. News and World Report, 7 de mayo de 1998, 16.
17. Leo, «Mars to Venus», 16.
18. Leo, «Mars to Venus», 16.
19. Leo, «Mars to Venus», 16.
20. Leo, «You Can't Make This Up» [Más increíble que la ficción], U.S. News and World Report, 21 de agosto del 2000.

21. Walter Williams, «Men Should Stand Up» [Los hombres deberían ponerse de pie], *Washington Times*, 7 de octubre del 2000, 12(A). Con el permiso de Walter Williams y Creators Syndicate, Inc.

22. Megan Rosenfeld, «Little Boys Blue: Reexamining the Plight of Young Males» [Varoncitos azules: Examinando de nuevo el dilema de los jóvenes varones], *Washington Times*, 26 de marzo de 1998, 1(A).

23. Rosenfeld, «Little Boys Blue», 1(A).

24. Rosenfeld, «Little Boys Blue», 1(A).

25. Kathleen Parker, «Let's Give Our Boys A Gift: Self-Control» [Démosles a nuestros hijos un regalo: Dominio propio], *USA Today*, 15 de septiembre de 1999.

26. Celeste Fremon, «Are Schools Failing Our Boys?» [¿Están fallándoles a nuestros muchachos las escuelas?], MSNBC, 5 de octubre de 1999. Ver http://www.msnbc.com/news/310934.asp.

27. Christina Hoff Sommers, «Is There a War against Boys?» [¿Hay una guerra contra los chicos?], CNN, 30 de junio del 2000.

28. Christina Hoff Sommers, «Capitol Hill's Girl Trouble: The Flawed Study behind the Gender Equity Act» [El problema femenino en Capitol Hill: Las debilidades en el estudio detrás de la ley de equidad entre los géneros], *Washington Post*, 17 de julio de 1994, 1(C).

29. John Leo, «Gender Wars Redux» [Reducción en las guerras de género], U.S. News and World Report, 22 de febrero de 1999.

30. Tamar Lewin, «All Girls Schools Questioned as a Way to Attain Equity» [Se cuestiona a todas las escuelas de muchachas para obtener igualdad], *New York Times*, 12 de marzo de 1998, 12(A).

31. Sommers, «Capitol Hill's Girl Trouble».

32. Freemon, «Are Schools Failing Our Boys?».

33. Ver http://www.health.org/girlpower.html.

34. «Secretary Shalala Launches Girl Power! at APHA Annual Meeting» [La secretaria Shalala funda ¡Poder femenino! en la junta annual de APHA], FDCH Federal Transcripts and Agency Documents, 21 de noviembre de 1996.

35. Jodi Wilgoren, «Girls Rule: Girls Outperform Boys in High School and in College Enrollment Rates» [Las muchachas son mejores: Las muchachas reciben mejores resultados que los muchachos en la escuela secundaria y en asistir a la universidad], *New York Times* Upfront, 5 de marzo del 2001.

36. Wilgoren, «Girls Rule», 8.

37. Laura Parker y Guillermo X. García, «Boy Scout Troops Lose Funds, Meeting Places» [Las tropas de los Boy Scouts pierden fondos y lugares de reunión], *USA Today*, 9 de octubre del 2000.

38. Shaila K. Dewan, «Manhattan School District Withdraws Support for Scouts, Citing Bias» [Escuela en el distrito escolar de Manhattan retira su apoyo por los Scouts dados prejuicios], *New York Times*, 27 de septiembre del 2000.

39. Kathryn Jean Lopez, «The Cookie Crumbles: The Girl Scouts Goes PC» [Se desmorona la galleta: Girl Scouts se vuelve políticamente correcta], *National Review*, 23 de octubre del 2000.

40. Christina Hoff Sommers, «What "Girl Crisis"? Boys Get Short Shrift in Schools» [¿Qué «crisis de muchachas»? Los muchachos son despachados en las escuelas], *USA Today*, 17 de julio del 2000, 17(A).

41. Daniel J. Kindlon y Michael Thompson, *Raising Cain* (New York: Ballantine Books, 1999). Publicado en español como *Educando a Caín: Cómo proteger la vida emocional del varon* (Argentina: Atlantida, 2001).

42. Thomas Sowell, «Feminists Ensure Boys Can't Be Boys» [Feministas se aseguran de que los muchachos no puedan ser muchachos], *Denver Rocky Mountain News*, 21 de junio del 2000. Con permiso de Thomas Sowell y © Creators Syndicate, Inc.

43. «Kiss Gets Youth in Trouble» [Un beso mete a la juventud en problemas], *Associated Press*, 24 de septiembre de 1996.

44. Joan Biskupic, «Schools Liable for Harassment: High Court Limits Ruling to Student Misconduct That Harms an Education» [Las escuelas responsables por el acoso: El tribunal supremo limita su decisión sobre el mal comportamiento que daña la educación], *Washington Post*, 25 de mayo de 1999, 1(A).
45. Brian Bloomquist y Vincent Morris «Court Oks Bill's $850G Paula Settlement» [La corte aprueba el acuerdo de $850G de Paula], *New York Post*, 3 de diciembre de 1998, 4.
46. Linda Chavez, «Feminist Kiss Patrol Is on the March» [Marcha la patrulla feminista del beso], *USA Today*, 2 de octubre de 1996, 15(A).
47. John Leo, «Expel Georgie Porgie Now!» [¡Expulsen a Georgie Porgie ahora!], U.S. News and World Report, 7 de octubre de 1996, 37.
48. Leo, «Gender Wars Redux».
49. Kathleen Parker, «Enough of Boys As Victors and Girls As Victims» [Ya basta de los muchachos como victoriosos y las muchachas como víctimas], *USA Today*, 24 de febrero de 1998, 15(A).
50. Maureen Dowd, «Liberties: Pretty Mean Women» [Libertades: Mujeres muy crueles], *New York Times*, 1 de agosto de 1999, p 15D.

Capítulo 13: Los varones en la escuela

1. William Pollock, *Real Boys* (New York: Henry Holt and Company, 1998), 15.
2. Barbara Kantrowitz y Claudia Kalb, «Boys Will Be Boys» [Los varones serán varones], *Newsweek*, 11 de mayo de 1998, 55.
3. Kantrowitz y Kalb, «Boys Will Be Boys».
4. Celeste Fremon, «Are Schools Failing Our Boys?» [¿Están fallándoles a nuestros muchachos las escuelas?], MSNBC.com, 5 de octubre de 1999. Usado con permiso.
5. Cheri Fuller, «Preparing Children for Learning» [Preparando a los niños para el aprendizaje], *Focus on the Family*, 29–30 de agosto de 1991.
6. Morton Kondrake, «If Fourth Graders Can't Read, Congress is Failing to Lead» [Si los estudiantes de cuarto grado no pueden leer, el Congreso no está siendo líder], Roll Call, 23 de abril del 2001.
7. William R. Mattox, Jr. «The One-House Schoolroom: The Extraordinary Influence of Family Life on Student Learning» [El salón de un solo hogar: La extraordinaria influencia de la vida familiar en el aprendizaje de un estudiante], Family Policy, The Family Research Council, septiembre de 1995.
8. Mike Archer, «Boy and Books Can Be a Great Mix» [El varón y los libros pueden ser una gran combinación], *Orlando Sun-Sentinel*, 2 de junio de 1999, 1.
9. Archer, «Boy and Books», 1.
10. Raymond y Dorothy Moore, «Home Grown Kids» [Niños crecidos en casa], *Focus on the Family*, 25–26 de febrero de 1982.
11. John K. Wiley, «Mona Locke, Melinda Gates, Rob Reiner Kick-Off Early Learning Campaign» [Mona Locke, Melinda Gates, Rob Reiner inician campaña para el aprendizaje temprano], *Associated Press*, 7 de junio del 2000.
12. Linda Wertheimer y Robert Seigel, «Growing Popularity of Homeschooling» [La creciente popularidad de la escuela en casa], National Public Radio: All Things Considered, 28 de febrero del 2001.
13. William Bennett, «Merging Teaching and Technology» [Combinando la enseñanza y la tecnología], *Focus on the Family*, 16–17 de mayo del 2001.
14. George F. Will, «Are Children Little Adults?» [¿Son los niños pequeños adultos?], *Newsweek*, 6 de diciembre de 1999.
15. Raymond y Moore, «Home Grown Kids».
16. Larry Kart, «Inside Jonathan Winters: The World is a Funhouse and Laughter is the Best Revenge» [En Jonathan Winters: El mundo es una feria y la risa es la major venganza], *Chicago Tribune*, 17 de enero de 1998.

17. Nina Myskow, «I'm Like a War Victim with Food; I'd Fight My Dog for a Bone» [Soy como una víctima de guerra con comida; me pelearía con mi perro por un hueso], *The Mirror*, 15 de septiembre del 2000.

Capítulo 14: Depredadores

1. John Leo, «No-Fault Holocaust» [Holocausto sin culpable], U.S. News and World Report, 21 de julio de 1997, 14.
2. «Senator Barbara Boxer Clarifies Her Priorities» [La senadora Barbara Boxer aclara sus prioridades], *Weekly Standard*, 12 de febrero del 2001.
3. John Leo, «Singer's Final Solution» [La solución final de Singer], U.S. News and World Report, 4 de octubre de 1999, 17.
4. Laura Davis y Janis Keyser, «7-Year Olds Exploring Each Other's Bodies» [Pequeños de siete años exploran los cuerpos los unos de los otros], *Maryland Family Magazine*, agosto del 2000, 28.
5. Ellen Goodman, «Battling Our Culture Is Parents' Task» [Pelear con la cultura es trabajo de los padres], *Chicago Tribune*, 18 de agosto de 1994.
6. Mike Clary, «Boy, 14, Gets Life Term in Wrestling Killing» [Muchacho, 14, condenado de por vida por asesinato en la lucha libre], *Los Angeles Times*, 10 de marzo del 2001, 1(A).
7. MTV 1993 Media Kit.
8. James Poniewozik, «Rude Boys» [Muchachos groseros], *Time*, 5 de febrero del 2001, 70.
9. Devin Gordon, «Laughing Until It Hurts» [Reírse hasta que duele], *Newsweek*, 2 de octubre del 2000, 70.
10. Poniewozik, «Rude Boys».
11. Poniewozik, «Rude Boys».
12. «My Gift to You» [Mi regalo para ti] © 1997 por Korn. Publicado por WB Music Corp./ Jolene Cherry Music/Goathead? Music. Del CD *Follow the Leader* [Sigue al líder] © Sony Music Entertainment.
13. Frank Ahrens, «A Stern Rebuke: Shock Jock's "Joke" a Flop in Denver» [Una reprimenda severa: El «chiste» de Shock Jock falla en Denver], *Washington Post*, 28 de abril de 1999, 3(C).
14. Neil MacFarquhar, «Naked Dorm? That Wasn't in the Brochure» [¿Dormitorio desnudo? Eso no estaba en el folleto], *New York Times*, 18 de marzo del 2000, 1(A).
15. Cheryl Wetzstein, «Polls Finding Growing Concern over "Moral" Discretion» [Encuestas encuentran inquietudes sobre la discreción «moral»], *Washington Times*, 23 de abril de 1997, 5(A).
16. Michelle Malkin, «Baby Boomer Parents Are Asleep on the Job» [Los padres «Baby Boomers» están dormidos en su trabajo], Creators Syndicate, 17 de noviembre del 2000. Usado con el permiso de Michelle Malkin y Creators Syndicate, Inc.
17. K. Freund y R. J. Watson, «The Proportions of Homosexual and Heterosexual Pedophiles among Sex Offenders against Children: An Explanatory Study» [Las proporciones de pedófilos homosexuales y heterosexuales entre los delincuentes sexuales en contra de los niños: Un estudio explicativo], *Journal of Sex and Marital Therapy*, 18, no. 1 (primavera de 1998); 34–43.
18. Freund y Watson, «The Proportions».
19. John Schwartz, «Online Decency Fight Brews Anew after Ruling» [Después de la decisión, viene una pelea sobre la decencia en línea], *Washington Post*, 14 de diciembre de 1998, 21(F).
20. «New Cyber-Safety Network Formed to Help Parents Connect with Teens to Openly Discuss Best Uses of the Internet» [Se forma una nueva red de seguridad cibernética para ayudar a los padres a conectar con los adolescentes para discutir abiertamente los mejores usos del internet]. Ver http://www.safeamerica.org/html/press/press_093099_1.cfm.
21. John Schwartz, «Internet Filters Used to Shield Minors Censor Speech, Critics Say» [Los críticos dicen que los filtros en internet usados para proteger a los menores de edad censuran la libertad de expresión], *New York Times*, 19 de marzo del 2001.

22. Bill Wood, «Urgent» [Urgente], *United Press International*, 24 de enero de 1989.

23. Steven Butts, «Pornography: A Serious Cultural Disorder That Is Accelerating» [La pornografía: Un serio desorden cultural que se está acelerando], Lancaster (Pa.) Sunday News, 9 de marzo de 1997, 4(P).

24. Ellen Edwards, «Plugged-In Generation: More than Ever, Kids Are at Home with Media» [Generación conectada: Más que nunca, los niños están en casa con los medios de comunicación], *Washington Post*, 18 de noviembre de 1999, 1(A).

25. David Bauder, «Survey: It May Not Be Punishment to Send Children to Their Rooms» [Encuesta: Puede que no sea castigo enviar a los niños a su habitación], *Associated Press*, 26 de junio de 1997.

26. Ginny McGibbon, «Columbine: Looking for Lessons; Visual Violence Triggers Dire Warning» [Columbine: Buscando lecciones; la violencia visual provoca una advertencia urgente], *Denver Post*, 13 de junio de 1999.

27. «The Einsatzgruppen—Mobile Killing Units» [Los Einsatzgruppen: Comandos móviles de ejecución]. Ver http://www.mtsu.edu/baustin/einsatz.html.

28. «The Einsatzgruppen».

29. Eman, Diet. «Courageous Choices» [Decisiones valientes], *Focus on the Family*, 24 de mayo del 2001.

30. Patricia Brennan, «The Link Between TV and Violence» [La relación entre la televisión y la violencia], *Washington Post*, 8 de enero de 1995.

31. McGibbon, «Columbine».

Capítulo 15: La importancia de permanecer cerca

1. Josh McDowell, «Helping Your Kids to Say No» [Ayudando a sus hijos a decir que no], *Focus on the Family* 16 de octubre de 1987.

2. Greg Johnson y Mike Yorkey, *Daddy's Home* [Ya llegó papi] (Carol Stream, IL.: Tyndale House Publishers, 1992), 56.

3. Martha Sherrill, «Mrs. Clinton Two Weeks out of Time: The Vigil for Her Father, Taking a Toll Both Public and Private» [Las dos semanas fuera del tiempo de la señora Clinton: El velorio para su padre, una carga pública y privada], *Washington Post*, 3 de abril de 1993, 1(C).

4. Laura Sessions Stepp, «Parents Are Alarmed by an Unsettling New Fad in Middle Schools: Oral Sex» [Los padres están alarmados por una preocupante nueva moda en las secundarias: El sexo oral], *Washington Post*, 8 de julio de 1999, 1(A).

5. Thomas J. Bouchard, et al., «Sources of Human Psychological Differences: The Minnesota Study of Twins Reared Apart» [Fuentes de las diferencias psicológicas humanas: El estudio de Minnesota sobre gemelos criados por separado], *Science*, 12 de octubre de 1990, 223.

6. «Twins Separated at Birth: The Story of Jim Lewis and Jim Springer» [Gemelos separados al nacer: La historia de Jim Lewis y Jim Springer], *Smithsonian Magazine*, octubre de 1980.

7. Malcom Ritter, «Study Suggests Genes Influence Risk of Divorce» [Estudio sugiere que los genes influencian el riesgo del divorcio], *Associated Press*, 27 de noviembre de 1992.

8. Ritter, «Study Suggests».

Capítulo 16: Cómo disciplinar a los varones

1. Tom W. Smith, «Ties that Bind: The Emerging 21st Century American Family» [Lo que nos vincula: La familia emergente norteamericana del siglo xxi], *Public Perspective*, 12:1, enero del 2001, 34.

2. Per Ola d'Aulaire y Emily d'Aulaire, «Now What Are They Doing at That Crazy St. John the Divine?» [¿Y ahora qué hacen en aquella loca catedral de San Juan el Divino?], *Smithsonian Magazine*, 23:9, diciembre de 1992, 32.

3. Fiódor Dostoyevski, *The House of the Dead*. Publicado en español como *La casa de los muertos*.

4. *Parenting* [Crianza de los hijos], mayo de 1992, 45–46.

5. Ron y Judy Blue, *Money Matters for Parents and Their Kids* [Asuntos monetarios para padres e hijos] (Nashville: Thomas Nelson, 1988), 46.
6. Ray Reed, «Abusers Often Start with Animals» [Los abusadores a menudo comienzan con los animales], *Roanoke Times and World News*, 19 de enero de 1995, 1(C).

Capítulo 17: La prioridad suprema

1. «Unsupervised Teens Do Poorly in School, Want Afterschool Activities, New Survey Finds» [Nueva encuesta encuentra que los adolescentes sin supervisión sufren académicamente y desean actividades después de la escuela], *U. S. Newswire*, 6 de marzo del 2001.
2. Frances A. Schaeffer, *He Is There and He Is Not Silent* (Carol Stream, IL.: Tyndale House Publishers, 1972). Publicado en español como *Él está presente y no está callado*.
3. James Dobson, *Life on the Edge* (Nashville: Word Publishers, 1995), 41. Publicado en español como *Frente a la vida*.
4. «Teens and Adults Have Little Chance of Accepting Christ As Their Savior» [Es poco probable que los adolescentes y los adultos acepten a Cristo como su Salvador], Investigaciones Barna en línea, 15 de noviembre de 1999.
5. Vicepresidente Albert Gore, Jr. en un desayuno presidencial de oración, 1995.
6. Geoffrey Canada, *Reaching Up for Manhood* [Buscando la hombría] (Boston: Beacon Press, 1998). 103–106. Copyright © 1998 by Geoffrey Canada. Reimpreso con permiso de Beacon Press, Boston.
7. Erma Bombeck, «Fragile Strings Join Parent, Child» [Vínculos frágiles conectan a padre e hijo], *Arizona Republic*, 15 de mayo de 1977.
8. Jean W. Sawtell, «It's Tough on a Dog» [Para un perro es difícil]. Copyright © 2000 de Jean Sawtell. Todos los derechos reservados.